本书系国家社科基金一般项目“明清以降清水江流域碑刻的搜集、整理与研究”（项目编号：17BZS005）最终成果。

本书获得凯里学院贵州省区域内一流建设学科（民族学）的出版资助。

碑铭里的乡村社会

明清以降清水江流域的历史人类学考察

李斌 著

中华书局

图书在版编目(CIP)数据

碑铭里的乡村社会:明清以降清水江流域的历史人类学考察/李斌著. —北京:中华书局,2025.3. —ISBN 978-7-101-17012-2

Ⅰ.K877.424

中国国家版本馆 CIP 数据核字第 202521KH21 号

书　　名	碑铭里的乡村社会:明清以降清水江流域的历史人类学考察
著　　者	李斌
责任编辑	林玉萍
装帧设计	刘　丽
责任印制	韩馨雨
出版发行	中华书局
	(北京市丰台区太平桥西里 38 号　100073)
	http://www.zhbc.com.cn
	E-mail:zhbc@zhbc.com.cn
印　　刷	三河市中晟雅豪印务有限公司
版　　次	2025 年 3 月第 1 版
	2025 年 3 月第 1 次印刷
规　　格	开本/920×1250 毫米　1/32
	印张 12⅜　插页 2　字数 352 千字
国际书号	ISBN 978-7-101-17012-2
定　　价	98.00 元

目　录

图表目录

绪　论

　　碑铭，亦称碑刻，其实就是在碑碣、石壁上刻写、雕镌有文字、图案或宗教造像等，赋予其文化信息的石质载体，或称"石刻"，故有时会混用。它既包括用石质材料刻写的文字，也包括以石质材料镌刻的画像、雕塑等。所有用石质材料作为承载信息、传递情感、表达思想的载体通称碑铭。它要具备三个核心要素：一是石质材料，二是刻写、雕镌手段，三是文字符号、图案、造像等文化信息。凡是符合这三个要素的都应该称作碑刻[①]。清水江流域不但遗存有宋代以来符合这类定义的碑铭，而且还在不断地制作符合这个定义的新的碑铭，具有较为典型的区域意义。该地处于少数民族聚居区，通过碑铭，可以深入了解每个少数民族村寨的历史以及少数民族人群使用汉文字的历史。以下从清水江流域之地域空间、研究状况、研究资料、方法与内容等方面论之。

一、清水江流域之地域空间

　　历史研究必须注意时间和空间的界定，就地域空间而言，"流域"一词，《辞海》的定义是："地表水及地下水分水线所包围的集水区域的统称。习惯上常指地表水的集水区域。根据地形图上的分水线，可以

[①] 毛远明：《碑刻文献学通论》，北京：中华书局，2009年，第7页。

定出流域边界。此范围内的面积，称为'流域面积'。"而《汉语大词典》的定义则较为简明："一个水系的干流和支流所流过的整个地区。"由这个定义可知，清水江流域即清水江干流及其支流所流经的整个地区。

　　清水江是沅江主源，有南北两源。南源是最主要源头[①]，发源于今天贵州省黔南布依族苗族自治州首府都匀市、贵定县交界的苗岭山脉斗篷山北麓中寨，在都匀市河段称剑江，都匀以下河段称马尾河，在凯里河段称龙头河，至凯里市旁海镇岔河口汇入北源重安江后始称清水江。清水江东流至台江县纳巴拉河，至剑河县纳南哨河，至锦屏县河口乡纳乌下江，至锦屏县三江镇纳六洞河、亮江，至天柱县远口镇纳鉴江，于天柱县瓮洞镇出贵州省入湖南省芷江县大垅乡，至洪江市托口镇纳渠水，至黔城镇与潕水汇合后称沅水（沅江），至洪江管理区纳巫水后北流，后流入南洞庭湖。据《（乾隆）贵州通志》记载：清水江"发源都匀之东山，经麻哈州之瓮城、清平县之凯里、黄平州之岩门司、施秉县之下秉入境，东经柳罗山，又东过黎平之黄寨（即今锦屏县三江镇，亦称王寨），又东至天柱之瓮东（即今瓮洞），入于湖南之黔阳，合于沅水"[②]。

---

① 2005年4月25日，贵州省都匀市人民政府、湖南省水文水资源勘测局和《潇湘晨报》社共同在其源头刻立《沅江源》碑，证明清水江为沅江之主源。碑记曰："呜呼，大江沅水，乃湖南第一长河。源自都匀，流经湘西，山高斗篷，水深五强。经黄平会北源重安江后，称清水江。自黔贵滚滚东流，出芷江銮山。历经一千零二十二公里，川流不绝，逶迤而归洞庭，流域八万九千一百六十二平方公里。锦绣山川，怡然而育芙蓉。夜郎故里，黔湘英才，饮沅江水而立，为天下福而鞠躬尽瘁，扬中华威而卧薪尝胆。汉、布依、苗、侗、水、土家各族人民，血脉相承。大江东去，逝者如斯夫。江之源头，黔山沅水儿女居而思源，刻石立碑，感恩明志：共饮一江水，同以一片冰心待人，当使此山此水，长存玉洁冰清，流万世甘甜，为子孙福祉。"

② （清）鄂尔泰等修、靖道谟、杜诠纂：《（乾隆）贵州通志》卷之五，载《中国地方志集成·贵州府县志辑》第4册，成都：巴蜀书社，2006年，第87页。

　　自明代以来,清水江流域行政建置变化很大,为了研究的方便,本文所指清水江流域主要指今黔东南苗族侗族自治州境内的区域。清水江主要流经黔东南苗族侗族自治州境内的麻江、丹寨、凯里、黄平、施秉、台江、剑河、锦屏、天柱等县市,干流长度370公里左右,流域面积14000平方公里左右①。流域面积大体包括今麻江全部,凯里全部,黄平南部一部分,丹寨北部,雷山大部,施秉东南部,镇远南部,三穗大部,台江、剑河、锦屏、天柱全部,榕江北部一部分,以及黎平北部等区域。

　　清水江沿苗岭北麓,蜿蜒于崇山峻岭间,都匀至分水溪落差552米,平均比降1.22‰。中下游植被良好,森林茂密,是贵州主要林区。依据河水流量、河面宽度、通航情况等因素,清水江分上中下游三段:上游指都匀至岔河口136公里,河流穿行于中山峡谷区,可行驶2吨级木船;中游岔河口至锦屏209公里,为中低山对峙的峡谷区,可行驶3吨级木船;下游锦屏至分水溪87公里,河流逐步从峡谷区进入低山丘陵区,河道宽敞,1950年曾行驶12吨级木船,经治理后可行驶60吨级机动船②。本文认为,清水江上游是指从发源地起至凯里市旁海镇岔河口纳重安江、中游是指从凯里岔河口至锦屏县

---

① 清水江的具体长度和流域面积各种地方文献的记载略有不同。如《黔东南苗族侗族自治州概况》(北京:民族出版社,2008年,第3页)说清水江"州境河道长376公里,流域面积14768平方公里",而《黔东南苗族侗族自治州志·交通志》(黔东南苗族侗族自治州地方志编纂委员会编,贵阳:贵州人民出版社,1993年,第39页)记载为:"全长468公里,流域面积16142平方公里,早期通航分水溪至都匀432公里,其中黔东南境373公里。"《黔东南苗族侗族自治州志·地理志》(黔东南苗族侗族自治州地方志编纂委员会编,贵阳:贵州人民出版社,1990年,第181页)记载为:"州内河长376公里,流域面积14883平方公里。"

② 黔东南苗族侗族自治州地方志编纂委员会编:《黔东南苗族侗族自治州志·交通志》,贵阳:贵州人民出版社,1993年,第39—41页。

河口乡纳乌下江、下游则是指锦屏河口乡以下至湖南洪江市黔城镇与潕水汇合更恰当些。

清水江支流众多,10公里以上的支流有144条,有14条支流能以小筏单漂和"赶羊"放运木材[①]。清水江的主要支流有重安江(又称狗尾河)、巴拉河(古称九股河)、南哨河、乌下江(亦称瑶光河)、小江(亦称泸洞河、八卦河)、亮江、鉴江等。

图0—1:清水江流域区划图

根据谭其骧《中国历史地图集》第八册《清时期·贵州》绘制而成

[①] "赶羊"指小河或小溪放运木材的方式,趁春雨发作,桃花汛来临之际,山客将砍伐的木材放入小河或溪中,借助水力,像赶羊一样,一棵一棵、一群一群地赶到大河口,等待排工们扎排,以便放运到目的地。

清水江流域地处贵州高原向湘桂丘陵过渡的斜坡地带,从地貌类型看,贵州素有"地无三里平"之称,贵州苗疆所在区域更是在崇山峻岭之中。黔东南境内为多山地区,山地占全州总面积的87.7%,丘陵占10.8%,盆地占1.5%。除了部分平坝及河谷较为平坦外,主要是丘陵山地,所谓"苗疆地势险阻,冈峦错接,跬步皆山,谚云:地无三里平"①。"深林密箐""水复山重,草木蒙昧,云雾晦冥"②都是清人对贵州苗疆地理特征的描述。清水江流域地处贵州、湖南、广西交界之处,扼守清水江、都柳江水路要冲,乃是三省(区)的重要水陆通道,地理位置颇具优势。方显在其《平苗纪略》中记载:"清水江漾回宽阔,上通平越府黄平州之重安江,其旁支则通黄丝驿,下通湖南黔阳县之红[洪]江,其旁支又通广西。"③另据《清史稿》记载:"苗疆四周几三千余里,千有三百余寨……左有清江可北达楚,右有都江可南通粤,皆为顽苗盘踞,梗隔三省,遂成化外。""如欲开江路,以通黔、粤,非勒兵深入,遍加剿抚不可。"④

清水江流域独特的地理气候特点,使得这一地区有着丰富的动植物资源,不仅林木葱郁,而且在深林中活动着种类繁多的动物。据方志记载,苗疆所产树木有近百种,主要有杉、松、柏、楠、樟、桐等;所产动物中,鸟类有鹰、乌鸦等,兽类有虎、豹等,此外还有各种鱼类。据方显《平苗纪略》记载:"清江南北两岸及九股一带,虽多复岭重岗,而泉甘土沃,产桐油、白蜡、棉花、毛竹、桅木等物。若上下舟楫无阻,财货流通,不特汉民食德,苗民亦并受其福,此黔省之

---

① (清)徐家幹:《苗疆闻见录》,载《中国地方志集成·贵州府县志辑》第19册,成都:巴蜀书社,2006年,第602页。

②《清史稿·土司一》,北京:中华书局,1977年,第14203页。

③ (清)方显著,马国君编著:《平苗纪略研究》,贵阳:贵州人民出版社,2008年,第117页。

④《清史稿·土司一》,北京:中华书局,1977年,14205页。

大利也。诚能开辟,则利可兴。"①苗疆最重要的自然资源是杉木,
"苗疆木植,杉木为最,产于清江南山者为更佳,质坚色紫,呼之曰
油杉"②。

　　本课题所要收集的碑铭文献,就是在这样一个地域空间里产
生的,由于清水江流域上述特点,其碑铭文献不仅数量庞大、种类
繁多,而且非常能体现地域特点,例如与"江"有关的"江步""舟渡"
"架桥"等碑铭,就充分反映了清水江及其支流对老百姓日常生活的
重要影响;又如与"木材"有关的各种规约、制度、判例等碑铭,充分
反映了"木材之流动"给清水江流域带来的繁华与地域社会整合机
制的出现与演变。凡此种种,均与清水江流域的生态环境与地域空
间特点有着紧密的联系。

二、学术史回顾

　　碑铭文献在先秦已有发展,是文献的一种重要存在形式,是文
化传播的重要方式和途径。这类文献在我国历史上早就受到了学
者的关注,《四库全书总目》称梁元帝已开始辑录碑铭之文成《碑英》
120卷,"是为金石文字之祖"③。因此,历代均对碑铭文献关注有加,
至宋代已颇为兴盛,如吕大临《考古图》、王黼《宣和博古图录》、赵明
诚《金石录》、薛尚功《历代钟鼎彝器款识法帖》等,以及沈括《梦溪笔
谈》、郑樵《通志》等书,涵括了大量金石考古方面的内容,这些成果

---

① (清)方显著,马国君编著:《平苗纪略研究》,贵阳:贵州人民出版社,2008年,
　第117页。
② (清)徐家幹:《苗疆闻见录》,载《中国地方志集成·贵州府县志辑》第19册,
　成都:巴蜀书社,2006年,第604页。
③ 《四库全书总目》卷八十六《集古录提要》,北京:中华书局,2008年,第526页。

代表着金石学这门学问已形成①。明清时期特别是清代受乾嘉学派的影响，金石学迎来了鼎盛时期。如阮元《积古斋钟鼎彝器款识》、吴式芬《捃古录金文》、方濬益《缀遗斋彝器款识考释》、孙星衍《寰宇访碑录》、王昶《金石萃编》等书的出现，不仅使研究范围全面扩大，而且鉴别与考释水平也显著提高②。清末民初，由于甲骨和简牍的大量出土，金石学这两个领域大为发展，罗振玉与王国维是这一时代的集大成者③。这一时期，还出现了两段学界经常引用的经典之言，兹引如下：

> 古来新学问起，大多由于新发现。有孔子壁中书出，而后有汉以来古文家之学；有赵宋古器出，而后有宋以来古器物、古文字之学。④
>
> 一代之学术，必有其新材料与新问题。取用此材料，以研求此问题，则为此时代学术之新潮流。⑤

---

① (宋)吕大临：《考古图》，北京：中华书局，1987年；(宋)王黼《宣和博古图录》，上海书店，2017年；(宋)赵明诚著，金文明校证《金石录校证》，北京：中华书局，2019年；(宋)薛尚功《历代钟鼎彝器款识法帖》，北京：中华书局，1986年；(宋)沈括《梦溪笔谈》，北京：中华书局，2015年；(宋)郑樵《通志》，北京：中华书局，1995年。

② (清)阮元：《积古斋钟鼎彝器款识》，杭州：浙江古籍出版社，2019年；(清)吴式芬：《捃古录金文》，北京：中国书店，2011年；(清)方濬益：《缀遗斋彝器款识考释》，上海：商务印书馆，1935年；(清)孙星衍：《寰宇访碑录》，上海古籍出版社，2020年；王昶：《金石萃编》，上海古籍出版社，2020年。

③ 有关金石学的全面总结与论述，可参见朱剑心：《金石学》，杭州：浙江人民美术出版社，2015年；马衡：《中国金石学概要》，杭州：浙江古籍出版社，2021年。

④ 王国维：《王国维文集》第四卷，北京：中国文史出版社，1997年，第176页。

⑤ 陈寅恪：《陈寅恪集·金明馆丛稿二编》，北京：生活·读书·新知三联书店，2001年，第266页。

　　近代以来形成的甲骨文学、敦煌学、徽学，无不是在新材料发现的基础上产生的。

　　本课题当然也是在这种学术脉络下从事的具体研究，不过侧重点不同，这是因为本课题研究是集中在"民间历史文献"这个学术话语体系下展开的。那么，何谓"民间历史文献"？郑振满教授曾给出的定义是："民间历史文献是中国传统文化的基本载体，其主要形式包括族谱、碑铭、契约文书、诉讼文书、乡规民约、账本、日记、书信、唱本、剧本、宗教科仪书、经文、善书、药方、日用杂书等，其内容广泛涉及民间的社会、经济、政治、文化生活的各个领域。"[①] 后来，他又有所修正，认为讨论民间文献应该回归到文献发生学的角度来看，并将之分为三种类型：第一种，是由老百姓在日常生活中形成的文献，其编纂者、使用者、传播者都是在民间社会的逻辑中形成，因此，必须在这些脉络中思考民间文献的价值与意义。第二种，可能是民间百姓所作，但面对的对象是外人，尤其是为了应付官府，例如诉状、族谱，是为了自身的某种权益、身份，更多时候是为了具体的权利、义务，以便发生纠纷时能够为自己提出合理化的解释。第三种，可能由地方官、胥吏或地方文人所作，是给百姓使用、遵循的，例如告示、碑铭，内容包括规定章程、禁示、事宜等，这些文献的目的在于处理、管理民间事务，与百姓生活密切相关，因此也属于民间文献。从这三个层次可以看出，民间文献已经逐渐发展成一个较具弹性概念的范畴[②]。因此，本课题在收集碑铭文献和研究碑铭文献时，基本是按照这个学术规范进行的。

　　就目前的收集整理与研究状况来看，国内碑铭文献整理汇编

[①] 郑振满：《民间历史文献与文化传承研究》，《东南学术》2004年增刊，第293—296页。

[②] 参见林荣盛、曾献纬：《郑振满教授谈民间文献与地方史研究》，《台大历史系学术通讯》第17期，2014年10月，第27页。

集中在特定地区和特定领域，如已出版《江苏省明清以来碑刻资料选集》《上海碑刻资料选辑》《广西少数民族地区石刻碑文集》《齐鲁碑刻》《广东碑刻集》《明清山西碑刻资料选》《宁夏历代碑刻集》《湖湘碑刻》《温州历代碑刻集》《广州碑刻集》《常熟碑刻集》《桂林石刻总集辑校》等①，出版专题碑刻集有《明清以来北京工商会馆碑刻选编》《明清苏州工商业碑刻集》《明清以来苏州社会史碑刻集》《山西戏曲碑刻辑考》等②。其中，厦门大学郑振满教授团队最为持久与具备周密的收集出版计划，已出版的《福建宗教碑铭汇编：兴化府分册》《福建宗教碑铭汇编：泉州府分册》《福建宗教碑铭汇编：漳州府分册》可谓代表，值得借鉴③。

---

① 江苏省博物馆编：《江苏省明清以来碑刻资料选集》，北京：生活·读书·新知三联书店，1959年；上海博物馆图书资料室编：《上海碑刻资料选辑》，上海人民出版社，1980年；广西民族研究所编：《广西少数民族地区石刻碑文集》，南宁：广西人民出版社，1982年；包备五编著：《齐鲁碑刻》，济南：齐鲁书社，1996年；谭棣华等：《广东碑刻集》，广州：广东高等教育出版社，2001年；张正明、科大卫主编：《明清山西碑刻资料选》，太原：山西人民出版社，2005年；银川美术馆编：《宁夏历代碑刻集》，银川：宁夏人民出版社，2007年；刘刚主编：《湖湘碑刻》，长沙：湖南美术出版社，2009年；金柏东主编：《温州历代碑刻集》，上海社会科学院出版社，2002年；冼剑民、陈鸿钧编：《广州碑刻集》，广州：广东高等教育出版社，2006年；常熟碑刻博物馆编：《常熟碑刻集》，上海辞书出版社，2007年；杜海军辑校：《桂林石刻总集辑校》，北京：中华书局，2013年。

② 李华编：《明清以来北京工商会馆碑刻选编》，北京：文物出版社，1980年；苏州历史博物馆等合编：《明清苏州工商业碑刻集》，南京：江苏人民出版社，1981年；王国平、唐力行主编：《明清以来苏州社会史碑刻集》，苏州大学出版社，1998年；冯俊杰编著：《山西戏曲碑刻辑考》，北京：中华书局，2002年。

③ 郑振满、丁荷生编纂：《福建宗教碑铭汇编：兴化府分册》，福州：福建人民出版社，1995年；郑振满、丁荷生编纂：《福建宗教碑铭汇编：泉州府分册》，福州：福建人民出版社，2008年；郑振满、丁荷生编纂：《福建宗教碑铭汇编：漳州府分册》，福州：福建人民出版社，2018年。

　　至于以碑铭文献作为核心史料从事的研究，成果已汗牛充栋，其中对碑铭研究用力甚深的有赵超、徐自强、毛远明、郑振满等专家学者。赵超《中国古代石刻概论》对中国古代石刻的主要类型及其演变、石刻的保存状况、历代石刻的研究以及石刻文字的释读、拓本的辨伪鉴定与编目整理进行了详细的介绍与分析[①]。徐自强等《古代石刻通论》对各种石刻分门别类进行介绍说明，又对岩画、刻石、碑、墓志、画像等各类碑铭的特点和代表性作品逐一详加介绍，同时对各省石刻的数量、分布、特色等作介绍。毛远明《碑刻文献学通论》是集成性通论之作，既逐一介绍了中国碑刻文献的形制、分类、内容、书写体例、保存形式，又对碑刻文献研究的历史发展、方法以及存在的问题加以详细的分析总结，整书取材丰厚而翔实，论述严谨公允[②]。郑振满主编《碑铭研究》收录21篇论文，展示了近年来碑铭研究的新成果。这些论文的共同特点，就是从具体的碑铭资料出发，结合其他历史文献和田野调查资料，发掘碑铭所蕴含的历史信息，揭示碑铭所反映的历史脉络与变动[③]。其他代表性成果还有很多，如孙继民《河北新发现石刻题记与隋唐史研究》收录19篇有关隋唐五代石刻题记的研究论文，多数是以单个石刻题记的考释为主，也有综合研究多个石刻题记的[④]。黄尚军《巴蜀牌坊铭文研究》从巴蜀牌坊的历史沿革与类别、铭文概况、铭文与清代旌表制度、铭文所见方言民俗、价值与保护等进行系统研究[⑤]。朱安女《文化视野下的白族古代碑刻研究》涉及碑刻中表现的民间文化、信仰、政治思想等方面的内容，在文化视野的统摄下，体现了白族古代碑刻所

[①] 赵超：《中国古代石刻概论》（增订本），北京：中华书局，2019年。

[②] 毛远明：《碑刻文献学通论》，北京：中华书局，2009年。

[③] 郑振满主编：《碑铭研究》，北京：社会科学文献出版社，2014年。

[④] 孙继民：《河北新发现石刻题记与隋唐史研究》，石家庄：河北人民出版社，2006年。

[⑤] 黄尚军：《巴蜀牌坊铭文研究》，成都：四川民族出版社，2013年。

蕴含的国家与边疆、儒学与地方文化的交融与互动①。瞿州莲等《金石铭文中的历史记忆——永顺土司金石铭文整理研究》以碑刻为本体,运用历史学、民族学和历史人类学的理论方法,多视角探讨碑刻文字内容所反映的永顺土司的历史②。刘海宇《山东汉代碑刻研究》以山东汉代碑刻为研究对象,包括出土于或现存在山东的、两汉时期的所有石刻文字,主要是作为文物的山东汉代碑刻本身以及作为文献和书法的碑刻文字③。吴敏霞《秦岭碑刻的田野调查与价值研究》通过对秦岭全方位的考察调研,在掌握秦岭碑刻的总体数量、存藏地域的基础上,厘清秦岭碑刻的类别,分析秦岭碑刻的特点④。孙丽娟《清代商业社会的规则与秩序:从碑刻资料解读清代中国商事习惯法》⑤,利用碑刻资料讨论了清代中国商事中各种复杂的习惯法问题,试图厘清清代商业社会中的规则与秩序。常建华《明清山西碑刻里的乡约》⑥,利用张正明、科大卫主编的《明清山西碑刻资料选》来研究明清山西乡村社会中形成的乡约,显然对以碑刻研究乡村社会史是一别开生面的视角。

　　由此观之,目前学界在整理资料的同时,业已多视角地利用碑铭资料研究各种历史问题。纵观国内研究现状,在取得成绩的同时,也有不少缺憾,诚如毛远明所言:“碑刻文献的丰富性、研究价值的重要性同目前研究的成果现状相比,实在很不相称。”⑦造成这种

---

① 朱安女:《文化视野下的白族古代碑刻研究》,成都:巴蜀书社,2012年。

② 瞿州莲、瞿宏州:《金石铭文中的历史记忆——永顺土司金石铭文整理研究》,北京:民族出版社,2014年。

③ 刘海宇:《山东汉代碑刻研究》,济南:齐鲁书社,2015年。

④ 吴敏霞:《秦岭碑刻的田野调查与价值研究》,北京:科学出版社,2016年。

⑤ 孙丽娟:《清代商业社会的规则与秩序:从碑刻资料解读清代中国商事习惯法》,北京:中国社会科学出版社,2005年。

⑥ 常建华:《明清山西碑刻里的乡约》,载《中国史研究》,2010年第3期。

⑦ 毛远明:《碑刻文献学通论》,北京:中华书局,2009年,第7页。

情况的原因，一方面是碑铭材料的散碎、不系统，另一方面是缺乏以碑铭为本位的全面系统的搜集整理与研究。

具体到本课题的清水江流域碑铭，对其搜集整理开始主要以地方文史爱好者为主，如姚炽昌《锦屏碑文选辑》（内部印刷本，1997年）搜集了锦屏县94通碑铭，王宗勋等《锦屏林业碑文选辑》（内部印刷本，2005年）搜集了锦屏县78通林业碑刻，姚敦屏《天柱碑刻集》（内部印刷本，2013年）搜集了天柱县二百余通碑刻，安成祥《石上历史》（贵州民族出版社，2015年）搜集了黔东南碑刻92通，政协天柱县第十三届委员会编《清水江文书·天柱古碑刻考释》（贵州大学出版社，2016年）搜集了天柱县碑刻六百三十余通。一些新旧县志以及乡镇志、村志以及专门志中也收录有少量碑刻。

至于清水江流域碑铭研究，自21世纪初以来随着清水江文书的发现也逐渐出现，但成果不多，主要有张应强《从卦治〈奕世永遵〉石刻看清代中后期的清水江木材贸易》《区域开发与清水江下游村落社会结构——以〈永定江规〉碑的讨论为中心》[1]；吴大旬《从有关碑文资料看清代贵州的林业管理》《从有关碑文资料看清代贵州的社会治安管理》[2]；严奇岩《从〈龙村锁钥〉碑看苗族洞葬的祖先崇拜与风水信仰》《清水江流域公山管理与经营的生态价值——以碑刻资料为中心的考察》《从碑刻看清水江流域苗族、侗族招龙谢土的生态意蕴》《清水江流域林业碑刻的主体属性及其民族特色》《从碑刻

---

[1] 张应强：《从卦治〈奕世永遵〉石刻看清代中后期的清水江木材贸易》，载《中国社会经济史研究》2002年第3期；张应强：《区域开发与清水江下游村落社会结构——以〈永定江规〉碑的讨论为中心》，载《原生态民族文化学刊》2009年第3期。

[2] 吴大旬、王红信：《从有关碑文资料看清代贵州的林业管理》，载《贵州民族研究》2008年第5期；吴大旬：《从有关碑文资料看清代贵州的社会治安管理》，载《贵州民族学院学报（哲学社会科学版）》2010年第1期。

看清水江流域木材运输的"江步"规则与生态保护》等①；叶成勇《从贵州锦屏〈戒谕文〉摩崖石刻看宋朝对湘黔桂边地的治理》②；王会湘《从"清浪碑"刻看清代清水江木业"争江案"》③；李斌等《刻在石头上的历史：清水江中下游苗侗地区的碑铭及其学术价值》《明清时期清水江下游天柱地区教育变迁——以碑刻史料为中心》《论明清以来清水江下游天柱地区碑刻的分类、内容与学术价值》《从转娘头到庚帖为凭：清代清水江流域苗侗地区婚俗变迁——以碑刻史料为中心》《从〈创建蔚文书院官绅士民捐输碑〉看清代清水江流域的书院教育》④；李波、姜明《从碑铭看清代清水江下游地区的社会规

① 严奇岩：《从〈龙村锁钥〉碑看苗族洞葬的祖先崇拜与风水信仰》，载《贵州民族大学学报（哲学社会科学版）》2015年第3期；严奇岩：《从碑刻看清水江流域苗族、侗族招龙谢土的生态意蕴》，载《宗教学研究》2016年第1期；严奇岩：《清水江流域公山管理与经营的生态价值——以碑刻资料为中心的考察》，载《中国农史》2018年第4期；严奇岩：《清水江流域林业碑刻的主体属性及其民族特色》，载《贵州大学学报（社会科学版）》2018年第5期；严奇岩：《从碑刻看清水江流域木材运输的"江步"规则与生态保护》，载《西南大学学报（社会科学版）》2019年第6期。

② 叶成勇：《从贵州锦屏〈戒谕文〉摩崖石刻看宋朝对湘黔桂边地的治理》，载《中华文化论坛》2015年第8期。

③ 王会湘：《从"清浪碑"刻看清代清水江木业"争江案"》，载《贵州文史丛刊》2008年第4期。

④ 李斌、吴才茂、龙泽江：《刻在石头上的历史：清水江中下游苗侗地区的碑铭及其学术价值》，载《中国社会经济史研究》2012年第2期；李斌、吴才茂、龙泽江：《明清时期清水江下游天柱地区教育变迁——以碑刻史料为中心》，载《教育文化论坛》2011年第2期；李斌、吴才茂、姜明：《论明清以来清水江下游天柱地区碑刻的分类、内容与学术价值》，载《贵州大学学报（社会科学版）》2013年第3期；李斌、吴才茂：《从转娘头到庚帖为凭：清代清水江流域苗侗地区婚俗变迁——以碑刻史料为中心》，载《贵州民族研究》2013年第6期；李斌、吴才茂、王健：《从〈创建蔚文书院官绅士民捐输碑〉看清代清水江流域的书院教育》，载《原生态民族文化学刊》2016年第3期。

约》①；王宗勋《略论清水江中下游地区碑刻的社会价值及保护》《从"化外生苗"到"契约之乡"——以平鳌"输粮附籍"碑为中心》②；秦秀强《清水江下游苗侗地区碑刻文化调查——以天柱县为例》《清水江苗侗碑刻现状调查》③。而利用了清水江流域碑刻做研究的著作主要有张应强《木材之流动：清代清水江下游地区的市场、权力与社会》④，徐晓光《款约法：黔东南侗族习惯法的历史人类学考察》⑤，石开忠《侗族款组织及其变迁研究》⑥，张中奎《改土归流与苗疆再造：清代"新疆六厅"的王化进程及其社会文化变迁》⑦，李斌等《清代清水江流域社会变迁研究》《碎片化的历史：清水江流域碑刻研究》⑧，吴才茂《民间文书与清水江地区的社会变迁》《清代苗族妇女的婚姻与权利——以

---

① 李波、姜明：《从碑铭看清代清水江下游地区的社会规约》，载《原生态民族文化学刊》2013年第2期。

② 王宗勋：《略论清水江中下游地区碑刻的社会价值及保护》，载《贵州大学学报（社会科学版）》2015年第3期；王宗勋：《从"化外生苗"到"契约之乡"——以平鳌"输粮附籍"碑为中心》，载《原生态民族文化学刊》2019年第3期。

③ 秦秀强：《清水江下游苗侗地区碑刻文化调查——以天柱县为例》，载《贵州民族学院学报（哲学社会科学版）》2012年第3期；秦秀强：《清水江苗侗碑刻现状调查》，载《黔东南日报》2012年3月7日第5版。

④ 张应强：《木材之流动：清代清水江下游地区的市场、权力与社会》，北京：生活·读书·新知三联书店，2006年。

⑤ 徐晓光：《款约法：黔东南侗族习惯法的历史人类学考察》，厦门大学出版社，2012年。

⑥ 石开忠：《侗族款组织及其变迁研究》，北京：民族出版社，2009年。

⑦ 张中奎：《改土归流与苗疆再造：清代"新疆六厅"的王化进程及其社会文化变迁》，北京：中国社会科学出版社，2012年。

⑧ 李斌等：《清代清水江流域社会变迁研究》，贵阳：贵州民族出版社，2016年；李斌等：《碎片化的历史：清水江流域碑刻研究》，北京：民族出版社，2018年。

清水江文书为中心》《明代卫所制度与贵州地域社会研究》等①，可谓成果颇为丰硕，但比较集中利用碑刻的，还是严奇岩《清水江流域林业碑刻的生态文化》，该书对清水江流域的林业碑刻作了较为全面的收集和整理，并就其所反映出的生态文化进行了较为深入的阐释，从整体上把握了清水江流域青山常在的奥秘，并指出其对当代生态文明建设的启示②。

　　综上可见，清水江流域的碑铭收集与整理，主要是地方文史工作者群体，并且只是其中很小的一部分，缺乏系统性、规范性，尤其是抄录过程中，碑文抄漏、抄错的现象颇为严重，藉此进行研究确实存在很多问题。至于相关研究，也都是根据碑文的类型而做出的分类研究，特别是纠纷类碑铭和林业类碑铭得到了较多的关注和讨论，不过，这种分类式的研究，其实是缺乏系统性和整体性的。例如，纠纷类的碑铭，多被用作习惯法的材料，实际上，纠纷类碑铭的内容极为丰富，层次多种多样，所反映出来的其实很多都是明清王朝律法推行的过程，而这方面的历史过程之揭示，却仍较为缺乏。又如，从"裁岩议事"到"府示立碑"的空间变化与时间演进，也需要进行细致的梳理，而非习惯法所能一言以蔽之的。因此，本课题试图在整体史的视角下，对清水江流域碑铭进行全面收集和整理，截取较为重要的能够具有整体关照的面相进行研究，以期对该领域有一点新的推进。

---

① 吴才茂：《民间文书与清水江地区的社会变迁》，北京：民族出版社，2016年；吴才茂：《清代苗族妇女的婚姻与权利——以清水江文书为中心》，贵阳：贵州民族出版社，2017年；吴才茂：《明代卫所制度与贵州地域社会研究》，北京：中国社会科学出版社，2021年。
② 严奇岩：《清水江流域林业碑刻的生态文化》，北京：科学出版社，2020年。

三、文献史料及研究方法

本课题研究所运用的文献史料，要而言之有三种类型：一是王朝典章制度、明清时期相关皇帝的实录、宦黔各级官员的文集，清水江流域各府州县的方志等常规史料；二是宋代以降清水江流域的碑铭史料；三是清水江文书与族谱等民间历史文献。

首先，一般性的常规史料，主要是关于明清王朝对清水江流域的军事征服和统治方略之史料，里面包含了明清王朝对经营贵州的设想、政策以及推行过程。虽然被冠以官方史料和他者视野的客位描述而有一定局限性，并非了解清水江流域民众社会生活的最佳史料，但当中确实也包含了该地风俗习性的深刻描述，仍然有大量值得重新发掘的价值，尤其值得注意的是记录同类事物的不同文本，这些不同的文本，大致反映了人们对清水江流域认识在不断加深。事实上，在大一统的历史背景下，清代的文献加强了对清水江流域少数民族各支系的历史沿革、生活习性、风俗传统、人群特性的记录和研究，这些丰富的材料在地方志中极易检到，成为研究地方史最为重要的史料之一。因此，本课题在发掘新史料的同时，对传统性的一般史料，也会抱着"再发现"的心态，尽一切可能努力作出新的发现与新的解释。

其次，宋代以降清水江流域的碑铭史料，这是本课题得以展开的最为核心的史料，也是最耗费心神去收集、整理的史料。不仅是这些碑铭散落在乡村各个角落，需要大量时间去找寻，更为重要的是，很多碑铭由于时间久远或材质等原因，破坏与风化严重，影响识读，特别是一些重要碑铭，在识读困难的情况下，颇令人沮丧。然而，明清时代民间碑铭的史料价值，早已为傅衣凌先生所指出："方志、族谱、账簿、契约都是研究历史的很好史料。"[①]"把活材料与死

---

① 傅衣凌：《治史琐谈》，载《书林》1984年第1期。

文字两者结合起来⋯以民俗乡例证史,以实物碑刻证史,以民间文献证史。"①这种学术理念的践行,已形成了蔚为大观的"华南研究"②。本课题组当然也是这一学术理念的践行者,因此,不管碑铭收集与整理如何艰辛,我们都一如既往,坚定信念,把清水江流域的碑铭尽可能地收集整理出来。

　　第三,清水江文书与族谱等民间历史文献,也是本课题所使用的重要史料。1964年以来,清水江文书就陆续被发现。21世纪以后,清水江文书进入一个新的"再发现"时期,数量上呈几何式增长,并得以整理与影印出版,在国内紧跟徽州文书③。这些海量的文书,当

---

① 傅衣凌:《我是怎样研究中国社会经济史的》,载《文史哲》1983年第2期。
② 有关华南学派的渊源及其相关问题,参见王传:《华南学派探渊》,华东师范大学博士论文2012年。
③ 如唐立、杨有赓、武内房司主编:《贵州苗族林业契约文书汇编(1736—1950年)》(第一、二、三卷),日本东京外国语大学亚非语言文化研究所,2001—2003年;张应强、王宗勋主编:《清水江文书》第1辑、第2辑、第3辑(共33册),桂林:广西师范大学出版社,2007、2009、2011年;张新民主编:《天柱文书》第1辑(共22册),南京:江苏人民出版社,2014年;李斌主编:《贵州清水江文书·黎平文书》第1、2、3辑(共60册),贵阳:贵州民族出版社,2017、2019、2020年;高聪、谭洪沛主编:《贵州清水江流域土司契约文书·九南篇》,北京:民族出版社,2013年;高聪、谭洪沛主编:《贵州清水江流域土司契约文书·亮寨篇》,北京:民族出版社,2015年;陈金全等编:《贵州文斗寨苗族契约法律文书汇编:姜元泽家藏契约文书》,北京:人民出版社,2008年;《贵州文斗寨苗族契约法律文书汇编:姜启贵等家藏契约文书》,北京:人民出版社,2015年;《贵州文斗寨苗族契约法律文书汇编:易遵发、姜启成等家藏诉讼文书》,北京:人民出版社,2017年;龙泽江:《九寨侗族保甲团练文书》,贵阳:贵州人民出版社,2016年;贵州省档案馆等编:《贵州清水江文书·黎平卷》第1辑、第2辑、第3辑(共15册),贵阳:贵州人民出版社,2016、2017、2018年;《贵州清水江文书·三穗卷》第1辑、第2辑、第3辑、第4辑、第5辑(共25册),贵阳:贵州人民出版社,2016、2017、2018、2019、2020年;《贵州清水江文书·剑河卷》第1辑(共5册),贵州人民出版社,2017年;(转下页)

然是本课题得以展开的重要史料。另外，清水江流域还遗存有清代以来的诸多族谱，对人群移动、家族情况、地方社会等方面，都是非常重要的史料，也是本课题的重要史料来源。

另外需要说明的是，清水江流域属于贵州东南部，但贵州东南部作为一个整体，却涵盖了三条河流（潕阳河、清水江、都柳江），因此，在碑铭使用和研究主题说明时，为了照顾整体性的展现，我们也会根据碑铭史料的发掘情况，兼及潕阳河、都柳江相关议题。

本课题的研究方法，要言之也有三：一是史学实证法，二是历史人类学的研究方法，三是比较分析法。

一是史学实证法。历史学的研究，以尽可能揭示历史真相为目标，实证的研究方法，是最为基础的方法之一。清水江流域步入王朝国家的历史过程，其实就是明清王朝制度在当地推行的过程，其关键问题是对制度本身及其运行进行详细的考订，因此，历史资料的详细考订，将是本课题使用的第一个重要方法。在具体操作中，我们将尽可能地利用正史、典章政书、档案、奏疏、方志、碑铭等多种史料，运用实证的研究方法，对明清王朝制度在清水江流域的运行及变革过程，进行详细考辨，以期在前人的研究基础上有所突破。

二是历史人类学的研究方法。清水江流域碑铭，都遗存在乡村社会里，它们大多系民间社会制作出来的，是乡民社会生活习惯的重要组成部分，史料价值颇高。然而，对于碑铭在内的民间历史文献之解读，确实需要"回到历史的现场"，才能有较为身临其境的阅读感悟。因此，进行必要的田野工作，是研究明清历史的重要方法

（接上页）《贵州清水江文书·天柱卷》第1辑、第2辑（共10册），贵阳：贵州人民出版社，2019年；《贵州清水江文书·岑巩卷》第1辑（共5册），贵阳：贵州人民出版社，2019年；《贵州清水江文书·锦屏卷》第1辑（共5册），贵阳：贵州人民出版社，2017年；谭洪沛：《九寨侗族锦屏文书辑存》，南京：凤凰出版社，2019年；张应强、王宗勋主编《锦屏文书》第1辑（共10册），桂林：广西师范大学出版社，2020年。

之一。本课题以碑铭为核心史料,当然会用到这种"进村找庙,进庙找碑"的方法。值得注意的是,不要以为这仅是考察地方史中的风土人情演变,在很大程度上,更多的是关注地方与外界,尤其是与中央王朝的互动,换言之,这种配合田野工作的地域性考察,是通过地域比较以探求通论的重要组成部分。

　　三是比较分析法。区域史的研究,比较的视野非常关键。具体到本课题而言,首先要将碑铭史料与正史、方志、清水江文书、族谱等文献进行比较,不仅要比较它们的行文性质,还要比较它们的文种差异,只有这样,才能把碑铭的史料特色凸显出来,达到本课题以碑铭为核心史料解读历史的目的。其次,长时段的比较,清水江流域目前所发现的碑铭,最早的为宋代,现在还在不断出现新的碑铭。通过比较宋代以来的立碑活动、书写体系、内容扩展等方面的内容,可以深刻反映清水江地区"内地化"的历史过程。三是空间比较,这里分为两个部分:一方面是清水江流域内部之间的比较,这是因为,元明清以来,国家开拓清水江流域有一个由下游往中游拓展的过程,直到雍正朝开辟"苗疆"时,清水江中上游的大部分地区,还属于"生苗地界",其社会文化形态,与清水江下游颇不相同,因此,需要有一个时空的比较视野,才能更加深刻地理解清水江流域的社会发展进程;另一方面,清水江流域与其他地域之间的比较,区域史研究的重要视角之一,就是比较研究,不管是中国与英国的比较,还是国内不同区域之间的比较,均有了较好的研究成果[①]。清水江流域作为晚近西南山地开发的核心区域,可作为明清王朝特别是清王朝成功经营边疆的典范来研究。

---

① 参见王国斌著,李伯重、连玲玲译:《转变的中国——历史变迁与欧洲经验的局限》,南京:江苏人民出版社,2005年;唐力行:《超越地域的疆界:有关区域和区域比较研究的若干思考》,载《史林》2008年第6期。

四、篇章架构与主要内容

本课题分为两大部分：一是搜集、整理部分，主要是对清水江流域碑铭做尽可能的搜集与整理，已经全部整理好的碑铭，包括《清水江流域碑刻集·卷一》《清水江流域碑刻集·卷二》《黔东南碑刻集·文献卷》等三部分。二是研究部分，这一部分将根据文献占有情况，并不囿于碑铭的全部内容进行宏观描述，而选择若干核心领域，进行深入讨论，特别对碑铭的时空分布和分类，碑铭呈现出来的民族交往交流交融、社会秩序、妇女生活等问题，予以较多的揭示，重点突出明清以来清水江流域乡村社会变迁核心要素的评析。

除绪论与结语外，第一章为清水江流域碑铭的分布及价值。重点对清水江流域碑铭的时间空间分布格局进行概述，从历史文献价值、文物保护价值、书法艺术价值和文学价值等方面分析其学术价值，并归纳出"一高六多"的特点，"一高"是官绅士民互动、民众捐资积极性高，"六多"是涉及生态环境保护、木材贸易、婚俗改革、限制土司、重视教育、社会治理的碑铭多。

第二章，清水江流域碑铭分类及内容概述。从目前所搜集到的清水江流域碑铭，依据其碑文内容，大体可分为包括政治管理、经济管理、社会治理等在内的官府告示类碑铭，有规范社会行为、规范生产生活、规范婚姻习俗等在内的乡规民约类碑铭，有筑路架桥凿井修渡等公益事业类碑铭，有包括科举时代的学堂教育、清末民初的新式教育与专业学校等在内的学校教育类碑铭，有修建祠堂、字辈等宗族类碑铭，有包括土地庙、飞山庙、南岳庙、观音庙、三圣宫以及签诗等在内的寺观庙宇类碑铭，还有其他类碑铭，同时对代表性碑铭进行介绍。

第三章，交往交流交融：碑铭里的移民与社会变迁。首先，清水江流域既是湖广移民进入贵州后定居、繁衍和创业的重要区域之一,也是二次移民的中转站。清水江流域的移民很早就开始了,移民线路经历了逐渐从下游地区向苗疆腹地迁徙的过程。其次,清水江流域是少数民族聚居的核心区之一,明清以来清水江流域人群之间的移动,特别是外来人口,通过改姓与"赐姓"、变换民族身份等方式,寻求生存之道,与当地少数民族人群之间的关系,其实是一个非常复杂而又微妙的关系,这种因人群移动而促进各民族之间的交往交流交融,形成了"你中有我、我中有你"的多民族聚居形态。再次,随着明初对贵州的经营,外来人口增多,为会馆组织的建立提供了契机,特别是清水江木材贸易兴起之后,商业的兴起与发展、人口频繁流动与外地客商的云集以及财力的不断增强,作为乡愁记忆的会馆应运而生。最后,以顾氏军户家族为例,分析从"汉"到"亦汉亦苗"的转变,顾氏宗族通过科举之路成功转型;通过接受教育、参加科举考试以获取功名是每个读书人的梦想,这种梦想促使少数民族地区民众对清王朝及中原主体文化——儒家文化的认同,从而加速了清水江流域的"王化"和"内地化"进程,增强了"汉苗之间"的交流与融合,推动了地方社会的进步。

第四章,有规有则有序:碑铭里的秩序世界。从五个方面分析乡村社会秩序的重建。一是在乡村社会治理中,作为清水江流域苗族侗族的传统社会组织形式——"款组织",在维护乡村社会秩序的平衡与稳定中发挥着重要的作用。"咸同兵燹"对地方社会秩序有着巨大的破坏力,湘黔"莫不震动"。主要职责为"保卫乡里、缉防盗贼"的团练在全国各地纷纷开办,清水江流域以宗族或村寨为核心,成立了众多的地方团练组织来抵御社会动乱,维护地方社会秩序。二是通过对"争江案"的细节梳理,分析清水江流域在木材贸易兴起后,围绕"一江厚利"的诱惑,为避免无序之纷争,人们通过协商,建立起"江步"制度,这种各自把持一段的利益分配,可看作区域社会内部利益均沾的调节器,在这种调节器的作用下,地方社会内部势力与利益分配处于一种较为稳定的状态,社会结构亦趋于一种稳定的状态。三是从"裁岩议事"到"府示立碑"，分析了乡村社会治理体系的变迁。清雍正年间，随着"开辟新疆"的实施，以及"新疆六厅"的设置，使得黔东南乡村社会逐步纳入到中央王朝的统一管辖范围之内，设官建制后，清代黔东南乡村社会治理体系由以"裁岩议事"为代表的自治体系，逐步演变为以"府示立碑"为主的国家治理体系。四是分析民间信仰在乡村公共秩序建设中的积极作用，从崇石拜碑、烧香拜佛、笃信风水三个维度阐释刊碑活动、佛教和风水观对乡村公益事业的推动。五是以清水江流域彭氏家族为个案，剖析其移民至乡村社会后，通过科举，终至科甲蝉联。成为乡贤后的彭氏族人热心乡村教育事业，积极参与修桥铺路、设渡济人、建庵立庙等地方社会各项公共事务，在乡村社会生活中起着举足轻重的作用。

第五章，"女有外行"：碑铭里的女性世界。清代清水江地区碑铭林立，其中以记录社会公益事业者最多，有众多少数民族妇女身影闪烁其间，她们通过或捐钱、或捐田产、或捐工、或捐草鞋、或捐木材、或捐首饰等方式参与社会公益事业，或与丈夫一道，或与子孙一起参与，当然亦有众姐妹甚至独立主持社会公益事业者，她们出钱出力并把自己的名字刻写在石碑上，以期"永垂不朽"。她们参与社会公益活动所涉及的领域比较广泛，主要在修路、架桥、筑渡、砌井、立庙、兴学、建祠堂等。这些历史事实，不仅展现了清水江流域少数民族妇女们有较高的社会活动能力，而且说明她们拥有一定的社会话语权。

当然，我们的研究还有许多欠缺。众所周知，以碑铭为载体所记载的历史，能够呈现在我们面前的是"碎片化"记忆，又因发掘碑铭史料的难度而无法重现当时的历史全貌，尤其是在整体性以及相关章节之间的逻辑关系方面还有待提升。

第一章　清水江流域碑铭的 分布及价值

　　在传统社会中,立碑以纪事,已经有悠久的历史。清水江地区虽处"化外之区",然"结绳纪事,刻木为契"的现象却被不断提及。从明代开始,还逐渐兴起了立碑纪事的文化传统。举凡王朝典章制度的推行、官府告示之颁布、民间社会生活的规范、社会公益事业之纪录等,无不以碑铭的形式一一呈现出来。尤其是清代以降,可用"林立"一词来形容其繁多,每个村落的村头寨尾,均多少不一地竖立着各类不同的纪事碑铭①。

---

① 这些碑铭的形制,大致分为三种:第一种是长方形,竖立,有碑帽、碑脚,长、宽、厚并无定制,多数碑铭长100~150厘米、宽50~60厘米、厚6~12厘米;第二种亦为长方形,与第一种之差别在于无碑帽和碑脚;第三种系四方体形状,每一面均镌刻文字,多系官府刊刻之判例。这些碑铭一般由题额、序文、捐资名单和刊立日期等四部分组成。题额即碑名,一般由右至左横书于碑的最上方。序文一般由地方社会的读书人撰写,通常先引谚语或圣贤之言,然后转入正题,述说事情之经过,尤其注重引导世人向善,参与地方社会事务。捐资名单一般先列发起人,然后按捐资数额依次从多向少排列,若有官方参与,则官员列于前。刊立日期即立碑的日期,是人们得以判断其时代的重要依据。

第一节　碑铭的时空分布格局

自2009年开始，我们对清水江流域进行了十余年的田野调查，调查采取由点到面逐步铺开的方式，即先是从清水江下游地区的天柱、锦屏开始，逐渐向中上游地区的黎平、剑河、三穗、台江、凯里、麻江、黄平、丹寨等县市延伸，目前已经搜集到的碑铭有一千二百余通，不包括地方志等文献中所记载的碑文。搜集碑铭的基本原则：一是年代太近的即中华人民共和国成立之后的碑铭原则上不收录；二是纯粹的书画碑，一般的墓碑、对联，无法辨认的残碑不收录。

一、明代及之前的碑铭

明永乐十一年（1413），贵州建省。清水江流域目前发现最早的碑铭是南宋时期的，元代的碑铭迄今尚未发现，明代的也不多。

（一）宋代

迄今为止，清水江流域发现最早的碑铭是南宋时期的两通，一通是南宋景定元年（1260）冬月立于天柱县远口镇新市村皂团的南宋大理寺丞吴盛夫妻合葬墓碑，碑文右边刊刻的是"地名皂团鳌鱼形"，中间是"原任大理寺丞始祖考讳盛公妣彭氏合葬之墓"，左边是落款时间"宋景定元年庚申岁冬月吉日"[1]。

另一通是南宋景定二年（1261）的《戒谕文》石刻，碑文由靖州

---

[1] 吴盛，南宋人，曾任大理寺丞，因抨击时政而被迫害，于宋理宗淳祐年间（1241—1252）举家西迁，避祸于今贵州省天柱县远口镇，为远口吴姓的开基始祖和湘黔边区的重要开拓者。

知府张开国撰写，刻于锦屏县敦寨镇罗丹村诸葛洞石壁上。具体内容如下：

戒谕文

我朝大观初元，筑隆州于湖耳西道，十余年而废之，自是不沾王化者几二百年。景定辛酉夏，靖守徐将军巡边，蛮酋诱而害之。夏五月当职，被命守靖，且为招讨计。秋八月，京湖吕相公调聚兵马，毕会，遂进师攻讨。千万兵马，大弓长戟，威震岩谷。是役也，当职禀闻牌之指授，一意以生灵为念，不事杀戮，故临阵招降数四。奈狼子野心，祖陆梁故态，顽然弗率，不得已而加兵，至于青烟断野，白骨枕途。此岂当职之本心哉！其自今既降之后，各训尔之子孙：弃尔弓弩，毁尔牌甲，卖剑买牛，卖刀买犊，率丁男少壮从事田亩，男耕女桑，各归圣化，永为王民。毋操刀挟弩以仇杀，毋偷牛窃马以生事，毋从草捉人以徼富，毋抵欠税课以欺官，有一于斯，剿戮无恕。故兹戒谕，各仰通知。

太守节制古随张开国书

从碑文可知，南宋景定二年（1261）靖州太守徐将军"巡边"，被当地"蛮酋诱而害之"，朝廷遂"调聚兵马""进师攻讨"。双方"千万兵马，大弓长戟，威震岩谷"，战况相当惨烈，出现"青烟断野，白骨枕途"的惨象。最后告诫当地民众，要弃武从耕，永为国家臣民，"自今既降之后，各训尔之子孙：弃尔弓弩，毁尔牌甲，卖剑买牛，卖刀买犊，率丁男少壮从事田亩，男耕女桑，各归圣化，永为王民。毋操刀挟弩以仇杀，毋偷牛窃马以生事，毋从草捉人以徼富，毋抵欠税课以欺官"。

（二）明代

明朝的碑铭较之此前多一些，但不足二十通。其中天柱、锦屏两县较多。

1. 天柱县

凤城镇有两通宣德四年（1429）的墓碑，一通是《有明龚宜人沈氏之墓》，另一通是其墓志铭，即《故沈氏宜人墓志铭》。高酿镇邦寨村明正德十年(1515)刊立的《林秀义墓碑》，墓碑上刊载了十一世男长再思、次再理，十二世孙长房楼保、楼生、楼三、仲三、金三、添宽，次房和三、和宝、银宝的名字。墓主是其第十世祖林秀义，字气和，"生于明英宗正统八年(1443)癸亥二月十二日，明弘治三年(1490)庚戌由天柱西门岩寨移徙塘团开基，居住数载，现有朗存刻刊传谱"，"大限明武宗正德十年(1515)乙亥，葬塘团，同吴姓之坟并排"①。

在天柱县有四通明代的修桥碑，均与女性有关，说明女性的地位与作用也不低。最早的一通是竹林乡新寨村万历二十四年(1596)十月十五日的《求兴南无阿弥陀佛》碑，该碑记述了明朝万历年间刘金大为方便行人而主动募捐架桥的故事。碑的序文如下："大明国湖广靖州会同县远口乡六图九□塘中寨善信刘金大，本命□□五月初十日已时生人。见溪水□□往来不便，谨发善心以化之。"捐资额度从五两到一钱不等，其中有□氏、龙氏、杜氏□□、李氏、龙氏、谢氏□□、舒氏□□、唐氏□妹、杨氏、唐氏□□、彭氏、杜氏、谢氏乔其、潘氏杨女等十四名女性②。

第二通是坌处镇三门塘梁溪口的明代万历三十九年(1611)的《兴龙桥》碑，叙述了桥主、本主及本地民众与附近菜溪、抱塘、黄坛民众共同捐钱修桥的故事。具体碑文如下：

> 兴龙桥
> 　　今据大明国湖广道靖州天柱县归化二图清水江三门塘梁溪口石桥乙座，万世工阴。

---

①《林秀义墓碑》刊刻于正德十年(1515)，现立于天柱县高酿镇邦寨村塘团自然寨屋背后。

②《求兴南无阿弥陀佛》碑刊刻于万历二十四年(1596)，该碑字迹漫漶，现立于天柱县竹林乡新寨村口。天柱县是明朝万历二十五年(1597)才建县的，因此，当时新寨还属于湖广靖州会同县远口乡管辖。

桥主：谢万银施银一两一钱，谢万保施银二钱。

本主：谢什保同妻刘氏共施银六两二钱，外修路银四钱五分。谢尚桥施银二钱，同男谢福保妻潘氏共施银三钱。谢明江施银二钱，男谢汉子施银二钱。谢双保施银一钱四分，刘羊苟、刘羊晚共施银五钱。菜溪彭龙保施银二钱，李金万施银二钱，抱塘吴亮孙施银一钱，黄坛李秀纪施银一钱。

行述人何先生　　石匠粟子尧

万历三十九年孟冬月吉旦立①

第三通是白市镇白市村八角洞天启六年(1626)的修建永兴接龙桥的功德碑，具体碑文如下：

南无成就功德佛

永兴接龙桥

今据大明国湖广靖州天柱县安乐二图新州白岩塘八角洞石桥奉佛喜舍，修架石桥，植福保安，头人信士杨俊皆人等竭诚捐午[许]。切念溪沟。今见八角洞溪口古路一条，又因春水泛涨，路道蹊岖，不论军民上下人等难以过往。今有斋人罗如海邀合一方众姓人等各施银两，请匠罗喜福打造岩石，辅架石桥一座。今期架立完就，立碑为记。

计开众姓男女姓名于后：

头人信士杨俊皆同妻杨氏，男杨启行、吴氏母子共银一两二钱□□□，施主信士杨俊东同妻舒氏施银一两正。信士杨秀东、杨氏、□氏，男杨景良共银一两一钱。信女舒巧娘施银一两，信士宋世书、陈氏、徐氏共银一两，信士杨顺敬、杨氏施银七钱，信士周云儒施银一钱二分，信女杨氏一钱，石匠罗喜福施银□□，信士杨燕珊、王氏共银五钱，信士杨秀兵、杨氏五钱银，信

---

①《兴龙桥》碑刊刻于万历三十九年(1611)，现在天柱县坌处镇三门塘村。

士杨均松施银三钱，信女陈氏二钱□□□，信士杨行尤、杨氏共银三钱，信士杨秀三一钱，舒天分银二钱，杨俊求银二钱，信士杨经受、杨氏五钱，杨俊品一钱，杨秀拔一钱，宋景玉、杨秀□二钱，信士杨秀成、宋氏七钱，信士宋景启、黄氏一钱，信士黄乔银一钱，信士杨俊池、杨氏一钱，信士张上保一钱□□，信女杨氏一钱，信士舒天照一钱，信士舒明法二钱，信士□□□银一钱，杨顺光二钱，杨俊顺一钱，舒天照一两。

大明天启六年冬月吉①

从碑文中可知，因八角洞溪口道路崎岖，"军民上下人等难以过往"，于是，在僧人的倡议下，"一方众姓人等各施银两"，修架石桥。捐银数量从一两二钱至一钱不等，在捐银的五十一人中，其中有头人信士杨俊皆同妻杨氏、施主信士杨俊东同妻舒氏等十九名女性，占捐银总数的百分之三十七点三。

第四通碑是竹林乡花里崇祯元年（1628）的《永兴桥碑记》，具体碑文如下：

永兴桥碑记

菜溪寨施主儒士李仁才同妻刘氏寅贞、次妻杨氏合女，男李世椿、李世秦共施银七两。父李良福、母龙氏季女助银二两；叔李良禄，弟生员李仁科妻龙氏计贞□□□□。

劝首：王象明、李仁恺

崇祯元年十一月二十七吉立②

碑文记载儒士李仁才与两位妻子、两个儿子及父母亲，以及叔父与弟弟及弟媳共同捐银修建永兴桥的事迹。

---

①《南无成就功德佛》碑刊刻于明朝天启六年（1626），原立在天柱县白市镇白市村八角洞石拱桥边，现不知去向。
②《永兴桥碑记》刊刻于崇祯元年（1628），现在天柱县竹林乡花里。

有些有碑文而碑石损毁无存,如康熙二十二年编修的《天柱县志》中就有万历二十七年(1599)《天柱县初建县治碑记》、万历二十八年(1600)《天柱县初建儒学碑记》和《初建宝带桥记》、万历四十年(1612)《重建城隍庙碑记》、万历四十四年(1616)《重修保泰桥碑记》等碑。

2.锦屏县

在锦屏县平略镇有两通明代的石刻,均记载了地方社会动乱,朝廷派军队征剿的历史。一通是平略镇南堆村明永乐十二年(1414)的《南堆摩崖石刻》,该石刻记载了永乐十二年(1414),清水江流域上下标绞、藕洞一带"苗贼聚众,伏弩拒守",总兵官都督梁福统帅大军进行"征剿",大军如"神兵浮水度[渡]江,大败斯寇,夺其巢穴,就其粮食,虏其妻子给军为奴",同时告诫"苗蛮永顺",否则朝廷"剿绝无遗"。具体碑文如下:

> 大明朝命总兵官都督梁福统帅大军,征剿上下标绞、藕洞一带,叛寇于永乐十二年正月十四日直冲江滨,苗贼聚众,伏弩拒守。天朝神兵浮水度[渡]江,大败斯寇,夺其巢穴,就其粮食,虏其妻子给军为奴,为殄微贼,无敢阑露。兹当建碑,诫尔苗蛮永顺朝廷,但免后祸,剿绝无遗,故记。
> 永乐十二年岁次甲午正月元宵立 [1]

另一通是位于三板溪白崖塘明成化十二年(1476)的《纪功碑》,具体碑文如下:

> 大明成化十一年乙未岁春二月,沅溪千碑等处苗民违天逆命,重扰辰靖,事闻当宁。皇上特命镇守湖广总兵官左都督李震调汉土之军,命镇守太监王定巡抚湖广,都察院右副都御史刘敷、巡按监察御史左中协力赞襄。于时,山林茂密,薮泽潜踪。

———————————————

① 《南堆摩崖石刻》刊刻于明永乐十二年(1414),无额题,现位于锦屏县平略镇南堆村。

诸军四路，驻扎要害，苗无敢肆，吾民耕凿自若。乃偃旗息鼓，密为布置。遣左右参将高端、彭伦，都指挥庄荣、郑泰等，会官兵进讨，捣其中坚。长官司龙永福随总兵李贵，左都督陈友、吴经，按察司副使沈庆，带土兵往来策应，凡率官军、土兵三十万。十月己卯，分为四枝[支]进击。癸卯与贼交战，破贼于九湖塘。十一月辛酉，追至白崖塘，复大破之。凡擒馘首级、俘获者及堕崖落水者俱不计其数。天戈所指，及时披靡，莫我能遏。巢穴荡然，里井宴然。因镌石记其岁月，以垂示于永久云。

　　成化十二年春三月初二日书刻于白崖塘①

　　该碑有两条信息值得注意，其一，记载了成化十一年（1475）沅溪千碑等处苗民"违天逆命，重扰辰（州）靖（州）"，朝廷"特命镇守湖广总兵官左都督李震调汉土之军"三十万"进讨，捣其中坚"，当地土司龙永福"带土兵往来策应"，分为四支进击，"破贼于九湖塘"，后又"追至白崖塘，复大破之。凡擒馘首级、俘获者及堕崖落水者俱不计其数"。其二，整个指挥系统庞大，级别高，一是特命镇守湖广总兵官左都督李震负责；二是镇守太监王定巡抚湖广，都察院右副都御史刘敷、巡按监察御史左中协力赞襄；三遣左右参将高端、彭伦，都指挥庄荣、郑泰等会官兵进讨；四是长官司龙永福随总兵李贵，左都督陈友、吴经，按察司副使沈庆带土兵往来策应。

　　锦屏县有两通修建碑，一通是隆里乡隆里所村崇祯二年（1629）的《建桥碑》，记载了当地民众捐资修建状元桥的故事，碑文首先叙述隆里即是以前的龙标县，唐代状元王昌龄曾经被贬此处，"远谪龙标"。王之臣邀约梅友月等诸士寻找状元墓，"登临寻冢""果得瘗所，即竖碑封墓"。到万历中，"捐资建祠绘像"，从此，"地灵人杰，科甲隆隆"。天启年间，"鸠工庀材"，建桥工程繁复，"前天马横

---

① 《纪功碑》刊刻于明成化十二年（1476），现位于锦屏县平略镇三板溪白崖塘。

空,后锦屏峙立,北极梵刹护于左右","公灵异主张,因题名曰:状元桥"①。另一通是铜鼓镇东门明万历四十四年(1616)的《重修铜鼓周城碑记》,动用靖州"帑金千余,捐俸百十有二",重修铜鼓卫城墙,"更土为石,新其雉堞,周围计六百余丈",同时还刊刻有湖广布政使司分守湖北道右布政使、钦差巡抚湖广等处地方都察院右副都御史、巡按湖广监察史、湖广按察司分巡湖北道布政司右参政、湖广辰州府边粮通判、湖广靖州知州、总督城工守备靖州今升湖广都司金书都司、总理城工本卫军政掌印兼管马局指挥使、分理城工本卫管操并推掌卫镇抚印指挥、本卫指挥、十三所管修千户、督工总甲等五十余名湖广各级官员的姓名②。

偶里乡皆阳村有一通明崇祯七年(1634)的《佛祖证盟》碑,记载当地纳粮的情况,碑文有对天盟誓的感觉,具体碑文如下:

佛祖证盟

——粮禾一大手三小手。

——寨欧、寨蛇、寨明三寨一牌,该粮鸡一十八只,供应五人。

——每餐五只,打散一十二只。

——安马寨、睑寨,此是上年悠规。

——里长鸡每牌一十只,此是上年悠规。

崇祯七年十一月十四日同各寨苗头等小人

3.其他县

其他县也有零星碑铭,如黄平县新州镇崇祯十七年(1644)《杨氏金万界址》,碑文是:"崇祯十四年,买得土官金万寨。四至:前抵十里桥田,后抵铜鼓冲,左抵尖山芹菜塘陈家坟,右抵龙熬寨大石。

---

① 《建桥碑》刊刻于明崇祯二年(1629),现立于锦屏县隆里乡隆里所村。

② 《重修铜鼓周城碑记》刊刻于明万历四十四年(1616),现立于锦屏县铜鼓镇东门。

界内诸姓坟俱系盗葬。土官今约内分明:有坟无地。子孙世守之。此记。崇祯十七年三月初二日。凭张元南志。"①

黎平县德凤镇两湖会馆中有两通明代碑铭,其一是崇祯十三年(1640)的《诰封大中大夫泰詹周公墓志铭》。另一通碑文是:"奉明示:凡生员之家,一应保甲、大小差徭概行永免。"据推测,应该是明代的。

明代及之前的碑铭之所以不多,究其原因,笔者认为:一是清水江流域传统纪事方式是不用文字,而是"刻木纪事"。清水江流域是苗族、侗族聚居的核心区,苗侗等民族没有本民族的文字。二是清水江流域纳入国家治理的时间晚,先前多数地区属于"化外之地",直到明朝永乐十一年(1413)贵州正式建省之时,清水江流域所在行政区划才开始纳入镇远府、黎平府、都匀府管辖,而天柱县当时尚归湖广靖州管辖。

二、清代碑铭

清代碑铭在清水江流域各县均有分布,因搜集的碑铭主要集中在下游的天柱和锦屏两县,故有关分析以天柱县和锦屏县为主。

1.时间分布

天柱县的碑铭除顺治朝没有发现外,其余各朝均有,共计423通。康熙朝(1662—1722)有5通,其中康熙十年1通,康熙五十年1通,康熙五十五年2通,康熙六十一年1通。雍正朝(1723—1735)有1通,是雍正七年的。乾隆朝(1736—1795)有109通,其中乾隆一年至九年8通,乾隆十年至十九年6通,乾隆二十年至二十九年11通,乾隆三十年至三十九年17通,乾隆四十年至四十九年26通,乾隆五十年至五十九年37通,乾隆六十年4通。嘉庆朝(1796—1820)有111通,其中嘉庆一年至九年43通,嘉庆十年至十九年46通,嘉庆二十年至二十五年22通。

---

① 《杨氏金万界址》碑刊刻于崇祯十七年(1644),现在存放于黄平县新州镇老虎坳村小学内。

道光朝(1821—1850)有70通,其中道光一年至九年30通,道光十年至十九年20通,道光二十年至二十九年18通,道光三十年2通。咸丰朝(1851—1861)有18通,其中咸丰一年至九年16通,咸丰十年以上2通。同治朝(1862—1874)有4通,同治一年至九年3通,同治十年以上1通。光绪朝(1875—1908)有85通,其中光绪一年至九年13通,光绪十年至十九年28通,光绪二十年至二十九年33通,光绪三十年至三十四年11通。宣统朝(1909—1911)有9通。另外有11通可以确定是清代的,但无法确定具体时间。

从统计数据可以看出,天柱县碑铭最多的是嘉庆、乾隆两朝,分别到达111通、109通,其次是光绪朝,有85通,道光朝有70通,最少的是雍正朝,仅有1通。

表1—1:天柱县清代碑铭时间分布统计表

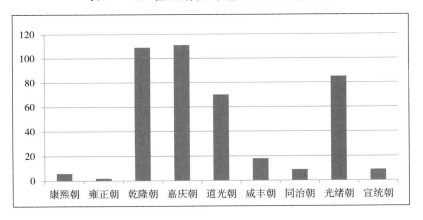

锦屏县的碑铭除顺治朝没有发现外,其余各朝均有,共计有333通。康熙朝(1662—1722)有6通,其中康熙六年1通,康熙十六年1通,康熙二十八年1通,康熙二十九年1通,康熙三十年1通,康熙五十八年1通。雍正朝(1723—1735)有2通,雍正三年、七年各1通。乾隆朝(1736—1795)有77通,其中乾隆一年至九年3通,乾隆十年至十九年9通，乾隆二十年至二十九年12通，乾隆三十年至三十九年7通，乾隆四十年至四十九年11通，乾隆五十年至五十九年32通，乾隆六十年3通。嘉庆朝（1796—1820）有69通，其中嘉庆一年至九年31通，嘉庆十年至十九年30通，嘉庆二十年至二十五年8通。道光朝（1821—1850）有54通，其中道光一年至九年23通，道光十年至十九年13通，道光二十年至二十九年16通，道光三十年2通。咸丰朝（1851—1861）有20通，其中咸丰一年至九年19通，咸丰十年以上1通。同治朝（1862—1874）有9通，其中同治一年至九年5通，同治十年至十三年以上4通。光绪朝（1875—1908）有88通，其中光绪一年至九年32通，光绪十年至十九年29通，光绪二十年至二十九年20通，光绪三十年至三十四年7通。宣统朝（1909—1911）有6通。另外有7通根据碑文可以确定是清代的，但无法确定具体时间。

锦屏县碑铭最多的朝代是光绪朝，有88通，其次是乾隆朝，有77通，嘉庆朝和道光朝再次之，最少的是雍正朝，仅2通。

表1—2：锦屏县清代碑铭时间分布统计表

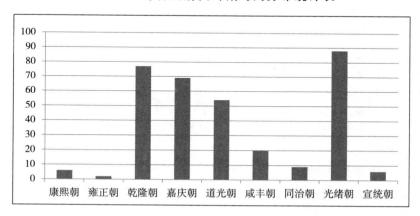

2. 空间分布

天柱县共有16个乡镇，每个乡镇均有碑铭分布，目前搜集到

598通,其中凤城镇22通,邦洞镇16通,坪地镇2通,蓝田镇25通,瓮洞镇22通,高酿镇95通,石洞镇16通,远口镇62通,垄处镇121通,白市镇36通,社学乡29通,渡马乡19通,注溪乡2通,地湖乡9通,竹林乡115通,江东乡7通。从统计数据可以看出,碑铭最多的乡镇是垄处镇和竹林乡,均超过100通,最少的是坪地镇和注溪乡,均只有2通。

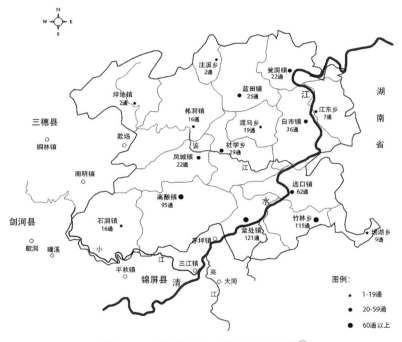

图1—1:天柱县清代碑铭空间分布图①

锦屏县共有15个乡镇,每个乡镇均有碑铭分布,目前搜集到419通。其中三江镇45通,茅坪镇15通,大同乡23通,铜鼓镇23

①天柱、锦屏的清代、民国碑铭空间分布图均由凯里学院期刊社蒋琴老师绘制。

通，敦寨镇35通，新化乡10通，隆里乡40通，钟灵乡55通，平略镇17通，偶里乡17通，启蒙镇57通，固本乡3通，河口乡39通，平秋镇12通，彦洞乡28通。从统计可以看出，碑铭最多的乡镇是启蒙镇和钟灵乡，均超过50通，最少的是固本乡，只有3通。

图1—2：锦屏县清代碑铭空间分布图

3.清代碑铭的特点

通过碑铭的时间分布可以看出，顺治朝未发现碑铭，而雍正朝和咸丰朝、同治朝的碑铭也少。目前，在清水江流域的各县市均未发现有顺治朝的碑铭，究其原因，主要是南明政权以及吴三桂三藩之乱先后控制清水江流域，清政府尚未在清水江流域建立起有效的统治秩序。

雍正朝的碑铭少，目前仅发现天柱有1通，锦屏有2通。之所以少,主要原因有两点:一是雍正皇帝在位时间短(1723—1735),仅有十三年;二是雍正开辟新疆,实行"改土归流",朝廷与土司之间战争持续不断。自雍正六年(1728)至十一年(1733),经过大小战争三十多次,动用湖南、湖北、广东、广西、云南、四川、贵州等七省兵力数十万,经过"讨伐"和反复"进剿",先后在苗疆腹地设置"六厅",八寨厅(今丹寨县)、丹江厅(今州雷山县)、都江厅(今三都县)隶都匀府,古州厅(今榕江县)隶黎平府,清江厅(今剑河县)、台拱厅(今台江县)隶镇远府,总称"新疆六厅"或"新设六厅"。"六厅"的设置,标志着清朝对"生苗"地区武力开辟的基本完成,自此把"生苗"疆界纳入清王朝的直接管辖之下①。

咸同时期碑铭少的原因是持续近二十年的社会动乱。

咸丰同治年间,因繁重的苛捐杂税以及吏治腐败等原因,导致农民起义此起彼伏,尤其是清水江流域爆发了张秀眉、姜映芳等领导的各族农民大起义,持续时间长(1855—1873),破坏力大,影响面广,出现"千里苗疆,莫不响应"的局面。起义军先后攻占台拱厅、丹江厅、清江厅、清平县、施秉县、都江厅、黄平县、天柱县、邛水县(今三穗县)、八寨厅、平越县(今福泉市)、麻哈州(今麻江县)、都匀府、镇远府等一百余座城池,巨大的社会动乱导致社会秩序被破坏,严重影响当地民众的日常生产生活,故碑铭的刻立较其他时间为少。

镇远县江古镇有一通碑铭,记载咸同时农民军攻破镇远、青溪、邛水的历史:"咸丰八年(1858)戊午八月二十□,镇(远)城失陷。""同治元年(1862)壬午五月十七八,青(溪)、邛(水)被破。"②

---

① 详见(清)鄂尔泰等修,靖道谟、杜诠纂:《(乾隆)贵州通志》卷二十四《师旅考》,载《中国地方志集成·贵州府县志辑》第4册,成都:巴蜀书社,2006年影印本,第474—485页。

② 《修葺土地庙碑》刊刻于光绪五年(1879),现立于镇远县江古镇水岭村云上悬幡岭土地庙。

　　锦屏县彦洞乡彦洞村有一通光绪二年的《彦洞记述碑》,较为详细地记载了咸同兵燹的情形。同治元年(1862),彦洞地区不法之徒"勾结教匪姜映方[芳],盘距汉寨,山名呼为九龙山。擅造旗帜、王号,自称定平王,破陷天柱",彦洞地区组织团练——太和团"独力苦拒",至同治三年(1864)六月初二日,"逆苗乘危而害,团因灾而莫雇,卡练惊奔,被贼又烧一次"。同治四年(1865)五月二十一日"被贼又烧一次,尸骨充塞道路,血滴成渠","可恨逆苗心如狼虎,于同治五年正月二十五日,漫山塞野四路兜杀,大旗罗包延因敌被贼困杀,男女哭声震地,号泣张天"。兵乱四起:"陈大六聚扎江口屯,自称陈大帅;杨万洪把住滥木桥,自号公平王;关将军盘距寨头,时出时入;宝元帅霸占硐却,肆横无忌。"至同治七年(1868)十一月初四日,官府合围起义军:"恩蒙席大人攻打寨头,势如破竹;龚大人剿洗江口,剖若切瓜;李钦差进扎大广,戈统领打破青龙。"战乱造成巨大灾难,"想我黎民遭此乱世,前后十有余年,受尽许多苦楚"[①]。

　　彦洞乡瑶白村光绪元年(1875)的《瑶白记述碑》碑文记载:至同治三年(1864),"苗匪又破天柱,我等又遭一次,苦不可言"。至同治四年(1865)十二月二十一日,"不意又遭小广滥徒杨大伍勾结江口叛逆陈大王乘虚夜入,又遭一次。被围烧身者百无一活,逃出脱命者十伤八九,可怜我等被烧之后,逃在他乡,或野外而穴居,或依人之宇下,餐食也渡一日,单衣亦御三冬,年虽丰而啼饥,冬甚暖亦号寒"。至同治七年(1868),"恩蒙席大人统兵由八号剃洗寨头一带,李大人亲由冷水营攻开江口贼,使民屯粮于大广,戈师威镇于南加,小广滥苗远遁,青龙逆匪归服,始脱蹂躏之灾,方见太平之世"[②]。

　　剑河县敏洞乡沟洞村有一通立于光绪六年(1880)的《流芳百世》碑,记载咸同年间张秀眉、包大肚、杨大六以及姜映芳等农民

起义军战事情况。"于咸丰乙卯（咸丰五年，1855）之秋，贼风竞起，猛兽挺生。由革夷高禾、九松方乜，下自清抬[台]张秀弥[眉]、包大肚、杨大六，此等逆魁三五成群，千万合党，烧杀乡村，攻打屯堡。""大约称王称号，誓盟举义，兴师大众，逞威攻城劫寨，势如破竹。""乙卯九月初九日，攻打敝处，集齐四十八寨御敌不胜，败绩于平棍卡，命丧数百，房屋尽被焚烧，祖墓继行掘毁。老者填乎沟壑，壮者散于四方，如鸟失巢，如鱼失水矣。兼于壬戌年（同治元年，1862），忽有柱属姜、龙、陈、李四逆窜入抬[台]邦，协合主□，引领攻下柱邑，设营九龙山，滋扰各属，惨遭其害，鸡犬不宁。"同治七年（1868），"荷蒙席、李各大宪雄师进剿，四路进兵攻江口，游[由]青龙恼而上，剿洗寨头。自丹江而下，克复清抬[台]，诛戮叛逆"①。剑河县南加镇柳基村关帝庙旁有一通光绪十二年（1886）的《永远留芳》碑，也记载了"咸同兵燹"的巨大破坏力："自咸丰初年，苗匪猖乱，迭次攻扑城垣，兵民屡战屡捷，赖神灵显应也。旋因外无援兵，内无行粮，强壮者奔于军营，老弱者逃于四方。孤城无守，以致失陷，房屋庙宇概被烧毁。"②

此外，还有两通很有意思的碑铭，一通是《先序昭垂》碑，另一通是《万古清泉碑记》。

锦屏县新化乡欧阳村的《先序昭垂》碑，记载的是欧阳家族修建祠堂的故事，讲述其祖先辗转迁徙、最终落户贵州的故事。"余族发源于武林，由浙至豫，自豫来黔，寄居新水已数百年矣，其本不可谓不深，其源不可谓不远"，族人意识到"我后人欲培本清源，是非建祠焉"，欲建祠堂，"必得一形胜地乃可耳"，于是寻找到一风水宝地，"众池之上先祖所遗旷址，地势平坦，适居其中，形胜俱在"，由此"建祠之议遂决，爰鸠工庀材"，毅然兴办，从道光七年（1727）季

①《流芳百世》碑刊刻于光绪六年（1880），现立于剑河县敏洞乡沟洞村。
②《永远留芳》碑刻于光绪十二年（1886），现立于剑河县南加镇柳基村关帝庙旁。

冬月"经营伊始"，至道光八年仲秋月落成。该祠堂规模宏大，"庭堂耸立，栋宇垂新""地当街衢，址基数间"，形声俱佳，"第见左有广厦护持，右有鳞炬辐辏，左维右侍，森然如子孙之竞绕也；前有月池停蓄，后有金项来龙，前聚后来，悠然见祖泽之绵长也"①。而刊碑落款时间竟然是同治十四年仲春月二十二日（1875年3月29日），这就很有意思了。据《清实录》记载，同治皇帝也就是清穆宗，姓名是爱新觉罗·载淳，清朝第十位皇帝，也是清军入关以来第八位皇帝，其年号是"同治"，在位十三年（1862—1874），于同治十三年十二月初五日（1875年1月12日）崩于养心殿东暖阁。十二月初九日，爱新觉罗·载湉被两宫皇太后立为帝，年号用"光绪"，以明年为光绪元年，"于正月二十日戊午卯时，举行登极颁诏巨典"②。刊碑此时距同治皇帝去世已经七十七天，光绪皇帝即位也有五十余天，而碑上落款年号未改，说明信息闭塞③。

　　另一通是锦屏县敦寨镇营盘湾村的《万古清泉碑记》，碑高73厘米、宽51厘米、厚5厘米，记载营盘湾民众集资修建沟渠灌溉农田的故事，具体碑文如下：

万古清泉碑记

　　　　湖广五开卫新化胡家屯为圈井积水，以济田禾，以培风水事。有本屯设立以来，住居边壤，祖植［置］粮田数十余亩，俱在门首坝沟两岸，原系祖田，营盘湾古泉灌溉禾苗，迩来土埂不坚，难以接济。幸有一二贤者意欲继志维新，尤□独为难成，于是胡升俊、春俊各捐己资银三两以为引作，□□□□，随意捐

---

① 《先序昭垂》碑刊刻于1875年3月29日，现嵌于锦屏县新化乡欧阳村欧氏宗祠左侧墙内。

② 《德宗景皇帝实录》卷之一。

③ 此种情况在清水江流域较为普遍，如笔者主编的《贵州清水江文书·黎平文书》（贵州民族出版社，2017年）中也有数份文书有此种情况。

资,倩匠劈石,圈围架水,高下均沾,一劳永逸。庶田禾有赖风水栽培而利益无穷,永垂不朽。今将头人姓名开列于左。①

从碑文可知,修建沟渠的目的在于"为圈井积水,以济田禾,以培风水事"。原有的"古泉灌溉禾苗",因"土埂不坚,难以接济",于是有识之士"胡升俊、春俊各捐己资银三两以为引作",其他民众踊跃捐资,最终"圈围架水,高下均沾,一劳永逸"。文中有三点值得注意:一是营盘湾当时属于湖广五开卫新化所胡家屯管辖,据文献记载:"洪武十八年,设五开卫,隶湖广靖州,领内外屯所八驿。"②雍正三年(1725)四月,五开卫与铜鼓卫划归贵州,直到雍正五年,"改五开卫为开泰县"。二是落款时间竟然是周丁巳年孟夏月望日,即康熙十六年(1677),据《(道光)黎平府志》记载:"康熙十二年,吴三桂叛,全黔皆陷,十九年平之。"③《清实录》记载,康熙十二年十二月二十二日,四川湖广总督蔡毓荣疏报:"吴三桂反,伪称天下都招讨兵马大元帅,以明年甲寅为周王元年。"④此碑是目前所能发现的吴三桂称帝时代唯一的碑铭。三是捐款人均为胡姓,共计三十四人,且捐款额多为银一钱。

三、民国时期碑铭

民国碑铭在清水江流域各县均有分布,因搜集主要集中在下游的天柱和锦屏两县,故有关分析以天柱县和锦屏县为主。

---

① 《万古清泉碑记》刊刻于周丁巳年,即康熙十六年(1677),现立于锦屏县敦寨镇营盘湾村。

② (清)俞渭修、陈瑜纂:《(光绪)黎平府志》卷五上,第50页。见《中国地方志集成·贵州府县志辑》第17册,成都:巴蜀书社,2006年。

③ 黎平县县志编纂委员会办公室校注:《黎平府志》卷二《地理志》,北京:方志出版社,2014年,第256页。

④ 《清实录》卷四十四,康熙十二年十二月二十二日丁巳条。

1.时空分布

天柱县民国时期的碑铭共计有139通,时间分布是:民国元年至九年(1912—1920)46通,民国十年至十九年(1921—1930)41通,民国二十年至二十九年(1931—1940)36通,民国三十年至三十八年(1941—1949)16通。

空间分布是:天柱县共有16个乡镇,其中凤城镇6通,邦洞镇9通,蓝田镇4通,瓮洞镇7通,高酿镇28通,石洞镇4通,远口镇18通,坌处镇15通,白市镇3通,社学乡11通,渡马乡5通,注溪乡1通,地湖乡1通,竹林乡26通,江东乡1通。从统计可以看出,碑铭最多的乡镇是高酿镇和竹林乡,均超过20通,坪地镇尚未发现碑铭。

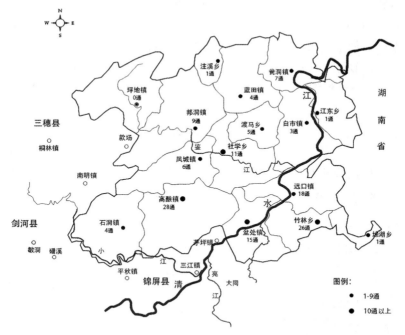

图1—3:天柱县民国时期碑铭空间分布图

　　锦屏县民国时期的碑铭共计有45通,时间分布是:民国元年至九年(1912—1920)25通,民国十年至十九年(1921—1930)13通,民国二十年至二十九年(1931—1940)4通,民国三十年至三十八年(1941—1949)3通。

　　空间分布是:锦屏县共有15个乡镇,其中三江镇2通,茅坪镇3通,大同乡3通,铜鼓镇1通,敦寨镇4通,隆里乡1通,钟灵乡11通,平略镇2通,偶里乡2通,启蒙镇7通,河口乡2通,平秋镇5通,彦洞乡2通。从统计可以看出,碑铭最多的乡镇是钟灵乡,新化乡和固本乡没有发现碑铭。

图1—4:锦屏县民国时期碑铭空间分布图

　　从天柱和锦屏两县碑铭的时间分布看,民国初期刊刻的碑铭多于其他时间段。

2. 特点

民国时期碑铭的一大特点是教育类碑铭多。在各级政府的倡导下，清水江流域普遍对教育比较重视，地方政府因教化而重视教育，而普通民众为子女受教育也愿意进行投入，于是，官府倡导，民众踊跃捐资，从而形成重视教育的良好氛围。

在天柱县高酿镇地良村有两通民国十七年（1928）刊立的碑铭，述说着边远地区民众集资创办学校的故事，第一通碑有序言及捐款人姓名，第二通碑只有捐款人姓名及落款时间，捐款数额从700千文到7千文不等，共计178人参加捐钱活动，也足见民众踊跃捐资助学的积极性。第一通碑文序言如下：

> 教育为国家命脉，学校乃教育基础。欲振兴教育，植入人才，非兴学校无以为功，况今世界科学竞进，一日千里□□□，孕育子弟，初基为高中大学预备，将无以与列强争。我地虽属黔陲，历来不无鹿洞，然苦无校舍，室碍殊多。我寨水口龟山，其形若活而奇巧，其背隆然而宽阔，横收众水，弥锁重关，复处闹中之静，爽恺非常，用作校址，诚天造地设者也。民十七戊辰，阖乡父老昆弟凑木捐资购买此山，经营创造，不周稔而鸠工告竣，加修阶道，颇见堂皇，风水厚培，学子辐辏，自此恒钟灵秀，永启文明，用勒诸石以志不朽。①

序言首先强调教育的极端重要性，把教育的重要性提高到"为国家命脉"的高度，学校又是教育的基础，"况今世界科学竞进""非兴学校无以为功"，否则"无以与列强争"。其次，叙述地良村属贵州边陲，"苦无校舍"的窘境，于是，"阖乡父老昆弟凑木捐资""经营创造"。同时，期待"自此恒钟灵秀，永启文明"。

---

① 《地良建校碑》刊刻于民国十七年（1928），碑无额题，两通碑现并列立于天柱县高酿镇地良村地良小学校园内。

高酿镇木杉村有两通民国二十二年(1933)的碑,叙说着木杉修建学校、民众踊跃捐资的故事,木杉"地处边隅,文化晚开,学校从未开办,全乡士子咸兴难学之叹者久矣"。但办学需费甚多,"乃于民国十九年(1930)春,约诸同志以孔子会为名,每人捐钱五千,储蓄生息,俟后校舍落成提作基金。幸诸同志随时回应者百余人,基金可谓有着矣"。虽然基金落实了,但没有校址,于是"又召集各父老磋商,可将飞山宫及我寨中东、南二岳神祠三座概迁洞口,留飞山宫位址作校基,众皆一致赞同。越年,雇匠鸠工,不数月而告竣,以致人得所屋,校得所建,神之所安矣"。不料到了民国二十一年(1932)冬,"建筑校舍工资、木料,按粮计均摊,继续经营。越止六月,派资殆尽,匠人弃工"。"睹此惨景"后,"向我乡各妇道及诸父兄昆弟乐捐",父老乡亲"解囊输金""或派或捐""挽狂澜于既倒,诚赖各妇道及诸父兄昆弟矣",最后"勒石记功"。一通碑有序言和发起人、赞助人姓名。另一通碑除发起人外,几乎全部是妇女姓名及捐钱数额,从54.8千文至20千文不等①。

在高酿镇甘洞小学有三通民国时期刊立的碑铭,讲述当地兴办学校、培养人才、民众踊跃捐资助学的故事。一通是《天柱县第四区区立第四初级小学碑序》,序文强调人才、学校与国家强盛的关系:"尝闻学校立则人才兴,人才兴则国家盛,理所固然。"如果人才济济,则国家富强。"新造国家需才孔亟,若不创新学校,振新教育"则无从谈起。有鉴于此,民国十二年(1923),有识之士龙东源"尚义,乐以私地捐作校基",父老乡亲"赞襄捐助,乃得新校落成",到现在

---

① 两碑均无额题、无刊碑时间,因碑文中有"民国念一年"、其后有"越止六月"字样,推测刊碑时间应该是民国二十二年(1933),碑现立于天柱县高酿镇木杉村小学教学楼右侧。

已是第六任校长"努力继办，发达胜前"①。另一通是《天柱县高酿乡第二中心学校碑序》，序文首先强调教育的重要性，指出："国家之隆替系乎人才之盛衰，人才之盛衰由于教育之兴废。盖教育之实施，诚惟学校是赖。""甘洞地处黔隅，明往清来原无校舍之设"，导致"文化之寥落"。"自民国肇兴，百政新刷，我地当局乃汲汲期以学校创设"，但迟迟未能创办。直至民国十二年(1923)，有"乡贤出而倡办，不惜苦衷，学校始克成立"，"溯昔迄今，毕业学生已达八期矣"。学生中，有升至大学的，有卒业于高□的，有中学毕业者，有中学肄业者等。抗战爆发后，政府更加重视教育，"值此世界风云紧急，国步艰难之余，教育为促成抗战"。甘洞位于高酿乡五、六、七、八、九、十等保中心，"宜创办完全小学，救济求学儿童"。学校建成后，规模齐备，"广厦宏场"，除教室、校舍外，还有天井、大运动场、洋式演讲台、厨房等配套设施。前后两任校长"同向政府所求告，蒙县长谢杰民令，准添设高年班级"，创办"完全小学之心，并非沽名钓誉，务为人才当亟□，殚精竭虑促其成，断未敢以自功□□□犹自若。更党国亦有报，盖事实昭昭，此心耿耿，诸同仁之胜举宁不令人没齿难忘哉"。学校各项"建设完成，不但得将古代之精英传之后世，文化水准提高千寻而移风易俗"，□□□□"发扬光大，国家政策见诸实施，以成抗战建国之伟大基石，而吾境之进展钜可以道里计哉"。捐款人有45人，捐钱最多的是龙东泽62千文，其余捐钱额度从42千文到5千文不等②。第三通碑无额题，无序言，全部是捐助人姓名及捐款额度，捐洋最多的是龙东泽2286元，其余从2234元到575元

---

① 《天柱县第四区区立第四初级小学碑序》刊刻于民国时期，现立于天柱县高酿镇甘洞小学球场边。

② 《天柱县高酿乡第二中心学校碑序》刊刻于民国抗战时期，现立于天柱县高酿镇甘洞小学球场边。

不等,共计162名民众参与捐助活动①。

　　此外,天柱县还有许多刊刻于民国年间且与学校教育有关的碑铭,如凤城镇天柱高等小学的《人文蔚起》碑(民国四年,1915)、邦洞镇邦洞小学《亘古于兹》碑(民国六年,1917)、远口镇万一村《培修碑记》(民国八年,1919)、高酿镇《孔子会碑记》(民国十三年,1924)、高酿镇邦寨《南区第四初级学校碑记》(民国十五年,1926)、竹林乡新寨《昭垂万古》碑(民国二十一年,1932)、高酿镇地佳村《永垂不朽》碑(民国二十七年,1938)、高酿镇地引村《永垂不朽》碑(民国二十七年,1938)、竹林乡棉花坪村《书塾碑记》(民国三十年,1941)、竹林乡南头村《重修校碑》(民国三十年,1941)、远口镇黄田村《黉宫万古》碑(民国三十五年,1946)、白市镇阳山村《亘古如□》碑(民国年间)等。

　　另一特点是对文字的敬惜,主要体现在修建惜字炉上。惜字炉,又名敬字炉、化字炉、字纸炉,是古代专门设置焚烧写有文字的纸张、纸片的火炉。凡是写有文字的纸张不得用于裱糊、包裹,更不能随意践踏丢弃,必须送到惜字炉焚化。修建化字炉的意义在于表达了民众对文字、文化与知识的尊重与敬畏。在高酿镇丰保村有一通刊刻于民国十六年(1927)的《芳垂永久》碑,记载当地民众重修惜字炉的故事,具体碑文如下:

修字藏碑叙

　　字与谷并重,教与养同尊。谷以养人,字以教人,非谷则民不生,非字虽生亦如不生矣。文字之为人世岂可尽道哉,人生两大间,所以异于禽兽者□亏矣,惟其有伦常之道,达古今之变,知礼仪之端,不至被毛带角,而成为宛然人世者,谁之力欤? 文字之功也。天下之人既生于字,成于字矣,何不尊之、重

────────────────

①《甘洞捐资助学碑》刊刻于民国三十三年(1944),两通碑现立于天柱县高酿镇甘洞小学球场边。

之、敬惜之？视文字与菽粟并重。乃世风日下，文教大衰于谷，犹略知其养命，□敢十分轻贱，惟于字则尘埃粪土，足践口嚼，抹棹覆瓿，以至泥涂污浊无所不至。而学校之所，文明之人为尤甚意，鸟迹龙文，人之不可须臾离者，而竟至于此耶。盖谷之于人，一日不食则饿死，其功用迅而显也。字之于人，为间不用未即见可危之道，用之亦不如谷之果腹而延生，其功□而□之，故人之于谷，虽残贱犹不忘其爱惜之心，而于文字则蔑视之，等诸瓦砾之不如者也。字之贵者甚大焉，是故古之贤者宝之胜于圭璧断简残篇，片文只字皆尊重敬惜而不敢轻□，惜字文圣戒从此以儆。夫人不惜文字者，且尊重乎字为何如也？然则，字也者，岂可不知所□。先辈昔年曾建字藏于村前道左，故纸有所归矣。惟历年既久，已就坍塌弗堪，于□叔祖名□伤之，乃倡议重修，□□养性。凤城往商焉，得我心之所同然者，爰募诸父先长者，均蒙赞助，地去先□□武处□，建新炉一座，以广前迹，俾旧纸残文不至飘□零落，是所愿也。尤恐年湮，筑者不无有□□之患，是望后之来者长体此心而重修之矣。若此，则造福岂有涯哉，是为叙。

对文字的敬惜是有传统的，如天柱县坌处镇雅地村道光二十八年（1848）的《培元宝藏》碑，记载当地民众在培元桥左岸建竖惜字亭，"作全村之保障，收书契之奇珍，俾咸知惜字如金"。展望未来，"共睹扶风似笔，秀拱文峰，行见山水效灵，人文蔚起，斗牛呈瑞，甲第蝉联，则此亭之大有造于雅村也"。"由是以之扶风，而风气益厚；以之拱秀，而秀气益钟；以之培元，而元气益固；以之惜字，而文字宾兴，书香继世矣！"[①]瓮洞镇岑板村有咸丰三年（1853）的《字塔碑记》，强调文字的重要性："尝思朝廷无字何以治民，草野无字何以制

―――――――――
① 《培元宝藏》碑刊刻于道光二十八年（1848），现立于天柱县坌处镇雅地村惜字塔边。

产,街衢无字何以贸易,字固人人所当敬惜也。"①

第二节　碑铭的学术价值及其特点

　　碑铭作为记录人们思想行为的重要载体,被官方和民众普遍接受,清水江流域的碑铭伴随着汉文化的进入而不断增加,见证了区域开发与各民族交往交流交融的历史,具有很高的历史文献价值、文物保护价值、书法艺术价值和文学价值等。同时呈现出官绅士民互动、民众捐资积极性高,涉及生态环境保护、木材贸易、婚俗改革、限制土司、重视教育、社会治理的碑铭多等特点。

一、学术价值

　　众多的清水江流域碑铭具有很高的学术价值,主要体现在历史文献价值、文物保护价值、书法艺术价值和文学价值等方面。

　　1.历史文献价值

　　明代为了有效控制西南地区,于永乐十一年(1413)在贵州设立行省,开始经营贵州。行省的建立,对贵州经济社会的发展产生了积极影响。清初,清水江流域局部地区仍属"化外"之地,清政府为了统一贵州,于是在雍正年间进行了较为彻底的"改土归流",开辟"新疆六厅",整个清水江流域才真正纳入中央王朝统治秩序。但由于当时处于边疆之地的清水江,史家笔录不多,且多为一种自上而下的俯视性描述,这对于了解整个清水江流域的历史显然有较为严重的失真。实际上,处于边疆之地的清水江流域,明清时期已经

----

① 《字塔碑记》刊刻于咸丰三年(1853),现立于天柱县瓮洞镇岑板村藏字塔边。

形成了立碑的规范，凡事刊刻石碑，予以纪事。这样一种来自基层的原始资料——碑铭，以往长期被忽略，使得我们在对黔东南地区包括清水江流域研究中的某些具体问题展开论述时，不免出现一些缺失甚至偏差。因此，此次对清水江中下游碑铭资料的全面调查和收集，恰恰弥补了这一学术研究上有关资料的缺憾。过去未被学人重视的问题，随着碑铭资料刊布，将会在很大程度上展开。清水江中下游碑铭资料的学术价值有以下表现：

首先，清水江碑铭作为金石文献的一种，由于记载历史真实，且保存时间久远，本身就是与清水江文书同等重要的民间历史文献之一，尤以官府告示、乡规民约为最，可以弥补文书或文献中很多不足甚至是残缺的问题，把二者结合起来，对清水江流域历史的全面了解才有望成为可能。若要编纂贵州文献学或贵州文献史，如果缺少了金石文献，尤其是清水江流域的众多碑铭资料，显然极不完整。因而，对清水江碑铭的利用和研究，不仅有益于治黔东南包括清水江流域历史研究者，也有益于治文献学者。碑铭见证了清水江流域地区的历史沿革及其行政区划的变迁，如明代的几块碑铭记录了这段历史，见证了天柱于明朝万历二十五年改所建县，时隶属湖广，清朝雍正年间先划归贵州黎平府，最后隶属镇远府管辖的历史。据史籍记载，明洪武二十五年（1392），撤靖州卫左所设天柱守御千户所；明万历二十五年（1597），改所建县，取名"天柱县"，隶属湖广靖州。雍正四年（1726），天柱县由湖广靖州改隶贵州黎平府；雍正十二年（1734），改隶贵州镇远府。据天柱县竹林乡新寨村万历二十四年（1596）十月十五日的《求兴南无阿弥陀佛》碑记载，新寨属于湖广靖州会同县远口乡管辖，碑文中首先是"大明国湖广靖州会同县远口乡六图九□塘"，而天柱县坌处镇三门塘梁溪口的明代万历三十九年（1611）的《兴龙桥》碑记载的"大明国湖广道靖州天柱县归化二图清水江三门塘"，表明这一辖区已从原归会同县管辖到划归天柱县的历史。天柱为何称为凤城？据凤城镇雷寨的《重修伏魔碑》记载，"大明时有凤鸣于天柱，故曰凤城，归靖州属，尚称所，未称县"，因"虾虫苗乱"于万历年间"改所建县"。

　　其次，清水江碑铭资料还为我们研究各历史时期清水江社会经济发展的综合时态提供了帮助。随着近年来清水江文书的大量发现，特别是某一具体家族或宗族文书文献的发现，使动态剖析家族或宗族个案成为可能。这些原始的、很有价值的第一手资料，是其他文献中所没有记载的，其价值弥足珍贵。作为乡村社会生活的宝贵材料——碑铭，可以弥补清水江文书或明清客籍贵州文人笔记中有关清水江流域认识不足甚至是残缺的问题。比如，关于清代清水江流域的改土归流问题，过去的研究者多数取材于清代档案和官方文献，认为"王化"主要是官方和士人努力的成果，实际上，若结合清水江流域的碑铭，就能很清楚地看到清水江流域的民众自身也在努力并自觉地融入王朝的体系中来。再如，根据明清客籍贵州文人留下来的文献可知，清水江流域的民众一直被描述成较为野蛮的群体，所谓"人以彪悍为上，苗以劫夺为生"[1]，"蠢苗蜂聚，性剽悍，甚攻斗，劫杀无日无之"[2]，等等。如果我们阅读清水江流域的碑铭，尤其是有关宗族与教育类的碑铭时，就会发现，其实这里早就"风气渐开，人文丕振"[3]，"惟以礼乐诗书为事"[4]了。因此，这些碑铭的学术价值是提出新观点的重要依据。

　　第三，清水江流域碑铭资料还为我们研究明清以来清水江流域社会经济发展的综合研究提供了帮助。以往关于清水江流域的研

[1] （清）王复宗纂修：《（康熙）天柱县志》上卷《风俗》，台北：成文出版社，1968年影印本，第39页。

[2] 张澍：《续黔书》卷一《苗警》，台北：成文出版社，1967年影印本，第25页。

[3] （清）蔡宗建修、龚传坤等纂：《（乾隆）镇远府志》卷九《风俗》，载《中国地方志集成·贵州府县志辑》第16辑，成都：巴蜀书社，2006年，第85页。

[4] （清）鄂尔泰等修、靖道谟、杜诠纂：《（乾隆）贵州通志》卷七《风俗》，载《中国地方志集成·贵州府县志辑》第4辑，成都：巴蜀书社，2006年，第116页。

究中，人们多从静态的方面，仅对诸如改土归流、苗民起义等一些重大的问题给予关注。后来，随着清水江文书的大量发现，特别是大量林业契约文书的出现，使清水江流域的研究面逐渐扩大，出现了民间习惯法、社会经济史、历史人类学等比较集中的研究方向，并取得了一定的成果，但仅仅局限于契约文书或一种文献，显然不能更为全面地认识该区域的社会经济变迁。大量碑铭的出现，可以把清水江流域的研究大大地向纵深领域拓展。比如，清王朝对清水江流域的秩序安排，都会有晓谕之类的碑铭留下。木材贸易兴起之后政府与民间互动所定下的"江规"，移民的宗族化运动，"咸同兵燹"以后天柱宗族的复兴和重建，天柱桥梁道路的集资方式、兴修过程、维修和保护措施等，在碑铭中都有着详细的记载。这些原始资料，是其他文献中所没有的，其价值弥足珍贵。

　　2. 文物保护价值

　　许多碑群、碑铭以及古建筑群被列为各级文物保护单位，凸显其历史之厚重。

　　目前，清水江流域虽然没有单独的碑铭被列入全国文物保护单位的名单之中，但被列为全国重点文保单位的古建筑群中有众多碑铭，他们也是古建筑群的重要组成部分，其中主要有锦屏隆里古建筑群、天柱三门塘古建筑群、黄平飞云崖古建筑群、锦屏飞山庙等。如天柱三门塘古建筑群是第七批全国重点文物保护单位，现存碑铭有《修路碑记》（乾隆五十年）、《修庵碑记》（嘉庆二年）、《复兴桥》碑（道光三年）、《修渡碑记》（道光二十七年）、《渡船碑记》（光绪十一年）等三十八通。如锦屏隆里古建筑群是第七批全国文物保护单位，现存碑铭主要有《建桥碑》（崇祯二年）、《重修龙标书院碑记》（雍正三年）、《建祠碑记》（乾隆十年）、《泉远井碑记》（乾隆十八年）、《风流千古》（乾隆二十年）、《重修龙标书院碑记》（乾隆五十年）、《重修西江桥碑》（乾隆五十五年）、《马田井碑记》（嘉庆七年）、《重修状元桥碑》（嘉庆十年）、《重修南城外戏楼碑记》（嘉庆十五年)、《重修状元桥碑记》(道光元年)、《长发桥碑》(道光二年)、《永垂不朽》(光绪三年)、《重修延嗣桥碑》(道光五年)、《天灯会碑记》(道光十九年)等三十通。如锦屏飞山庙是第七批全国文物保护单位,庙内现存碑铭主要有《俾垂久远》(道光八年)、《九寨常平仓厰碑》(咸丰九年)、《王寨漂流木材清赎碑》(光绪五年)、《永垂久远》(光绪五年)、《八步江规》(光绪九年)、《永远遵守》(光绪十八年)、《永远恪遵》(光绪二十年)等。如增冲鼓楼是第三批全国重点文物保护单位,鼓楼内存有六通碑铭,即《万古传名》碑(康熙十一年)、《遗德万古》碑(光绪二十二年)、《名扬百代》碑(道光五年)、残碑(道光五年)、《长生纪念》碑(民国廿九年)、《长生纪念》碑(民国三十四年)。如黎平县地坪风雨桥是国务院公布第五批全国重点文物保护单位,其桥头有三通碑铭,分别是《永远不朽》碑(光绪二年),主要内容是"革除积弊";《永远遵碑》(光绪八年),主要内容是"严禁土司勒收兵谷及一切规费";《万古规条》碑(光绪九年),主要内容是"吏目衙规"。黎平县岩洞镇述洞村独柱鼓楼是第七批全国重点文物保护单位,鼓楼边有一通碑,两面均有碑文,正面是康熙五十六年(1717)的《革除土司重征滥派碑》,碑的阴面为光绪二十二年(1896)的《潭溪司废除火烟钱执照碑》。

单独作为省级文物保护单位的碑铭有两通,一通是剑河县南哨乡翁座村刊刻于光绪二十年(1894)的《例定千秋》碑,1981年9月被剑河县人民政府公布为县级文物保护单位,1982年2月被贵州省人民政府公布为第一批省级文物保护单位。另一通是凯里市舟溪镇刊刻于民国三十一年(1942)的《甘囊香芦笙堂碑》,其额题是《永垂不朽》,1983年为县级文物保护单位,1985年11月被贵州省人民政府公布为第二批省级文物保护单位。作为第三批省级文物保护单位的黎平两湖会馆,其主体建筑为戏楼、禹王宫、佛殿,另有近二十通碑铭。

州级文物保护单位中有专门的碑铭,天柱县高酿镇丰保村的

《抗日阵亡将士纪念碑》，2011年1月被公布为第一批州级文物保护单位。剑河县南寨镇懂达村小学校旁的《利在大我名垂千古》碑（民国年间）也是州级文保单位。

被列为县级文物保护单位的碑铭则很多，主要集中在天柱县、锦屏县。

天柱县：天柱县瓮洞镇关上村的《黔东第一关》碑（民国二十六年，1937），1984年8月被列为县级文物保护单位。2002年6月天柱县人民政府公布第三批县级文物保护单位，涉及的碑铭有垄处镇三门塘碑群、垄处小学碑群、归宜桥碑群、大冲碑群、抱塘《凤鸣馆碑记》，蓝田镇公闪村《禾翠亭碑记》三通、贡溪村《承先永禁》和《遵古重刊》碑群，高酿镇高酿小学《孔子会碑记》，邦洞镇邦洞小学《亘古于兹》等，凤城镇观音洞被列为县级文物保护单位，洞内石壁上有两通《重修观音洞碑序》《重修观音洞序》石刻。2011年，天柱县人民政府公布第五批县级文物保护单位，涉及的碑铭有岩背宗派渊源碑、地垄石碑群、贡溪禁碑群、都府族谱碑、邦寨龙氏族谱碑、富荣环保碑等。

锦屏县级文保单位中的碑铭也很多，仅1987年10月20日被列为县级文物保护单位的有：诸葛洞石刻（南宋景定二年）、白云崖石刻（明成化元年）、铜鼓周城碑（明万历四十四年）、河口渡碑（乾隆五年）、文斗"六禁"碑（乾隆三十八年）、高柳书房碑（乾隆四十七年）、四里塘婚俗禁勒碑（乾隆五十六年、嘉庆十一年）、亮司万元桥碑（嘉庆五年）、八洞义渡碑（嘉庆七年）、萃文书院碑（嘉庆十二年）、高柳永定江规碑（嘉庆十六年）、九南水口山植树护林碑（嘉庆二十五年）、边沙"八议"碑也叫启蒙因时致宜碑（道光十一年）、水冲溪口修路碑（咸丰元年）、河口免夫碑记（光绪元年）、彦洞记述碑（光绪二年）、塘东纳粮碑（光绪三年）、卦治木业碑（光绪七年）、印台书院碑（光绪九年）、彦洞瑶白定俗碑（光绪十四年）、河口木业碑（光绪二十二年）、隆里红仪会碑（光绪二十九年）、卦治木商会碑（民国二年)等。

剑河县：除有省级、州级文保单位外，还有许多县级文保单位，如南加镇柳基村《永兴桥碑》(乾隆三十年)、南加镇堡上村《公禁后龙山土石竹木碑》(嘉庆七年)、磻溪镇小广村《永定风规》碑(光绪十四年)、南明镇河口村《天河洗甲碑》(光绪年间)、南加镇南孟村《永定江规》碑(宣统元年)、南加镇岩板田村《功德碑记》(清代)、南加镇南加街边渡口《渡胪碑记》(清代)、南加镇南孟村《万古千秋》碑(清代)、南寨镇南包村《永安桥碑》(清代)等。

丹寨县：1984年8月被丹寨县人民政府公布为县级文物保护单位的碑铭有：南皋乡石桥村《大簸箕寨苗名汉字墓碑》(咸丰二年)，排调镇排调村《排调严禁滥派夫役碑》(光绪二年)、其额题是《永垂不朽》，扬武镇排莫村跳月堂边《排莫跳月堂碑》(光绪二十五年)，南皋乡清江村《麻哈县公署》碑(民国十二年)，龙泉镇南街村《王定一德政碑》(民国二十一年)。

黄平县：立于黄平县谷陇镇岩英村的《岩鹰例碑》(嘉庆二十三年)，内容涉及"议榔禁葬"，1988年8月被列为县级文物保护单位。被列为县级文物保护单位的碑铭还有新州镇良田村《中桥河义渡碑》(光绪二十六年)、翁坪乡王家牌村《王家牌王氏族规碑》(光绪二十九年)、重安镇重安小学《抗战建国阵亡将士纪念碑》(民国二十七年)。

雷山县：1985年2月，被列为县级文物保护单位的碑铭有：达地镇宋家寨《革除夫役碑》(同治十三年)，脚雄坳(今变电站)《万人坟碑》(同治十三年)，永乐镇干南桥的《万古不朽》碑(民国二十八年)、内容涉及婚嫁彩礼。

施秉县：立于马号镇六合村中寨的《六合告示碑》(嘉庆四年)，1985年10月被列为县级文物保护单位。立于牛大场镇金坑的《中桥河义渡碑》(光绪二十六年)也被列为县级文物保护单位。

凯里市：在香炉山山腰及二屯崖有三通碑铭，分别刊刻了《胜境》碑（乾隆四十七年）、《永垂不朽》碑（光绪四年）、《黔阳第一山》碑（光绪十年），三通碑于1989年8月均被列为市级文物保护单位。

三穗县：1982年12月，《瓦寨冷神碑》（乾隆十四年），也叫圣婆碑，被列为县级文物保护单位。

镇远县：1986年10月，《钧培图书馆序碑》（民国三十一年）被列为县级文物保护单位。

3. 书法艺术价值

清水江流域许多碑铭雕刻工艺精湛，书法上乘，其中不少是精美的书法和雕刻精品，在一定程度上反映出历史上汉文化在清水江流域的传播进程及其影响程度。这些碑铭，大多选材良好，石质坚硬，书法独到，基本上都属于阴刻，其字体主要有：遒劲有力的楷书、浑厚苍劲的隶书、集实用性和艺术性于一体的行书以及排列整齐的篆书。从书法和雕刻的角度，对这些碑铭进行研究，无疑会对清水江艺术史的研究起到积极的推动和促进作用。

有学者专门从众多的碑铭中精挑细选了十三通清代至民国时期的碑铭，结集出版，书名曰：《碑铭书秀——黔东南碑帖》，碑文的书写字体包括隶书、楷书、行书等，诚如作者在《前言》中所说，这些书法作品"是本地区不同历史时期碑版中的杰出之作，是较为珍贵的书法艺术作品，具有鉴赏、临习的价值"[①]。具体收录的碑铭是：锦屏县三江镇菜园村《安乐桥碑》（嘉庆二十五年）、锦屏县隆里乡《重修状元桥碑》（道光元年）、锦屏三江镇菜园村《佑启桥碑》（道光二年）、锦屏县三江镇飞山庙《俾垂久远》碑（道光八年）、黎平县德凤镇两湖会馆《重修两湖会馆功德碑序》（咸丰三年）、黎平县德凤镇两湖会馆《重修万寿宫碑》（同治十二年）、锦屏县彦洞乡彦洞小学《彦洞记述碑》（光绪二年）、凯里市香炉山《黔阳第一山》碑（光绪十年）、锦屏县三江镇飞山庙《永远恪遵》碑（光绪二十年）、锦屏县隆里乡

---

① 安成祥编撰：《碑铭书秀——黔东南碑帖》，贵阳：贵州民族出版社，2016年。

《重修状元祠碑记》(光绪二十年)、黎平县德凤镇两湖会馆《玉带桥》碑(民国六年)、黄平县重安江《抗战阵亡将士纪念碑》(民国二十七年)、镇远县㵲阳镇《钧培图书馆碑》(民国三十一年)。

4.文学价值

碑铭的文学价值主要体现在两方面,一是许多碑序行文流畅,文字简洁,寓意深刻,画龙点睛,如涉及修路修桥的,有《利济无疆》《墩步永安》《视履考祥》《与天地久》《同岁月长》《一路福星碑记》《王道荡平》《雁齿横排》《万寿无疆》等;涉及井泉的,有《龙泉遗爱》《溥博源泉》等;涉及楼台亭阁的,有《晴雨咸宜》《天地同流》《万善同缘》等;涉及教育的,有《人文蔚起》《起凤腾蛟》《文风丕振》《黉宫万古》等;涉及宗族的,有《光宗耀祖》《燕翼贻谋》《根深叶茂》《根培枝茂》等。有的碑,其额题取名非常富有诗情画意,在天柱县坌处镇归宜溪有八通清代光绪年间的修桥碑,额题分别为《上应七星》《仙会虹腰》《一溪水绿》《两岸峰青》《横眠半月》《渔竿钓月》《人行鳌背》《功资秦□》,足见其深厚的文学功底。二是有的碑铭中除序言外,还直接赋诗赞颂,如黎平县德凤镇《玉带桥》碑(民国六年)、黄平县新州《新修县城女子高等小学碑》(民国八年)、凯里市香炉山《黔阳第一山》碑(光绪十年)、天柱县白市镇北岭《万古千秋》碑(咸丰九年)、天柱县竹林乡新寨《亘古不朽》碑(乾隆五十年),天柱县竹林乡《岩田修桥碑》(乾隆三十八年)甚至刊刻有三首祝贺桥落成的诗歌。

总之,清水江碑铭资料的学术价值,正如其所反映的内容一样,是多方面和多层次的。对此,我们必须重视对这块资料宝库的挖掘、整理和使用,并努力从各个不同学科与领域,全面深入地对其展开探讨和研究,真正把清水江学、清水江流域乃至黔东南地区研究推向一个新阶段。

二、特点

根据我们所搜集的清水江流域碑铭，就其内容而言，呈现出"一高六多"的特点，"一高"是官绅士民互动、民众捐资积极性高，"六多"是涉及生态环境保护、木材贸易、婚俗改革、限制土司、重视教育、社会治理的碑铭多。

1.官绅士民互动、民众捐资积极性高

光绪十一年（1885）天柱县坌处镇修建归宜溪石拱桥时[①]，进行了广泛的社会动员，官府倡导，士绅带头，民众积极参与，共有8通碑铭记载修桥一事。除《上应七星》《横眠半月》记载修桥缘由和经过外，其余均系捐资人员姓名及捐款数额，地方官员有钦加同知衔特授镇远府天柱县正堂加五级纪录七次廖官印境伊、特授天柱营都阃府世袭云骑尉雯官印彬、特授天柱县儒学正堂李官印茂煮、特授天柱县儒学正堂刘官印德钧、特授镇远司分驻远口巡政厅左堂郑官印永吉、特授天柱县右堂何官印钱、特授天柱营分防坌处汛戎府徐官印玉亮、署坌处汛田总爷官印保清、前署坌处汛宋总爷官印家祥、宋汛主老太爷官印其巩等十名文武官员，其他捐资人员及商号共计八百三十六位，整整刊刻了六通碑铭，额题分别为《仙会虹腰》《一溪水绿》《两岸峰青》《渔竿钓月》《人行鳌背》《功资秦□》。据碑文统计，归宜溪附近捐资人所处地名及捐资人数量如下：坌处（今天柱县坌处镇）十五人、茅坪（今锦屏县茅坪镇）一百三十三人、三门塘（今天柱县坌处镇三门塘村）六十九人、卦治（今锦屏县三江镇卦治村）七十一人、清浪（今天柱县坌处镇清浪村）十八人、宰贡（今天柱县坌处镇宰贡村）十八人、长滩（今天柱县坌处镇长滩村）十九人、大田段（今属天柱县坌处镇坌处村）三十人、九界（今属天柱县坌处镇地兰

---

①归宜溪，今名圭宜溪，位于天柱县坌处镇长滩村。

村)二十人、兴坡(今属天柱县垒处镇长滩村)二十人、盘家田(今属
天柱县垒处镇长滩村)与圭雄溪(今属天柱县垒处镇宰贡村)一百二
十二人、冲碗溪(在今锦屏县茅坪镇)二十人、地冲(今天柱县垒处镇
地冲村)各村及铜罗段(今湖南省会同县境内)四十四人、远口(今天
柱县远口镇)五十人、居仁里(今天柱县高酿镇)十七人、地兴团(今
天柱县竹林乡地垒村)十二人、王寨(今锦屏县三江镇)四十八人,
此外还有来自湖北、湖南、江西等各帮木商及各项手工业者110名。
碑文中有功名的读书人三十八人,其中廪生一人、监生二十人、生员
十四人、贡生二人、拔贡一人、增生一人,有从九品二人,有德高望重
的社会贤达——耆员十三人,其他有低级军官如守戎、游戎、蓝翎、
花翎等多人。在众多的捐资者中,捐资额度最多的个人是倡首廪生
王文德二百串整,首士监生王会平七十千文,最少的是一百二十文,
捐资最多的商行是同兴泰三十三千文。

　　凯里市香炉山有一通光绪四年(1878)的《永垂不朽》碑,记载
清平县官绅士民共同捐资修建苗疆香炉山上下二十里塘路的故事,
文武官员中有:四品顶戴都匀府清平县正堂陈、盐运使衔候补府正
堂邓在铺、提督衔记名总镇都督府谢正印、总镇衔湖南补用协镇雷
家春、当先补用协镇都督府曾国成、都司衔当先补用守府曾镇南、头
品顶戴记名提督震峦巴图鲁邓有德、卸丹江理苗府候补同知直隶州
杨兆祺、五品领凯里理苗县即补县正堂梁道豫、卸署凯里理苗县即
补县正堂印朝福、凯里营都阃府陈嘉、清平汛总司厅田新年、炉山汛
副司厅朱占标等十三人,监修绅士五人,另外还有六十余名乐善好
施之人。

　　锦屏县敦寨镇平江村有一通康熙二十九年(1690)的《恩德
碑》,碑文内容涉及禁革差弁兵役、地方社会治安以及教习文化、求
聘定亲、娶亲过门、姑舅转亲、年老过世等,对于违反规定的,"本司
以凭参宪两府请法重处"。该碑是各级官府一体发布的严禁告示,
上至云贵总督部院、巡府都察院,中到黎平军民府,下至亮寨司、潭

溪司、新化司、胡耳司、欧阳司一体参与互动。

　　2.“永远封禁”：生态环境保护碑铭多

　　清水江流域是我国著名的杉木之乡，“自清江以下茅坪二百余里，两岸翼云承日，无隙土，无露阴，栋梁宗桷之材靡不备具”①。这里气候温和，雨量充沛，非常适合林木生长。森林覆盖率高，还得益于当地民众保护环境的意识，人们敬畏森林，崇树、拜树的意识蔚然成风，体现在众多的林业碑铭上。据严奇岩教授统计，目前已掌握的清水江流域的林业碑铭有二百通，其中植树造林碑四通、育林护林碑八十六通、山林权属碑三十五通、木材运输类碑四十四通、其他林业碑三十一通②。

　　在清水江下游地区，天柱县竹林乡梅花村“先人蓄禁森林，修培风水，乔木有参天之秀”，“近因人心险薄，世道浇漓，儿童或残忍以为心，士女或砍伤而成性”，于是，详细制定严禁“规程”，“以挽横暴之颓风”③。在天柱，还有瓮洞镇金紫村《风水攸关》（嘉庆二年）、石洞镇水洞村《永守规条》（乾隆十九年），坌处镇岩盘村《永远封禁》（光绪六年）、社学乡秀楼村《万古千秋》（民国十年）和《封禁古树碑》（民国十年）、蓝田镇杞寨《公立禁碑》（民国二十二年）、蒲溪村《禁碑》（民国二十五年）等。

　　在清水江中游地区，剑河县南加镇堡上村《公禁后龙山土石竹木碑》（嘉庆七年），黎平县德凤镇南泉山寺《永远示禁》（道光七年）及《公议禁止》（道光八年），剑河县南加镇新柳村《告白》（光绪十二年）等。

---

① （清）爱必达：《黔南识略》卷二十一《黎平府》，台北：成文出版社，1968年影印本，第147页。

② 具体林业类碑刻详见严奇岩：《清水江流域林业碑刻的生态文化》，北京：科学出版社，2020年，第24—29页。

③ 《封禁碑记》刊刻于民国二十一年（1932），现立于天柱县竹林乡梅花村田冲组。

在清水江上游地区,还有诸多类似碑铭,如凯里市龙场镇鱼洞村《永垂不朽》(民国二十六年),麻江县谷硐镇大冲村《永垂不朽》(民国八年)等。

3.“八步江规”:涉及与木材运输即“争江案”的碑铭多

清水江中下游地区有丰富的木材资源,据《贵州财经资料汇编》第四篇《农林》第三章《林产概况》记载:“往昔本省森林,向极盛密,此产木材除供本省自用外,尚可大量输出于东南各省。……各林区以水运及市场限制,昔日木材可大量外销者,亦仅限于清水江、榕江及赤水河三大流域。尤以清水江为最重要,约占十分之五。”又据何辑五的《十年来贵州经济建设》记载:“本省森林,依地理上之分布,虽可分为五区,然或因砍伐过度,仅足自给,或因距离水运较远,搬运困难,其大宗木材(以杉、柏为主)可以输出者,首推清水江流域,次赤水河流域,而尤以清水江流域为最重要。盖此区林木荫茂,为全省冠。木材可经由沅江集中湖南的常德转运汉口及京镇一带销售,全省木材外销,清水江流域林区约占十分之五,……民国初年,清水江流域每年外销木材总额值六百万万。”另据国民政府实业部《关于贵州林业调查报告》(1937)记载:“全省木材外销,清水江流域占十分之六七,……其外销者,当推麻江、三穗、台拱、剑河、锦屏、天柱及省溪、江口等八县;丹江虽木材亦多,但因运输不便,外销较少;至黎平北部木材,亦由清水江运出。清水江木材,上游以麻江之下司为聚散处,下游以锦屏、天柱为交易集中地点。”①清水江中下游地区呈现出以木材的采购与贩运为中心的地方社会经济重新建构的历史图景。

围绕“一江厚利”的诱惑,不同利益群体开始了长达二百余年的纷争与诉讼,成为清水江下游茅坪、王寨、卦治与清浪、坌处、三

---

① 以上转引自贵州省编辑组编:《侗族社会历史调查》,贵阳:贵州民族出版社,1988年,第28—29页。

门塘之间内外三江的"争江案"。最早的碑是道光八年(1828)刊立于天柱县坌处镇清浪村的《清浪争江碑》，"设立坌处为采办皇木之所"，到康熙二十四年(1685)因"客苗乱行"，被茅坪、王寨、卦治"三处乘机霸市，擅设三关"，从此开始长达二百余年的争江纠纷。与之相关的碑铭纷纷被刊立，在锦屏县三江镇(王寨)飞山庙，现存的碑铭有《俾垂久远》(道光八年)、《王寨漂流木材清赎碑》(光绪五年)、《永垂久远》(光绪五年)、《八步江规》(光绪九年)、《永远遵守》(光绪十八年)、《永远恪遵》(光绪二十年)、《永远遵守》(光绪二十四年)等。在三江镇卦治村，涉及木材运输、江规、江步的碑铭有《奕世永遵》(嘉庆二年)、《卦治争江碑一》(嘉庆六年)、《表扬德政》(光绪七年)、《卦治争江碑三》(光绪十三年)、《卦治争江碑四》(光绪十三年)、《卦治争江碑五》(光绪十六年)、《卦治放排定价碑》(光绪十四年)、《木商会碑记》(民国二年)等。一直到民国五年(1916)，经贵州省民政厅、贵州督军刘显世批转，《贵州政治公报》实业栏刊载了天柱、锦屏两县商会、教育会召开联合会议议决内外三江《木植场条规》共十三条，规定了内外三江客商与木材主人在清水江如何进行木材交易的有关事宜，形成了内外三江共享"江利"的格局。至此，长达二百余年的"争江案"正式宣告结束。在清水江及其支流沿岸，有众多碑铭规范木材贸易的各环节，其中清水江畔的锦屏县固本乡培亮村有一通刊于咸丰元年(1851)的《拟定江规款示》碑，是由乌下江中游和上游二十六个村寨"众寨头人同心刊立"的。

4."定俗垂后"：围绕婚俗改革的碑铭多

清水江流域在明清以前，作为一个封闭的社会系统，一直处于"王化"之外，形成了一套不同于内地的婚姻制度，即"转娘头"习俗。何谓"转娘头"？其实就是"舅家之子必娶姑家之女，谓之转娘头"①，又称"还娘头"，如民国《麻江县志》记载："其嫁娶，则姑以一

---

① 《定俗垂后》碑刊刻于光绪十四年(1888)，现立于锦屏县彦洞乡瑶白村。

女配内侄,曰'还娘头',为惯例。"①据光绪《黎平府志》记载:"近清江者婚嫁,姑之女定为舅媳。倘舅无子,必重献于舅,谓之外甥钱,否则终身不得嫁。""姑家养女定为舅媳,否,乃卜他族"②的记载。

当明清王朝势力渐次进入,清水江中下游地区木材贸易逐渐兴起以后,不管是地方官员还是地方民众,都开始对这一习俗进行诟病,并着手进行改革。目前清水江流域所见最早的有关婚俗改革的碑是康熙二十九年(1690)的《恩德碑》(锦屏县敦寨镇平江村),规定:"求聘定亲,止许庚帖为凭,革除酒席会亲。""取亲过门,止许大人送亲,不许多奇酒礼□。""姑舅转亲,仍补外家礼银三两五钱,不得勒借。"其他涉及婚俗改革的碑铭还有:黎平县大稼乡俾嗟村的《三锹款约碑》(乾隆十四年)及《三锹重议婚礼碑记》(道光二十七年),参加立碑的有黎平、锦屏、剑河三县二十二个村寨。锦屏县河口乡文斗上寨有《恩垂万古》碑(乾隆五十六年)与《千秋不朽》碑(嘉庆十一年)、剑河县九仰乡奉党村有《奉党婚碑》(道光四年)、锦屏县启蒙镇边沙村的《因时制宜》碑(道光十一年)、黎平县茅贡乡寨母村的《约条碑记》(道光二十五年)、剑河县盘溪乡小广村的《永定风规》碑(光绪十四年)、锦屏县彦洞乡瑶白村的《定俗垂后》碑(光绪十四年)、锦屏县彦洞乡彦洞小学前的《彦洞婚碑》(光绪十四年)、黎平县肇兴镇纪堂村《永世芳规》碑(光绪十八年)、黄平县谷陇镇王家牌村的《万古千秋》碑(光绪二十九年)。其中,涉及范围最广的是黎平县平寨乡纪德小学围墙外的《纪德婚碑》(同治五年),参加立碑的有黎平、锦屏、剑河三县二十八个村寨。

婚俗改革不是一蹴而就的,需要多方长时段的发力。在雷公山腹地雷山县永乐镇干南桥有一通民国二十八年(1939)的碑铭,记

---

① 拓泽忠、周恭寿修:《麻江县志》卷五《风俗》,民国二十七年铅印本,第12页。
② (清)俞渭修、(清)陈瑜纂:《黎平府志》卷二下,《中国地方志集成·贵州府县志辑》第18册,成都:巴蜀书社,2006年,第138、136页。

载丹寨、雷山联界地区的民众对婚俗进行改革，有丹寨四十九名、雷山三十二名保甲长及父老进行议决规定条例，并呈请"两属县府核准之日实行"，规定"婚嫁自由，不得强迫子女成婚"，同时对"回娘头""财礼钱""娘头钱"做了五条具体规定，如果违反，"天诛地灭，永不发达"①。

5."通饬禁革"：限制土司的碑铭多

明以前，在清水江流域多实行"以土官治土民"的"羁縻"政策。黔东南的土司最早可以追溯到三国时期的诸葛亮："各司图册，自汉以功授职者多，盖武侯南征，欲为羁縻之计，有能招抚彝众率土归诚者，即授以长官之职。"②迄至宋元未设流官，明朝承袭元朝的土司制度，在贵州的四大宣慰司中，有思州、思南和播州三宣慰司管理清水江流域地区。清水江流域的土司多是小土司，管辖范围非常有限，有的仅管十余寨甚至更少，尤其是雍正年间的改土归流之后，"今之土司，非复如明之安氏、宋氏骄悍横溢、虐民抗官也。自张经略开辟以来，渐次裁抑，所存者不过如保长、寨头，仅供驱使，小有剥削而已"③。

凯里市碧波镇大堡村冷水营自然寨和施秉县马号镇六合村中寨土地庙旁各有一组完全一致的碑文，是道光年间刊刻的《通饬禁革驿站积弊碑》，刊刻内容系清兵部尚书兼都察院右都御史云贵总督富纲于嘉庆四年（1799）六月所发布的文告，以及贵州巡抚嵩溥、云贵总督阮元、贵州巡抚裕泰、贵州巡抚贺长龄、贵州布政使庆禄等，就苗阿海等控告"麻哈州差串同土司借夫滥派、勒折应役、抄掳

---

① 《万古不朽》刊刻于民国二十八年（1939），碑无额题，现立于雷山县永乐镇干南桥。

② （清）俞渭修、（清）陈瑜纂：《（光绪）黎平府志》卷六下，《中国地方志集成·贵州府县志辑》第18册，成都：巴蜀书社，2006年，第70页。

③ （清）俞渭修、（清）陈瑜纂：《（光绪）黎平府志》卷五上，《中国地方志集成·贵州府县志辑》第17册，成都：巴蜀书社，2006年，第75页。

凶伤"一案，分别于道光十二年(1832)七月、道光十三年九月、道光十四年三月、道光十六年二月、道光十六年五月、道光十七年四月、道光十七年七月做出的批示摘录，以及都匀府的最后判令结果。

锦屏县启蒙镇便晃村者楼寨有两通道光年间的碑铭，《严禁土司擅受民词及擅收钱粮碑》，内容系"示禁土司、土目、土弁派累、庇纵、私刑"等，云贵总督抚部院嵩、贵州布政使司祁、贵州布政使司庆、黎平府正堂姚、署黎平府正堂张等"为访查土司勒折浮征，欲严拿究办事"，分别于道光八年(1828)九月、道光八年十月、道光十八年二月、道光十八年六月、道光二十年十二月做出的批示摘录，同时还刊刻了康熙五十六年(1717)三月初三日贵州布政使司转奉护理巡抚贵州都察院白的批示。锦屏县河口乡瑶光村《沾恩不朽》(光绪四年)，刊刻贵州布政使、按察使发布的严禁土司"派夫折价"的告示。

黎平县岩洞镇述洞村有两通与土司有关的碑铭，一是康熙五十六年(1717)的《革除土司重征滥派碑》，当地苗民控告潭溪司土官石飞熊"滥派加征，吁请钱归府完纳"，云贵总督蒋陈锡、贵州巡抚白以及贵州布政使均有批示，最后由黎平府勒石，严饬土司"不得私行滥派"。二是光绪二十二年(1896)《潭溪司革除火烟钱碑》，经黎平府知府俞渭"断令"，土司子孙"不得再取火烟钱"。黎平县地坪乡风雨桥有一通光绪八年(1882)的《永远遵碑》，将贵州巡抚林肇元的批示，各地方官府刊"严禁土司勒收兵谷及一切规费"石碑，"分立各寨俾知，永远遵从"。

6."黉宫万古"：重视教育类碑铭多

在各级政府的倡导下，清水江流域普遍对教育都比较重视，地方政府因教化而重视教育，而普通民众为子女受教育也愿意进行投入，于是，官府倡导，民众踊跃捐资，从而形成重视教育的良好氛围。

首先，表现在创办学校上。在天柱县高酿镇地良村有两通民国十七年(1928)刊立的碑铭，述说着边远地区民众集资创办学校的故事。第一通碑有序言及捐款人姓名，第二通碑只有捐款人姓名及落款时间，捐款数额从七百千文到七千文不等，共计一百七十八人参加捐钱活动，足见民众踊跃捐资助学的积极性。碑文首先强调教育的极端重要性，把教育的重要性提高到"为国家命脉"的高度，学校又是教育的基础，"况今世界科学竞进""非兴学校无以为功"，否则也"无以与列强争"。其次，叙述地良村属贵州边陲，又"苦无校舍"的窘境，于是，"阖乡父老昆弟凑木捐资""经营创造"。同时，期待"自此恒钟灵秀，永启文明"。

高酿镇木杉村有两通民国二十二年（1933）的碑，叙说着木杉修建学校、民众踊跃捐资的故事。木杉"地处边隅，文化晚开，学校从未开办，全乡士子咸兴难学之叹者久矣"。但办学需费甚多，"乃于民国十九年春，约诸同志以孔子会为名，每人捐钱五千，储蓄生息，俟后校舍落成提作基金。幸诸同志随时回应者百余人，基金可谓有着矣。"虽然基金落实了，但没有校址，于是"又召集各父老磋商，可将飞山宫及我寨中东、南二岳神祠三座概迁洞口，留飞山宫位址作校基，众皆一致赞同。越年，雇匠鸠工，不数月而告竣，以致人得所屋，校得所建，神之所安矣"。不料到了民国二十一年冬，"建筑校舍工资、木料，按粮计均摊，继续经营。越止六月，派资殆尽，匠人弃工"，"睹此惨景"后，"向我乡各妇道及诸父兄昆弟乐捐"，父老乡亲"解囊输金"，"或派或捐"，"挽狂澜于既倒，诚赖各妇道及诸父兄昆弟矣"，最后"勒石记功"。一通碑有序言和发起人、赞助人姓名。另一通碑除发起人外，几乎全部是妇女姓名及捐钱数额，从五十四千八百文至二十千文不等①。

在高酿镇甘洞小学有三通民国时期刊立的碑铭，讲述当地兴办

---

① 两碑均无额题、无刊碑时间，因碑文中有"民国念一年"、其后有"越止六月"字样，推测刊碑时间应该是民国二十二年（1933），碑现立于天柱县高酿镇木杉村小学教学楼右侧。

学校、培养人才、民众踊跃捐资助学的故事。一通是《天柱县第四区区立第四初级小学碑序》，序文强调人才、学校与国家强盛的关系："尝闻学校立则人才兴，人才兴则国家盛，理所固然。"如果人才济济，则国家富强。"新造国家需才孔亟，若不创新学校，振新教育"则无从谈起。有鉴于此，民国十二年（1923），有识之士龙东源"尚义，乐以私地捐作校基"，父老乡亲"赞襄捐助，乃得新校落成"，到现在已是第六任校长"努力继办，发达胜前"[①]。另一通是《天柱县高酿乡第二中心学校碑序》，序文首先强调教育的重要性，指出："国家之隆替系乎人才之盛衰，人才之盛衰由于教育之兴废。盖教育之实施，诚惟学校是赖。""甘洞地处黔隅，明往清来原无校舍之设"，导致"文化之寥落"。"自民国肇兴，百政新刷，我地当局乃汲汲期以学校创设"，但迟迟未能创办。直至民国十二年（1923），有"乡贤出而倡办，不惜苦衷，学校始克成立"，"溯昔迄今，毕业学生已达八期矣"。学生中，有升至大学的，有卒业于高□的，有中学毕业者，有中学肄业者等。抗战爆发后，政府更加重视教育，"值此世界风云紧急，国步艰难之余，教育为促成抗战"。甘洞位于高酿乡五、六、七、八、九、十等保中心，"宜创办完全小学，救济求学儿童"。学校建成后，规模齐备，"广厦宏场"，除教室、校舍外，还有天井、大运动场、洋式演讲台、厨房等配套设施。前后两任校长"同向政府所求告，蒙县长谢杰民令，准添设高年班级"，创办"完全小学之心，并非沽名钓誉，务为人才当亟□，殚精竭虑促其成，断未敢以自功□□□犹自若。更觉国亦有报，盖事实昭昭，此心耿耿，诸同仁之胜举宁不令人没齿难忘哉"。学校各项"建设完成，不但得将古代之精英传之后世，文化水准提高千寻而移风易俗"，"□□□□发扬光大，国家政策见诸实施，以成抗战建国之伟大基石，而吾境之进展钜可以道里计哉"。

[①]《天柱县第四区区立第四初级小学碑序》刊刻于民国时期，碑现立于天柱县高酿镇甘洞小学球场边。

捐款人有四十五人，捐钱最多的是龙东泽六十二千文，其余捐钱额度从四十二千文到五千文不等①。第三通碑无额题，无序言，全部是捐助人姓名及捐款额度，捐洋最多的是龙东泽二千二百八十六元，其余从二千二百三十四元到五百七十六元不等，共计一百六十二名民众参与捐助活动②。

此外，天柱县还有许多刊刻于民国年间且与学校教育有关的碑铭，如凤城镇天柱高等小学的《人文蔚起》碑（民国四年）、邦洞镇邦洞小学《亘古于兹》碑（民国六年）、远口镇万一村《培修碑记》（民国八年）、高酿镇《孔子会碑记》（民国十三年）、高酿镇邦寨《南区第四初级学校碑记》（民国十五年）、竹林乡新寨《昭垂万古》碑（民国二十一年）、高酿镇地佳村《永垂不朽》碑（民国二十七年）、高酿镇地引村《永垂不朽》碑（民国二十七年）、竹林乡棉花坪村《书塾碑记》（民国三十年）、竹林乡南头村《重修校碑》（民国三十年）、远口镇黄田村《黉宫万古》碑（民国三十五年）、白市镇阳山村《亘古如□》碑（民国年间）等。

重视教育的的另一表现是对文字的敬惜，主要体现在修建惜字炉上。惜字炉，又名敬字炉、化字炉、字纸炉，是古代专门设置焚烧写有文字的纸张、纸片的火炉。凡是写有文字的纸张不得用于裱糊、包裹，更不能随意践踏丢弃，必须送到惜字炉焚化。修建化字炉的意义在于表达了民众对文字、文化与知识的尊重与敬畏。在高酿镇丰保村有一通刊刻于民国十六年（1927）的《芳垂永久》碑，记载当地民众重修惜字炉的故事："字与谷并重，教与养同尊。谷以养人，字以教人，非谷则民不生，非字虽生亦如不生矣。"对文字的敬惜

①《天柱县高酿乡第二中心学校碑序》刊刻于民国抗战时期，现立于天柱县高酿镇甘洞小学球场边。

②《甘洞捐资助学碑》刊刻于民国三十三年（1944），现立于天柱县高酿镇甘洞小学球场边。

是有传统的,如天柱县垒处镇雅地村道光二十八年(1848)的《培元宝藏》碑,记载当地民众在培元桥左岸建竖惜字亭,"作全村之保障,收书契之奇珍,俾咸知惜字如金"。展望未来,"共睹扶风似笔,秀拱文峰,行见山水效灵,人文蔚起,斗牛呈瑞,甲第蝉联,则此亭之大有造于雅村也"。"由是以之扶风,而风气益厚;以之拱秀,而秀气益钟;以之培元,而元气益固;以之惜字,而文字宾兴,书香继世矣!"①瓮洞镇岑板村有咸丰三年(1853)的《字塔碑记》,强调文字的重要性:"尝思朝廷无字何以治民,草野无字何以制产,街衢无字何以贸易,字固人人所当敬惜也。"②

　　7."三十年一小反,六十年一大反":社会治理类碑铭多

　　咸丰同治年间,因繁重的苛捐杂税以及吏治腐败等原因,导致农民起义此起彼伏,尤其是清水江流域爆发了张秀眉、姜映芳等领导的各族农民大起义,持续时间长(1855—1873),破坏力大,影响面广,出现"千里苗疆,莫不响应"的局面。起义军先后攻占台拱厅(今台江县)、丹江厅(今雷山县)、清江厅(今剑河县)、清平县(今凯里市)、施秉县、都江厅(今三都县)、黄平县、天柱县、邛水县(今三穗县)、八寨厅(今丹寨县)、平越县(今福泉市)、麻哈州(今麻江县)、都匀府、镇远府等一百余座城池,巨大的社会动乱导致社会秩序被破坏,严重影响当地民众的日常生产生活,故碑铭的刻立较其他时间为少。镇远县江古镇有一通碑铭,记载"咸同兵燹"攻破镇远、青溪、邛水的历史,"咸丰八年(1858)戊午八月二十□,镇(远)城失陷"。"同治元年(1862)壬午五月十七八,青(溪)、邛(水)被破"③。

---

①《培元宝藏》碑刊刻于道光二十八年(1848),现立于天柱县垒处镇雅地村惜字塔边。

②《字塔碑记》刊刻于咸丰三年(1853),现立于天柱县瓮洞镇岑板村藏字塔边。

③《修葺土地庙碑》刊刻于光绪五年(1879),现立于镇远县江古镇水岭村云上悬幡岭土地庙。

锦屏县彦洞乡彦洞村有一通光绪二年（1876）的《彦洞记述碑》，较为详细地记载了"咸同兵燹"的情形。同治元年（1862），彦洞地区不法之徒"勾结教匪姜映方［芳］，盘距汉寨，山名呼为九龙山。擅造旗帜、王号，自称定平王，破陷天柱"，彦洞地区组织团练——太和团"独力苦拒"，至同治三年（1864）六月初二日，"逆苗乘危而害，团因灾而莫雇，卡练惊奔，被贼又烧一次。"同治四年（1865）五月二十一日"被贼又烧一次，尸骨充塞道路，血滴成渠。""可恨逆苗心如狼虎，于同治五年正月二十五日，漫山塞野四路兜杀，大旗罗包延因敌被贼困杀，男女哭声震地，号泣张天。"兵乱四起："陈大六聚扎江口屯，自称陈大帅；杨万洪把住滥木桥，自号公平王；关将军盘距寨头，时出时入；宝元帅霸占硐却，肆横无忌。"至同治七年（1868）十一月初四日，官府合围起义军，"恩蒙席大人攻打寨头，势如破竹；龚大人剿洗江口，剖若切瓜；李钦差进扎大广，戈统领打破青龙。"战乱造成巨大灾难，"想我黎民遭此乱世，前后十有余年，受尽许多苦楚"[1]。彦洞乡瑶白村光绪元年（1875）的《瑶白记述碑》也予以印证，据碑文记载：至同治三年（1864），"苗匪又破天柱，我等又遭一次，苦不可言"。至同治四年（1865）十二月二十一日，"不意又遭小广滥徒杨大伍勾结江口叛逆陈大王乘虚夜入，又遭一次。被围烧身者百无一活，逃出脱命者十伤八九，可怜我等被烧之后，逃在他乡，或野外而穴居，或依人之宇下，餐食也渡一日，单衣亦御三冬，年虽丰而啼饥，冬甚暖亦号寒"。至同治七年（1868），"恩蒙席大人统兵由八号剃洗寨头一带，李大人亲由冷水营攻开江口贼，使民屯粮于大广，戈师威镇于南加，小广滥苗远遁，青龙逆匪归服，始脱蹂躏之灾，方见太平之世"[2]。

　　剑河县敏洞乡沟洞村也有一通立于光绪六年（1880）的《流芳

---

[1]《彦洞记述碑》刊刻于光绪二年（1876），无额题，现立于锦屏县彦洞乡彦洞村。
[2]《瑶白记述碑》刊刻于光绪元年（1875），无额题，现立于锦屏县彦洞乡瑶白村。

百世》碑，记载咸同年间张秀眉、包大肚、杨大六以及姜映芳等农民起义军战事情况："咸丰乙卯（咸丰五年，1855）之秋，贼风竟起，猛兽挺生。由革夷高禾、九松方乜，下自清抬[台]张秀弥[眉]、包大肚、杨大六，此等逆魁三五成群，千万合党，烧杀乡村，攻打屯堡。""大约称王称号，誓盟举义，兴师大众，逞威攻城劫寨，势如破竹。""乙卯九月初九日，蚁扑敝处，集齐四十八寨御敌不胜，败绩于平棍卡，命丧数百，房屋尽被焚烧，祖墓继行掘毁。老者填乎沟壑，壮者散于四方，如鸟失巢，如鱼失水矣。兼于壬戌年（同治元年，1862），忽有柱属姜、龙、陈、李四逆窜入抬[台]邦，协合主口引领，攻下柱邑，汛[设]营九龙山，滋扰各属，惨遭其害，鸡犬不宁。"同治七年（1868），"荷蒙席、李各大宪雄师进剿，四路进兵攻江口，游[由]青龙恼而上剿洗寨头。自丹江而下，克复清抬[台]，诛戮叛逆"[①]。剑河县南加镇柳基村关帝庙旁有一通光绪十二年（1886）的《永远留芳》碑，也记载了"咸同兵燹"的巨大破坏力："自咸丰初年，苗匪猖乱，迭次攻扑城垣，兵民屡战屡捷，赖神灵显应也。旋因外无援兵，内无行粮，强壮者奔于军营，老弱者逃于四方。孤城无守，以致失陷，房屋庙宇概被烧毁。"

　　综上所述，通过对明清以降清水江流域碑铭的梳理、总结、归纳出"一高六多"的特点，有助于对清水江流域碑铭研究的细化与深化，为区域社会史以及清水江文书研究添砖加瓦。

---

① 《流芳百世》碑刊刻于光绪六年（1880），现立于剑河县敏洞乡沟洞村。

第二章　清水江流域碑铭分类及内容概述

　　关于碑铭的分类,目前学术界有多种分类的标准。例如毛远明按照形制将碑刻分成碑碣、石阙、摩崖、墓志、经幢、石柱铭刻、造像题记、石刻画像题字等;按照文献的内容则分为纪事赞颂碑刻、哀诔纪念碑刻、祠庙寺观碑、诗歌散文碑刻、图文碑刻、应用文碑刻、石经、题名题记以及诅盟符箓碑、帖书碑几种特殊的碑刻等九大类。仲威则将碑刻分成摩崖、碣、墓碑、功德碑、纪事碑、墓志与塔铭、文献碑、造像题记、刻经、幢、阙等。唐力行从历史文书的视角,把所收碑刻分成私人性民间纪事碑刻文书和官方碑刻文书两大类,其中前者包括墓志铭、契约碑、碑记、收支碑或征信录、善书等;官方碑刻文书包括示禁文书、褒奖文书、布告和执帖等。张正明、科大卫把碑刻分为农林、商贸、交通、水利、妇女、官绅、家庭、宗族、佛教、道教与民间信仰、戏曲、教育、灾害及其防治、行政管理、乡规民约、村堡城防、其他等十七类。卞利把徽州碑刻分为宗族、公益事业、人物、文化教育和宗教等类①。

———————————

① 参见毛远明:《碑刻文献学通论》,北京:中华书局,2009年;参见仲威:《碑学十讲》,上海:上海书画出版社,2005年版;参见唐力行:《明清以来苏州的社会生活与社会管理——从苏州碑刻的分类说起》,载《上海师范大学学报》(哲社版)2009年第3期;张正明、科大卫:《明清山西碑刻资料选》,太(转下页)

　　我们曾把收集到的碑铭分成政治军事、乡规民约、交通教育、宗族、宗教、经济等六大类，后根据当地的实际情况，同时也对以前的分类略作调整，从目前所搜集到的清水江流域碑铭，依据其内容，大体可分为官府告示、乡规民约、路桥井渡、学校教育、祠堂宗族、寺观庙宇和其他等类别①，现简述如下。

第一节　官府告示

　　官府告示主要是指专门刊刻各级官府发布的文告、政令、裁决、示禁等碑文，其内容既有诉讼裁决、判案、禁革等，也有保护森林、婚姻习俗、渡口管理、保护农田、维护木材贸易及航运秩序、维持社会治安等，以此规范社会行为。告示乃布告。一般而言，凡刻载于碑的内容，均有广而告之的含义，故各种形式的法律碑铭均具有告示的内涵，如圣旨碑即是以皇帝的名义颁发的告示。狭义的告示碑特指由官府，尤其是地方州县官府出具的、具有昭示性的禁令文书。明清时，发布告示禁令为州县的一项重要工作。告示通常张贴在衙门前照壁，而告示碑都立于官衙、通卫、庙宇、桥梁或其他建筑物旁。与张贴的告示不同，刻立告示碑是为行之久远，而且要引以为凭。

　　（接上页）原：山西人民出版社，2005年；卞利：《论徽州碑刻资料的主要内容和学术价值》，载《文献》2002年第4期。

① 参见李斌、吴才茂、龙泽江：《刻在石头上的历史：清水江中下游苗侗地区的碑铭及其学术价值》，载《中国社会经济史研究》2012年第2期。后来，我们又曾把天柱的碑刻分为官府告示、乡规民约、路桥井渡、学校教育、祠堂宗族、寺观庙宇、其他等七大类，参见李斌、吴才茂、姜明：《论明清以来清水江下游天柱地区碑刻的分类、内容与学术价值》，载《贵州大学学报（社会科学版）》2013年第3期。

尽管州县官颁发告示禁令难免流于形式，但从告示碑的订立过程及内容，可以看出它具有明显的针对性和较为广泛的禁约性，并且可以补国家律令之不足。

一、政治管理方面

"咸同兵燹"使得"千里苗疆，莫不响应"，其结果是各地民众"惨遭其害，鸡犬不宁"，尤其是清水江流域，故"乱后之民，尤当抚恤"。光绪五年（1879），贵州巡抚岑毓英发现地方官府在征收钱粮方面有种种弊端："下车以来，明察暗访，得悉各府厅州县征收钱粮弊端，如秋粮市价每石银一两，折征二两，是加一倍也；又改银收钱，钱价换一千六百文，折收三千二文，又加一倍也；复加以粮房票钱、催差役费，又加一倍也。如上实米，除例征耗米外，另有地盘样米、尖斗尖升等项浮征，致上粮一石，非二三石不能完纳。至收条银，百姓纳银，到时则曰'银水不足，平头不足'，多方刁难。或改钱折收，藉称市钱市价，必加库平本色，任意勒索，以致每完条丁银一两，加至二三两不等。各省定赋之例，虽有加收耗银，而查《贵州田赋则例》，条银一两最多不过准收银一钱五分，秋粮一石准收耗米一斗五升。"甚至在百姓上钱粮时，先勒索"报到"钱，如不给，"甚有延至两三月不能上粮者"，"种种弊端，难以枚举"。因此，除檄饬该地方官遵照外，合行出示晓谕："为此示，仰阖省绅民知悉：嗣后，尔等完纳钱粮，无论秋粮、条银，无论收银、收钱，除例征耗银、耗米外，只照街市价每两加银二钱、每石加米二斗，以为倾工、批解等项公费。此次示后，凡秋粮之地盘样米、尖斗尖升，条银之横征勒收、加平加水，一切积弊概行革除。"并告诫书差及地方官："倘再有书差仍前勒索，呈控地方官不究者，即系官与书差同恶相济，许尔等来辕据实陈告，本部院定行从重参办，绝不宽贷。尔绅民亦不得藉故抗延，并予治罪。"①

　　针对驿站，在麻江县碧波乡和施秉县马号乡，各有两通道光十八年（1838）《禁革驿站积弊碑》，刊刻了嘉庆四年（1799）云贵总督富纲整顿驿站的文告，对麻哈州属苗民苗阿海等控告"麻哈州差串同土司借夫滥派、勒折应役、抄掳凶伤等情"一案，道光十二年贵州巡抚嵩溥、道光十三年云贵总督阮元、道光十四年贵州巡抚裕泰、道光十六年署理贵州巡抚、道光十七年贵州巡抚贺长龄、道光十七年贵州布政使庆禄以及都匀府先后批示②。

　　针对不法土司的违法行为，官府颁布许多措施，规范其行为。在黎平县岩洞镇述洞村，有一通康熙五十六年（1717）的《革除土司重征滥派碑》，记载黎平府知府姚启奉贵州布政使司宪牌，转奉云贵总督蒋陈锡的批示。黎平府苗民杨应科等"具诉潭溪司土官石飞熊滥派加征，吁请钱归府完纳"，"土司种种剥削苗民，不法已极，本应参究，姑念事属以往，暂予宽典，记大过一次"。经黎平府、贵州布政使司以及云贵总督三级官府批示，"为此，仰府官吏遵照宪批牌为事，理即将新洞、同关等寨钱粮，准其一例归府完纳。严饬土司石飞熊：嗣后小心供职，加意抚绥苗民，不许私行滥派；其有归府等寨，土司不得丝毫干预。倘若再犯，即行揭报参处。该府所收苗粮，与民一例征收，勿许胥役人等欺夺、包揽、代纳"，"合行勒石，以垂永远"③。

　　在黎平县地坪乡，有一通光绪八年（1882）刊刻的《永远遵守》碑，记载贵州巡抚严禁土司勒收兵谷及一切规费等，序文首先叙述："国家设官牧民，其取于民者，丁粮正供之外，即不得妄取百姓丝毫。

---

① 《严禁加收钱粮碑》刊刻于光绪五年（1879），原无额题，现立于锦屏县固本乡新民村。

② 《禁革驿站积弊碑》刊刻于道光十八年（1838），无额题，两碑分别立于麻江县碧波乡大堡村冷水营和施秉县马号乡六和村中寨。

③ 《革除土司重征滥派碑》刊刻于康熙五十六年（1717），无额题，现立于黎平县岩洞镇述洞村。

违者，照赃科罪。此定例也。"多数地方官能"洁身自爱，不致妄取民财"，"惟闻各属土司以苗夷愚朴可欺，每有勒收兵谷及假借衙门一切名目，滥行科派规费之事"。光绪八年，贵州巡抚林肇元令："各该地方官即刊'严禁土司勒收兵谷及一切规费'石碑，分立各寨俾知，永远遵守。"除刊碑外，还要求"告示""实贴各府、各县厅州"，并且"久贴示谕，不准撕扯"①。

在锦屏县启蒙镇，也有两通碑的碑铭，记载有关"严禁土司、土目、土弁派累、庇纵、私刑以及勒折浮征"等。道光八年（1828）贵州巡抚嵩溥、布政使司根据"贵西道秉请示禁土司、土目、土弁派累、庇纵、私刑各条"，"出示晓谕"，"查土司、土目、土弁等原为约束苗众、稽查奸宄而设。至于钱粮、夫马、差役以及苗民词讼事件，俱归地方官经理，土司、土目、土弁不得干预"。同时，"札饬各府州县亲赴所属各土司等家，逐一严查。如有以上情弊，即将该土司严行枷责。嗣后，苗民一切词讼，悉令地方官审断，不得干预。倘再行擅理，私设刑具，即行详革，照例究办"。另外，告诫地方官："倘地方官明知故纵，徇庇不办，或经告发，或经过访闻，一并严参。"道光十七年（1837），贵州布政使司认为："从前，该土司皆知畏法，公事公办，苗民均悦听从"，"近闻土司等奢侈繁华，一代甚于一代。惟知剥削苗民，遇事派累，串同恶役将苗民应纳米谷勒折浮征。昔日一斗可完，今渐加至数倍，任意妄为，毫无体恤苗民之心，以致穷民艰于度日，有挺身上控者，有携家远逃者，有藐法为盗者，有求乞而填沟壑者。言之足悯，深堪痛恨"。为此，"立刻密查所属各土司，如有前项情弊，即行严拿详革究办"。道光十八年（1838）二月，署理黎平府正堂王赞勋针对"土司有勒折包收之弊"，"出示晓谕"："为此示，仰各寨民苗人等知悉：嗣后，尔等应纳钱粮，各自赴府完纳，依定章程，勿许任听土司从中包揽，尔等亦不得私交粮差，代为上纳。"自示之后，

---

① 《永远遵守》碑刊刻于光绪八年（1882），现立于黎平县地坪乡地坪风雨桥头。

"倘遇土司、号兵假称奉官名目赴寨包收，许尔民等赴辕具禀，以凭究办。"六月，署理黎平府知府张瑛，"照得土司之设，原为缉捕奸宄、约束苗民，并无征收、受词之责"，针对"土司违例擅受、滥差提唤，合行出示严禁"，此后，"为此示，仰各寨民苗人等知悉：如有一切词讼、钱粮，自行投府呈控、赴仓完纳，不许赴土司处完纳、控理。如有赴土司具告、完纳者，一经告发，无论曲直，先于重责。"道光二十年（1840），黎平府知府姚启详细叙述康熙年间当地苗民对土司的两次呈控，康熙三十九年前院"饬行民粮归府完纳"；康熙五十六年，奉布政使司转奉署理贵州巡抚批示，有关士民欧齐苏等呈控潭溪司、龙里司、亮寨司、欧阳司、中林司、新化八舟司等"土司贪虐，构讼多载"，"今请宪台不许土司苛虐、派累苗民外，其各寨民粮俱令造报花名清册，以杜隐漏。该府给发由单，使民自封投柜，印给串票为凭，以绝苛索、包揽。则土司不能苛索，而差棍无由浸[侵]渔。至所控土司干预词讼一节，亦应檄行该府严饬土司，止许缉查匪类，不许干预民词、私征钱粮、勒折浮收情弊。勒石示禁，以安民生者也"。黎平府所属高表、岑果、魁洞、叩引、寨楼、寨母、寨蒙、边沙、扒洞等寨十八位民众把康熙五十六年的批示刊刻成碑记，"合行勒石刊刻，以垂万世永远"①。

锦屏县河口乡瑶光寨，有一通光绪四年（1878）的严禁派夫碑，记载贵州巡抚、贵州按察使有关"严禁派夫折价"的"示谕"，并刊碑"严禁"。"咸同兵燹"后，"照得黔地初平，元气未复，休养生息为善后第一要务"，但土司敲诈勒索之事屡禁不止，"兹查夫徭一项，民虽供之有素，每每官派一夫，土司辄派数夫。勒令折价，更或指称误差，横加诈索。官用民夫一次，民间受累无穷。如地方官因公下乡再用民夫，一年不定数次，则吏下乡一次，土司得以科敛一次。兵燹

---

① 《严禁土司擅受民词擅收钱粮碑》（两通）刊刻于道光二十年（1840），碑无额题，现在锦屏县启蒙镇便晃村者楼寨。

子遗,实有不堪,亟应严行示禁"。嗣后,"地方官因公下乡,概不准擅役民夫,书役、土司人等亦不得私派骚扰,用以均劳逸而培元气","土司人等胆敢仍有折价情事,或藉端妄派民夫,一经本司访闻,定行严拿究办,永远革除不贷"①。

在锦屏县固本乡新民村,有一通光绪五年(1879)的地方官府严禁向民众苛敛钱物的碑。据碑文记载,地方官府日常所需的茶、油、牛、烛、柴、炭、肉、菜、瓦、木、器具等生活物资,"闻向例或由行户供应,或派司寨采取,或令书差承办,奉于官者十之一,取民者十之九",此种情形"辗转朘削,徒使间阎受累无穷"。为此,新任黎平府知府邓在镛"合行出示严禁":"为此谕,仰府属司寨、行户、军民人等知悉:自本府到任为始,凡署中需用各前项,概照市价平买,其民间一切供应陋规尽行革除。""自示之后,如有本署差役及不肖之徒假冒名色,或假造票据,胆敢下乡婪索、撞骗,准该团甲人等捆送来辕,以凭严究。该寨团甲人等亦不得以此次本府蠲免各物为名,苛敛苗民钱财;或勾串差役,恐吓讹诈。如有此情,一经查出,定即严拿重办。"并且告诫:"本府令出必行,切勿视为具文,自甘重累。"②

官府告示中很重要的一个部分是判案。天柱县坌处镇大冲村《遵批立碑万代不朽》(乾隆五十八年,1793)记录了大冲袁姓"因培植风水所蓄"的重阳树被杨裕远等"妄信堪舆狂言,将树强行砍伐",经天柱县巡检厅"亲临踏勘",官府"集案研讯",经天柱县正堂博尔多"大老爷批既经勘明,讯断如详",并"断令仍于原砍之处蓄栽树木,以培风水,并令埋石为界"。本判决于乾隆五十七年十一月二十九日详,十二月初二日批,十二日到③。天柱县远口镇大样村,民

①《沾恩不朽》碑刊刻于光绪四年(1878),现立于锦屏县河口乡瑶光下寨。

②《永垂不朽》碑刊刻于光绪五年(1879),现立于锦屏县固本乡新民村。

③《遵批立碑万代不朽》碑刊刻于乾隆五十八年(1793),碑为四方形石柱,原立于天柱县坌处镇大冲村,白市水电站蓄水后被淹没于水中。

国十年（1921）的《远口分县长周示》是一通判案碑，因村民"具控龙王牯等强砍古树，败坏风水各情，当经传讯审明，所有此山蓄成杂树、竹木系培护风水，勿论何人概不准砍伐。若有违抗不遵者，准许禀官究治"，"特此判"[①]。石洞镇黄桥《碑记》（嘉庆二十二年，1817）记载了姜、王二姓争地界一案，经镇远府知府"当堂照册结断"，并将双方"四至勒石碑记"，并"奉官公立"以"永断葛藤"。具体碑文如下：

> 特授贵州镇远府正堂朱，为姜、王二姓争地界一案，于嘉庆二十二年六月初七日当堂照册结断，判云此案：姜昌才具控王正献、志光、海宇、海球霸山葬坟等情，检查王、姜两家，据王姓之册左至扒地分界，右至大干仰分界，后因贫穷，卖与姜姓田数丘，契内并无出卖山场字样，除姜姓契买之田仍照旧管业。今结断分界，以王全坡扒地干仰数处之山仍归王姓世业。嗣后，王姓不得借山占田，姜姓不得借田占山，永断葛藤，违者重□□。王正献等继以虑后有争，恐据朽失，恳饬勒刊等情，蒙恩批准，谨将五甲四至勒石碑记于左：
>
> 东至羊角酮古路为界，系抵四甲边疆自东转南由羊角响上溪佑什登寨高发引高坡上鼻塘止，系抵老八甲为界。
>
> 南至牛鼻塘为界，自南转西上八卦河、塘论河止，系抵清江边隅为界。
>
> 西至塘论河为界，自西转北上龙塘溪口顺溪至扒处八仙石拱桥止，仍系抵清江河为界。
>
> 北至八仙石拱桥为界，自北转东上盘磨古路大干仰溪峀仙岑欲溪口马鞍山下福耀土地祠古路石灰坡羊角响古路止。
>
> 嘉庆二十二年十月吉日奉官公立[②]

---

① 《远口分县长周示》刊刻于民国十年（1921），现立于天柱县远口镇大样村。
② 《碑记》刊刻于嘉庆二十二年（1817），现在天柱县石洞镇黄桥村一户村民的牛圈里。

二、经济管理方面

　　"江规"①作为清水江流域人们从事木材贸易和社会生活的行为规范，不仅通行于清水江干流，在其支流也同样适用。道光年间，为规范清水江流域木排放运秩序以及赎取洪水漂流木材，天柱县知县"出示晓谕"："遇有木商栽椿吊缆停泊簰，毋许拔椿砍缆。"同时规定要"遵照示定木植大小酌给工资银两若干"，并"居民不许高抬掯执漂流之木"②。坌处镇小学《永定章程》（光绪二十八年，1828）碑，由天柱县知事出示晓谕，整顿清水江木排放运秩序，对"捞获漂流木植、赎取限期、价值以及租地、青椿、运木雇夫等项均应遵照后开章程办理，不准故意刁抗违勒，抬价藏匿掯留"，以及"再有前项解砍缆子、聚众行强、黑夜偷窃并木排漂流因而夺取者，即与强盗无异。一经访闻或被告发，定即饬差严拿，务获到案，照例分别问拟审留绞斩，绝不姑宽"。同时制定《赎木章程》十一条，以整顿清水江木排放运秩序，规范赎取漂流木材程序。

计开详定各项章程

　　——赎木限期，旧章改定廿日内等候木商取赎，遇［逾］期听凭捞木之人变卖。

　　——凡遇满江大水漂流长杉木，每两码赎钱三千文。

　　——凡遇半江水漂流长杉木，每两码赎钱一千五百文。

　　——凡漂流无尾断椿照正木，每两码照正木折五钱。

　　——凡双桐长一丈二尺者，照正（木）每两码照杉木折三钱。

---

① 详见秦秀强：《江规：清代清水江木材采运贸易规范考察》，载《原生态民族文化学刊》2010年第1期。

② 《俾垂久远》碑刊刻于道光八年（1828），现立于锦屏县三江镇飞山庙内。

　　——凡遇单桐长七尺者，照正木每两码杉木折二钱。

　　——凡遇满江水借地青椿系缆一条，给租钱一串二百。

　　——凡遇半江水借地青椿系缆一条，给租钱六百文。

　　——凡遇运木所用包头、排夫，听客自雇，不准他人出头阻拦，倘敢不遵，生事送官惩办。

　　——凡遇赎长正木者，除寸头麓八尺照围。

　　——凡遇沿河居民置买木植，不论整装零碎，须问明来历，如系红印，削记盗卖之木不准收买，倘敢不遵，查出措名，禀官提案严办。①

　　对渡口、渡船、渡夫及其公有渡田、渡产的管理。清水江边三门塘乾隆五十年（1785）的《禁条碑记》记载，雍正五年，时任天柱知县洪兴运"颁赐禁条"，规定"两岸马头不许舡塞马头，有防过渡"。同时告诫："倘有不法之徒不遵禁约，仍蹈故辙，立即执簿送官，以治欺官藐法之罪。"乾隆五十年制定十条禁律，"俱遵县主颁赐，刻碑世守，永垂不易"，规范渡田、司渡之人、过渡之人以及渡田渡产管理。具体禁条如下：

　　——禁　捐买司渡粮田，钱粮应在司渡完纳。而料理钱粮之人，不得私行外派。倘水涝损田，司渡之人即宜修砌。如有懈怠不整，将禾花追出另招。如抗，鸣官究治。

　　——禁　司渡者，凡往来客贩货物，不得勒索。如私伙地棍暗取，将渡田追退外，鸣官究治。

　　——禁　司渡者，专任乃事，不得兼谋生理。若误往来商旅，亦追退田禾，另招司渡。

　　——禁　遇洪水之时，独力难扒，倘一时不急，不得出言无

①《永定章程》碑刊刻于光绪二十八年（1902），现嵌于天柱县坌处镇坌处小学操场边墙壁。

状。亦不许客吊舡不在两岸码头,有防[妨]过渡。违者,鸣官究治。

——禁　司渡之人,若非轮流,恐久怠玩。议每年正月初一日更换,交代禾花半分下手。如强者,鸣官究治。

——禁　过渡之人,不得恃强争先。而寨内捐资者,不得倚酒虎吓。司渡之人,不时照料,恐雨稠水泛,缆索朽坏误事,在司渡赔偿。如违,鸣官究治。

——禁　舡支司渡,任为己业。倘有寨中支持强过,并借载石者,明禁在前。不遵,送官究治。

——禁　舡支当招老成,会众公立承认,付约合同。若始勤终怠,渡田凭众区处。如抗,鸣官究治。

——禁　渡田在司渡招人耕种,施主与寨内人等不得强种。如违,鸣官究治。

——禁　外买田或另招人耕种,将禾逐年积凑买木,倘舡朽坏以备整造。如有欺瞒,并强耕者,鸣官究治。

以上十条,俱遵县主颁赐,刻碑世守,永垂不易。[①]

在锦屏县河口乡瑶光下寨,有一通嘉庆七年(1802)刊立的木商控告瑶光寨"多索放簰工价,擅改江规"的石碑,乾隆四十二年时"排夫工价定有章程,瑶光运至卦治,每排取工价银四钱八分;运至王寨,每排取工银五钱六分;运至毛[茅]坪,每排六钱四分。较之四十一年以前,每排加增银一钱"。经黎平府知府程卓梁"出示晓谕":"为此示,仰瑶光及沿河民苗等知悉:嗣后,木植到境,任客投店雇夫运放,排夫工价照四十二年所定,不许分厘多索。"[②]

台江县文昌宫内有一通《永垂不朽》碑,禁止商人入山采买,放运出江,以免冲毁桥梁、堰坝。据碑文记载:光绪二十二年(1896),

①《禁条碑记》刊刻于乾隆五十年(1785),现立于天柱县坌处镇三门塘村三门溪。
②《永远碑》刊刻于嘉庆七年(1802),现立于锦屏县河口乡瑶光下寨。

木材贸易已经深入到清水江上游台江地区，鉴于木商深入到清水江上游台江县南市等寨"入山采买，放运出江，冲坏桥梁、堰坝以及田亩。蒙前署府张禀，奉大宪批示查明，一律出示封禁"，"勒石刻碑，永远垂禁"。"自此次勒石垂禁之后，如其有渔利奸商不遵批示禁约，私行放运木材，许尔绅民及沿河一带居民连人连木一并拿送衙门"。告诫木材商人："在尔等本系出门求利，具有资财，须知此举事［势］在必行，如其犯到必惩，慎毋以身试法，甘蹈不值也。"①据民国五年（1916）《内外三江木植场条规》碑记载，民国四年（1915），天柱、锦屏知事为平息长期的争江，经贵州督军、民政厅厅长转批，两县"商会、教育会均得开联合会，共同议决"内外三江木材商场条规，采用"共同讨论，全体可决，利益均沾"原则，"业经前锦屏县黄知事任内，已将两属全体议决《条规》详由前镇远道尹林转详前巡按使龙，核准立案"。同时在民国五年一月十五日第一百十号《贵州政治公报》实业栏"开载"。《内外三江木材商场条规》十四条，"为此示，仰内外客商、行户、主家人等，一体遵照后开《条件［规］》，永远遵守，杜绝纷争而保权利，切切无违"。具体条规如下：

　　　　锦屏、天柱两属全体议决规复旧章《条件［规］》列后：
　　　　——本《条件［规］》以增进锦屏、天柱两县商场感情，各保利权及求商场上买卖自由，永远发达及和平。
　　　　——徽州、临江、陕西称为"三帮客"。天柱所属"一勷半"，芷江、黔阳"三勷半"，为"五勷客"。
　　　　——王寨、茅坪、卦治为内江；垒处、清浪、三门塘为外江。
　　　　——"三帮""五勷"客，向在王寨、茅坪、卦治内江地方置有泊簰、成簰码头者，为内江客。
　　　　——永州各帮客，向未在王寨、茅坪、卦治内江地方置有泊

────────────

① 《永垂不朽》碑刊刻于光绪二十二年（1896），碑现立于台江县文昌宫内。

簰、成簰码头者,为外江客。

——王寨、茅坪、卦治内江地方,照旧永为买卖木植商场及"三帮""五勷"泊簰、成簰码头。内江行户不得拉[擅]将码头,私与永州各外江客停泊木簰,以杜商场争端。

——永州各外江客(于)内江既未置有码头,均照旧驻居于坌处、清浪、三门塘有木坞之主家,以便泊簰、成簰。但内江行户不得接客,外江主家不得阻客,而符买卖自由公例。

——永州各外江客欲进王寨、茅坪、卦治内江买木,非有外江有木坞之主家引进,内江行户不得与外江客私自开盘议价。违者,内江罚行户,外江罚客。

——坌处、清浪、三门塘木坞主家引客进内江买木,交易成后,照例先盖外江主家斧记,完纳厘税、行用等费;随放出外江主家木坞内交客成簰。除由木客照旧例每个苗头纳"天柱中学经费"银一两零五分外,并应酬给主家之劳动力费。

——商场码头屡肇祸端,均由排夫赔募。嗣后,茅坪、杨公庙馆首及头夫,应由天柱商会公举公正殷实者,呈请天柱县署委任充当,咨由锦屏县三江统征局暨江防局一律保护,以维持商场秩序而协商情。如有不正当行为,得商请更换。

——茅坪、杨公庙、五勷馆向由三江行户于兑账单内亮挂,每根抽钱一文半,每堆挂抽钱二十四文,缴作五勷馆、杨公庙"香灯费"及"天柱宾兴费",今仍一律由杨公庙馆首照旧办理。除酌香灯各费外,余提作"天柱县中学校常年经费"。

——内江"三帮""五勷"码头,有认为必要须改良修整者,"三帮""五勷"有完全自由之权。

——天柱、锦屏两县有关于本《条件[规]》认为应行会议者,商会、教育会,均得开联合会共同议决。

——本《条件[规]》以天柱、锦屏商会职员暨各界代表议决后，会详天柱、锦屏两县通详立案，出示晓谕，勒石永远遵守。①

三、社会治理方面

太平天国起义后，贵州爆发了历史上规模空前的"咸同农民大起义"，"千里苗疆，莫不响应"。面对如此规模的地方社会动乱，如何才能保一方平安？根据"钦命统领京省全军大人曾国藩示谕"，地方文人使用方言和用语习惯，编《得胜平安歌》，并以民歌的形式，勒石树碑。碑由《反治锦囊》《禾翠亭公议条款——述神告》《禾翠守战苗逆记》组成，碑文主要有"莫逃走""要齐心""习武艺"三部分，歌曰：面对匪贼"切莫乱逃走"，"一人仓忙四山逃，一家大小泣嗷嗷；壮丁虽然逃得脱，老幼难免受嚎啕；文契虽然拿得走，钱财不能带分毫；衣服虽然带得走，猪牛难带一根毛"。因此，"我境本是安乐乡，只要齐心不可挡；一人不敌二人智，一家不及十家强；你家有事我助你，我家有事你来帮；若是人人相帮助，扶起篱笆便是墙"，"要保一方好土地，大家学些好武艺"，"读书子弟莫骄奢，学些武艺也保家；耕田人家要安静，学得武艺保性命；匠人若能学武艺，出门也有防身计；商贾若能学武艺，店中大胆做生意"。这样就可以"打尽天下无敌手"②。

对于游手好闲以及乞讨一类，严行禁止。道光十二年（1832），三穗县良上乡雅中一带，地方精英针对"该乡多有外来乞丐，勾通

---

① 《内外三江木材商场条规碑》（民国五年），原碑无额题，碑嵌于天柱县坌处镇坌处小学围墙中。2017年11月18日，在原副州长单洪根先生指引下，笔者与贵州大学杨军昌教授、吉首大学罗康隆教授等一起考察时，发现在锦屏县茅坪镇也有一块与天柱县坌处镇相同内容的碑，碑现平躺于茅坪镇退尾寨一居民院内。

② 《反治锦囊》碑现存于天柱县蓝田镇公闪村芭蕉组，《禾翠亭公议条款——述神告》《禾翠守战苗逆记》二碑现存于天柱县蓝田镇公闪村木松组。

本地不法游手好闲之徒,三五成群窜入寨中估讨恶要。白则强讨为名,夜则偷摸无休,以及不务正业之辈专以盗砍桐、茶、杉、蜡等木",此情"实为地方之害,恳请示禁",邛水分县"据此,合行出示晓谕":"为此示,仰该地方约甲、牌头人等知悉:嗣后,如再有前项不法之乞估讨恶要并偷砍蓄植树木,许众等相互协同拿获,禀送本分县衙门,以凭尽法。""如有强壮棍徒及面生可疑之人,许该头人等盘诘,送案惩治可也。"①锦屏县彦洞乡有一通光绪三十年(1904)的禁碑:"甚至游手好闲之流,三五成群,日则乡村探听,夜则挖墙劫掳,以及放火烧山。种种不法,殊堪痛恨,团等实因地方起见,不忍坐视不前,是以会同约齐首人,再四思维,惟有俯恳仁天案下,赏给示谕,一并严究,俾地方横暴之徒不得再行故犯。"②剑河县南哨乡翁座村有一通刊于光绪二十年(1894)的《例定千秋》碑:"凡有成群难民、乞丐,不准小寨估讨,只由大寨量其人数给米资遣,停留不准过一日。若有估讨、暗偷、恃众滋事者,报明附近汛练弹压驱逐,不准团甲私打私罚。若有强搜人少之家钱米,即以强盗论,捆送地方官究治。"③丹寨县扬武乡有一通光绪二十五年(1899)的《署理八寨清军府龚示》碑,由杨姓甲长等同立,内容涉及禁止"恶讨"等:"示尔远近红黑匪人、游勇散练、妖道邪僧、年轻乞丐恶讨恣横,一概驱逐,不许留停。"④

　　清水江流域崇山峻岭,林木资源丰富,自古以来蓄养林木成为当地重要的经济来源,所以对山区生态环境保护的意识就融入百姓的思想之中,保护森林也成为各级官员的一项惠民工程。天柱县坌处镇雅地村《镇远司董示》(光绪二十五年,1899):"出示严禁,不许

---

①《雅中示禁碑》刊刻于道光十二年(1832),无额题,现立于三穗县良上乡雅中村。

②《流芳百世》碑刊刻于光绪三十年(1904),现立于锦屏县彦洞乡彦洞小学门前。

③《例定千秋》碑刊刻于光绪二十年(1894),现立于剑河县南哨乡翁座村。

④《署理八寨清军府龚示》碑刊刻于光绪二十五年(1899),现立于丹寨县扬武乡排莫村委会办公楼前。

烧林。倘有违者,鸣鼓重惩二千六百四十四文。"若毁坏杉木、油林,每株赔钱八十八文,禁山栗木,每根八文。"胆敢违抗,捆送来厅,按律究治,绝不容情。"①在锦屏县彦洞地区,因本地"山多田少,地瘠民贫",故"栽蓄杉、桐、油、蜡"以为帮补,因此民众痛恨"放火烧山"等不法行为,"禀请"黎平府知府"合行出示晓谕":"为此示,仰军民诸色人等一体知悉:自示之后,如有该地方栽蓄杉、桐、油、蜡等树,无得任意妄行盗砍及放火焚烧、牧放牛马践踏情事。倘敢不遵,仍蹈故辙,准该乡团等指名具禀,定即提案重惩,决不姑息宽容。"②

　　清水江流域一直有"转娘头"的婚姻习俗,在雍正年间的改土归流以及清水江流域木材贸易的影响下,逐渐向"庚帖为凭"转变③。道光四年(1824),镇远府正堂出示晓谕,对清江奉党"该苗等凡嫁女、娶媳,务须查明尊卑、长幼,班辈相符始准婚配",如敢再"颠倒紊乱,定即严行惩办,绝不宽贷"④。

　　在剑河县磻溪乡小广村环龙庵,有一通记载不同时代官府进行婚俗改革的《永定风规》碑,据碑文记载:原来的"婚嫁之事更行各殊,或娘家有女舅氏强谋。倘嫁别人,勒索重聘,饱伊鱼腹,则婚姻可成"。面对这些陋规陈俗,"各寨首人约同共议,请示改装,恳换婚礼",经清江厅主"准给章程禁止,改装更换婚礼,娘家九千六百文以作陪嫁之资,舅氏九百六十文以纳燕会之席。从改以后,由于父

---

① 《镇远司董示》碑刊刻于光绪二十五年(1899),现立于天柱县坌处镇雅地小学操场边。

② 《流芳百世》碑刊刻于光绪三十年(1904),现立于锦屏县彦洞乡彦洞小学门前。

③ 有关清水江流域婚姻变迁研究,详见李斌、吴才茂:《从转娘头到庚帖为凭:清代清水江流域苗侗地区婚俗变迁——以碑刻史料为中心》,载《贵州民族研究》2013年第6期。

④ 《奉党婚碑》刊刻于道光四年(1824),无额题,现平铺于剑河县久仰乡奉党村一农户屋檐下。

母主政,舅氏不得专权,同姓不准为婚,诱拐不准成配,男女不许同歌,朝夕不许聚会"。不同时代的官员不断进行改革,嘉庆二十二年(1817),特授镇远府正堂"出示晓谕":"嗣后,男女婚娶,遵照定例,必由两家情愿,请凭媒妁,发庚过聘。不得效法苗俗唱歌聚会,并舅家强娶,需索'舅公礼''娘头钱'及强娶滋事。如违,重扑不贷。"同治十二年(1873),署理清江军民府正堂再次"出示晓谕",对小广、下敖、谢寨等地婚姻陋俗进行改革:"婚则专霸姑表,不需媒证。否则,勒索多金,抗嫁不许,故意要人以'还娘头'。不然,勒要江钱三十、五十不等。"特此重申:"嗣后,凡讨亲者,不拘舅家外姓,必须以礼相求,不得以'还娘头'。纵有两家情愿,其舅家江钱只准取钱九百六十文;生身父母只准捡财礼钱九千六百文,以作陪嫁之资。"①

　　锦屏县河口乡文斗《恩垂万古》(乾隆五十六年,1791)记载黎平府正堂"以正婚娶事"出示晓谕:"嗣后,男女定婚必出两家情愿,凭媒聘订,不得执以姑舅子女必应成婚,及藉甥女许嫁必由舅氏受财。"锦屏县彦洞乡黎平府正堂对舅公礼"革故鼎新":"自示之后,仰即遵照此次批示,凡有所谓舅公礼者,必须分别上中下三等,只准自三两起至五两为止,不得再行勒索多金。至于姑舅开亲,现虽在所不禁,然亦须年岁相当,两家愿意,方准婚配,不得再行仍前估娶。"②民国二十八年(1939),在雷山、丹寨交界地区,由地方精英"当众议决规定条例",并"呈请丹(江)、八(寨)两属县府核准之日实行","丹(江)、八(寨)两属联界,邀集各保甲长及各父老等改造进行议决,规定财礼钱不得多取,所有婚嫁自由,不得强迫子女成婚"。共计有八

---

①《永定风规》碑刊刻于光绪十四年(1888),现立于剑河县磻溪乡小广村环龙庵前。

②《彦洞婚碑》刊刻于光绪十四年(1888),无额题,现立于锦屏县彦洞乡彦洞小学门前。

十一人在石碑上刊名，其中八寨四十九人，丹江三十二人①。

在剑河县南哨乡翁座村，有一通光绪二十年（1894）的《例定千秋》碑，具体碑文如下：

> 例定千秋
>
> 　　太子太保头品顶戴兵部侍郎兼都察院右副都御史巡抚贵州等地方提督军务加节制通省兵马衔理粮饷军功加二级世袭云骑尉曾
>
> 　　钦命二品顶戴赏戴花翎贵州分巡贵东兵备道兼统黎都上荔各练营总理下游营务处赵
>
> 　　为出示严禁事。照得苗疆粗定，民困未苏，亟应剔除积弊，加意抚绥，以作长治久安之计。兹据通省善后总局"据署都匀府罗守具禀：地方官及土司衙门向有苗民轮流当差、应夫，并供应器具、什物。每遇差使过境，或因公下乡，土司、书役联为一气，勒派夫、马、酒、食、洋烟，无不咨意苛求。且有营汛弁兵、绅团责令苗（民）服役，其弊相等。各路防营见而效尤，遇有移营、樵采等事，亦相率拉夫。似此劳烦民力，朘削民膏，实不堪命，应即严行禁革，以安闾阎。"除行善后局分移镇道并行各属营遵照外，合行出示严禁。
>
> 　　为此示，仰各属地方官绅及营汛员弁、土司、书役、民苗人等知悉：嗣后，除主考、学院过境，照田〔旧〕派夫迎送外，无论何项差役，不得派令苗民应夫供役。一切供应陋规，概行革除。倘有仍前勒派、索扰情弊，一经查出，或被告发，即行照旧条律分别究办，绝不稍宽！勿谓言之不预也。各宜凛遵毋违。特示。
>
> 　　计开条规于后：
>
> 　　——差役奉票下乡，路过之处，不准需索小钱、停留，并不

---

① 《万古不朽》碑刊刻于民国二十八年（1939），现立于雷山县永乐镇干南桥。

准派夫迎送。应到之家,只准一宿两餐。如多带轿兜、白役,需索鸡、鸭、酒、肉,即禀上"无名妄拿妄锁"案,开花坐食多日等事,准其禀官究治。

——结盟拜会,最为乱根,现在奉旨严拿。如该甲内,有私称哥弟、坐堂、老冒等者,准其密速禀官缉办。凡我良民,切勿受其飘布,保家已受者,准其出首销毁免罪,但不得挟嫌栽诬干咎。

——各寨务要设立梆锣,夜间轮流支更,搜查林峒,以防贼盗、失火等事。遇有抢劫重案,无分昼夜闻报,立即传锣齐团,先扎要口,迅往捕拿。活擒者,照格给赏;不得擅杀干咎。如贼拒捕,当场格毙者,不赏;并究明有无犯就拘执装点格情事,分别究办。团丁受伤者,由官及本团分别酌赏。观望不前者,事后分别罚处。如有借案抄护[户],隐匿赃物,或有"因隔插花"坐事[视]不理者,查出同罪。

——凡遇贼盗劫窃,呼救不及者,俟其去后,事主、邻右务要潜身窥探,远远相随,看其走向何。报官缉拿得实者,有赏。

——城乡各寨照前编联保甲,不准敛钱。庵、庙、船、店、烟馆不准容留匪人。如有携带妇女、牛马、什物来历不明,于闷烟贩私钱者,盘查送究。不准得钱卖放,亦不准刁难好人。

——黎平一带隔属联团,谓之"联款"。嗣后,小事不准开款。万一遇有成股贼匪四出窜扰,方准款众齐款抵御。其平日偷窃、强抢案件,只由邻近之团料理,俱须送官,不准齐款去河烧杀致死。如再有犯,以小事开款者,定即重惩。

——团甲、首人等务须秉公持正,勿得假作威福欺平民,遇事科派、勒索夫马、酌[酬]谢。且官只谈公事。如有挟嫌陷人,借公肥己,并出外妄传官(之)口语,吓诈乡愚,以及包庇应传之人,及恃系隔属不令投案,查出革究。

——如有假充委员、书差、兵练,刊刻假印、假示、假照、假札、门牌敛钱等事，查出立捆送官。

——凡有成群难民、乞丐，不准小寨估讨，只由大寨量其人数给米资遣，停留不准过一日。若有估讨、暗偷、恃众滋事者，报明附近汛练弹压驱逐，不准团甲私打私罚。若有强搜人少之家钱米，即以强盗论，捆送地方官究治。其划龙船、看西洋镜、拿黑案、卖假药、游僧、野道、异言异服摇惑人心等类，多系匪人假充，一律驱逐，不准入境。惟善讨乞丐，仍听便施舍，不必驱逐，尤不准该团甲等以小报大，借事生风。

——有窝娼、聚赌、綦贼分肥、充当躲头，容留面生歹人，截留拐来妇女、牛马、什物，窝留、私贩硝磺、小钱、匪人，并不投团报官，该□一并禀官究治。知情不举，邻右、甲首同坐。

——乞丐病毙及无名路毙，由附近营汛、团甲公往看明。无伤者，将其衣履、年岁、面貌、身上有无疤痣一一写记，当众措资掩埋。若有冒认尸亲者，照律治罪。其有伤者，必须禀官验究。

——田土不清，准其控告；不准夺牛、阻耕、挖水、抢获，致干重咎。

——禁止聚众斗龙、擅用火器、带刃横行。违者重办。

同治十三年十月二十一日曾示

光绪二十年六月初十日赵示

众等公立①

从碑文可知，该碑是贵州巡抚曾璧光在同治十三年(1874)针对"地方官及土司衙门向有苗民轮流当差、应夫，并供应器具、什物。每遇差使过境，或因公下乡，土司、书役联为一气，勒派夫、马、酒、食、洋烟，无不恣意苛求。且有营汛弁兵、绅团责令苗(民)服役，其弊相等。各路防营见而效尤，遇有移营、樵采等事，亦相率拉夫"等

①《例定千秋》碑刊刻于光绪二十年(1894)，现立于剑河县南哨乡翁座村。

积弊,颁布《条规》,对"一切供应陋规,概行革除",涉及差役下乡、结盟拜会、社会治安、防火防盗、保甲制度、款组织、赌博、乞讨、聚众斗龙等十三条。时隔二十年后,光绪二十年(1894)贵东道再次"合行出示严禁","倘有仍前勒派、索扰情弊,一经查出,或被告发,即行照旧条律分别究办,绝不稍宽"。

第二节　乡规民约

传统中国有"皇权不下县"之说,加之地处边隅,乡规民约是中国传统基层社会自治的重要民间法。乡规民约类碑铭也被称为禁碑,由民众主动、自发地制定有关规约,其内容主要是规范民众日常生活以及社会行为,涉及社会经济文化和民众生产生活诸方面,包括林木保护、纠纷调解、风俗习惯、保护公共财产、维护社会治安、风水坟山禁碑等。是否属于乡规民约,关键要看是不是一种行为规范,是不是人们相互合意的基础上制定的,制定的主体是不是乡民,是否具有社会性①。

一、规范社会行为

此类碑铭主要是保护生态环境,禁止乱伐林木等。清水江流域境内崇山峻岭,林木资源丰富,自古以来蓄养林木成为当地重要的经济来源,所以山区生态环境保护意识就融入百姓的思想之中,反映在遗留下众多保护林木、保持水土等生态保护的碑铭。

---

① 详见董建辉:《明清乡约:理论演进与实践发展》,厦门:厦门大学出版社,2008年,第16页。

在天柱县地坌村有一通当地彭、李、蒋、潘、杨、唐、刘、傅八姓后裔"公封"的《风水禁碑》："公议封禁此间风水，松杉百木不准砍伐扳折，暨左边小坳均系斯地风水，亦同封禁。"① 天柱县金紫村有一通记载嘉庆二年（1797）当地民众花钱买后山作为风水林的乡规民约碑，碑文：置买后山一所，"凭价三十余金以为亘古禁林，盖使枝条日盛，斧斤勿伤，乃不负前人择地之意，聊以见后人培补之心矣。自禁之后，如有那人□贼禁内之木植者，重罚不饶。如违，协同送究"②。

明清以降，清水江流域"一江木植向东流"，木材贸易是主要收入来源。除自身森林资源丰富外，也与当地民众保护生态环境、禁止乱砍滥伐林木有关。

在锦屏县大同乡章寨有一通光绪二十三年（1897）的《万古碑记》，记载了当地民众严禁乱伐风水林的故事，序言首先认识到"蓄禁古木，以配风水"，认为冲口左边是龙脉，"同心相议，买此禁山蓄禁古木，自古及今由来久矣"。至道光年间"立定章程，权存契约，捐钱人名昭彰可考"，且"蓄禁古木成林"。后来，"被人唆害，概将此木砍净"，导致咸丰同治年间以来，"人民欠安，诸般不顺"。至光绪七八年间，合村同心商议，又将此地之木栽植成林。不料有不法擅行之徒及起歹心，乘"早捕人未工之时，暮捕人未寝工之际，私将此栽之秧木扯脱，成林高大之木砍伐枝桠薄皮，暗用毒药杀树"，不法行为令"合村众人见之目睹心伤，殊属痛哉"，于是，勒石刊碑，"断不准扯坏"。有故意违反者，除鸣众公示，训赔禁栽植章程外，还罚钱十三千文。否则者，禀官究治③。

白市镇北岭有一通光绪十八年（1892）刊刻的乐氏族人的《乐姓禁碑》，据碑文记载：为确保当地"山川毓秀""与我族荣辱之所

---

① 《风水禁碑》，无立碑时间，碑无额题，现立于天柱县竹林乡地坌村风雨桥旁。
② 《风水攸关》碑刊刻于嘉庆二年（1797），现立于天柱县瓮洞镇金紫村。
③ 《万古碑记》刊刻于光绪二十三年（1897），现立于锦屏县大同乡上章寨。

关",乐氏召集"族人公议禁约","俾我子我孙及他姓人等,有所目规,勿故犯越焉",特制定两条禁约,一是:"上至黄公盖羊哨劫并左右四旁,下抵舒家溪,不准开挖盗葬、伤犯。所有树木只许培植,不许砍伐烧炭。"二是:"木商不许拖木过山,并开放红[洪]路,伤犯龙脉。凡我族人,徇私包揽他人一木,违者查出,严究不贷。"①

在锦屏县启蒙镇归故村,有一通光绪三十三年(1907)的风水林禁碑,叙述其祖先自开基以来数百年矣,先人培植虫[杉]树,所栽树木今已成林。为确保风水,振顿玄武山,"立禁石碑"三条,一是:"后龙命脉之山,不准进葬。倘有横行进葬者,众等齐挖丢。"二是:"后龙不准放火烧山。如犯者,罚银钱三千三百文。那人拿获者报□钱一千三百文。"三是:"后龙不准砍伐杂树、割秧草两项。如犯者,每项众等罚钱一千三百文。那人得见者,报亲□钱三百三十文。"告诫当地民众:"父诚其子,兄免[勉]其弟。"②

在剑河县南加镇清水江渡口处,有一通嘉庆七年(1802)的为陪护龙脉而禁伐后龙山土、石、竹、木等碑,具体碑文如下:

公禁后龙山土石竹木碑

从来谋其始,尤贵保其终,此不独培护龙脉为然也,而培护龙脉有然,我南嘉分宗以来,起伏顿跌,屈曲变动,俨然活龙活蛇,不可方物,斯诚天造地设,独得峡处,向为生苗掘伤,而耕牧樵采□。又后龙脊上朝夕往来,气脉之残损,至今日父老子弟慨然议起而培护之,遂共捐金鸠工,补缺续断,另开路以通耕作,二峡后列植树木,不留隙地,人力之成几□无间矣,然众人为之,尤恐一人毁之也,前人也因公议而□善后之禁,禁掘土,禁掘石,禁行脊上旧路,禁砍伐摧败诸竹木,即有越此禁者,誓

①《乐姓禁碑》刊刻于光绪十八年(1892),现立于天柱县白市镇北岭。
②《告禁碑》刊刻于光绪三十三年(1907),现立于锦屏县启蒙镇归故村小学校边。

破情面而公罚之，□□□□□斯谋其始，更保其终，从来即有大富，复精英自滋将见，近则数年，远则数十年，定必钟祥毓秀，产忠孝，出贤才，生生不已。工竣议定，遂镌石而树之，以吉当□后世之居此土者。

乾隆庚子科举人候选知县胡兴邦

首事：百户胡廷让、刘绍尧、舒仕朝、潘子宏、杨世明、刘开□、杨克彦、杨秀春、杨克贤

嘉庆七年三月谷旦合堡众事公立①

碑文序言中首先概述了南加堡的地形地貌，"起伏顿跌，屈曲变动，俨然活龙活蛇，不可方物，斯诚天造地设"，但被当地"生苗"因"耕牧樵采"以及在后龙山"朝夕往来"而"掘伤"，其结果是导致"气脉之残"。当地"父老子弟慨然议起而培护之，遂共捐金鸠工，补缺续断，另开路以通耕作，二峡后列植树木，不留隙地"，决定"禁掘土，禁掘石，禁行脊上旧路，禁砍伐摧败诸竹木"，如"有越此禁者，誓破情面而公罚之"。同时期待不久的将来，"即有大富，复精英自滋将见，近则数年，远则数十年，定必钟祥毓秀，产忠孝，出贤才，生生不已"。此禁碑由乾隆庚子科举人候选知县胡兴邦撰文，包括百户在内的"合堡众事公立"。

对风水林的保护一直存在。如天柱县蓝田镇蒲溪《禁碑》碑文如下：

禁碑

从来古木培植风水，吾国素所崇尚树林保重卫生。近代开化文明，兹我等淇流屋并庙背，由上至坡凸，而下溪边一带，乃祖人畜［蓄］植培补，近有一般不法，胆敢擅行砍伐松槁或砍

---

① 《公禁后龙山土石竹木碑》刊刻于嘉庆七年（1802），现立于剑河县南加镇清水江渡口处。

材［柴］烧，破坏风水兼滥山林，是以公议处罚，刻石永禁，是
为序。

　　兹将公议条例开列于后：
　　——议砍伐松稿，罚洋二元。
　　——议砍伐生材，罚洋四元。
　　——议砍伐干柴，罚洋二元。
　　——议放火烧坏，罚洋四元。
　　——就议私人各种各有，违者罚洋二元。
　　淇流盘龙众等立
　　民国二十五年六月吉日①

　　对违反乡规民约最奇葩的处罚方式，是民国八年（1919）麻江
县谷硐镇小鸡场地区的一通蓄林护山碑，认为林山有关风水，规定
"不许盗窃"林木，甚至不准伤残竹木茅刺；"倘若犯者，要罚银六两。
拿贼之人，赏钱二千四百文"，对于罚不起者，"每户灌屎一筒，哗
［喊］寨"②。

二、规范生产生活

　　遗存下来的此类碑铭很多，仅天柱县蓝田镇贡溪村就有八通
碑铭，乾隆四十年（1775）的《杜患碑记》，涉及贡溪一带黄姓族人为
杜绝坟山纠纷，禁止出嫁的姑娘及其婆家人到娘家坟山安葬。乾
隆五十三年（1788）《永封禁碑》，是杨姓族人以诗歌形式为其在贡
溪祖坟山刊刻的坟山禁碑。乾隆五十六年（1791）的《通族禁碑》，
涉及禁止在祖坟山开挖取土以及开辟新行道路从而践踏祖宗灵
魂。嘉庆十二年（1807）的《禁放条木》碑，涉及保护堰坝、农田、坟

①《禁碑》刊刻于民国二十五年（1936），现立于天柱县蓝田镇蒲溪村淇流组。
②《永垂不朽》碑刊刻于民国八年（1919），现立于麻江县谷硐镇大冲村谷蒌坳。

墓以及禁放条木等内容。道光三年(1823)的《承先永禁》碑，涉及当地民众禁止放条木冲毁堰坝、桥梁等。道光六年(1826)的《遵前禁后》碑，也是保护祖坟山的禁碑。光绪二年(1876)的《遵古重补》碑讲述了同治年间地方劣绅勾结官吏，强砍木植，违禁放木以致冲毁枧堰、桥梁，经各寨几代头人反复呈控，由此重立禁碑的故事，贡溪民众认识到"谷由田产，赋由田供，田无水则谷不熟，则赋无出"，其先祖"从居贡溪以来，田业在于河坎两岸"，"田高则架枧以养之，田低则塞堰以灌之，洪水阻滞则架桥以渡之。自祖勒石碑封禁，永不许放木植以冲崩枧堰桥梁"。不料到了同治十一年(1872)，"有地劣暗串无名委吏伙同县主冯假被奉府主吴札，出示晓谕"，对贡溪"山内杉木以及先人栽蓄培植风水木植，出示晓帖，大则给钱三十文，小则给钱十五文，任其砍伐，强放河道不顾生民性命"，当地头人"录控府宪，蒙爱民如子，批仰仍照前规，该地河道、木植毋得仗衿吏之势强砍私伐……是以我等不忘前人之封禁，会众合约，复勒碑禁，以为永世不朽"。乾隆二十三年(1758)各寨头人二十四人姓名具列，光绪二年各寨头人二十三人"复立"示禁①。因日晒雨淋等因素，道光六年的《遵前禁后》碑字迹漫漶，刊立新碑在其左边，新旧两碑并排而立。根据蓝田镇贡溪村光绪十四年的《遵古重刊》碑记载：乾隆年间曾立有禁碑，同治元年遭兵燹毁，"爰约各甲父老重立新碑，各甲子弟共听约束，公议条规"，其内容涉及二、八、十甲头人约束族人按时完纳皇粮国税、保护宅基地等，具体碑文如下：

遵古重刊

重立禁碑序

尝闻创业难，守成不易，是知善创业者必赖善守成者以继之也。明矣，若不善守，则创于前者未逮，而败于后者接踵而来

---

① 《遵古重补》碑刊刻于光绪二年(1876)，现立于天柱县蓝田镇贡溪村桥头。

也,是岂传留之本典。我村自乾隆年间祖人立有禁碑,自同治
元年遭兵燹毁,旧碑瓦砾,爰约各甲父老重立新碑,各甲子弟共
听约束,公议条规开列于后:

——议钱粮国课务宜早完,不准拖欠,违者禀究。

——议各甲老户基地不准卖出远来别姓,以免参杂,违者
公罚。

——议田土内各项,阳春不准乱放牛马践踏,坏者赔还,不
遵公罚。

欧阳公柏、绍山、绍明、祖恩,杨克礼、昌生,欧阳广正、广
田、章昭、章荣、广年、秀颁、大孝、大□、大永,杨秀全、俊硕、俊
朝、俊贤

二、八、十甲杨禁示。石匠金宏顺

光绪十四年三月吉旦公议重立①

黄平县谷陇镇王家牌,有一通光绪二十九年(1903)的《万古千
秋》碑,记载了王氏宗族的规约,内容涉及王家牌、仰巷屯、里耶寨、
新街寨、牛岛老寨、□杂寨、翁满寨、田尧寨、赏尧寨、绞沙寨、黄平
寨、计亩寨、老马寨、牛岛岩寨等,其首领和族长一百四十四名王姓
七名杨姓"约集各处合族人等,大同相商","立定章程,永远遵照"。
另外,"其有计某寨杨姓先祖与王姓给认弟兄,日后子孙万代,王、杨
不能开亲,二姓□□土随意所葬"。王氏族规章程共计六条,涉及
婚姻习俗、纠纷处理、社会治安、族产管理等。如果违反族规,最严
重的惩罚是"将伊沉水,将他本业充公"。六条族规章程具体如下:

——议我族内如有姑、媳被他人护[掳]抢,急速鸣报。众
族上前商议,大同出头理论。遇着无力之家,费用银钱若干,众
族相帮二股,本主出用一股。若有开出外来别端,公上二股,本

---

① 《遵古重刊》碑刊刻于光绪十四年(1888),现立于天柱县蓝田镇贡溪村。

主一股,照派。预先事初起之时报鸣众族来到者,一集[切]费用事主所出。

——议我族内人等如有田土、基园、山林、地土不清,不准那人私自具讼,以大压小,以强欺弱。如有争论者,经凭房族地方首人理论。若不遵公论者,不鸣族长私讼,二比费用一人承当。

——议我族内如有子弟护[掳]抢别人姑、媳,随他各人本势[事],招呼费用若干,不与众族相干。若不安分守己,行凶、挖墙、割壁、护[掳]抢、纠集外匪,任凭那人拿获,给钱五千文;众族将伊沉水。

——议族内山林、地基,如有那人出卖者,只许卖阳,不准葬阴。如有别姓偷穴骑龙葬脉,众族查出,罚钱十二千文。如有伊横,毫不遵公论,将伊送官;若伊具讼者,众族出钱与伊理论。

——议我族内子孙日后分枝久远,不认老少乱淫、同姓成婚、刁拐姑媳,众族查出,将伊沉水,将他本业充公。

——议我族内不准那人与贼同情,里勾外合,黑夜入境,坐地分赃,偷盗货物。众族查出,以作当贼,将伊究治。

光绪二十九年一月初十日众族等立

乾隆十三年(1748),清水江上游地区的台江县施洞镇八梗、夫堂二寨"集两族公议立碑",现世祖人所买土地"永远不许卖出"。"如有富豪之家欲谋阴地,误听而买,空费银钱,不得管业,深为可惜。特此公立石碑广告。"[1]光绪十八年(1892)《永世芳规》,是黎平纪堂、登江、弄邦、朝洞四寨制定侗族款约"众等同立",内容涉及偷窃、禁赌、禁伐古树、婚姻、丧葬等二十四条款约[2]。黄平县谷陇镇岩

---

[1]《永远告白》碑刊刻于乾隆十三年(1748),现立于台江县施洞镇八梗村。
[2]《永世芳规》碑刊刻于光绪十八年(1892),现立于黎平县肇兴镇纪堂村。

英地区,民国二年(1913)《苗族议榔禁葬碑》,"众榔齐集议妥,仍照旧章,依古律条设款",规定了禁葬的四条具体内容,由岩英地区"众姓等同立"。

　　坟山禁碑是乡规民约中比较常见的一种,"祖茔者万代之默佑,安居者千载之宏观,是人生两大,谁不曰阴阳二宅攸关惟最。后人登科及第,积玉堆金,须图两宅得所,方勉臻此美境,夫岂捷宏善哉,自必有主宰,命脉要不挖犯可也"①。可见坟山之于宗族的重要性。仅三门塘就有四通禁碑,王氏高祖玉卿、玉文后裔在雄马的祖茔地"坟茔垒垒""傍祖茔而葬者不下数十,几无余地。今合二公后裔人等议定,至今以后不许进葬,凡我二公后裔人等共遵,毋违此禁"②。在三门塘村牛塘冲王姓坟山也有乾隆六十年"立禁"碑。三门塘刘氏的坟山禁碑,乾隆六十年(1795)曾经"立禁",百余年后到光绪三十四年(1908)"阖族重禁"③。在三门塘村小寨的谢姓网形坟山,有一通乾隆五十三年(1788)的《谢氏通族禁碑》,规定龟形、网形二处坟山,"不许晒禾、堆粪、动土、烧灰、祭鬼等件"④。

　　坌处镇抱塘村有一通道光十一年(1831)的《永禁碑记》,具体碑文如下:

永禁碑记

　　立禁议字,情因我等地方山多田少,全赖杉木为生。近年以来,多有将杉木砍截桐子以谋利者,致使无良之辈从而效尤,或入山窃砍,或临溪偷裁,种种弊端,遗害不小。兹我等约众公

---

①《永远封禁》碑刊刻于嘉庆二十年(1815),现立于高酿镇地良村营寨。
②《坟山禁碑》刊刻于嘉庆二十二年(1817),无额题,现立于天柱县坌处镇三门塘村雄马王姓坟山。
③碑现立于三门塘村梁溪口刘氏龙形坟山。
④《谢氏通族禁碑》刊刻于乾隆五十三年(1788),现立于天柱县坌处镇三门塘村小寨谢姓网形坟山。

议，凡杉木只许全根条子生理，不许腰截桐子出售。而黎、靖两属，亦不准搬运桐子过我境内，即我等各村亦不许停留桐子，以滋弊端。自议之后，倘有不遵，仍蹈故辙者，一遇运卖桐子，即放火烧毁，绝不宽恕。窝停之家一同重罚。立碑永远为禁。

再议：

——良田为大，凡拖木经过田内，必架木横[檩]，不准拖放水厢。如违，送官究治。

——此溪之内，不准人进溪淘沙，致坏水坝田勘。如违，公同送官究治。

五甲：乌杆、大坪、中寨、鲍塘、彭家冲、乌由、乌坯、蒋溪、街衙、老梁家

六甲：上田、偏坡、平忙、唐家冲、雅地、九福塘

皇清道光十一年七月各村同立①

该碑记载了清朝道光年间，有不良之辈"或入山窃砍，或临溪偷裁"，以致种种弊端，遗害不小。天柱境内五甲、六甲十六个村寨的民众共同商议，禁止砍伐和搬运经过截断的木材，也不许搬运木材时拖放水厢过农田与在溪河淘沙诸事。于是，"我等约众公议，凡杉木只许全根条子生理，不许腰截桐子出售。而黎（平）、靖（州）两属，亦不准搬运桐子过我境内，即我等各村亦不许停留桐子"，同时"立碑永远为禁"。"自议之后，倘有不遵，仍蹈故辙者，一遇运卖桐子，即放火烧毁，绝不宽恕。窝停之家一同重罚。"

天柱县石洞镇水洞村有两通乾隆十九年十二月二十六日"众等公立"的公山公产碑，一通是《公山碑记》，记载冷水地区九、十甲龙、王、欧、吴四姓的公山的四至；另一通是《永远规条》碑，记载因争山场打官司，并将公产补贴打官司费用的情况。《永远规条》碑具体碑

①《永禁碑记》刊刻于道光十一年（1831），现立于天柱县坌处镇抱塘村小学操场边。

文如下：

永远规条

窃思人乃守山之主，山为养人之源。今我冷水九、十甲龙、王、欧、吴四姓老户所有地名莲花山、长岭坡、圭脚溪、小圭脚四处，系我四姓公山。因我莲花山与黎属坪秋界限毗连，于乾隆四年突被坪秋痞恶王包乔、龙凤才等藉佃插争，二比兴讼。至乾隆十八年，业经彭主判决，其莲花山仍归我冷水管业，莲花仍自大步坳为界，彼此各管各业，永无混杂与争等情，因兴讼费用去多，而出头人劳力垫贴亦广，故四姓公议：甘将莲花山之杉木，以四成提补甲首龙文才之讼费苦力，议定准抚五年之后，凡圭老溪、小圭脚、长岭坡等处各提出二成公息归作大兴庵香灯之用，谨将提公产议条勒石垂后，计开：

——议四处公产，作莲花山曾经滋讼，其莲花山之木，准其龙文才抽收四成作为补讼费苦力之资，议定为五年为止，其后提成归大兴庵用费基金，若有外人投抽议，提四成乃归本庵使用。

——议四处公产，我冷水九、十甲四姓老户准其开拓栽种，不与提出私卖，倘有依势妄卖私肥者，公同禀官追究。

——议四处公产，不论九、十甲四姓老户以及外人佃耕栽修者，惟准畜砍一次，后发兜之木仍归本庵抽收，以作香灯之资，若有仗势藉栽图霸者，公同禀官追究。

以上数条，但愿四姓各守规模，子孙希图后望也。

九、十甲首人：龙文才、龙奉明、欧永昌、龙坛平、龙宏岩、龙应昌、吴晚生、王洪顺

大清乾隆十九年岁次甲戌十二月二十六日立[1]

---

①《公山碑记》《永远规条》碑均刊刻于乾隆十九年(1754)，现立于天柱县石洞镇水洞村。

根据碑文记载可知，乾隆四年时，冷水地区九、十甲因与黎平府坪秋争山场打官司，"二比兴讼"，直到乾隆十八年官府才有判决，"莲花山仍归我冷水管业，莲花仍自大步坳为界，彼此各管各业，永无混杂与争"。但十余年的官司诉讼费用过多，"而出头人劳力垫贴亦广，故四姓公议：甘将莲花山之杉木，以四成提补甲首龙文才之讼费苦力"。同时，对龙、王、欧、吴四姓的"公产议条勒石垂后"。

三、规范婚姻习俗

婚俗禁碑多是根据官府"给示晓谕"，然后由地方村寨结合当地实际，制定相关规约。婚俗改革主要涉及转娘头习俗、礼金过重、字辈不合等。

天柱县江东乡有一通光绪十九年（1893）的《禁止同姓为婚》碑，记载吴氏禁止同姓为婚事宜。具体碑文如下：

> 禁止同姓为婚
>
> 尝考昭公娶吴，司败言之，至圣自认其过，可知同姓不婚，千古不易之礼也。又于光绪五年，张主在任刊书，送各里各团，禁止十数余条。同姓不婚，弟不收兄嫂、兄不纳弟妇二条为尤最重。盖同姓者，五百年前，原系一人之身，其后子孙众多，流传日久，不能溯其本源，明其礼义。遂以同姓结婚，不亦同人通于牛马乎？则诗书礼乐之乡，变而为夷狄禽兽之区矣。今我銮、镕二公后裔，公禁我族中有女不嫁同姓之子，有子不娶同姓之女；弟不准收兄嫂，兄不准纳弟妇。违者禀官，捆送治罪。
>
> 光绪十九年五月銮、镕二公后裔公立

从碑文可知，光绪五年，时任天柱知县"在任刊书，送各里各团，禁止十数余条。同姓不婚，弟不收兄嫂、兄不纳弟妇二条为尤最重"。到了光绪十九年，"銮、镕二公后裔公立"，"今我銮、镕二公后裔，公禁我族中有女不嫁同姓之子，有子不娶同姓之女；弟不准收兄嫂，兄不准纳弟妇。违者禀官，捆送治罪"①。

锦屏县河口乡文斗村有一通乾隆五十六年（1791）的《恩垂万古》碑，记载婚俗改革事宜，具体碑文如下：

恩垂万古

钦加道衔贵州黎平府正堂加五级记录十次杨

为给示晓谕以正婚娶事。照得大道造端乎夫妇，修身先行于妻，故礼重婚姻，所以正人伦之首。府属民人涵濡圣朝教化已久，诸无异于齐民，而独于婚姻尚有未改变夷俗者。或舅揩姑甥，姑霸舅女；或男女年不相等，另行许嫁，则聘礼总归舅氏此等陋习，殊堪痛憾。今据文斗、尧里等寨民姜廷干、李宗梅等禀请给示，前来合行出示晓谕。为此示，仰府属人等知悉：嗣后，男女订婚，必出两家情愿，凭媒聘订，不得执以姑舅子女必应成婚，及藉甥女许嫁，必由舅氏受财。于中阻挠滋事，致干控告，严究不贷，各宜凛遵无违，特示。具勒禁条于左。

乾隆五十六年七月十六日，告示各寨。

——遵刊府主示：凡姑亲舅霸，舅吃财礼，揩阻婚姻一切陋俗，从今永远革除。如有违示者，众押送官治罪。

——众遵示禁勒：凡嫁娶聘金，贫富共定八两，娘家收受外，认舅家亲礼银八钱。如有违禁者，送官治罪。认亲礼在郎家，不干娘家事。

——众遵示禁勒：凡女子出室，所有簪环首饰，郎家全受，娘家弟兄不得追回滋事。如违禁者，送官治罪；

——众遵示禁勒：凡问亲必欲请媒，有庚书斯为实据。若无庚书，即为赖婚。如违治罪。在来请示之先已准之亲，虽无

---

① 《禁止同姓为婚》碑刊刻于光绪十九年（1893），原在天柱县江东乡，现存放于天柱县博物馆。

庚书，一定不易；岩寨竖碑之后，必要庚书方可准行。

　　——众遵示禁勒：凡二婚礼，共议银五两，公婆、叔伯不得指勒、阻拦，逼压生事。如违，送官治罪。若有嫌贫爱富，弃丑贪花，无媒证而强夺生人妻者，送官治罪。

　　——众勒：其有写外甥女礼银抵人银两者，大皆丢落，不许转追借主。如抗，众人送官治罪。

　　计开各寨出首头人姓名于后。如有违禁者，照开甲数均派帮补费用。以下结亲，有媒证庚书，年纪班辈相当，爱亲结亲，虽结亲不干犯禁，及此乱伦强蛮者，则犯禁。

　　文斗寨上下共二甲：生员姜宗望、姜宏道、姜启才、姜国珍、姜佐周、姜盛德、姜□熙、姜廷伟、姜宗仁、姜有支、姜廷瑜、姜廷□、朝佐、周杰、士□、廷璧、英周、应科、□池、姜明、周用、映燧、国重、登荣。

　　茂广寨上下共二甲：姜周佐、国学生员姜□□、国学生员姜□□、生员姜国珍、姜□周、姜有德、姜福九、姜祖尧、姜德□、姜在淇，姜□祖，张元美，刘再集、文华、世达、智远、范老五、明才、继北、昌文、玉文、文昌、文显、学极。

　　岩湾、加池二寨共一甲：生员范文达、生员范文凤、范□□、范咸周、范文珍、姜佐章、姜□□、姜国□、姜士周、范文煦。

　　张化、平敖二寨共二甲：范文德、生员姜有智、范文华、范德芳、姜文德、姜廷□、姜之林、姜廷英、姜兴文、姜文明、姜德中、姜文照、姜文进、范修极、范学周、范玉保、范德崇、姜天德、陈士玉。

　　尧里、扒洞二寨共一甲：生员龙□□、龙□□、龙廷周、龙德昭、李宗达、龙德盛、龙启泮、龙昭林、姜德爵、姜有章。

　　格翁、井宗、堂东三寨共一甲：范美章、范□凤、姚富才、□相周、□□□、姜士隆、姜文才、吴廷周、范明远、潘美炳。

培亮、里夯共一甲：范廷才、廷彩，李□保，蒋正才、士贤。

告示四张，梦熊存、姜□存、龙骧存、廷仪存。

外勒：凡娶亲，必上娘家备席，下帖请房，分众还席；毕值，依时候入门，不许守夜及中途会席。

皇清乾隆五十六年孟冬月谷旦，下文斗龙顺天笔录。石匠：宝庆府谢廷芳、名良 [1]

从碑文中可知，该碑是乾隆五十六年遵照黎平府主的晓谕，由各寨头人共同刻立的婚俗改革碑，原有的习俗是："或舅揹姑甥，姑霸舅女；或男女年不相等，另行许嫁，则聘礼总归舅氏此等陋习。"现在进行改革，"嗣后，男女订婚，必出两家情愿，凭媒聘订，不得执以姑舅子女必应成婚，及藉甥女许嫁，必由舅氏受财"，并且要"有媒证庚书，年纪班辈相当"。婚俗改革对姑亲舅霸、舅吃财礼、嫁娶聘金、陪嫁首饰以及二婚礼等都做了具体规定，涉及文斗寨上、下寨，茂广寨上、下寨，岩湾、加池二寨，张化、平敖二寨，尧里、扒洞二寨，格翁、井宗、堂东三寨，培亮、里夯二寨等十五寨。

第三节　路桥井渡

　　清水江流域地处云贵高原向湘西丘陵的过渡地带，不仅高山纵横，峰峦叠嶂，而且溪流密布，湍急奔冲，交通极为不便。自从人们定居以来，便开始修路架桥。所以，建桥筑路、造舟济渡以及修井建

---

① 《恩垂万古》碑刊刻于乾隆五十六年（1791），现立于锦屏县河口乡文斗村上寨寨门旁。

亭便成为清水江流域民众正常生活与生产活动的一项重要事务[①]。

一、"修整百年崎岖之路,造开万人往来之途"

修整道路主要是用石子或石板修造成花阶路或石板路。

锦屏县彦洞乡彦洞村有一通光绪十五年的修路碑,在捐资者中,有化首六人以及八十名捐资者的姓名和捐款数额。在碑的序言部分,首先讲述了修路的重要性,"修整百年崎岖之路,造开万人往来之途,则此路之当修,而路又不可不修也"。"每叹跋涉艰难",当地民众"募囊捐金,雇厥良工……勒砌石堤,居然百世不易",共修建彦洞村东路地名豪冲四丈以及下坝坡二丈的石板路,认为"出资大德之人,必得其禄,必得其名,必得其寿",满满的溢美之词[②]。

在锦屏县彦洞乡彦洞村,由回龙桥至下坝的路上,有一个被称为"迷儿坡"的地方,皆由青石板铺成,当地人称为"岩板路",路宽约1米,至今保存完好。《万古不朽》《万古流芳》碑记载了当地民众分段修筑的故事,很有意思的是,这段路于清嘉庆十四年(1809)同时修筑,分段进行。当地民众认为修路非常重要,"广积阴功莫大于修路","余寨众等目睹抵寨西边迷儿坡,陡窄维艰,步趋难容,老少行走而嗟叹,牛羊过往而惶恐,每令步履以心伤,负载以深惧。余愿捐资请工,祈劈开成园砌十丈,以便往来行走矣"[③]。修筑"迷儿坡"的下半段为两名杨姓捐资,杨昌联捐银七两八分、杨昌礼捐银一两二分。

[①] 关于三门塘修桥,有的学者赋予它文化内涵,详见钱晶晶:《桥:地方社会脉络下的文化符号——明清以来贵州三门塘人的修桥活动及其意义》,载《广西民族大学学报(哲学社会科学版)》2009年第3期。

[②]《修路碑》刊刻于光绪十五年(1889),无额题,现立于锦屏县彦洞乡彦洞村至救民村的公路旁。

[③]《万古流芳》碑刊刻于清嘉庆十四年(1809),现立于锦屏县彦洞乡彦洞村"迷儿坡"下段。

坡的上半段为彦洞寨罗、王二姓九人共同捐资建成，《万古不朽》碑记载罗、王二姓"九人同建立修路三丈二，捐银二两七分八卜"①。

清水江流域有许多碑铭详细讲述了官民互动捐资修路的故事。许多道路是官绅士民共同捐资修建，如凯里香炉山的《永垂不朽》碑详细记载了官民互动修路的故事，因香炉山是清（平）凯（里）门户，自咸同兵燹以来道路"坍圮不堪"，"及同治十一年，官军收复炉山，贼巢周围挖筑堑壕，路更加倾塌，行者苦之"。战事结束后的一项重要工作就是修整被毁坏的道路，官员率先捐银以为示范，光绪二年（1876），"绅民等禀奉清平县正堂陈颁给印簿，捐金修理。越明年而功告成，上下二十里，依然康庄坦途"。参与捐银的官员有四品顶戴都匀府清平县正堂陈捐银一封，盐运使衔补府正堂邓在铺、提督衔记名总镇都督府谢正印、总镇衔湖南补用协镇雷家春、当先补用协镇都督府曾国成、都司衔当先补用守备曾镇南共助银三十六两，头品顶戴记名提督震銮巴图鲁邓有德、卸丹江理苗府候补同知直隶州杨兆麒各助银十两，五品领凯里理苗县即补县正堂梁道豫、卸署凯里理苗县即补县正堂王朝福助银□两正，凯里营都阃府陈嘉助银三两八分五钱，清平汛总司厅田新年、炉山汛副司厅朱占标各助银乙千文，当地民众积极响应，先后有绅民七十人捐银捐钱，数量从数十两到百余文不等②。

在锦屏县启蒙镇玉泉村，有两通道光三十年的碑铭，记载当地民众修路的故事。一通是《功垂不朽》碑，记载"玉泉村口至书馆，上下男女朝夕所必由，肇始先人其来已古，但道途未经修整，每逢雨雪，举步为[维]艰"。当地有识之士登高一呼，"共襄厥事，一时群情响应，众志雷同，趋事者不惮其烦，鸠工者罔辞其责"。当修路工

①《万古不朽》碑刊刻于清嘉庆十四年（1809），现立于锦屏县彦洞乡彦洞村"迷儿坡"上段。
②《永垂不朽》碑刊刻于光绪四年（1878），现立于凯里市炉山镇香炉山半山腰处。

程告竣之时，对捐资者应刊碑铭记，"仁人君子不吝锱铢而善著芳名宜垂永久，庶使后人知斯路之修有来由也"。另一通是《功德千秋》碑，是一通专门记载妇女修路的碑。中国传统是男主外而女主内，故"从来功德之事，端归男子而不遗于闺门。村前门首上下道路其来历之分明，与修整之劳瘁已备载前序中，无容复赘"。但玉泉村妇女敢于冲破传统的束缚，踊跃捐资，对于"乐于资助者，岂可听其埋没乎"，现在"厥功告成，道路平坦，故另树一碑，专刊闺中诸绣，以无忌好善之心"①。

高酿镇木杉村平墓坡民国三十年（1941）的《万古流芳》碑，记载当地民众以捐资集股的方式，买田放租，取利息修建花阶路的故事。该村东隅要路，"在先人开创其极完善，所虑者继修难得其人。道易梗于荆棘，实为隐恨"。民国十二年（1923），当地好善之人"每人捐资集股，购置薄田数亩，即将禾花变作历年修理之费，乃谋一劳永逸，往来行人同沾便益"，修筑"自平墓直达墓然路线，计程十余里"的花阶路②。

在剑河县南加镇柳基村有一通嘉庆十一年（1806）的修路碑，记载署理柳霁分县唐叶云倡修清江观音渡至柳霁南嘉堡的修路碑记："清江为苗疆厄塞之区，自雍正八年鄂西林中堂奉命勘定，始莅版图"，距今七十余载，"而山川之险峻，道路之崎岖自若也。晴则磊碨荦确，雨则泥泞坎壈。行者往往有胼足之蹉"。署理分县"叶云奉檄摄柳霁篆，目击出于其途者之险且枕也"。于是，"与绅者商修之"，邑之善士首先捐资倡修，各绅者齐心协力，"或分段独修，或酿金合修，高高下下，自清江附郭之观音渡起，至柳霁之南嘉堡止，

---

① 《功垂不朽》碑与《功德千秋》碑均刊刻于道光三十年（1850），现并立于锦屏县启蒙镇玉泉村便柳路口。

② 《万古流芳》碑刊刻于民国三十年（1941），现立于天柱县高酿镇木杉村平墓坡脚。

百二十余里之险道,不数月间而为坦途","叶云既躬亲其事,快睹其功之落成也,因援笔而为之记,并捐修芳名于后,以志不朽云"①。

二、"溪涧之间架桥梁,庶免病涉之患"

清水江地区涧溪纵横,人们为出行方便,多架设木桥、石桥等桥梁。木桥架设较为简易,砍三或五或七根杉木,用楠竹编的"缆绳"撬在一起,架于河面之上,工程量小,少数人即可完成,但常常因涝灾冲走而又需重新架设。诚如一通碑铭所述:"前人徒架木板以便往来,然木经雪则溃,桥淋雨必坏,先人休(修)来久而又折,折不久而又修。"②因此,人们会不断地创设条件修筑石桥。而石桥因工程量庞大,耗资巨大,非一村一人所能承担,因此,架桥实际上成为地方社会大动员,有识之士为修筑桥梁奔走乡间,倡导广大民众捐资捐款。

天柱县坌处镇归宜溪现存有八通刊刻于光绪十一年(1885)的碑铭,记录了光绪年间清水江沿岸民众以及在清水江流域经商的各省商号、民众等捐资建桥的故事,碑名分别为《上应七星》《横眠半月》《一溪水绿》《两岸峰青》《人行鳌背》《仙会虹腰》《功资秦口》《渔竿钓月》。归宜溪建桥工程浩大,前后历时五年,《上应七星》详细记载建造石桥的故事:"坌处对岸之归宜溪,一渠流水汇入清河,春夏常深,过涉多灭顶之患;秋冬虽浅,朝涉有寒胫之忧。其地虽非车马不息之区,亦楚黔相通之路。"原有桥主"后裔有桥股者,皆信德述善与人同之言,欣然开簿募化四方,又蒙四方善信解囊乐助,计得钱一千余串",于是从光绪六年(1880)"开簿",次年"鸠工",八年春

①《清江观音渡至柳霁南嘉堡止修路碑记》刊刻于嘉庆十一年(1806),现立于剑河县南加镇柳基小学。

②《万福攸同》碑刊刻于道光二十一年(1841),现立于从江县谷坪乡流架村,此据张子刚编:《从江石刻资料汇编》,内部编印本,2007年,第66页。

"桥成"，夏天"水涨，虽幸石拱无恙"，"其余皆有将圮之势"，冬"复另延匠，乃其现拱加石砌过，方臻妥善"；十一年"始刻碑告竣"。垒处倡首廪生王文德捐钱200串整，以及首士监生王会平捐款70千文，另有14人捐资。《横眠半月》记载了众多地方官员、地方士绅参与并捐钱的历史，如：钦加同知衔特授镇远府天柱县正堂加五级纪录七次廖官印境伊，号雪门，庚辰进士，蜀人；特授天柱营都阃府世袭云骑尉雯官印彬，号两卿，旗人；特授天柱县儒学正堂李官印茂煮，号寿丹，壬子科举人，遵义人；特授天柱县儒学正堂刘官印德钧，号襄臣，黔西州人，特授镇远司分驻远口巡政厅左堂郑官印永吉；特授天柱县右堂何官印钱；特授天柱营分防垒处汛戎府徐官印玉亮，字廷光，粤人；前署垒处汛田总爷官印保清，字锦堂，捐罚款钱19千文，又自捐钱3千文，镇远卫城人；前署垒处汛宋总爷官印家祥，字炳山，捐钱4千文，湖南澧州永定县人；宋汛主老太爷官印其现，号全生，捐钱1086文。碑铭也记载了修桥的经过：光绪七年闰七月二十三日卯时安脚，八月初六日卯时安地龙转巩，十二月十日未时合龙；光绪八年二月十五日卯时告竣踩桥，四月初九日夜，因河水漫桥面，巩上砌石颓坏，朝河下边一角即于是年十二月初五日另请石匠加石砌过；光绪九年七月初七日告竣；光绪十一年刻碑。同时，还记载了首士、地理师、选择师、包石架巩桥匠、加石另砌坎匠、刻碑匠。在28名首士中，有监生3人，廪生1人，文生1人，协戎1人，耆员4人。除上述两通碑有碑文外，其余6通均为捐款碑，记录了捐资者地名、姓名以及商号名称、数量等相关信息。《一溪水绿》记载捐资者中清浪有18人，数额从15000文到240文不等；宰贡18人，数额从15000文到208文不等；长滩19人，数额从20600文到200文不等；大田段30人，数额从13600文到140文不等；九界20人，数额从7200文到120文不等；兴坡20人，数额从6000文到120文；盘家田10人，数额从5200文到120文不等。《两岸峰青》记载盘家田、圭雄溪等处共属一保，捐资者有111人，数额从4300文到100文不等；湖北、湖南、江西等地共35个商号及商人捐资，数额从33000文到400文不等，如同兴泰、同兴茂、源兴衡、兴顺和、合顺泰、瑞泰全、协兴福、聚森祥等。《人行鳌背》记录了森茂忠、祥兴源、祥兴春、森茂仁、谦豫泰、德顺益、双盛源、永裕利、福泰顺、厚昌永、厚生福、同兴荣、永泰仁、协泰裕、永顺和、恒兴久、同义和、合泰顺、兴顺永、三义合等共74处商号及人名，捐资数额从3000文到120文不等；茅坪74人，数额从10800文到120文不等。《仙会虹腰》记载捐资者有茅坪59人，数额从2080文到120文不等；三门塘69人，数额从16000文到120文不等；卦治8人，数额从6800文到240文不等。《功资秦□》记载捐资者中卦治有63人捐款，数额从3800文到108文不等；王寨48人，数额从10800文到240文不等。《渔竿钓月》记载捐资者中从碗溪20人，捐资数额从880文到120文不等；地冲各村以及铜罗段44人，捐资数额从5000文到120文不等；远口有50人或商号捐资，数额从1600文到120文不等；居仁里17人，数额从5000文到120文不等。经统计归宜溪的碑，总计有821人或商号参与捐资活动。从碑文内容分析，至少还漏掉一通碑，其理由在于《渔竿钓月》上的地名、人名、捐资额度不完整，地名部分只有一个"地"字，怀疑漏掉"兴团"二字。

　　天柱县坌处镇三门塘村喇赖寨有四通碑铭，记载当地民众慷慨解囊捐资建桥的故事。一通《修桥碑记》（嘉庆八年）记载谢氏祖先谢四保因生育困难，便修桥求子，"因艰后嗣，体帝君之训"，同妻李氏"修架木桥以便往来"。自架桥之后，"果连生二子，长银乔，次引乔，自是长发其祥矣"。"奈越年久远，木则朽颓，兼溪水泛长，冲去左边码头"，其后世子孙"复领数家资金，于癸亥冬增其旧制，中架石，傍培木"。此善举被赞，"徒杠舆梁之成而能赞，承先人为善之志，则子孙愈增荣昌矣"①。"喇赖寨口有溪自西而来，环流其下，实

①《修桥碑记》刊刻于嘉庆八年（1803），现立于天柱县坌处镇三门塘村喇赖溪石板桥西端土地祠左侧。

寨中人经游之所,甚要路也。"一通民国十一年(1922)的《买桥碑》,记载了买桥以便行人的故事,"吾喇赖溪一寨,有溪自西北来者,将道途隔断,往来行人有如汪洋之叹",为方便往来行人,三门塘谢荣圃后裔出资买下喇赖溪石板桥的一半使用权供人行走,"以便往来行人以免病涉"[①]。另一通民国十一年的《千古不朽》碑记载:"我喇赖溪一村麓一道溪涧,虽不甚阔,亦非桥而莫渡。"于是,谢秀忠、谢治乾邀约谢氏、彭氏二姓人等"乐解金囊",修建石桥[②]。还有一通喇赖《泽永千秋》碑,具体碑文如下:

泽永千秋

　　　　修数百年崎岖之路,造千万人往来之桥,帝君垂训谆谆矣。我三门村侧之东,先人虽斩棘披荆,辟其径途以通上下,而遨游驰驱者,犹叹行步之维艰。且中有一溪,名曰喇赖,未设桥圯,仅跳岩了局,一遇春水瀑发,每隔岸相呼,限天涯于咫尺,褰裳莫济,悲岐路于穷途。则路既险而难行,溪复阻而莫渡。王佐唐、彭绍权、彭思元、庠生袁世经等望切艰辛,情深共济,功始于嘉庆十四年之冬,竣于十六年之秋。兹见成杠成梁,途人咸歌利济,如砥如矢,旅客不患崎岖。倘所谓帝君之训,述先人之事者,非聊聊修数语,以志不朽云。[③]

该碑记载嘉庆年间当地民众捐资修建喇赖石拱桥的故事,"功始于嘉庆十四年之冬,竣于十六年之秋",共124人捐银,最多的是首人王佐唐捐银三十五两,最少的捐一钱,还有捐木的。捐款人中,既有

①《买桥碑》刊刻于民国十一年(1922),无额题,现立于天柱县坌处镇三门塘村喇赖溪石板桥西端土地祠右侧。

②《千古不朽》碑刊刻于民国十一年(1922),现立于天柱县坌处镇三门塘村喇赖溪边。

③《泽永千秋》碑无刊碑时间,估计应该是嘉庆十六年(1811),碑现立于天柱县坌处镇三门塘村喇赖石拱桥边。

男性，也有女性参与其间，如龙氏孝连、龙氏乔妹、龙门王氏妹音、龙门王氏永妹、龙氏桂兰、龙门唐氏兰香、龙门王氏大妹、王氏岩姑。

三、"江河之处修舟渡，方解望泽之叹"

由于清水江河面宽阔，无法修桥，两岸交往靠摆渡。三门塘义渡多为集资兴办，也有少数是个人的善举。各渡多有山场、田丘等财产，用于支付渡工报酬、船只修补和制造。天柱县坌处镇三门塘现存有三通碑铭，碑名分别是《始修桥路碑记》《次修桥路碑记》《终修桥路碑记》，三通碑原立于三门塘复兴桥头，因受白市水电站淹没影响，现搬迁到南岳庙前面重立。三碑共一座石碑亭，碑亭对联："锡杖勤飞惟念行人病涉，慈航普渡永无过客迷津"，碑亭横批"德永江流"四字，碑铭详细记录了当地民众踊跃捐资"买渡田、立渡碑、砌碑亭"等相关事宜。

《始修桥路碑记》记载了先年"共买田五处，造新舟，招舟子，远近如津众往来，舟无病之"。随着时间推移，有些朽坏，乐善好施之人"不忍遗泽朽毁"，于乾隆二十八年（1763）"合志重修，同心再化，先募本村好施君子，后募抱塘、中寨乐施贤人，财聚百有余金，买置膳田数处，余银买植杉株蓄禁，以备渡资田"。碑中记录的捐资者有一百四十一人，捐资数额从五两到一钱不等，其中女性至少六人。

乾隆三十二年（1767）《次修桥路碑记》记载，三门塘临清水江，"余寨三门塘住居清水江边，其江发源于黔属，下达辰河，过江处非小涧，实巨浸焉"。"未置舟渡之先，寨中虽有私舟，无非便于一家一人而已，是以上下往来至此而徘徊嗟叹，及村内之无舟者，亦不得骤登彼岸也，其甚难为何如哉。"雍正五年（1727），悟透和尚约三门塘耆老"募化本寨及附近村内，共得银七十余两，买渡田，造渡舟，召舟子，上下往来，乘舟登岸，虽无舟亦若之有舟也"。到乾隆二十三年（1758），悟透和尚年已八旬，于是召集三门塘耆老"共商一劳永逸之计",认为"非广募百金,断乎不可","各捐多寡不一,载簿以为之倡"。乾隆二十八年(1763)幸获本寨民众并附近抱塘、中寨民众积极捐助,又得银百余两,"购买渡田,积造舟费,庶招舟子",从此可以"一劳永逸矣"。"当工竣之期""将乾隆二十八年姓名、所捐银两数目,并得买田形、丘数、土名、禾量多寡"一一刊碑公告,共有八十六人捐款,数量从二十三两到一钱不等,其中至少有三名女性捐款。

乾隆三十六年(1771)《终修桥路碑记》记载,"前所募银两已收者固多,未收者亦不少",于是倡首"手执簿书仍向未收姓名,再募好施君子,挨户收齐,共得银百余两,买渡田、立渡碑、砌碑亭",并将"乾隆三十三年所捐姓名、银两多寡并所买田丘、土名、禾粮"刊碑公告,共有二百零四人捐款,除本寨外,附近抱塘、高酿、阳豆(今属锦屏县茅坪镇)、中寨、大冲、刘家湾、新寨、坌处、雷寨民众解囊相助,捐资数额从五两九钱到一钱不等,其中至少有十名女性捐款,有同丈夫一道的,也有单独的,还有代母、代女的①。

嘉庆二年(1797)《修渡碑记》记载:"余村之渡,前经两造,碑序详明。兹之复捐资而加修者,非好烦而爱施也。盖江水百年而长流,舡只不可一日而或毁耳。斯渡前所获金费用已尽,纵有志欲承前,无奈力不从心。因于去岁诸首人等随募四方,得十余金,购佳木造艨艟于以济人而利人夫,岂市恩掠美,祈阴功之果报哉,不过继述前志,俾先人之美举于无坠也。"刊刻的人除八名为首人外,还有一百八十五人,捐款数量从一两到五分不等②。据道光二十七年(1847)《修渡碑记》记载:"三门塘沙湾渡自昔了然和尚募化修成,

①《始修桥路碑记》无刊碑时间,据碑文推测,应该是刊刻于乾隆二十八年(1763),《次修桥路碑记》刊刻于乾隆三十二年(1767),《终修桥路碑记》刊刻于乾隆三十六年(1771),三通碑铭现均立于天柱县坌处镇三门塘村南岳庙前。

②《修渡碑记》刊刻于嘉庆二年(1797),现立于天柱县坌处镇三门塘村南岳庙前。

迄今往来行人群称利涉，其由来已久矣。夫何必便修哉，乃田产无多，仅足供乎舟子。因银钱殆尽，每难办厥船材，虽近来本寨诸君曾施数次，然连年一苇不得相更，以故崭新船只不几年而腐朽，何怪客商人等均临岸而告难。丙申之秋，金拟重建，多承众助，于钱兼金肯赠，昔时固有仁人义锤齐挥，此日尤多长者，爰书姓字以志阴功。"共计一百五十人捐钱，捐资数额从三千文到八十文不等①。咸丰八年（1858）《流芳百世》碑记载："渡船之不可无屋以盖藏，舟子不可与津相离远矣、久矣。盖渡船有下水，必有上岸，上岸须有屋以藏，乃不致日晒雨零［淋］而坏，始多去得几年。舟子虽坐渡，不无回家，回家须与津不远，乃不致晚归早出者流欲济共悲无楫。"三门塘"自有渡以来，几二百余载矣，往往渡船上岸，无屋盖藏，舟子回家，与津离远，无惑乎？日晒雨零［淋］者之不几年而朽；晚归早出者之每无楫是悲也"。丁巳（咸丰七年，1857）之冬，"村中父老言念及此，因出头募化各甲以及远近邻村，置地起屋，以放渡船，以居舟子。自今而后，庶舟楫不致几年而朽，往来不致无楫是悲矣"。当地民众踊跃捐地基、捐钱，其中为首募化信士十三人，有一百六十三人捐钱，从七千二百文到一百二十文不等②。光绪十一年（1885）《渡船碑记》同样记载了三门塘民众捐资建造渡船的故事，共有一百零一人捐款，捐钱从一千六百文到一百二十文不等，除当地民众外，还有船匠以及汉（口）帮、湖南邑（益）阳帮的人捐钱③。三门塘民众积极捐资兴渡是清水江流域民众积极参与地方公共事务的一个缩影。

　　在清水江北源的重安江，渡船每三年由官府拨款"银十两"维修

①《修渡碑记》刊刻于道光二十七年（1847），现立于天柱县坌处镇三门塘村。

②《流芳百世》碑无刊刻时间，据碑文分析，应该是咸丰八年（1858），碑现立于天柱县坌处镇三门塘村。

③《渡船碑记》刊刻于光绪十一年（1885），现立于天柱县坌处镇三门塘村南岳庙前。

一次，"重安江渡船三年一修，州主发给银十两照例打造"，并由首人罗世勋与重安司各寨十八名头人共同刊立①。

还有许多记载修渡、造舟的碑铭，如天柱县竹林乡地坌村有两通嘉庆十九年(1814)的碑，记载地坌村民众在清水江边修渡的故事，均为石匠信正起刊碑。一通记载以彭氏为主体的当地民众捐钱捐田地以及"捐银两置田造舟，起屋宇于江之左岸"等。另一通碑则记载渡田的来历、渡船管理、渡夫生活待遇以及"更造渡船须照旧规"等内容，具体碑文如下。

> 吾兄儒学优生员彭勤谟，号丕显，佩文帝造渡船以济人渡之训，创设斯渡于乾隆之辛酉岁，越二十五载，而兄已□逝于丙戌仲冬矣。至渡之源流，业之多寡，兄碑已悉，予不复赘。弟兄平昔每思渡之设也，以济人为事。其人亘古络绎不绝其渡，亦亘古振兴不朽。岂仅视为一时一世之事哉！是渡也，舟子之日食虽足，造舟资费未敷，以故从前以来屡次更造，逐年油艌，皆出资用，虽云无几，烦费靡有穷期，恐难继之后人。兄尝以此系念，欲为善终之举，可以之图未果，生怀斯愿，没不忘心，于逝时嘱予踵其事。予唯唯从命，不觉荏苒迄今，痛寐难释，靡谅已力之微，体吾兄之悉。予复免[勉]强捐铺于乾隆四十二年丁酉岁七月初七日，契买本寨李姓土名大冲庵背第二十五丘三不等形之田一丘。此乃吾兄先年已买捐此渡上之一□五十边，原是一形之田，今予复又得买此形之一半丘，计禾五十边，载粮四升九合七勺八抄五作三圭，价银八十两。求是渡更造油艌，诸凡费用之业，其田均付渡夫耕种，每年将此禾花除出二十四稱，仍付施主手收存积息。凡值更造油艌、□费木料、麻钉、桐油、工食并别费等资俱在施主出。将此项支用渡夫现任操持，每逢更

---

①《例碑》刊刻于嘉庆二十三年(1818)，现立于黄平县谷陇镇岩英村。

造油愍，备买船料等件，及朝夕照应工概在渡夫鼎力，施主止行催督，其更造渡船，须照旧规，每次一同新造两口，始便轮替，不得违减。自是则千百世下造，船渡不患无资，此往彼来，恒乐有渡。钜非吾兄善终之举可久之图哉！

予以片念微语，敢谓功之可纪，但济人善事，惟期渡之口存，此心此事，永计永传，愿后之世世子孙目睹心殷，体承先志，毋忘吾兄倡设之苦，并可念予继述之劳，俾千秋一日，百世心铭之以示不替云。今将序不及详渡规开列于左。自兹以后：

——渡上粮赋大小公项，将此项当纳。

——逐年除花积息，以备更造油愍之资，序载分明。

——凡舡只朽坏，实时更换，不得□□。

——每次造船油愍规费操持，序载分明。

——操渡须要勤快，不拘早晚公私，随到随渡，不得延难。

——往来无论远近生熟，须一体相待，毋得私行索取。

——过渡，凡值多人，毋令拥聚上船，须分先后而过。

——田山园基等业，须用心耕管修培，毋致荒失。

——耕春牛只犁耙并日用器皿将此置买。

——各处田丘倘有崩缺沙堆，渡夫出力堆砌。

——住房船屋牛栏仓厂修旧造新，将此项支费。

——渡上使用诸般器具，须宜爱惜捡收，毋得损失。

——日用务要节俭自持，毋得奢华乱耗。

——居心须宜安分守己，毋得干预外事。

——施主招雇渡夫，必择勤俭之辈，切勿轻易。

——渡夫倘有不守规示，施主不得听其自便，即行更换。

以上数规承行责任在渡夫，各项催督在施主，均亦体凛，毋徒视为具文。吾兄每虑终不如，翼期久而益善。予特一一列此，以为永远之式。

倡设优生员彭勚谟,踵事增捐堂弟彭勚典号慎徽顿首拜撰①

从碑文可知,首先叙述了彭氏家族创设渡口历史,儒学优生员彭勚谟于乾隆六年(1741)创设渡口,至乾隆四十二年(1777)购买田产,设立渡田,招渡夫,设立渡规等。

又如瓮洞镇尖山村泻上组嘉庆十三年(1808)的《重修渡碑》,记载"设渡以济行人于万古,管舟子日食",在四十名乐善好施之人中,有六名女性参与其中。还有瓮洞镇金紫村接龙亭光绪十四年(1888)的《重修荥阳渡》碑等。

四、"凿井而饮"

水井是民众生活中不可或缺的生活设施,保护水井也是乡民的一项重要任务。诚如《永垂不朽》碑序言所说:"盖闻天一生水,地六成之。是知水成于地,工降于天者,非偶然也。《孟子》曰:'民非水火不生活',则知水之于人关系至重。民之于水,赖以为生。吾人立斯长斯,朝夕饔飧之用,莫外乎水。况烹饦敬神,尤须洁净之水,不至亵渎于神。此清泉所由重也,此水井所当修也。"②

天柱县竹林乡杨家有一通乾隆五十年(1785)的《修井碑记》,记载了当地民众为饮水卫生、捐资修井路、采石砌水井围墙的故事:"尝谓耕田而食,凿井而饮,可知井也者,原为人生所必需而不容污秽。余寨首水井内一眼饮水,外一眼洗菜,其间路堤乱石砌成,挑水未为稳便,放桶偏陡不平,况人烟众而屋宇直居乎上,猪牛鸡犬亦多污秽之弊,兼之坎上无圳无墙,春来雨盛,粪水漂流于内,不堪一睹,

---

① 二通碑均无额题,刊刻时间均是嘉庆十九年(1814),均由石匠信正起刊碑,碑现立于天柱县竹林乡地垒村风雨桥旁。

②《永垂不朽》碑刊刻于民国二十四年(1935),现立于锦屏县启蒙镇华洞村华洞寨水井边。

合团老幼谁不以患于此哉。"当地民众"同商良谋",于是"持簿遍约，无不乐捐家资"，并"卜日延匠，剖石铺路兼围高墙，未数日其功告竣"，但见"路堤坦坦，挑水无失足之虑，放桶无偏陡之虞；高墙昂昂，鸡犬之污秽可除，粪水之漂流永免"。"岂独人民得饮清静之水乎，即龙神亦获安贞之庆也。"①

天柱县高酿镇皎环村有一通道光二十年（1840）的《亘古如斯》碑，记载了当地民众因条件限制，原有的井水是洗物与饮用不分，于是捐资另造一池的故事："因洗物污秽，水则不洁，取之以祭祀，神则不享；取之饮食，人皆恶之"，当地民众"目睹心悲，于井外另作一池以便洗物，则井水清幽，美味馨香，上可以酌献夫神明，下可以博施于济众"。并且告诫："倘有仍蹈前辙，井中洗物，神必不佑，自招愆尤。以是遵之，不但此时之人余庆，世代之人获福。记之于石，惩劝后人。"②

为确保雨天水质，天柱县高酿镇邦寨村民捐资，木质易为石材，"余寨盘贡井水，出在溪内岩石之中，前人安以木桶确是清洁，恐防朽滥，春水涨发淄渑难辨"，有识之士"谋之父老子弟，不如易以石壁，高大数尺，旱涝无虞，上可以补天工，下可以兴地利，众诺金捐，延匠凿石，不日功成。自此地脉钟灵，山川毓秀，三多五福，无愿不成。修井之功，利益无穷，不信然哉"③。

竹林乡杨家寨有一通《护井禁碑》，"先人开掘古井以来，龙王得安居之所，人们戴润泽之恩，岂可触犯乎龙神哉"，"公议竖立禁碑，自禁之后，本寨、邻村人等永远不得再行故犯"。"禁产妇不许临泉挑水洗菜"，"禁外边洗衣塘不准洗猪菜、粪桶等物"，"禁大小戊日不

---

① 《修井碑记》刊刻于乾隆五十年（1785），现立于天柱县竹林乡杨家上寨永安井边。

② 《亘古如斯》碑刊刻于道光二十年（1840），现立于天柱县高酿镇皎环村寨脚水井边。

③ 《永垂不朽》碑刊刻于乾隆五十三年（1788），碑现立于天柱县高酿镇邦寨村杨七寨。

准挑水，惊动龙神"①。

天柱县坌处镇乾隆十六年（1751）的《同井同心》碑记载了当地民众捐资修井的故事："寨左清泉并路，历来为我古井，从前洗灌汲饮并在井中"，现在井中"淤泥浮秽"，于是"众人约议，各捐微资，命工结成石井，界分内外"，并勒石永禁："洗菜在外池，不许涤秽、杵衣、修牲，粪桶离出井池之外。过后，若有不遵之辈，罚银五钱以给修路之款资。"②

天柱县渡马乡杨柳村有两通碑铭，分别记载当地民众于乾隆年间捐资修建水井及龙王阁，以及光绪年间重修龙王阁的故事。一通是乾隆四十八年的《龙王阁碑》，记载了当地民众集资修建龙王阁对水井进行保护的故事。碑文首先叙述了水及水井的重要性："《易》曰：巽乎水而上水，井，井养不穷也。井之时用大矣哉。"井泉"喷若玉窦，泄为瑶池，浪浪湛湛，冬暖夏清，其诸古所称甘泉、灵泉者乎"。其次记载了乾隆年间当地民众"无不欣然捐资，共勷厥美"，兴石砌井，并"功立神主，以时奉祀。倘旱干，祷雨往往有灵"。当看到"井基东狭难以建阁"时，民众又"自愿捐田，安阁三柱而基得矣"。另一通是光绪三十四年的《重修阁碑》，该碑记载了龙王阁"昔人凿井建阁于斯"，龙王阁"丰标磊落，上层列文武之圣人，祈福而□□名成利就。中层列龙王之神像，祷雨而石燕腾空。下层覆井，泉以洁清喷玉而人物被泽，佑往来士商清吉，固属诸方之保障，堪留百代之观瞻，可谓古人所作已备矣"。可惜毁坏于同治年间"兵燹"。因"修整未能，目关心抚"，于是，民众踊跃捐资重建，"爰集众善首等同心募

---

① 《护井禁碑》刊刻于光绪三十三年（1907），无额题，现立于天柱县竹林乡杨家村上寨永安井左侧。

② 《同井同心》碑刊刻于乾隆十六年（1751），现立于天柱县坌处镇原镇政府背后古井边。

化，普祈好施"，到光绪三十四年"告竣功满，勒碑刊名"①。

在天柱县坌处镇三门塘村，有两通捐资人全部是妇女修建水井和井路的碑铭。宣统三年（1911）《重修井碑》记载了大兴团寨十九位妇女捐资修建水井的故事："族中老幼妇女睹斯吸斯，同心动念，勇[踊]跃捐资，乐为继造，比先公之修凿更加完治。井中踏石板不使泥从中出，井外石板竖四方，俾免污流外浸。由此以后，泉流清洁，人生秀灵。"捐资数额从二千四百文到二百四十文不等，共计一万五千一百八十文②。宣统二年（1910）《修井路碑记》则记载了小寨十六位妇女捐修井路的故事，道光年间小寨"路属泥涂，步履维艰"，前人捐石板"修成坦荡"，"而于井尚未兴修，仍然狭隘"，两名妇女倡首，"因语我族妇女，慷慨捐资，裂石新修，方成井样"，捐资数额从一千八百文到二百文不等，共计一万二千二百六十文③。

在黎平县高屯街道潭溪村龙泉井旁有两通碑铭，记载了当地民众捐资修井及保护水井的故事。一通是道光二十年（1840）刻立的《功德碑记》，记载了当地民众重修龙泉井是"继先志而便民用"，其先人所修水井因"石缺，土崩其源，塞而不流，即流而不洁，泾渭不分"，现在"约同人共勷义举"，给与重修，"以垂永久"。据碑文记载，捐款的民众共计二百三十三人，其中石姓最多。捐款数额从一千四百文到十五文不等。另一通是道光二十八年（1848）的《禁止碑记》，刊载了潭溪村的龙泉井按其不同使用功能，分为饮用水、洗菜、洗衣物等不同区域，不能混淆乱用，规定："大井之鱼不准取讨，犯者罚银三两"，"二井不准洗衣、破[剖]犬、锤草"等，同时"废渣不

---

① 《龙王阁碑》刊刻于乾隆四十八年（1783），《重修阁碑》刊刻于光绪三十四年（1908），两通碑现立于天柱县渡马乡杨柳村龙王阁内。

② 《重修井碑》刊刻于宣统三年（1911），现立于天柱县坌处镇三门塘村大兴团寨井边。

③ 《修井路碑记》刊刻于宣统二年（1910），现立于天柱县坌处镇三门塘村小寨。

准倒井边","三井不准倒牛肚粪,犯者罚银三两"。对违反者进行罚款,对拿获者进行奖励,"以上数条拿获者赏手一半"①。

竹林乡杨家寨有一通光绪三十三年(1907)的《护井禁碑》,记载"自先人开掘古井以来,龙王得安居之所,人民戴润泽之恩,岂可触犯乎龙神哉"。有一民众因冒犯龙神,导致"久病难痊",于是请鬼师"临泉取魂,是以众等请凭保长彭章世向祖言论。祖知有犯,愿诣井泉安谢龙神,另出钱文付归众款"。禁碑内容有三条:一、禁产妇不许临泉挑水洗菜,违者公罚。二、禁外边洗衣塘不准洗猪菜、粪桶等物。三、禁大小戊日不准挑水惊动龙神。杨家寨众等公立的禁碑,"自禁之后,本寨、邻村人等永远不得再行故犯"②。

此外,类似碑铭还有:天柱县高酿镇丰保村民国八年(1919)修清龙泉碑记《垂诸不休》、邦洞镇上高野寨乾隆三十四年(1769)《龙泉遗爱》碑、竹林乡竹林村嘉庆十二年(1807)《井泉碑记》、竹林乡竹寨《风调雨顺》碑、坌处镇三门塘乾隆五十六年(1791)《溥博渊泉》碑等。

第四节　学校教育

清水江流域各地自从纳入国家治理体系之后,历任官员都以办学为己任,清水江流域教育类碑铭中,既有官方的建学倡导、推行王化与教化的举措,也有民众主动向化、进入国家教育体系的具体记载;既体现"官民"之间,也体现"苗汉"之间互动兴学的过程。此类碑

---

①《功德碑记》刊刻于道光二十年(1840),《禁止碑记》刊刻于道光二十八年(1848),二碑现立于黎平县高屯街道潭溪村龙泉井旁。

②《护井禁碑》刊刻于光绪三十三年(1907),无额题,现立于天柱县竹林乡杨家寨上寨永安井边。

铭很多，包括捐资助学、兴办学校、聘请教师等。清水江流域不少县比较重视教育，关于兴建儒学、书院、学堂、私塾的碑铭非常多①。

一、科举时代的学堂教育

　　自贵州建省以来，明清王朝推行以教化治天下，民间办学风气日渐兴盛，捐资助学、延师办学，涵濡渐染，人文蔚起。清水江流域众多村寨认识到学校的重要性，纷纷创办私塾，甚至是族塾。在天柱坌处镇鲍塘村，有一通刊刻于乾隆二十一年（1756）的《凤鸣馆碑记》，记载抱塘村"原有旧馆也，讲学其中"，但"父兄视其旧馆窄狭，鼎新重建"，"于村左选地，卜其山明水秀，峰峦排列，复迁于斯"。期待其"地灵人杰"，"而其启迪后人之意，虽不仅为取第占鳌之计，然苟于中而造就有成将异日者，或腾蛟起凤，或附凤攀龙，何莫非凤鸣之，应父兄之愿与夫朝廷作人之意同哉"②！坌处镇地冲村民国八年（1919）《学堂碑记》记载，人才培养"无不赖乎学校"，人才"在国可以为忠臣，在家可以为孝子"，而传统社会是"国有学，党有庠，家有塾"，为"永培千秋之风水""永培万世之贤才"。宣统元年（1909）地冲村民众"踊跃捐资，择地于合寨之水口"，"请其匠工创造"，至民国七年（1918）建成学堂。"颂曰：物华天宝，东山至圣锡祯祥；人杰地灵，泗水诸贤毓俊杰。户户荣华万古，门门富贵千秋。"③

　　在天柱县竹林乡地坌村，有几通碑记载当地民众创办学堂后，为确保学校正常运行，多次捐资助学，并置买田产。据乾隆二十一

---

①详见李斌、吴才茂、龙泽江：《明清时期清水江下游天柱地区教育变迁——以碑刻史料为中心》，载《教育文化论坛》2011年2期。

②《凤鸣馆碑记》刊刻于乾隆二十一年（1756），碑现立于天柱县坌处镇鲍塘村小井边。

③《学堂碑记》刊刻于民国八年（1919），现立于天柱县坌处镇地冲村口。

年(1756)的《起秀斋碑记》记载：乾隆二年(1737)，"旧无学馆，就僧寺读书，以寺宇狭隘，且近居民时多往来之扰，复有梵偈之哓，苦无静功"，于是倡首"商同堡耆老，度土于居左田中，佥曰：可。予遂捐田建学"，"予复捐金为众倡，堂弟与外弟魁不惜锱铢，力勤厥成，同堡之人咸乐相助，遂成社学一区。其学舍三进，每进三间内立先师位，中为讲堂，前为门面，斋分左右，厨灶器具咸备"。其后"吾乡子弟优游其中"，通过"入学肄业"，达到"积年累月涵濡渐染，以此希圣希贤阶梯贮见，凤鸣朝日，龙跃云津"。乾隆十七年(1752)壬申三月初八日"竖内进"，二十一年(1756)丙子七月二十一日"竖外进"，总共费用一百九十五两。同时将生员彭勤谟、信士彭勤典捐作学基田丘、禾粮数目刊碑记录。《学田碑记》(乾隆四十七年，1782)记载："兴学造士，作育人才，非豫不立也！"雍正十年(1732)，彭美玉、彭美珍各出本银二两，彭勤朝出银一两，约定逐年生息，以为异日建学之资。至乾隆十七年，彭勤谟、彭勤典善继善述，另出家资建造学馆两进。从前所出之项仍然生息，至乾隆二十八年(1763)，共得银二百余两。陆续置买田丘，约计二百余稨，"俾将来聘师有资，兴贤易，易所成，法良意美"。碑中一一记录了乾隆二十八年、二十九年、三十九年、四十年所购置田丘、禾粮、柴山、油地等信息。《文昌会碑》(乾隆五十七年)则记载了乾隆二十八年成立文昌会时十六人的姓名，乾隆四十八年(1783)所买田丘、禾粮等，"共价银一百九十六两"，乾隆五十七年"重修学馆内进，用去文昌会银八两六钱"①。

据竹林乡杨家村《唐氏家塾》碑(道光五年，1825)记载，嘉庆八年，杨家寨唐氏族人看到"寨中虽有旧馆，历年湮远，柱宇歪斜，板壁

---

① 《起秀斋碑记》刊刻于乾隆二十一年(1756)、《学田碑记》刊刻于乾隆四十七年(1782)、《文昌会碑》刊刻于乾隆五十七年(1792)，三通碑现均立于天柱县竹林乡地坌村风雨桥旁。

腐朽","遂择其地于寨边岭上,四通八达",唐氏族人中的有识之士
"乐捐锱财,重修整顿,另将通寨朽馆改立于新馆之后,以作一厨灶
之屋",建造书室三间,并预言:"自是兴学造士,有地、有资,则后日
人文蔚起,夫岂不有光于吾党也哉!"①竹林乡竹寨《振英堂碑》(嘉
庆十三年,1808)记载了民众捐资、择风水宝地建振英堂的故事:
"学校之设由来旧矣。今我竹寨素有学地,奈因年久朽坏,凡延师训
课,非假僧寺即借民房,学者苦无肄业之区",乾隆四十六年(1781)
民众捐资"作飞山神会生发,置买田产",以作"建竖书室之费,卜其
基于村边庙祠之左,脉自龙凤山叠嶂而来,前有笔峰特立,左有青龙
绕护,右有白虎水环,四周润达,堪羡文明",并预言:"自是乡之读
书其中者,咸乐学业有基,崇教化,作人才,由小成以入于大成,有造
而进于有德,地脉钟灵,人文蔚起,延师训课,于为伊始,凤起蛟腾,
从兹万年。"②竹林乡秀田村《重建桂林斋碑》(咸丰四年,1854)讲
述了唐氏族人办学的故事。"桂林斋者,吾族振英旧馆也",嘉庆元
年(1796),"约众设文昌会,捐资生放","置田数十顷,思易旧制"。
到了道光十一年(1831),在原振英馆的基础上,重建桂林斋,"依旧
址,鸠工庀材,历春夏而告厥功成","由是养正有资,陶成有藉,英
材蔚起"③。高酿镇邦寨村《起凤腾蛟》(嘉庆十四年,1809)记载,龙、
吴二姓聚族而居,认为"古之教者家有塾,谓民在家受教于塾,小成
所以为大成地也",当地民众"乐捐资,鸠工庀材,阅数月而告竣。既
成,则家有塾矣",并命名为聚英馆④。白市镇大沟溪《文风丕振》碑

---

① 《唐氏家塾》碑刊刻于道光五年(1825),现立于天柱县竹林乡杨家村上寨唐氏
　　宗祠后。

② 《振英堂碑》刊刻于嘉庆十三年(1808),现立于天柱县竹林乡竹寨飞山庙前。

③ 《重建桂林斋碑》刊刻于咸丰四年(1854),现立于天柱县竹林乡秀田村唐氏宗
　　祠坎下。

④ 《起凤腾蛟》碑刊刻于嘉庆十四年(1809),碑现立于天柱县高酿镇邦寨小学操
　　场边。

（嘉庆二十年，1815）则讲述了官塘村原有学馆，"聘师训读，泮水生香之流多从所出。厥后移改馆地，以致文风不振"，有识之士"咸曰：新馆不如旧馆地。原谋之基地，各姓父老均好善乐捐，俾千狐之腋可以成裘，拭目各姓子弟将来发科发甲，绵绵不已焉"①。远口镇鸬鹚村《万古千秋》碑（宣统二年，1910）记载了鸬鹚村"祝融肆虐"，村民"触目伤心"，于宣统二年重修文昌阁并学堂诸事。高酿镇地良村《流芳万古》碑（嘉庆二十年，1815）记录当地民众踊跃捐资助学的故事，捐款最多的是汤尚文、汤大成二人，共捐银一百九十六两五钱，一甲、二甲二十四人捐银四两二钱，也有女性如龙氏默梅、姚氏妹□参与其间，甚至堪舆信士龙正茂也捐银一两②。

　　还有许多碑铭记载了当地民众赓续前贤，不断捐资助学的事迹。竹林乡新寨村有两通碑铭，记载了当地民众在清代和民国时期捐资办学、增修凌云馆及重建凌云馆首进的故事，两通碑正好相隔一百年。清代《永垂不朽》碑（道光十二年，1832），记载了原来书屋的规模"颇窄"，"凌云乃新村之书屋，旧制三间"，"授徒其中，不便肄业"，于是有识之士"约人捐资"，当地民众踊跃参与，在原有基础上增修凌云馆，"造左右两间"。增修的凌云馆"较前宽敞过半，幽静更倍之，永足为养蒙之所，作圣之堂，可谓尽善矣"。而《昭垂万古》碑（民国二十一年，1932）的序言首先阐述学校的重要性："学校者，兴仁讲义之地，振英育才之所也。夫仁义兴而天下治，英才起而家国隆，是知仁义英才乃齐家治国之要道者也。"在新的兴学背景下，原有凌云馆的规模"旧制偏小未足，时值近因兴学昌明，校有高小之类别，学由阶级之进步"，当地有识之士"倡率同人，仿诸新式，

---

① 《文风丕振》碑刊刻于嘉庆二十年（1815），碑现立于天柱县白市镇大沟溪村乾塘。

② 《流芳万古》碑刊刻于嘉庆二十年（1815），现立于天柱县高酿镇地良村地良小学门口。

重建一进",当地民众"量力捐输,幸倾铺囊,相为乐助",于是"采梓材,鸠工匠"。当重建凌云馆落成之时,感叹不已,"行见庭余荒墩之间,顿成文武造就之地也",同时期待"教育宏开,文明大启"。捐资额度从七十二千文到二千四百文不等①。竹林乡棉花坪有两通碑铭,记载当地民众接续办学的历史。乾隆五十三年(1788)的《青龙书塾》碑,记载了办学之重要及棉花坪无校舍时办学之艰辛,当地民众踊跃捐资助学的故事。"自古一代一地莫不各有其学校""延师训读,非就僧寺即假民房,学者苦无肄业之区",于是当地杜、粟、邓姓民众共同商议,"各捐锱铢,卜其基于青龙之所",于乾隆五十二年(1787)"构立书室三间,名曰青龙馆",不仅为息心养正之堂,而且作培植风水之室。从此以后,"乡之子弟读书其中者,咸乐学业有基,崇教化,作人才,由小成以入于大成,有造而进于有德,地脉钟灵,人文蔚起",并期待"凤起蛟腾,从兹万年"②。捐款额度从一两一钱到二钱不等,另有杜启才捐学堂地基一间。而民国三十年(1941)的《书塾碑记》则记录了当地民众捐款重修青龙书塾兼及修路的故事,捐资额度从一百二十元到一元不等③。在社学乡田冲村也有两通刻于嘉庆十二年(1807)的碑,记载民众先在乾隆年间创办学校,后于嘉庆年间扩建的故事。《增修碑记》(嘉庆十二年,1807)记载在原有基础上扩建启秀堂的故事:"内进之设久矣,但孤馆特立,规模未备修,纠父老竖两厢、大门,建岩阶、廊檐",并期待当地学子"藏修游息,丕振文风"。而《启秀堂碑》(嘉庆十二年)则记载村民认识到"学校为兴贤之地",于是当地民众在乾隆二十七年(1762)"凑银

①《永垂不朽》碑刊刻于道光十二年(1832),《昭垂万古》碑刊刻于民国二十一年(1932),两块碑为一碑之两面,现立于天柱县竹林乡新寨村村口。

②《青龙书塾》碑刊刻于乾隆五十三年(1788),现立于天柱县竹林乡棉花坪寨头大门口。

③《书塾碑记》刊刻于民国三十年(1941),碑现镶在天柱县竹林乡棉花坪井里。

十八两，用买此田"，并购买木材修建学校的故事①。

　　锦屏的捐资助学碑铭也较多，主要有：铜鼓《建铜鼓卫学碑记》（洪武三十年）、《迁建锦邑学宫碑记》（乾隆三十年），高柳《书房碑记》（乾隆四十七年），娄江《永垂后世》（乾隆五十二年）、《功德碑》（嘉庆十一年）、《百世流芳》（道光二十四年），向家寨《青云馆碑记》（嘉庆九年），石引《石引学碑》（道光三年）、《印台书院》，九南《凌云馆碑》，大官舟《重振碑记》、《重修功德》（光绪九年），铜坡《功垂不朽》、《万世永赖》（光绪十二年），隆里《红仪会记》（光绪二十九年）等。

　　剑河县南加镇柳基村的一组碑铭，刊刻于道光十八年（1838），《创建蔚文书院官绅士民捐输碑》用了六千余字的篇幅记载蔚文书院创办的原因，"延师考课章程"，详细规定了书院山长的选聘、职责、待遇，教师师资延聘、薪资、上班时间，"考课"既有岁试、科试，也有月课、季考，还有官课、私课，生童的选拔与管理等内容②。

　　在剑河县南加镇新柳村，有一通乾隆年间的《启秀碑》，记载当地民众捐资建学的故事。序言首先谈到如何才能"端士习而表淳风"？在于"家有塾，党有庠"。因此，新柳自雍正年间设屯以来，虽"僻处边隅"，然"学校宜隆"。当学校建成后，期待"他年启俊秀于胶庠，表英华于王国，何莫作人培养之始基欤"③？

　　在黎平县茅贡乡高近村，有一通民国元年（1912）的《功同日久》碑，序言首先谈到教育的重要性："尝思朝廷所隆学校，然后资士以生；乡党所重黉宫，而后人才始出。古人之制作，实属法良意美，

────────

① 《启秀堂碑》刊刻于嘉庆十二年（1807）、《增修碑记》刊刻于嘉庆十二年（1807），二碑现均立于天柱县社学乡田冲村小学屋檐下。

② 道光八年（1828）的《创建蔚文书院官绅士民捐输碑》现存立于剑河县南加镇柳基村柳基小学。"蔚文书院"的学术研究可见李斌、吴才茂、王健《从〈创建蔚文书院官绅士民捐输碑〉看清代清水江流域的书院教育》，载《原生态民族文化学刊》2016年第3期。

③ 《启秀碑》刊刻于乾隆三十三年（1768），现立于剑河县南加镇新柳村十字街。

使天下同归一致也。"其次，高近村原有学堂，"僻处偏隅，人皆浑朴，未习诗书，罔知礼仪。是以先人欲兴文教之风，以培士子之德，则不惜锱铢，鸠工度木，建立书堂一座，大厦三间，安于寨后，则通团子弟共得诵习之所。故屡年延师教训，虽科名未能大启，而通境已皆渐染文风"。但"世运无常，兴衰不一"，至光绪七年（1881）发生火灾，导致学生无书可读，"将先人之制度一毁成空，童子无书室以藏修，后生寻花柳以自乐，通村子弟习染性成。此时不尚诗书，后日定为愚昏，非天下之大患乎"？于是，有识之士"谋复造书堂"，从光绪三十一年（1905）开始，"仁人君子同心同德，乐布金钱，喜施木料"，到宣统三年（1911）"功夫告竣"，"通团子弟可便攻书"，"后生小子将进德而修业，他年必夺锦以扬名"①。

二、清末民初的新式教育与专业学校及经费

1.新式学校

"人才之盛衰视乎学校之兴废。"自光绪三十一年（1905）废除科举后，新式学堂有如雨后春笋，到民国初年，已逐渐形成新式教育体系。如天柱县凤城镇民国四年（1915）的《人文蔚起》碑，详细记载天柱高等、初等、城乡小学以及中学的创办历史。光绪十九年（1893）天柱知县刘奋熙"集款三年，遂得七百串，复捐廉二百串，存储生息"，"改办学堂，天柱风气未开，创办初无成效"；光绪三十三年（1907）天柱知县邹毅洪进行"改革"，"整理高等小学，开办劝学所，劝勉乡人输款兴学，遂得城绅胡锡祥首先乐捐银一千两"，于是民众"闻风向慕，踊跃捐输，前后共筹入银三千两"。到民国四年（1915），天柱高等小学校"现经轮招四班，卒三班，其学生已逾二百人。下而初等，城乡又立四十余所，其学生已逾三千余人。上而中

---

① 《功同日久》碑刊刻于民国元年（1912），现立于黎平县茅贡乡高近村鼓楼旁。

学，柱邑又成立一所，初招学生一班，已逾六十余人"。"天柱学校至有今日者，当思邑侯邹公毅洪，若夫改革时间烽烟告警，都会半废，天柱独于戎马倥偬之际不绝弦诵，反能扩充高等小学，以及推广初等、创办中学，俾天柱之学务蒸蒸日上者，尤赖继起得人，则有今劝学员长龚君其昌，今县视学张君懋修，暨今校长邓君大宾也。"天柱的办学经验表明："兴学必先筹款，尤在得人。"①

天柱县高酿镇地良村有两通民国十七年刊立的碑铭，述说着当地民众集资创办学校的故事，第一通碑有序言及捐款人姓名，第二通碑只有捐款人姓名及落款时间，捐款数额从七百千文到七千文不等，共计一百七十八人参加捐钱活动，足见民众踊跃捐资的积极性。具体碑文如下：

> 教育为国家命脉，学校乃教育基础。欲振兴教育，植入人才，非兴学校无以为功，况今世界科学竞进，一日千里□□□，孕育子弟，初基为高中大学预备，将无以与列强争。我地虽属黔陲，历来不无鹿洞，然苦无校舍，室碍殊多。我寨水口龟山其形若活而奇巧，其背隆然而宽阔，横收众水，弥锁重关，复处闹中之静，爽恺非常，用作校址诚天造地设者也。民十七戊辰，阖乡父老昆弟凑木捐资购买此山，经营创造，不周稔而鸠工告竣，加修阶道，颇见堂皇，风水厚培，学子辐臻，自此恒钟灵秀，永启文明，用勒诸石以志不朽。②

从碑文可以看出，序言首先强调教育的极端重要性，把教育提高到"为国家命脉"的高度，"况今世界科学竞进""非兴学校无以为功"，也"无以与列强争"。其次，叙述地良村"苦无校舍"的窘境，于

---

① 《人文蔚起》碑刊刻于民国四年（1915），现立于天柱民中校园内。
② 《地良建校碑》刊刻于民国十七年（1928），原无额题，两通碑现并列立于天柱县高酿镇地良村地良小学校园内。

是,"阖乡父老昆弟凑木捐资""经营创造"。同时,期待"自此恒钟灵秀,永启文明"。

在天柱县竹林乡南头村,有一通民国三十年(1941)刊立的《重修校碑》,具体碑文如下:

重修校碑

重修学校碑序

夫国家之强弱系乎文化之盛衰,文化之盛衰系乎教育之兴替,教育之兴替系乎学校之隆污也。然则,学校之于国家,不可须臾离也。昔殷周有庠序之举,汉武有郡学之兴,兼之尹翁修黉舍于成都,孔子设杏坛于洙泗,类皆兴学校而育人材,阐民智而强其国也,即今之欧风美雨沾染而来,西文灌输以入,我国通都大邑未尝不设有大学、高中,僻壤乡村亦亟图林立高级初小。然则岂仅古人独懿饮茹者,贵亲潘善、潘德森、潘万椿等欲将贵处所设旧制学籍,更而为新式校堂,幸而全村父老悉怡然而怂恿,喜得各处仁人咸慷慨以乐捐,集腋成裘,共勤其美,倚钦休哉。法□楷模美焉尽矣,仿中西之型典改弦更张,行人咸歌其壮丽,鼎新革故,过客悉颂之庄严。兼有耸翠文峰,高捕云端,气象特奇,而瑷琏湾环玉带□前,地势殊异以玲珑宜乎,莘莘学子,济济生徒,联班鹿洞,讲学龙场,一堂化雨,满座春风,伫见鹰扬凤鸣,龙腾鱼跃,翘足可待也哉。兹值告竣,勒石芳名,聿观厥成,铭碑记注胜迹,俾千秋景仰,不既[概]万事咸歌不衰矣。予也不才,谬承众等,丐序于予,不揣固陋,聊为之序。

毕业生彭先明敬撰并书

(捐款人姓名及捐资额度略)

民国三十年岁次辛巳孟夏吉日敬立[①]

---

① 《重修校碑》刊刻于民国三十年(1941),现立于天柱县竹林乡南头村潘氏宗祠墙边。

从碑文可以看出，序言站在世界的高度，指出国家强弱与学校、教育、文化密切相关，分析西方文化传入对我国的影响，"国家之强弱系乎文化之盛衰，文化之盛衰系乎教育之兴替，教育之兴替系乎学校之隆污也"，面对"今之欧风美雨沾染而来，西文灌输以入"的局面，撰文者认为"我国通都大邑未尝不设有大学、高中，僻壤乡村亦亟图林立高级初小"，南头地区也应紧跟形势，"欲将贵处所设旧制学籍，更而为新式校堂"，当地民众"慷慨以乐捐，集腋成裘，共勤其美"。由是，学校得以重修，展望未来，"鹰扬凤鸣，龙腾鱼跃，翘足可待也"。

高酿镇地引村《永垂不朽》碑（民国二十七年，1938）记载当地民众玩龙灯习俗，并成立玩龙灯会，赞助各种公益事业，并将龙灯会公产作为筹建学校基金的故事。"封龙神，拜贺新春，庆祝民康物阜，由是习俗远有正月和龙之事。"光绪三十二年（1907），龙氏先人"道习俗之沿传，约地引、马轮两村各家聚股二边，成立玩龙灯会，兴论咸同举行三年，谢龙归后，余钱数千，继逐年之惨淡经营，置得良田数亩，近十余年来乡党各种公益事业，如修桥筑路等费资，而兴办者难兴举矣。合村创办初级小校，苦之经费，集众父老会议，将此田留作为建树学校基金，以资促进乡党教育，发展桑梓文化"①。

高酿镇木杉村有两通民国时期的碑，述说着木杉修建学校的故事。木杉"地处边隅，文化晚开，学校从未开办，全乡士子咸兴难学之叹者久矣"。但办学需费甚多，"乃于民国十九年春，约诸同志以孔子会为名，每人捐钱五千，储蓄生息，俟后校舍落成提作基金。幸诸同志随时回应者百余人，基金可谓有着矣"。虽然基金落实了，但没有校址，于是"又召集各父老磋商，可将飞山宫及我寨中东、南二岳神祠三座概迁洞口，留飞山宫位址作校基，众皆一致赞同。越

---

① 《永垂不朽》碑刊刻于民国二十七年（1938），现立于天柱县高酿镇地佳村盘他水井旁边地引。

年，雇匠鸠工，不数月而告竣，以致人得所屋，校得所建，神之所安矣"。不料到了民国二十一年(1932)冬，"派资殆尽，匠人弃工"。"睹此惨景"后，"向我乡各妇道及诸父兄昆弟乐捐"，父老乡亲"解囊输金"，"或派或捐"，"挽狂澜于既倒，诚赖各妇道及诸父兄昆弟矣"，最后"勒石记功"。一通碑有序言和发起人、赞助人姓名。另一通碑除发起人外，几乎全部是妇女姓名及捐钱数额，从五十四千八百文至二十千文不等①。

2.特殊学校及女子学校

在三穗县瓦寨镇，有两通民国时期的碑铭，分别记载了三穗县瓦寨区立国民学校与农业学校的创办历史。

《邛水县瓦寨区立国民学校校舍落成序》，序言首先记载瓦寨的地理位置，瓦寨"乃吾邑之精华地，人烟富庶，甲第蝉联。其地当天、黎、永、锦之冲，为邑城东方之屏蔽"。其次，据碑文记载，自从清末废除科举制度以来，主动"为国家谋栋梁"，创办新式学校，"遂向风以兴学校"，迄今已十年矣。到了民国初期，三穗改县后，县知事支持办学，"至民国二年"，邛水改县，前知事潘富文、继任张炳奎，"热心学务，吐哺尊贤，教育机关独树旗鼓，分区设学，大加整顿，乃委周君治南任五区国民学校校长。受职后，无日不研求教育之改良、校舍之建造，以期发展我大国民心，思活泼我佳子弟之精神也"。同时，强调校舍对于学校之重要，提升到强国强种的高度，"建筑必先择地，亦犹强国必先强种之问题"。于是，当地驻防黔东防团长、副团长、县长与校中同志及诸父老昆仲"日事磋商，捐措提倡"，"筹给巨款，始拓新地数亩"，至民国四年(1915)春，始告落成。碑文最后对建筑校舍长官补助暨父老特捐、民国五年开办高等维持捐、瓦寨

①两碑均无额题、无刊碑时间，因碑文中有"民国念一年"、其后有"越止六月"字样，推测刊碑时间应该是民国二十二年(1933)，碑现立于天柱县高酿镇木杉村小学教学楼右侧。

区立国民学校学田基址等一一刊碑,其中黔东防团长彭文治、县长张炳奎补助钱一百五十千文,校长周治南捐钱两次,分别是十一千五百文和八千文①。

第二通是民国九年(1920)的《学校第二纪念碑》,记载了三穗县瓦寨区立普通高小改为三穗县瓦寨区立乙种农业学校的历史,具体碑文如下:

学校第二纪念碑

兴古今,无中外,皆有教育。古者,未有[必]不如今;中者,未必不及外。事衰道微,苟且成习,教育几殆矣!近者,新教育、新思潮之声如潮涌而起,国家根本不坠,其赖斯乎。虽然,地方有无教育,视地方人有无兴起。盖教育,为利人的,非利己的;为公共的,非个人的。无论何人,各具有教育之责任,不特一己而已,不特一己之子弟而已。大凡人群应有之教育,当人人共负其责任。明乎此,则教育兴矣。予自民国三年,谬长校务以来,于兹七载。其中经营草创,几费波折。民国三年,新购地址,建校舍十间;五年,开办□□□领学田;八年,增建礼堂、斋舍十三间,因地制宜,改普通高小为乙种农业学校,得杨君德昌、周君崇熙及父老维持之□,致有今日。

予以才棉[绵]力薄,恐误教育前途,以故辞,举杨君接办。所有收到捐款,应即提前载诸碑铭,以昭信于我父老昆弟之前。此后,学校之精神建设,当与邛江之水长流浩瀚,发展而光大之也!畏又所深望于继起之君子云尔。②

该碑文首先强调古今中外对教育的重视:"兴古今,无中外,皆

---

①《邛水县瓦寨区立国民学校校舍落成序》碑刊刻于民国六年(1917),现立于三穗县瓦寨镇幼儿园内。
②《学校第二纪念碑》刊刻于民国九年(1920),现立于三穗县瓦寨镇幼儿园内。

有教育。古者，未有（必）不如今；中者，未必不及外。"近年来，"新
教育、新思潮之声如潮涌而起，国家根本不坠，其赖斯乎"。同时强
调兴办教育人人有责，教育"为利人的，非利己的；为公共的，非个人
的。无论何人，各具有教育之责任，不特一己而已，不特一己之子弟
而已。大凡人群应有之教育，当人人共负其责任。明乎此，则教育
兴矣"。其次，叙述了时任校长周治南从民国三年（1914）至民国九
年（1920）间学校的发展情况及改制，"经营草创，几费波折"。民国
三年，新购地址，建校舍十间；民国五年，开办□□□领学田；民国八
年，增建礼堂、斋舍十三间。根据需要，"因地制宜，改普通高小为
乙种农业学校"。同时期待"此后，学校之精神建设，当与邛江之水
长流浩瀚，发展而光大之也"。最后，碑还刊刻了民国六年、民国七
年、民国八年"所有收到捐款"，既有捐钱捐洋的，也有捐谷的，其中
校长周治南先后三次捐钱捐洋，民国六年捐钱十八千六百文，民国
七年捐薪洋四十五元，民国八年周治南兄弟捐大洋一百元。

　　女子学校。黄平县城有一通民国八年（1919）的《新修县城女
子高等小学校记并颂》碑，记载了传统中国"女子之有学而无校"，到
了民国时期，政府积极倡导"男女平权""女子参政"，"至今文化昌
明，学术进步，乃侪女于男，而受社会上之义务普通各教育。夫'男
女平权''女子参政'等说，未尝不以女子为尊"。"况女子为后来之
母，尤赖学术，以为家庭教育地"，"此东西各国推行女校之所以不遗
余力也"，黄平县城的女校自民国二年（1913）李承栋等创设淑德女
学开始，到民国八年新修县城女子高等小学校，规模宏广，"凡所为
教室、校舍、操场、客厅、□厨、浴厕，无不各具规模，焕然改观"①。

　　图书馆是学校不可或缺的重要组成部分，属于教学辅助机构。
曾任云贵总督的谭钧培是镇远籍人，其在光绪初年曾"购经史子集

————————

① 《新修县城女子高等小学校记并颂》碑刊刻于民国八年（1919），碑原为两通，
　今仅存一通，系黄平县城牛场街拐弯处出土，现存放于飞云崖文管所内。

若干部"，"值四千余金，藏之文明书院，用备诸生研究，成就人才"。民国二十四年（1935），镇远设立省立师范学校，"苦无图书参考"，校长"乃商"谭氏后裔，欲"将劫余图书全借入校。为之清厘，其残阙者不计，而完整之经史子集尚有八百另八部，都为七千二百七十五册，价值二万三千七百六十四元"。而谭氏后裔慷慨捐赠，其孙认为"与其出于借，不如慨然捐用，广乃祖嘉惠士林之志，即由校中成立一图书馆，以纪念乃祖之"。而贵州省政府整理各县行政区域实施委员会主任委员乔运亨为之撰序，"取'钧培'二字名其图书馆，俾公之名长与天地同流、河山并寿也"①。

　　记载天柱县创办的新式学校以及教育学会的碑铭还有：邦洞小学《亘古于兹》（1917年）、远口镇万一村《培修碑记》（1919年）、高酿镇《南区第四初级学校碑记》（1926年）、高酿镇木杉村《建校碑记》（1932年）②、高酿镇《流芳百世》、坌处镇地冲村《学堂碑记》（1919年）[这是清末民初地冲村民众捐资办学的纪念碑，为解决修建学校事宜，有识之士为倡首，民众均"踊跃捐资，择地于合寨之水口，请其匠工创造，始于宣统元年己酉岁（1909年），落成于民国戊午年（1918年）"，办学的目的："一则永培千秋之风水，一则永培万世之贤才。"③]、高酿镇《孔子会碑记》（1924年）、高酿镇地良村《捐资建校碑》（1928年）、高酿镇地良村《流芳百世》（1933年）、高酿镇地佳村《永垂不朽》（1938年）、竹林乡棉花坪《书塾碑记》（1941年）、竹林乡南头村《重修校碑》（1941年）、高酿镇甘洞村《天柱县高酿镇第四区区立第四初级小学校碑序》（民国年间）、高酿镇甘洞村《天柱县高

---

① 《钧培图书馆序》碑刊刻于民国三十一年（1942），碑现立于镇远县一中校园内。
② 天柱县高酿镇木杉小学内现有建校碑三通，均无额题，无时间。碑文中有："民国十九年春，约诸同志以孔子会为名，每人捐钱五千储蓄生息"；"越年，雇匠鸠工，不数月而告竣，以致人得所屋，校得所建，神之所安矣，安至民念一年冬"，据此推断为民国二十一年（1932）。
③ 《学堂碑记》刊刻于民国八年（1919），现立于天柱县坌处镇地冲村。

酿乡第二中心学校碑序》（民国年间）、高酿镇甘洞村《捐资建校碑》
（1944年）、远口镇黄田村《黉宫万古》（1946年）、白市镇阳山村《亘
古如□》（民国年间）等。

办学经费是学校能否生存的关键。清代至民国年间的教育经
费中多数是靠有识之士踊跃捐输，或由地方官捐资置办学田。

邦洞小学《亘古于兹》碑记载了邦洞第一国民学校的创办时间、经
费来源，指定本处牛捐、屠捐、狮子口木捐、木桐、地租以及庵谷，永定
为邦洞第一国民学校常年经费，从而杜绝民间争端。具体碑文如下：

亘古于兹

　　代理天柱县县长彭为勒石以垂久远事。案据邦洞国民学
校校长杨仲衡呈称：邦洞国民学校由前校长谌占魁、管理员杨
世哲于民国三年组织成立。指定本处牛捐、屠捐、木桐、地租，
后又与县立中学共筹开放狮子口木捐，并酌提庵谷等项为本校
常年经费。经呈前任赵、胡两县长立案，各在案。查牛捐一项
由邦洞人开设牛场时，定有戥子十二把，即十二家抽收入己。
组织学校之初，剀切开导，均乐操作本校经费。数年来尚无异
议，特恐日后有无识之徒，混挪移作别用，致令有戥子之私人借
口争回，彼时学校不无大受影响。校长等再四思维，惟有将此
款与原捐之木桐、地租、狮子口木捐、本场屠捐以及庵谷，永定
为邦洞第一国民学校常款，恳准赏示勒石，始足以杜争端而垂
远久等情前来。除批示准如所请，仰即照办外，合行勒石，仰该
区人等一体知照：凡该校以前指定之木桐、地租、狮子口木捐、
本场屠捐、牛捐以及各庵谷，永定为邦洞第一国民学校常款，不
得任意挪移，亦不得借口争回，特为勒示。

中华民国六年八月二十六日勒示①

---

① 《亘古于兹》碑刊刻于民国六年（1917），现立于天柱县邦洞镇邦洞中心小学操
　场旁。

第五节　宗族祠堂

包括宗族迁徙、族谱、祠堂修缮、字辈等类碑铭。宗族不是国家正式的基层组织，而是乡村社会中的非正式组织，但它在乡村社会中所充当的角色，在一定程度上说具有正式基层组织的功能。我们在所收集的碑铭中，关于宗族运作内容的碑占据了一定的比重。清水江流域对修建祠堂非常重视，各姓都建有属于本族的宗祠。

一、"族无宗祠先灵何妥，祠无龛位后人何瞻"

在天柱县白市镇新舟村舒氏宗祠有两通建祠碑，其序言均由瑚公二十世孙舒伟亮作，记载了舒氏移民经历、先后修建祠堂及神龛的故事。《舒氏建祠碑》碑文序言如下：

> 若族无宗祠，先灵何妥？祠无龛位，后人何瞻？溯吾族中始祖祇应公，原由江西迁于溆浦，建有宗祠于地名大潭，以妥其先灵。始祖□□□，二世祖荣生四子迪、硕、方、安，以上各公仍居于溆，亦有迁于他方者不少，惟吾安公素怀□外，常抱仁里以美居，建有美丽桥梁于彼市，名为万安桥，□□□□□外稚，烟景盛茂。安公坚志，起心建祠，其地上通陆地，以往柱黔，下连水程，以延湘楚。内中更有八景，可赞可歌；左有岩公擎天柱石，右有云山作镇□□；站中有七阶八巷，又有八埠七坪，品立三星，嫦娥伴月，实商埠之通衢，真我邑之胜境也。故吾睹此佳景，订簿募化，族[筹]建立宗，于万历乙卯兴工建筑，□□碑迹形文，未经刊记，兹则丙子岁幸□重修祠堂，以祠列碑纪历往

事，各户捐募多寡一概刊载朗然，以垂永久不朽，是为引。

从碑文中可知，舒氏从江西首先迁居湖南，修建宗祠，最后落脚天柱。"若族无宗祠，先灵何妥，祠无龛位，后人何瞻?"舒氏从江西迁居湖南溆浦后，在大潭建有宗祠，"以妥其先灵"。崇祯九年(1636)重修祠堂，各户捐募多寡一概刊载明白。捐钱额度从三十二千八百文至一千文不等。另一通《修神龛碑记》则记载了"乙卯年立祠成功，未曾修龛"，后增修神龛，"观祠中之形像，外则祠庙巍峨，庄严有势，内则□梁玉柱，刻凤雕龙，龛座巍峨，祖宫妙奥，使昭穆之有秩，尊卑之有序，先后之有尊，左右之有位。每逢春秋二祭，后裔登堂，展成鹭序，排列雁行"，期待舒氏家族"瞽[簪]缨不替，科甲蝉联"。包括来自亮江、茅坪、上安泰、白市、旧团等地的舒氏后裔纷纷捐款，数额从捐洋六元到二元不等[①]。

位于天柱县社学乡田心寨王氏宗祠内的三通碑铭，记载了王氏族人的来源、迁徙过程以及集资修建王氏宗祠的过程以及族田分布，道光九年(1829)的《光宗耀祖》碑记载了王氏先祖来源和迁徙历程："稽我王氏系出周灵王太子晋之后，因采地为姓，地望太原，自汉以及晋魏梁隋唐宋元，历有伟人，悉难枚举。元宋以前不敢效狄裴之误。遥思吾始祖玉公，发迹浙江温州府永嘉县下圳脚，于明时授河南卫辉府令尹;二代祖取公由乡科选湖南黔阳龙标训导，坐升令尹一十八载;三代祖景端，字志华，徙居龙塘田心寨，所生五子，存迹犹在，四杰演派，兰桂腾芳，创业承基，序载谱牒，未暇详述。嗟夫，木本水源，根深则枝荣，源远则流长，岂可以遥远而遂忘祖也哉。道光五年，族中有十人倡首，祠赖先人之荫佑，喜众心之齐，不逾期年功成告竣。"[②]

──────────

① 《舒氏建祠碑》《舒氏修神龛碑》因是残碑，无额题，刊刻时间不详，据舒姓老人回忆，当在清末，碑现立于天柱县白市镇新舟村舒氏先祠内。

② 《光宗耀祖》碑刊刻于道光九年(1829)，碑现立于天柱县社学乡田心寨王氏宗祠内。

光绪年间的《家规田形》碑把王氏家规中的严禁"奸盗赌博"以及家族十二处田产的四至刊碑公立①。光绪三十二年（1906）的《永久流芳》碑把捐祭祀祠田和捐修谱银的王氏族人姓名一一刊碑公立②。

竹林乡菜溪村彭氏宗祠内有一通刊刻于民国二十九年（1940）的《祠堂碑记》，记载了彭氏先祖迁徙以及修建宗祠的历史："溯我兴照公拨楚来黔，落籍柱城义里，兴家创业，卜基清水菜溪，人杰地灵，荷山川之毓秀，丁多族大。承祖宗之潜扶，建筑祠堂，供春秋之礼仪，修其祖庙，奉昭穆之英灵，尊祖敬宗，溯其源而追其远，兴仁讲让，行其礼而奏其乐，宗庙礼行，子姓班联，玉笋鞠躬，升降祖宗，鉴格时馐，愿祖德以垂灵，人文鹊起，祈宗功而默佑，甲第蝉联。"同时也刊载了兴照公后裔捐资人的姓名，其中月刚公后裔十九人、捐洋一千二百七十八点五元，佐刚公后裔八人、捐洋六百二十六点三元，任锡公后裔四人、捐洋二百六十三元，隆刚公后裔三人、捐洋一百八十六元，爱刚公后裔四人、捐洋四十八点六元，捐资数额从三点五元至一百二十五元不等，共获得捐款二千四百零二点四元。另外，兴照公后裔大众会捐洋二百九十八元，又菜溪私会捐洋二百八十六元③。从捐资人数及额度来看，菜溪彭氏规模及数额都不算大。

天柱县邦洞镇章程村，有一通刊刻于民国二年（1913）的《姜氏祖庙碑》，记载了姜姓族人自江西迁徙，辗转到天柱以及修建宗祠的历史。序文首先叙述修建祠堂的意义："祖庙者，奉先之所，思孝之堂也。自古迄今，谁氏不有其祖庙哉，又谁氏不修其祖庙哉？"假如"畏难不修"，则"世世子孙之奉先从何由，思孝以何在"？所以，"今

---

① 《家规田形》碑刊刻于光绪三□年，现立于天柱县社学乡田心寨王氏宗祠内。

② 《永久流芳》碑刊刻于光绪三十二年（1906），现立于天柱县社学乡田心寨王氏宗祠内。

③ 《祠堂碑记》刊刻于民国二十九年（1940），现立于天柱县竹林乡菜溪村彭氏宗祠内。

追我宗由神农祖开姓以后发迹,始自江西吉安府太和县北门外猪屎巷三圮阶簸箕形,其至次第迁居而来者,初至湖北,次至湖南,终至天柱。至天柱而又支分不一,多历年所,在先人虽遗有家乘传述,而祖庙尚未修于夙昔。噫!祖庙未修,先灵何得安其位?余等溯乃宗而忆乃祖,俱无次序,其昭穆之所以是赖,兴追远之孝思,作寝庙之良谋",民国二年(1913),"爰约捐资共建,修我宗一庙于我天柱城北坌溪,序一脉世代源流,左昭右穆,遵万古圣贤礼乐,春祀秋尝,期必奉先思孝有自,不愧尊宗敬祖无凭,惟冀乃宗乃祖得位,佑启我后于冥冥,伏愿若子若孙兴怀橘追来,孝乎世世耳"①。

竹林乡高坡村《昭兹来许》记载了潘氏为修造祠堂,从乾隆年间开始凑钱买山,"逐年生放"的故事。乾隆年间,潘氏族人升楼公一房"欲祭祀有籍,约族同商,凑得银一十五两三钱三分",买杉山,"迨嘉庆二十三年将木发卖,得银六十七两四钱五分",交与族人"经管生放。越道光四年,本利得银一百数十余两","又逐年生放",至道光八年得买滥泥凹、甲头田、道士田等地十四丘。此后又陆续购买,道光十六年得买兴团冲屋基,道光二十年得买田兴寨岭上田,道光二十二年得买马鞍冲等处田土,并一一载明来源、地名、形状、面积、产量以及赋税等②。坌处镇抱塘村《续修碑记》,记载抱塘吴氏之宗庙"昔年迁徙斯地",因经费原因,"募修祖龛一座多年尚未涂垩,终属粗就,兼之天井未面砖石,升降无有阶级,外厅亦少关栏"。到咸丰九年(1859),吴氏族人继续捐资,"诸父兄等爰另约首事订簿募资,延匠加修。嗣是祖龛绚彩,天井鲜明,东西两阶可从容拾级以

①《姜氏祖庙碑》刊刻于民国二年(1913),无额题,现立于天柱县邦洞镇章程村二组老桥头。

②《昭兹来许》碑刊刻于道光二十三年(1843),现立于天柱县竹林乡高坡村潘氏宗祠外。

上，左右双扉庶朝夕启开"①。

　　清水江流域根据子孙发展及财力等情况，往往修建不止一座祠堂，如吴氏家族，除远口镇有吴氏总祠外，还有远口镇黄田吴氏宗祠、白市镇新舟吴氏先祠、地湖乡吴氏宗祠、坌处镇抱塘村吴氏宗祠等。

二、"班班可考"之字辈

　　字辈，亦称字派，指名字中用于表示宗（家）族辈分的字，是记载家族世系人名的排行用语。绝大多数家族在整理其宗（家）谱时，可将字辈中所范字编排成诗，便于辨认辈分与家族中人物关系。

　　在天柱县蓝田镇都甫村，有一通嘉庆九年（1804）的《杨氏宗派》碑，记载了杨氏在原有八个字辈的基础上增加到二十个字辈的原因，"前人字派只以八字为率，周而复始。及年代久远，不免有亥豕莫分、鲁鱼莫辨之憾。是以合族公议，因乎旧派而增续之"，使得杨氏"祖而父，父而子，子而孙，原原委委不失其序，则将来往之家乘，可了然于世系昭穆之不紊"。于是，杨氏家族"复议续派，则世系昭穆之既明者，斯无复有凌躐疏间之弊矣"。增加后的具体字派为："再正通光昌，廷秀宗永明，思仁志学全，能重比有成。"②蓝田镇岩背村《宗派渊源》记载了郑氏自河南开封府归德州迁徙的历史，"实授靖州千百户之职。因苗疆背叛，撒祖守御天、汶二锁［所］，安屯防卫"，后"子孙蕃茂，惟恐宗派杂乱，是以勒石开列"，具体为二十个字辈："希启国之加，顺治天朝发，武继文良佐，祖德恒光华。"③

　　在黄平县谷陇镇王家牌村，其始祖王倒犁明朝时由江西辗转迁入贵州黄平，从此定居王家牌，"想我王姓先祖，洪武开辟，由江西至

---

①《续修碑记》刊刻于咸丰九年（1859），现立于天柱县坌处镇抱塘小学操场边。
②《杨氏宗派》碑刊刻于嘉庆九年（1804），现立于天柱县蓝田镇都甫村大寨。
③《宗派渊源》碑立碑时间残缺，现立于天柱县蓝田镇岩背村郑家组。

黔数百余年"①。其字辈有三十二个："凡百兴顺,绍启文仁,元登朝廷,乾开德正,坤献恩泽,世俊贤成,裕厚俭铭,万福荣臻。"

在雷山县西江镇控拜村,有《穆栋羊族谱碑》,记载了穆家的祖先是从江西迁徙,辗转控拜的,目前穆家字辈共二十四个,具体字辈是:"熙引进应,鼎上天良,仕修公腾,文正成金,帮锡发辛,永远彪荣。"刻碑时碑上字辈已经排到第十二个"腾"字辈②。

第六节　寺观庙宇

庙宇是古代神灵享祭的载体,善男信女不惜长途跋涉前来朝拜,因此很多庙宇常年香火不息。"立庵以尊佛"的碑铭很多。清水江流域除了讲究风水外,就是对神灵的莫名崇拜,所以供奉香火、祭拜神灵的庙宇比比皆是。目前发现现存碑铭中还涉及的庙宇主要有凤城镇观音庙、福兴庵,白市镇朝水庵、永隆庵,远口镇飞山庙、兴灵寺,坌处镇兴隆庵、南岳庙、杨公庙、回龙庵,竹林乡兴隆庵、南岳庙,高酿镇三圣宫、南岳庙、护龙庵等。这些碑铭主要记录了寺观庙宇的建造过程、庙产、寺庙管理以及捐赠者的姓名等。

一、土地庙

土地庙是民间供奉土地神的庙宇,多为自发建立的小型建筑,是分布最广的祭祀建筑,各地乡村均有分布,以至凡有民众居住的

---

① 《万古千秋》碑刊刻于光绪二十九年(1903),现立于黄平县谷陇镇王家牌村小学旁。

② 《穆栋羊族谱碑》刊刻于2006年,碑是刻在墙上的,现在雷山县西江镇控拜村。

地方就有供奉土地神的地方。据《黎平府志》记载："土地，乡神也，村巷处处奉之，或石室，或木房，有不塑像者，题其主曰某土地；塑像者，其须发皓然曰土地公，妆髻者曰土地婆。"[1]

天柱县竹林乡地坌村的土地祠，除本村绅民捐修外，还有附近村寨共同修建，据嘉庆七年（1802）土地祠碑记载，其先人在修建道路时，"创建亭宇，爰立土地神祠，盖以福庇生民，保障一方也"。原来的土地祠"多历年所，风雨漂[飘]摇，目前已云倾圮"，且"睹四壁之萧条，目坛壝之非昔，讵无亵渎神灵之感，我等往来目击心殷，缘先年首士彭公美珍于太平庵累年设醮所余之费，逐年生息，厥后弃世，付众继放，迄今获十有余金。我等公同聚议，共发诚心，将此项另建石坛，安妥神位"。于是，命匠"修砌神台"，"合竖祠宇，庶二老安贞永绵血食，而我本境士女、上下行人咸歌康□阜于无暨矣"。除地兴团捐款外，附近"惠塘、翁冲、老引坡、遥田、花鳅、上下妈羊、岩田、丫义坡、皆牙、老谢等寨众捐银建立"土地祠[2]。

在高酿镇皎环村林家寨，据嘉庆元年的《土地碑记》记载：为何要敬土地神，因为"祭神如神在"，且所有神灵中，"土地之神又最灵"。所以，人们要祭祀土地神，"是敬生我者也，是敬养我者也"。具体碑文如下：

> 圣人云：祭神如神在。以是知何地无神，何神不灵。况土地之神又最灵焉，何也？天位乎上，地位乎下，人位乎中，是人非地不生，非土不食，而人并不知所以生，所以养之故。土地之灵何昭昭也，人能敬土地，是敬生我者也，是敬养我者也，安可履地而不报地之厚，食土而不报土之德者！余等合众建一石

① 黎平县县志编纂委员会办公室校注：《（道光）黎平府志》卷五《地理志》，北京：方志出版社，2014年，第308页。
② 《土地祠碑》（两通）刊刻于嘉庆七年（1802），原无额题，碑现立于天柱县竹林乡地坌村风雨桥头土地祠左侧及右侧。

祠,永为一方之神,各表寸心之敬云。

今将捐银姓名开列于后。庠生龙云煌拜撰,龙光整书。

化首:龙辉远助银五钱,龙宏珍银二钱,信士龙德魁银二钱,龙子华一钱,龙宏开乙钱七卜,龙寿远乙钱五卜,龙友东乙钱五卜,龙德馨乙钱五卜,龙运魁乙钱五卜,林坛保乙钱五卜,林老扒乙钱五卜,林朝梅乙钱五卜,龙天珍、龙仁和、龙贵山、龙运昭、龙学魁、龙德占、龙象国、龙德盛、龙运和、龙德锦、龙芝松助各施银一钱,林茂显、林茂珍、林茂举、林时隆、林忠才、龙登魁、龙友衡、龙朝亮、龙秉禄、龙罗汉、龙德俊各施银一钱,龙天象、龙昌前、龙天程、林朝锦、龙老有、林富隆、林光前、龙喜远、龙德朝、龙德厚各施银一钱,龙德全五卜。

嘉庆元年岁次丙辰孟冬月吉日立,石匠谢攀廷[①]

　　坌处镇地兰村乾隆四十五年(1780)《万古不朽》碑记载了当地民众入股修建土地庙的故事,倡首"发心建立此祠,以作一方保障,赖灵威以护我土,果沐洪庥,历后太平,琢石祠以为亘古不磨之记。庶乎神威浩荡,泽沛群黎"。王君良等十人"其石祠并碑记十名一股,以上十名自乾隆三十八年二月为始",王尔贵等十八人"其石祠并碑记十八名一股,以上十八名自乾隆四十三年八月为始"[②]。竹林乡杨家村也有入股修祠记载,清末当地民众"凑钱聚会,生放获息,因而命匠凿石,修成祠宇而安二老之神位,则春秋而赖祭祀,上下荷神恩,一方歌乐利之欢,万世而无疆之福矣"[③]。天柱县远口镇新市

①《土地碑记》刊刻于嘉庆元年(1796),现放在天柱县高酿镇皎环村林家寨水井边作垫脚石。

②《万古不朽》碑刊刻于乾隆四十五年(1780),现立于坌处镇地兰村兰岑坳土地祠旁。

③《杨家土地祠碑》刊刻于民国元年(1912),原无额题,现立于天柱县竹林乡杨家村上寨永安井边。

村有一咸丰八年（1858）修造的土地祠，捐资者全部为女性："吴门杨氏燕珠、青梅、满秀，吴门龙氏申鸾、白□、鸾香，吴门李氏宽梅，吴门姚氏正兰，吴门陈氏晋妹。"①江东乡高坡村也有道光三十年（1850）捐建的土地祠，刊刻有"舒氏爱合、唐氏引合、吴氏思合、董氏□合、吴氏枝妹、姚氏富俄、魏氏连珠"等女性名字。

　　天柱县瓮洞镇雷合村有两通有关土地祠的碑，嘉庆十五年（1810）的《亘古不朽》碑，它记载了雷公冲民众捐资为土地祠修建亭宇的故事："黄柏凹[坳]旧有土地祠，灵验异常，斯固神之灵也，亦抑厥地多胜乎。惜夫亭宇不立，则往来祈祷之士，或不免致慨于拜瞻之未便耳。"于是，有识之士召集，善男信女踊跃捐输，终成亭宇②。而《重建功勋》碑则记载了光绪年间重建凉亭的故事，"神无栖则灵无靠"，原有黄柏坳"土地祠，其神最灵，迥异方隅，无盖之祀"。道光年间曾经创建凉亭，后因"年湮代远，风雨剥蚀，柱瓦斜飞"，民众"目睹神伤"，于是，到光绪年间，"雷公冲众族普发善心，募化重建"，建成土地祠碑亭③。

　　除捐资修建土地庙外，有的土地庙还有庙产。如竹林乡中心寨有一通乾隆三十八年（1773）的《永垂万古》碑，记载民众建庙并置办庙产的情况。乾隆二年（1737）建庙，"招安庙神"，用"所有余银一钱二分六厘，议立合同，轮流生放，蓄积数十余年"，"积累渐丰，乃买田丘以供祀事"，共有二契，"一契土名植把冲，水田大小六丘，计禾一十三稿，其粮照册上纳，价银二十二两六钱"，"一契土名株木树脚，水田二丘，中禾三稿，其粮照册上纳，价银五两八钱"。有了庙

---

① 《保村中》碑刊刻于咸丰八年（1858），现立于天柱县远口镇新市村土地庙的左侧。

② 《亘古不朽》碑刊刻于嘉庆十五年（1810），现立于天柱县瓮洞镇雷合村雷公冲黄柏坳凉亭中。

③ 《重建功勋》碑无刊碑时间，根据碑文中的乙巳年推测，应该是光绪三十一年（1905）。

产保障，土地祠"自建之后，春秋祭祀，人物安康，数百年来，安堵无恙者，皆伏福神荫庇之力也"①。

　　记载修建土地祠的碑铭还有：竹林乡新寨村乾隆五十年（1785）《土地碑记》、坌处会仙桥雍正七年（1729）《土地祠》碑、三门塘嘉庆十六年（1811）《东门祠》碑、三门塘咸丰十年（1860）《德壹为灵》碑、三门溪民国二年（1913）《土地祠》碑，竹林乡高坡村嘉庆二十一年（1816）《永垂不朽》碑、乾隆五十二年（1787）《永镇方隅》碑，高酿镇皎环村嘉庆元年（1796）《重修福德》碑等。

二、飞山庙

　　唐末五代时期，靖州"飞山"蛮"酋长"杨再思，号十峒首领，人称"飞山太公"。宋时追封杨再思为诚州刺史，赐爵英惠公、英惠侯、威远侯等②。据文献记载："飞山庙，祀古诚州刺史杨通宝之祖再思者，常有功于郡，宋绍兴三十年封威远侯，淳熙十五年号英济侯，嘉定十一年加广惠侯，淳祐九年乃加英惠侯。"③"威远侯庙，一名飞山庙。祀宋诚州刺史杨通宝之祖杨再思，尝有功于靖者。宋绍兴三十年初封威远侯，淳熙十五年改英济侯，嘉定十一年改广惠侯，淳祐九年改创远英惠侯。"④而光绪版《黎平府志》称："飞山神杨公，讳再思，宋诚州刺史，杨宗保之祖。常有功于郡，绍兴年封威远侯，祀

---

① 《永垂万古》碑刊刻于乾隆三十八年（1773），现放于天柱县竹林乡中心寨一牛圈边。

② 有关飞山庙的研究，详见罗兆均：《人神之间：黔湘桂界邻地区飞山公信仰研究》，北京：社会科学文献出版社，2019年。

③ （清）祝钟贤修，李大嘉纂：《（康熙）靖州志》卷三，康熙二十三年刻印本，第16—17页。

④ （清）魏德畹纂修、觉罗隆恩续修、汪尚友续纂：《直隶靖州志·古迹》，道光十七年刻本。

之飞山，有祈则应。"王应模《英惠侯祠》诗："生前称杰士，死后亦神灵。惠政人歌咏，荒祠古木青。"英惠侯，"讳再思，唐末据诚州，守飞山寨有功于民，没后，精爽不昧，黎靖各城乡皆立祠祀之，水旱祈求，应如影响。宋元丰间，封威远侯，淳祐间封英惠侯。有明之世，逆苗猖獗，时著威灵，是诚能为民御灾、捍患者也。"①

竹林乡竹寨飞山庙有二通碑，叙述着飞山庙从清乾隆到民国时期修建与重建的故事②。一通是乾隆四十年（1775）《福国重新》碑，记载原有的飞山庙建于寨脚，"地虽旺而嫌其卑"，于是，乾隆三十九年，"复迁村左，基宇丕振，生面顿开，远观则巍焕轩昂；登临则凝眸悦爽，形势团结而罗列耸秀"，诚所谓"山不在高，有神则名"，期待飞山庙"威灵显赫，乐栖胜地，血食馨香，永享千秋"。另一通是民国三十六年（1947）的《重修碑记》，记载了飞山庙的重修历史，序文如下：

> 村东之隅有灵神，为威远侯王也。是王也，抚镇是邑，保荫黎庶，殄除灾否，人民赖之以安，团里妥之以居也。故吾辈先贤等建宇为庙，捐产而祭，乃神有所依托，而人有所祷切也。直至年湮代远，庙宇朽陋，墙垣崩颓，久既日散而心伤。幸得时至而事起，始得倡首潘年位督修，张世林、潘应康等复约同人齐力重修，虽未雕梁画栋，亦求革故鼎新，新其朽蠹之檩桷，去其破陋之墙垣，侥幸庙宇改观，几期恩星以照，至茬野芳发而幽香，佳木芬而繁阴。负者歌于涂，行者休于树，朝往暮归，同欢大新之壮丽，山环水口，览胜岗峦之体势。仍起明楼，教化蒙童，以后

---

① 邓钟：《二王庙碑记》，引自（清）俞渭修、（清）陈瑜纂：《（光绪）黎平府志》卷二下，载《中国地方志集成·贵州府县志辑》第17册，成都：巴蜀书社，2006年，第35页。

② 《福国重新》碑刊刻于乾隆四十年（1775），《重修碑记》刊刻于民国三十六年（1947），碑现立于天柱县竹林村竹上组威远侯庙遗址处。

文明发展,教育普及。观花醉月,不异桃李之芳园,是今是昔,
恍同仙人之旧馆。谨志为序。

地坌村乾隆三十七年(1772)《永垂千古》碑,记载唐、杜、蒋、刘
四姓始祖"偕游凤邑",到杨家寨、翁冲、地坌"各居一团,各落其业,
一德一心",同建飞山庙于地坌村,"用作四寨之保障,屡显威灵,悉
沐思膏",但"相传日久,风雨倾坏"。雍正十二年(1734),"四姓踊
跃重修庙宇,复装金容"。"又虑烟火星散,岁时应祭实难齐一",于
是,乾隆三十七年制定规约,"重商良规,捐锱作会",四姓牵头,本
银二十两加二行息,"轮流支放,本存生发,利充公用,永为是庙春秋
二祭之资"。从此而后,"良规世世相守,古庙年年焕新,分凑之劳
永免"①。

白市镇新舟村《常留百世》碑记载了当地民众捐资重修飞山庙
的历史:"飞山有宋名将也,姓杨,讳再忠[思],官威远侯,历朝封
谥,尝显灵于靖州之飞山寨,故庙曰飞山,由来旧矣。"乾隆四十五年
(1780)重建庙宇,"游魂为变神",同时期待"斯庙一建而好施者多,
其亦作善之一端"②。

远口镇黄田村民国十九年(1930)《重修庙宇》碑,记载黄田村
民众捐资重修飞山庙,"若飞山土主,生则尽忠报国,无殊岳飞,没
则捍祸御灾,俨同活佛,诚古今之保障,万世之神庥也"。原有庙宇
"窄狭不堪,兼之年湮世远,风雨漂零,不胜颓靡之叹"。于是,有
识之士发起,民众"量力捐资",捐资额度较大,从最多的一百二十
千文到六百文不等。蒙吴会银"捐地数尺",重修后的飞山庙"规模

---

① 《永垂千古》碑刊刻于乾隆三十七年(1772),现立于天柱县竹林乡地坌村风雨
桥头。
② 《常留百世》碑刊刻于乾隆四十五年(1780),碑现立于天柱县白市镇新舟村舒
家井。

广大"①。

竹林乡地垄村有一通乾隆五十四年(1789)的《庙田碑记》，记载了地垄村飞山庙田产数量、产量、来历及其所在地理位置。具体碑文如下：

庙田碑记

吾村之西有庙焉，曰飞山。飞山者，阳之土神也。是神者，有求必祷，常作州县屏翰。英惠侯王封自先朝，柱邑原属靖州，实蒙□□，今弗衰隆祀典者，固所在皆然矣。第是庙之建虽久，尚乏祀田，每缺香灯……堂兄彭廷佐累年建醮余资，或数分，或数钱不一，悉行生息，将弃世时，叔[蓄]得银□□，得银八两，俱付余手，继放得银五十五两。乾隆丁亥冬，买田一契，以为飞山香灯□□，犹虑其无几也，乃以所出禾花，并表兄李文凤戊子庆中元所剩一两暨近年醮□□，复行生息，共得银一百二十五两。己亥冬买田一契，辛丑春买田一契，二处三契□□乙百八十两捐入庙中，招人以朝夕供奉。庶香灯不缺，有以答神庥于万一耳。今□□克遂，恐无以杜不法浸染之弊，且世远之无茫稽查也！因勒于石而志之。彭慎徽谨撰。

今将得买田丘禾粮□□后：

乾隆三十二年得买彭奇文土□□，庙脚第十四丘墨斗形，上田禾二十二稛。四十四年得买彭明照土名飞□□第五丘五不等形，上田禾三十稛。四十六年得买彭士谦侄克全□□庙脚第十三丘方形，上田禾二稛，又土名三岔荒田冲第七十五□□田，禾一稛三手。三契共上中粮五升四合□□二撮九圭七粒一粟二黍。

皇清乾隆五十有四年岁次己酉夏月

石匠罗仪清，男生员彭第敬书①

　　该碑首先叙述了飞山庙的由来及历史，"飞山者，阳之土神也。是神者，有求必祷，常作州县屏翰，英惠侯王封自先朝"。其次，介绍飞山庙因"尚乏祀田，每缺香灯"。于是，彭廷佐利用"累年建醮余资，或数分，或数钱不一，悉行生息"，同时又用李文凤三十三年中元节及近年建醮余资"复行生息"，所得银两先后于乾隆三十二年、四十四年、四十六年"买田"，共计"二处三契"，一并"捐入庙中，招人以朝夕供奉"。第三，将历年所买庙产的地理位置、田地粮食产量以及纳粮数额一一载明。

　　所谓庙产，就是指寺庙中的一切财产，如寺庙田产、寺塔房舍及附属的法物等，庙产的多寡对于庙宇能否正常运行至关重要。高酿镇木杉村光绪三十二年（1906）《流芳百世》碑，记载龙氏兄弟二人捐田作为飞山庙庙产的故事，"好善之龙宏昌、龙宏沛弟兄二人有上田一丘，收禾二十二稨"，"诚心即施在飞山庙，并□南三岳庵神位前永供香灯"，今昌、沛弟兄二人之施，期待其"子孙之蝉联科甲，俾如香灯之绕缭而长且永，骏发富贵，必似灯光之灿烂而照且明也永"②。

　　据文献记载，杨公祠即镇江王庙，祀杨五将军，在黎平府城南隅神鱼井右，乾隆三十四年（1769）建，嘉庆十八年（1813）重修，为黎平会馆。又敦寨簸箕滩上有杨五庙，船过此甚险，往来者，竭诚祷祀，以保无虞。茅坪亦有杨五庙，卦治有杨公庙，皆以五月初五日神诞祀之。据湖南《靖州志》载：青木杨公，水神，初不传其为何人也？据《会同县志》云：公黔阳县托口人，兄弟仁（杨三将军、杨四将军、杨

①《庙田碑记》刊刻于乾隆五十四年（1789），碑现立于天柱县竹林乡地坌村风雨桥头。

②《流芳百世》碑刊刻于光绪三十二年（1906），现立于天柱县高酿镇木杉小学校门口右侧。

五将军)平苗有功,殁后英灵不泯,宋敕封为神。今新化江及清水江一带,滩甚险,皆借神力,易险为安。黎平所以立祠祀之,并沿江上下亦立祠祀之也。杨五将军又称镇江王[①]。

在天柱县坌处镇杨公庙有两通清代碑铭,一通是乾隆二十九年(1764)的《重修碑记》,该碑记载了杨公的来历、修建杨公庙的原因及历史,具体碑文如下:

重修碑记

杨公庙碑记

自钟灵山蜿然而南,奔腾展布者为坌处市。前有江水漂带,后有高山岩绕,烟树重叠,庐井联络者,坌处之市也。市之左一臂环绕梵宇,森立有屋焉。蔚然临于江岸者,杨公之庙也。杨公者谁? 沅之托人也。父老传颂,受爵于南唐,德被于民,至宋乃显而为神。盖其生有捍灾御患、救济生灵之功,故能享血食于千秋百世。坌处居托之上流,相去未远,众庶慕之,深信之至。既立庙于梵宇之前,而又嫌其卑且陋也。于是募亲友客商,感其灵通,欣然乐捐。庙得众力,增其旧制,焕然一新,遂使青龙一山昂首而常伸。钜非此山之灵气,资神之灵而显其灵哉。且庙之右与梵堂相通,诸生以时习礼而训话,弦诵不辍,文物蔚起,吾知斯庙之设,不独恭敬神明,培风水,兼以兴教化而美风俗也。钜非神人之两协其愿欤? 庙建康熙二十五年,增修乾隆二十有三,坌处士民惧其久而弗传也。欲登诸石,请予为记。予未能详悉杨公之巅末,惟源其胜概,据所闻以书之。志成并赋诗志感:

江水碧翻涌庙门,炉烟浮动衰龙身。

千古英雄今安在,年年陈设礼至尊。

---

① (清)俞渭修、(清)陈瑜纂:《(光绪)黎平府志》卷二下,见《中国地方志集成·贵州府县志辑》第17册,成都:巴蜀书社,2006年,第34页。

天柱处士袁庆翔谨撰，江西抚州金溪县汪靖子书

计开众捐姓名列后（捐资者姓名、数量略）①

从碑文可知，其一，杨公庙祭祀的是湖南会同县托口人，"杨公者谁？沅之托人也"，"受爵于南唐，德被于民，至宋乃显而为神"。杨公"有捍灾御患、救济生灵之功"，原有杨公庙"其卑且陋也"，于是"募亲友客商，感其灵通，欣然乐捐。庙得众力，增其旧制，焕然一新"。其二，修建杨公庙的目的和初衷"不独恭敬神明，培风水，兼以兴教化而美风俗也"。杨公庙始建于康熙二十五年，乾隆二十三年增修。其三，杨公庙捐资人数众多，有超过三百人参与捐资活动，捐银数量从二十两到三钱不等，还有捐柱子、石头的。捐资者除本地人外，还有湖南常德戴德远、安徽新安程大有等外省人士。碑文是天柱人袁庆翔撰、江西抚州金溪县汪靖子书写。

另一通是《永古千秋》碑，无序言，无刊刻时间。在捐资者中，除当地民众外，还有大量外地民众，包括锦屏县茅坪、王寨、卦治、大腮，剑河县南哨、反排，湖南省会同县托口等地民众②。

在清水江边瓮洞镇金紫村有一通嘉庆十年（1805）的《重修庙碑》，也是记载修建杨公庙的，碑文如下：

重修庙碑

盖闻天地精英之气，聚为日星，散为川岳，其正气赋于人，生则名标简册，没则气壮河山。我里有杨公兄弟三人盛于唐，显于宋。当土寇猖獗，公以一身从容捍卫其间，非独智勇过人，抑亦精气所钟，为功里社匪浅也。以故生为正人，死为正神，越

数百年英风飒爽，精气逼人，凛凛有生气，楚地沿河上下所过危滩巨峡，凡风波险峻之区皆立庙设祭，舟人子赖以保全，岂独偏僻桑梓地耶！予乡旧有庙宇，设立神像，由来久矣，香火万家，奉祀百年，难免风催雨谢，今有首事潘光照约吾族款费捐金，辉煌庙宇，装振金身，举旧规光大重新，敢云夸一方伟圣，聊以卜食公之德、享公之利、慕公之灵，见精英之著于不朽者，千载如一日也。是为记。①

从碑文可知，杨公庙所祭祀的杨公经历了从人到河神的故事，"杨公兄弟三人盛于唐，显于宋"。同时，清水江流域皆有庙宇祭祀，"沿河上下所过危滩巨峡，凡风波险峻之区皆立庙设祭，舟人子赖以保全"。

三、南岳庙

南岳庙主祀的神是"南岳圣帝"，一说其神号为祝融氏，一说其神名为泽光等。

天柱县坌处镇大冲村有一通嘉庆十三年（1808）的《修庙碑记》，记载大冲袁氏族人重修南岳庙的故事，碑文如下：

修庙碑记

南岳者，殷周时人也。在生固具忠君爱民之心，为神即有捍患御灾之力，故自古及今，不惟大都巨邑，即穷乡僻壤，莫不为庙以奉之。柱邑居黔之南，而亦楚之属也，南岳为楚名山，而其神为楚所祀，居其地者祀其神，非是之谓乎。大冲袁姓自江西发迹居斯，明万历间先人立一庙于阶右坎，以栖其神，百年余每春秋二祭，皆各有其处以奉之。奈至嘉庆壬戌冬十月，回禄

---

①《重修庙碑》刊刻于嘉庆十年（1805），现立于天柱县瓮洞镇金紫村。

降灾，民居固焚，神庙亦毁。三四年间目睹庙貌无存，神明无
依，虽乎日有敬神之心，至今日而空存其念。幸有耆老袁秀麒
者，好善乐施人也。戊辰春，遂纠首约本姓三房子侄各捐资财，
另择左边之地，较前基宅似乎甚高，于是鸠工，不数月而告成。
越明年始求序于余，余见其庙宇轩昂，神祠光焕，可知乎神圣有
所居，而陈牲者有其地也，若斯举者，夫非以一人之心心乎神，
以引合族人心之心乎神也哉，余故欣然以志之瑱珉云。①

从碑文可知，大冲村南岳庙修建于明代万历年间，至嘉庆七年
（1802）因火灾被毁，"回禄降灾，民居固焚，神庙亦毁"，好善乐施之
人袁秀麒"纠首约本姓三房子侄各捐资财"，于嘉庆十三年"另择左
边之地"重建，新建的南岳庙"庙宇轩昂，神祠光焕"。捐资者均为
袁姓，捐资额度从八两到六钱不等。

天柱县坌处镇三门塘村有两通有关南岳庙的碑铭，一通是乾隆
三十四年（1769）的《庙坊碑记》，记载了三门塘村重建南岳庙的故
事。寨中之左原建有南岳庙，雍正十一年（1733）秋，"寨遭祝融之
患，庙因是而毁"，因"人力参差"，未能及时重修。"每思神为人主，
吾人尚有栋宇之遮，何神反无栖托之所？"于是王、谢、吴三姓民众
"乐捐余金、木材"，于乾隆二十六年（1761）冬"穷匠氏以经营，二古
庙复兴焉。且增其旧制，外结砖石"，由此"造作尽善，功倍于古，庙
貌巩固于无疆，威灵昭垂于千秋矣"②。另一通是道光二十年（1840）
的《重修碑记》，记载三门塘村王、吴、谢三姓民众捐资维修南岳庙的
故事，先年所建神庙，"庙貌虽然整备，而庙内地势并门口阶级犹竟
潦草"，于是"三姓公议""随分捐资，将庙内外砌幕补葺，牢实而灿然

---

① 《修庙碑记》刊刻于嘉庆十三年（1808），现立于天柱县坌处镇大冲村南岳庙。
② 《庙坊碑记》刊刻于乾隆三十四年（1769），现立于天柱县坌处镇三门塘村南岳
　庙门口。

改观"①。

天柱县高酿镇有两通当地民众修建南岳庙的故事,一通是高酿镇大圭村嘉庆三年(1798)的《齐灵赫濯》碑,该碑记载当地民众潘、龙二姓捐银捐米重建南岳庙的历史,具体碑文:"今夫卫民之生谓之神,安神之所名为庙,神其当敬矣,庙可不治哉。第创建者固宜有,而继述者不可无。余村南岳庙立已有日,奈年深月久,晴暴雨淋,栋挠梁摧,瓦裂檐朽,殿面尘垢不堪,观壁头损坏何忍见,方萌善心,即托梦示,负神像归家而暂住,作庙貌现地以重修,于是,银米两样并捐,潘、龙二姓同竖,拆旧换新,毕功竣事。屋宇依然巍峨,门堂仍是炳焕。周围封固,表里装成台龛,清洁精湛,座位端庄整齐。灵威坐镇,一乡之保障有资,祀典光昌,千秋之血食不替。香火从兹愈盛,感应由此弥彰。深期后嗣之兴,务绍前人之志焉。是为记。"②另一通是地良村的《功德不朽》碑,记载原有庙宇在"咸同兵燹"中被毁,当地民众于光绪年间重修南岳庙的历史,"至同治壬戌年(同治元年,1862)清台苗叛,通地遭秧[殃],圣宇佛祠毁尽无遗",至戊辰年(同治七年,1868)始"蒙大兵进剿,故土旋归人民",当地民众"目睹而心伤哉,于是我等发心募化,合寨乐助其资,□挺身以作,众姓共劳□□造有心者,功成不日矣,其规模虽不及乎先人之森严,其田丘则更加于先时之倍徒矣,故将施田姓名八甲上主开列于后,亦为功果不昧云耳"③。

坌处镇清浪村有一通同治十三年的《永垂不朽》碑,记载当地民众捐资重建南岳庙的历史,原有的南岳庙建于乾隆五十三年(1788)"清浪寨首有庙焉,其神为南岳","毁于同治乙丑(四年,1865)",寨

---

① 《重修碑记》刊刻于道光二十年(1840),现立于天柱县坌处镇三门塘村南岳庙门口。

② 《齐灵赫濯》碑刊刻于嘉庆三年(1798),现立于天柱县高酿镇大圭村。

③ 《功德不朽》碑刊刻于光绪十二年(1886),现立于天柱县高酿镇地良村浩寨。

中父老士女踊跃捐资,重建于同治十三年(1874)①。竹林乡地垒村有一通乾隆三十九年(1774)的《合修南岳庙石阶及大门碑记》,记载当地民众捐资合修南岳庙大门前台阶一事,以致"殿宇巍然壮观,门阶焕然丕振"。

四、观音庙

观音庙,又名观音堂,是古时人们为了向观音菩萨祈求风调雨顺、家宅平安等而修建的寺庙。

天柱县凤城镇观音洞有两通光绪十三年(1887)的石刻,记载天柱县官绅士民捐资重修观音洞以及庙产分布的故事。《重修观音洞序》记载官绅士民捐资重修观音洞的场景,"柱邑城外有观音洞者,自古称为仙境,洞内有古佛焉,其威灵赫濯,四方来朝拜者若市",后因"苗逆滋事,将一切殿宇楼阁焚毁无存"。天柱营都阃府长官"虔心捐资,创修楼阁,复建佛像","奈一木难支大厦,众志自可成城",于是,"复发缘簿,城乡募化,绅首客商俱皆踊跃,何难集腋以成裘。不日鸠工而告竣,庙貌重新,风光依旧"。特授天柱县正堂、补用县正堂、即补都阃府、县丞、革溪汛、署垒处汛千总、署天柱营把总、远口汛外委、天柱县账房、署天柱县右堂、天柱县征比、远口司巡政厅等天柱县各级文武官员以及商号、民众均踊跃捐资。捐银从九两、十一千文到一百二十文不等,其中,天柱县正堂捐银四两,其他官员从二两到一两不等,另外王洪泰率女招弟捐纹银九两,胡王氏率子捐谷十石。另一通石刻是《重修观音洞碑序》,记载了新任天柱知县发动民众重修观音洞,并对原庵产进行清理的故事。观音洞"创于前明,历来久矣。叠经毁坏,累次修葺,咸丰乙卯复遭逆苗之

---

①《永垂不朽》碑刊刻于同治十三年(1874),现嵌于天柱县垒处镇清浪村小学围墙。

变，一炬焦土"。光绪七年（1881）"余简命来守斯境，闻灵以往，见香灯冷落，神乏凭依，目睹恻然，而断碣残碑横弃道左，令捡摄合，欲知前创修之意，乃竟得斯洞先年施置产业、丘亩、地名、界址、粮石"。通过"询乡老"，"邀集绅董协同清厘"，并"出簿募化"，重修观音洞，"先修高阁三层，继建前后大殿二重，厢房三间，僧房三楹，围墙牌楼俱修，遂雕佛神等像大小十余尊"。为防止"不法僧人偷点盗卖"田丘业产，经过"公众清厘"，"将观音洞田丘数目、谷担逐一清出"并勒石刊碑，同时"新旧田土均系文武衙署及绅董俱有印册备查"①。

　　坌处镇大冲村宣统三年（1911）的《复修观寺》碑，记载了大冲村重修回龙庵时，竖立观音像，"大冲回龙庵因先只雕观音形容，本无观音龛座"，至光绪三十一年（1905）"约各首人踵事募化地方，修得资财卅余千，修造龛宇一座"②。

五、三圣宫

　　天柱县高酿镇有两通民国年间维修三圣宫的碑铭，一是三寨村的三圣宫，始建于嘉庆年间，是当地民众祭祀孔子、关羽和魁星的，毁于"咸同兵燹"，光绪二十二年（1896）重建，民国三年（1914）维修三圣宫围墙时，"提我等三圣会会款，并不募化寨人"③。二是地良村有一通民国年间的《流芳百世》碑，记载了当地民众接续修葺三圣宫的故事，三圣宫建于清末，"然至今日二十余年，于兹墙垣崩颓，风

①《重修观音洞碑序》《重修观音洞序》均刊刻于光绪十三年（1887），石刻现在天柱县凤城镇农科村观音洞口石壁上。

②《复修观寺》碑刊刻于宣统三年（1911），现立于天柱县坌处镇大冲村回龙庵旁。

③《三圣宫维修碑》刊刻于民国三年（1914），无额题，现立于天柱县高酿镇三寨村三圣宫旁。

侵雨蚀,瓦垩凋零,几为添难之至矣"。当地有识之士"触目兴怀,慨然负修直之责,于是再向各户捐款",作为"逐年修葺暨祭三圣之资",以期"屏藩永固,风水钟俊秀之灵,锁钥长存,人文有蔚起之庆",同时盛赞"功之能守有终者,莫不有后进之士为之","继述之功为不朽"①。

在剑河县南加镇,有一通光绪二十一年(1895)的《三圣宫碑》,记载三圣宫修建的历史,具体碑文如下:

三圣宫碑

盖文教之兴始于孔子,累朝封典未有定制。至大元时,加封大成至圣文宣王,祭典定矣。厥后有文昌帝君、今魁星菩萨,均掌文教之籍,凡府厅州县与夫僻乡村镇,莫不建阁立庙,读书者皆祭祀焉。我等南嘉两堡先年首士捐资募化,设有三庙于堡内之大坪,以培人材。自咸丰年间遭逆烧毁,复于光绪年间,我当百户时所罚各项之钱,重修庙宇,但未有祭祀之田以祭圣人。今我等商议,因将修理小后龙余存之钱顶得田半户,每年所出之谷为三圣寿期祭祀之用,期圣人之灵保护地方,俾文教兴、文风盛,人材迭出,沾感圣恩于不朽焉。是为序。

杨昌祯、杨昌代、杨昌栋、舒贤臣、杨芝秀、杨胜梓、杨胜桃、刘修武、刘修才、杨政荣、杨俊元、刘玉堂、杨胜清、杨政炉、宋文勋、潘开朝、潘大美、杨秀谟、欧国玺

光绪己未二十一年十月吉日②

从碑文可知,三圣宫遍布城乡,"凡府厅州县与夫僻乡村镇,莫

---

①《流芳百世》碑刊刻于民国二十二年(1933),碑现立于天柱县高酿镇地良村地良小学门口。

②《三圣宫碑》刊刻于光绪二十一年(1895),现立于剑河县南加镇公路边的三圣宫门前。

不建阁立庙"，"读书者皆祭祀"，三圣宫自咸丰年间被烧毁，光绪年间重建，期待"圣人之灵保护地方，俾文教兴、文风盛，人材迭出"。

六、占卜抽签

占卜抽签是普通民众日常生活中的一项重要活动，帮助民众预测凶吉、规范行为、趋利避害的求签算卦碑也就应运而生了。清水江下游天柱地区签诗碑较多，例如天柱县石洞镇槐寨村有《录签一部》，是道光六年（1826）刊刻，共计六十五签，每签言均为四句七字，解释为八句四言，注解分为大吉、上吉、中吉、小吉、难吉、保吉等类，其内容被刊刻在两通石碑上。瓮洞镇雷合村黄柏坳凉亭立有两通民国十二年（1923）刊刻的签碑，包括签号、签词及解释，共计六十四签，每签言均为四句七字，解释为四句四言。刊刻于民国甲戌年（1934）的蓝田镇凤阿坳《灵应千秋》由两通碑组成，第一通碑文有序言及第一字第十八签签词及注解，第二通碑记载其后续签文，序言记载："神之灵不能相告，人则为之选言造句指示吉凶，集成六十四首雅俗合平"，并"造签筒签板"，于是"镌石碑庶能永久不蚀"，共计六十四签，每签言均为四句七字。瓮洞镇大段村雷公冲嘉庆十五年（1810）刊刻《亘古不朽》及两通抽签碑，记载六十四首抽签诗，内容涉及吉凶祸福、名利财喜之类及注解，每注签言均为四句七字。天柱县高酿镇三寨村也有抽签碑，有六十余签，每注签言均为四句四言，解释为四句四言。刊刻石匠为省事，经常把"签"字刻成"千"字。

在锦屏县河口乡加池村，有一通嘉庆十一年（1806）的因"求神问卦"而修路架桥的碑，据碑文记载，事主因女儿生病，"服药不效"，夫妻二人"求神问卦"，卦云："须于震方上架桥砌路，方能得愈。"于是，夫妻二人"不惜此金，请石工修治路道，约有十余丈。又架保命桥三步[部]，果然灵验，病体大愈"①。

第七节　其他

　　人物类碑铭包括墓志铭、节孝碑、神道碑、去思碑等，这些人物类碑铭真实而详尽地记录了清水江中下游各个阶级和阶层人物的活动，是研究清水江地区人物极为重要的第一手资料。墓志铭中既有封建朝廷官员的墓志铭，也有地方士绅、节妇等墓志铭。

　　清水江流域还保存有两通抗日阵亡将士的纪念碑，一通是黄平县重安江的《抗战建国阵亡将士纪念碑》，以诗歌的形式纪念抗战阵亡的将士，具体碑文如下：

> 抗战建国阵亡将士纪念碑
> 民国廿六年双七纪念
> 伟哉诸公，系衍黄宗。
> 英勇抗战，壮烈可风。
> 成仁取义，光大含宏。
> 前仆后继，殄彼穷凶。
> 国威丕振，令誉克终。
> 倭寇不灭，誓不与共。
> 爰立华表，遥展寸衷。
> 年年今日，普海歌功。
>
> 重安江各界民众恭建②

①《求神问卦碑》刊刻于嘉庆十一年（1806），原无额题，现立于锦屏县河口乡加池村。

②《抗战建国阵亡将士纪念碑》无刊刻时间，现立于黄平县重安镇小学校园内。

另一通是天柱县高酿镇的《抗日阵亡将士纪念碑》（阳面），阴面是具体碑文："桓桓将士，凛凛精神。正气瀛寰，虽死如生。堂堂世青，舍命沙场。算得男儿，不愧炎黄。"碑文由区长龙友三题①。

坌处镇三门塘村道光十七年（1837）《王政三墓志碑》，是王政三及其夫人刘什兰合葬墓志碑，碑文中王政三的学生叙述恩师的生平事迹，盛赞其学识与品德，"每年教读于村东之明德斋，从游者众，游泮者亦多"。碑上刊名的门生有廪生六人、生员三人、童生十人②。其他如锦屏县铜鼓镇的《王伟卿先生家传碑记》、现存于天柱县人民政府明宣德四年（1429）《故沈氏宜人墓志铭》、坌处镇三门塘村咸丰八年（1858）《觉灵老和尚墓碑》等。

剑河县有一通孝母节孝碑，记载王玉珍二十六岁时，其丈夫病故，"越二载，儿亦殇亡，家贫食缺"，于是"苦织兼耕，自食其力，养翁颇能先意承志，数十年如一日，乡里争称其贤孝"。在"媥初"，有钱之家"欲做鸾胶之续"，被王氏拒绝，并称"无食无儿，命不可争，节不可失"。后人使用"共伯早死，共姜守义"的典故，认为王氏"堪比美矣"③。黎平县秦溪村有《旌表节孝碑》记载吴湛远之妻蓝宜人、吴沛远之妻丁宜人节孝的故事。"蓝宜人归一载，年甫十八而夫亡，无出"，丈夫去世时，蓝氏"屡欲以身殉，劝救者讽以'翁姑在堂，何忍更增其悲痛'"。于是，"以妇代子而矢志靡他"。吴沛远之妻丁宜人"归五载，年甫二八而夫故，仅生女一人"，丈夫去世后，"含辛茹苦，代夫尽养，念宗祧之为重"。二人守节分别达三十三年、二十二年，"经各大宪题请旌扬，准其建坊入祠，足以光九泉而传百世也"④。

---

① 《抗日阵亡将士纪念碑》无刊刻时间，现立于天柱县高酿镇丰保村。
② 《王政三墓志碑》刊刻于道光十七年（1837），现立于天柱县坌处镇三门塘村大兴团龟形坟山上。
③ 《流芳万古》刊刻于民国二十年（1931），现立于剑河县南哨乡翁座村。
④ 《旌表节孝碑》，无刊刻时间，据碑文中年代记载推测，应该是宣统元年（1909），碑现立于黎平县敖市镇秦溪村。

第三章 交往交流交融：
碑铭里的移民与社会变迁

　　交往交流交融是中华民族共同体历史演进过程中的重要环节，既包括作为中华民族主体的汉族对周边少数民族的同化与融合，也包括少数民族地区适应汉文化，认同中华文化，认同中华民族，是中国历史上各民族密切交流融合的生动体现。清水江流域的少数民族为避免被歧视，多改汉姓，这一现象在雍正年间的"改土归流"过程中表现尤为明显。当地民众兴起编修族谱、筑建祠堂的热潮，寓居的外省之人纷纷修建会馆，这些举措进一步促进当地民众的儒化、汉化。

第一节　千里移民路：碑铭里的
移民线路及其地理分布

　　移民的迁徙线路往往与区域开发的历程紧密相关。清水江流域既是湖广移民进入贵州后定居、繁衍和创业的重要区域之一，也是二次移民的中转站。清水江流域的移民很早就开始了，移民线路经历了逐渐从下游地区向苗疆腹地迁徙的过程。记载移民最主要的文献应该是族谱，相比而言，因碑铭大小所限，记载先祖移居情况较为简单。移民是指从一地迁移到另一地，为研究方便，本文所指移民系指外地移居到清水江流域，不包括从清水江流域移居外地。

一、移民清水江下游地区

位于天柱县社学乡田心寨王氏宗祠内的三通碑铭，记载了王氏族人的来源、迁徙过程以及集资修建王氏宗祠的过程以及族田分布。道光九年（1829）《光宗耀祖》碑记载了王氏先祖来源和迁徙历程："稽我王氏系出周灵王太子晋之后，因采地为姓，地望太原，自汉以及晋魏梁隋唐宋元，历有伟人，悉难枚举。元宋以前不敢效狄裴之误。遥思吾始祖玉公，发迹浙江温州府永嘉县下圳脚，于明时授河南卫辉府令尹；二代祖取公由乡科选湖南黔阳龙标训导，坐升令尹一十八载；三代祖景端，字志华，徙居龙塘田心寨，所生五子，存迹犹在，四杰演派，兰桂腾芳，创业承基，序载谱牒，未暇详述。嗟夫，木本水源，根深则枝荣，源远则流长，岂可以遥远而遂忘祖也哉。道光五年，族中有十人倡首，祠赖先人之荫佑，喜众心之齐，不逾期年功成告竣。"①光绪年间的《家规田形》碑把王氏家规中的严禁"奸盗赌博"以及家族十二处田产的四至刊碑公立②。光绪三十二年（1906）把捐祭祀祠田和捐修谱银的王氏族人姓名一一刊碑公立③。天柱县社学乡秀楼村有一通民国十年（1921）的《万古千秋》碑，碑文中记载其始祖袁进雄自明万历年间辗转迁居秀楼，其后又有两公

---

① 《光宗耀祖》碑刊刻于道光九年（1829），现立于天柱县社学乡田心寨王氏宗祠内。

② 《家规田形》碑刊刻于光绪三□年，现立于天柱县社学乡田心寨王氏宗祠内。

③ 《久永流芳》碑刊刻于光绪三十二年（1906），现立于天柱县社学乡田心寨王氏宗祠内。

迁徙外省的历史："想我袁氏进雄公，自明神宗万历年间由小江徙居□□，即我绣[秀]楼开基之昭祖。我雄公生子通榜，榜公生子仁庆，庆公生四子，长文诵、次文定、三文甫、四文彬。二公文定、三公文甫出居外省，惟长公文诵、四公文彬世居绣[秀]楼。"①

天柱县蓝田镇岩背村《宗派渊源》碑记载了郑氏自河南开封府归德州迁徙的历史："始祖郑善，系元参政，归附大明，奉旨领二世祖郑仁、郑斌自河南开封归德州夏邑……实授靖州千百户之职。因苗疆背叛，撤祖守御天（柱）、汶（溪）二锁[所]，安屯防卫。"其子孙"世袭祖职，永居汶溪黄流屯，至建县撤屯。大清赐我后人永食屯粮"②。都甫村《万代碑记》，记载杨氏始祖自江西到云南为官后定居天柱的历史："我始祖自江西，原因官云南而至也，后任满而归迁，卜居天柱县三图里都甫寨三甲当差，自宋至今已数百年矣。"③

天柱县邦洞镇章程村《姜氏祖庙碑》记载了姜氏自江西渐次迁徙而来、最终定居天柱的历史："今追我宗由神农祖开姓以后发迹，始自江西吉安府太和县北门外猪屎巷三坉阶簸箕形，其至次第迁居而来者，初至湖北，次至湖南，终至天柱，至天柱而又支分不一。"④

天柱县渡马乡龙盘村《源远流长》碑记载一支陈氏由江西迁徙而来，落籍龙盘村的历程："溯我先人肇封自陈，暨汉而居颍川，复基盛于庐山，至义门分支流，及明初，由来世系载诸江西南昌府丰城县公谱者，炳若日星。自俊刚四子秀三一祖于洪武庚戌年由江西发迹，来楚义家湖广省陈江县，我三公来柱之五间城，住坐河坎上。永

①《万古千秋》碑刊刻于民国十年（1921），现立于天柱县社学乡秀楼村土地祠背后。

②《宗派渊源》，立碑时间残缺，现立于天柱县蓝田镇岩背村郑家组。

③《万代碑记》刊刻于乾隆四十七年（1782），现立于天柱县蓝田镇都甫村大寨中路旁。

④《姜氏祖庙碑》刊刻于民国二年（1913），原无额题，现立于天柱县邦洞镇章程村垈溪。

乐二年初，祖仁辅落担斯土。"其后裔散居在八十田、纪曹寨、新寨、岩寨溪、龙盘寨，并于乾隆五十四年(1789)捐资修建陈氏宗祠①。岩门村《根深叶茂》碑(民国六年，1917)记载杨氏自江西迁徙而来的历史："昔我杨氏始祖万福公自江西吉安府泰和县发迹以来，落驻会同，其间蛰蛰之螽斯，实繁有徒矣。继后我祥公之妻马氏太婆也，因氏命不辰，遭家不造，故马氏引率四子，复由会邑遂迁至凤城，而托足于此壤焉。"②新民村《名垂万古》碑记载杨氏由江西迁徙湖南，继由湖南靖州迁居天柱，最后开枝散叶的历史："我族太祖由赣迁湘之靖，继由靖隶黔天柱，落业城北楞寨，子孙蕃衍，分支拓土"，其后裔散居在卯溪、闪溪、歇溪、高坡、乐寨、芹香、大溪、坪甫、洞头等地③。

天柱县竹林乡《刘氏二房祭祖田碑序》(乾隆四十四年，1779)记载了刘氏族人由江西迁居天柱的故事："我刘氏始祖，原籍来自江西，派系衍于黔南天柱县剪刀坡竹嗜寨，安土乐业。"④《振塘碑记》记载了刘氏迁居刘家寨的历史："我族由江西以来，落基高坡寨，后迁刘家村。"⑤菜溪彭氏《祠堂碑记》(民国二十九年，1940)，记载其先祖"兴照公拨楚来黔，落籍柱城义里，兴家创业，卜基清水菜溪，人杰地灵，荷山川之毓秀，丁多族大"的迁徙历史，同时也刊载了月刚、佐刚、任锡、隆刚、爱刚等兴照公后裔捐资修建祠堂的彭氏后裔的姓

---

①《源远流长》碑刊刻于乾隆五十四年(1789)，现立于天柱县渡马乡龙盘村陈氏宗祠内。

②《根深叶茂》碑刊刻于民国六年(1917)，现立于天柱县渡马乡岩门村内寨杨氏宗祠内。

③《名垂万古》碑刊刻年代不详，应该是民国年间的，碑现立于天柱县渡马乡新民村杨氏宗祠院内。

④《刘氏二房祭祖田碑序》刊刻于乾隆四十四年(1779)，现立于天柱县竹林乡竹林村刘家寨。

⑤《振塘碑记》刊刻于民国二十九年(1940)，现立于天柱县竹林乡竹林村刘家寨。

名和数额①。棉花汉冲《重修碑记》（乾隆二十八年，1763）记载天柱县汉冲邓、潘二族从湖南托口辗转迁徙竹林乡棉花村汉冲的历史："兹有靖属天邑汉冲邓、潘氏，始原先祖自托口发迹，落担湳头，复移居于斯，迄今历有百十余载。"②

天柱县凤城镇雷寨《重修祠堂》碑（光绪三十四年，1908），其碑序记载了周氏始祖从江西迁徙贵州、落业雷寨的历程："我周姓乃姬氏之苗裔，实源祖之本支，有始祖受化公原籍江西为官，□□落业柱邑，安居烹寨，始徙于龙塘，继迁雷村。"③

据《故沈氏宜人墓志铭》记载，武略将军龚孟晖守卫天柱所时，其妻沈氏"礼宾客，睦宗族，和内外，待群小动有礼节，由是上下之人咸得其欢心"。沈氏系"直隶徐州全椒县龙泉乡之望族"，"宜人生于洪武丙辰（1376）二月二十九日，宣德己酉（1429）十月初七日卒于正寝，将以本年十一月十二日厝于城西"。龚孟晖守卫天柱所，"太祖高皇帝受命之秋，以勇略有谋，奋身殉国，征战屡建奇勋，拜官靖州卫金指挥事"，"龚氏家声赫然煊耀，男有俊文之名，女尽事人之道，大抵皆宜人勤俭贤明之所哉"④。

天柱县白市镇宋氏先祠维修碑记载清乾隆年间进士宋仁溥家族的先祖从江西迁徙湖南、最后移居天柱的历史："洪武二十五年，启公（友益）原籍江西丰城县堆上村人，出任靖州太守，后落担会同，克绍箕裘多载。后裔乾公之子一永公移居天柱新舟。""后裔在此时

①《祠堂碑记》刊刻于民国二十九年（1940），现立于天柱县竹林乡菜溪村彭氏宗祠内。

②《重修碑记》碑刊刻于乾隆二十八年（1763），现立于天柱县竹林乡棉花村唐氏祠堂前。

③《重修祠堂》碑刊刻于光绪三十四年（1908），现立于天柱县凤城镇雷寨小学背后周氏宗祠前。

④《故沈氏宜人墓志铭》刊刻于明宣德四年（1429），现放在天柱县人民政府四楼墙边。

间其久，为祖宗增辉，分居八方。"①新舟村《永播流芳》碑记载吴氏在富公开基新舟后，散居各地的历史："昔曾晰祖自南康庐山来，继盛公宋理宗时以言忤宰相，弃官避地于湖广远口，即今贵州天柱所属，乃盛公开基创业，启后佑人。""吾祖富公开基新舟后，子孙瓜绵，星罗棋布，散居于地锁、杆子溪、炉坡、地旺等数处，内外省他县，以及远徙于川疆，指不胜屈。"②民国四年(1915)《建修宗祠序》记载了杨氏从江西迁居天柱、开枝散叶的历史："姓氏姬周，历秦汉晋南北两朝隋唐五代宋元明朝，其间尤不乏豪杰英俊。然而，千枝万派，难以枚举，但自我祖洪公生万、进、都、晚四朝，万公生一十三华，九公生政瑛、琼、富；我富公徙居新舟，生通绪，绪公生光全，全公生昌谱，谱公生顺亿，亿公生俊桂，桂公生升、起、云、隆四公；升公生明华，起公生神显，云公生先海，隆公生坚川"，散居各地，成为清水江下游地区大族③。民国四年的《白市祠堂创建碑序》也有相关记载："我族迹起江佑[右]，派衍宏农。始祖洪公北宋开基以来，居黔楚，一传万朝，再传华九，三传政瑛、政琼、政富。瑛、琼居慕坪，富公居新舟，自是世代相承，烟发千余丁，生万计书香，启世第之隆，子孙衍繁昌之盛，稽之会(同)、天(柱)两地，如我族杨氏亦指不多屈也。"④而《永垂不朽》碑则记载杨氏先祠始祖洪公葬于湖南城步县双龙，其后裔于嘉庆二年(1797)在白市修建宗祠的历史⑤。作为清水江流域大姓

① 《流芳百世》碑刊刻于1999年，现立于天柱白市镇新舟村宋氏先祠内。

② 《永播流芳》碑刊刻于民国三十六年(1947)，现立于天柱县白市镇新舟村吴氏先祠内。

③ 《建修宗祠序》碑刊刻于民国四年(1915)，现立于天柱县白市镇杨氏先祠左边杨姓坟山中。

④ 《白市祠堂创建碑序》刊刻于民国四年(1915)，碑文详见杨政伦主编《白市杨氏先祠祠谱》，内部印刷本，2009年。

⑤ 《永垂不朽》碑刊刻于嘉庆十一年(1806)，现立于天柱县白市镇杨氏先祠门口。

的杨再思后裔，在湖南会同县连山有《经纶盖代》碑，记载其宋代去世的始祖杨朝与田氏以及其曾孙散居各地的历史："曾孙朝一，□渠阳，敕封兄弟四朝官；朝二，知郡，坐镇罗蒙；朝三，刺史，坐镇贞良；朝四，使镇辰叙州，赠石柱，同太师；朝五，镇罗岩江；朝六，知州，镇白竹林，升礼部尚书；朝七，升兵部尚书，兼华□殿大学士；朝八，御使，弹压苗疆；朝九，驻潭溪司；朝十，都统，镇渠土；朝十一，安抚使，弹压播州；朝十二，使镇西番；通国、通泰、通民、通清兄弟，坐镇□会。"①

　　天柱县坌处镇大冲村《修庙碑记》（嘉庆十三年，1808）记载袁氏从江西自明朝迁居天柱、开枝散叶的历史，袁氏"本姓原籍江西吉安府泰和人也"，"自江西发迹居斯"，"自明迁天柱地酿住坐，始祖生三公，大公住地酿，二公住广溪，三公住本村，生三子，迄今本支番［蕃］衍"②。在长滩村，立有一通有关"五姓亭碑记"的《流芳百世》碑，记载同治年间来自江西的五姓到天柱商贸、定居并购买坟山的情况："清同治十年，万、喻、黄、彭、徐五姓之先祖同系江西祖籍，供奉许仙真君，因谋生计，商贾至坌处落籍，繁衍子孙，立足黔地。……五姓先祖集资承买王姓土名湖广山上边墦地一团，……作为五姓世代老人寿终之墓葬。"③

　　清水江下游一带的龙氏绝大多数是由宋仁宗时期湖广安抚招讨使龙禹官这个家族发展而来，龙禹官子孙繁衍，他的儿子有龙宗麻（即麻公）、龙宗朝（即朝公）、龙宗霖（即霖公）、龙宗廷（即廷公）、龙宗旺（即旺公）。天柱县高酿镇丰保村《名垂万载》碑记载龙氏五大公开枝散叶的历史，"思我始祖伯高公□之初而生禹官、禹甸兄弟"，"生麻、朝、霖、廷、旺，为五大公而开基业，前后可考，纷纷不

---

① 《经纶盖代》碑刊刻于道光三十年（1850），现立于湖南省会同县连山。
② 《修庙碑记》刊刻于嘉庆十三年（1808），现立于天柱县坌处镇大冲村。
③ 《流芳百世》碑刊刻于1999年，现立于天柱县坌处镇长滩村。

一。自江西吉安府徙湖南靖州及黔省"，其后裔散居于高酿、丰保、桐木、坝坪、柳寨、地良、攸洞、地旺、坪内、老来溪、采木塘等地，龙氏族人于民国十九年（1930）捐资续修祠堂族谱①。地良村浩寨《根培枝茂》碑记载龙氏五大公之一的宗旺公后裔修建祠堂的历史，龙氏"采濂公之廉清，官甸公之英武，功名彪炳，代不乏人。本肇基于大江南北，星罗棋布，迄今枝分派演于黔东者，乃宗旺公于服苗时由江西溯洄而上，遂蕃衍于斯焉"。其后裔散居于地良、攸洞、地隐、小江、八岑、他团、汉寨、界牌等地，并于民国二十二年（1933）捐资修建龙氏祠堂②。民国二十九年（1940），除地良龙氏外，其他地方如高酿、木杉、甘洞、地引、冷水、摆洞、庇佑、扒岑等地的龙氏后裔也为祠堂捐款③。

　　章寨村《克昌厥后》记载了粟氏先祖不断迁徙，最后定居天柱的历史，粟氏"先人尧舜时居江西吉安府，后倚官迁江南应天府上元县，至宋统兵平蛮，遂家于楚关通道，住文波司，复迁会同高溶，数世分枝天柱鲍塘，又分高酿，传至先公十八世祖也"。其墓碑刊刻了第十九世至二十七世后裔的名字④。

　　邦寨村，《吴宣达夫妇合葬墓碑》记载了吴氏从中团迁居邦寨和地坝，成为开基始祖的历史："吾祖自中团老长房凤翔公分支以来，迄今十有余世。溯可将公之处世，行商楚南，落业邦寨，为邦寨始祖。元配宋氏，继娶龙氏，合葬龙形。余宣达公徙居地坝，为地坝

①《名垂万载》碑刊刻于民国十九年（1930），现立于天柱县高酿镇丰保村。

②《根培枝茂》碑刊刻于民国二十二年（1933），现立于天柱县高酿镇地良村浩寨龙氏祠堂内。

③《源远流长》碑刊刻于民国二十九年（1940），现立于天柱县高酿镇地良村浩寨龙氏祠堂内。

④《克昌厥后》碑系粟老毛的墓碑，墓碑正中刻"皇明仙逝十八世始祖粟公讳老毛字廷先老大人之坟墓"，刊刻于乾隆三十六年（1771），现立于高酿镇章寨村全家坡。

开基鼻祖。"吴宣达作为吴氏第三十三世，其墓刊刻了从三十四世至四十二世吴氏后裔的名字[1]。

邦寨村，皇清恩赐正九品耆员龙功德的墓碑，记载其先祖从湖南东山迁居天柱，其后裔开枝散叶的历史："吾之宗支于今六世，自老寿、老阳公由东山迁柱，卜居邦寨，至功德公为吾之支祖也。"功德公有六子，长子"迁往铜仁"。龙功德生于康熙庚寅年正月廿七戌时，殁于乾隆辛丑年十月初一日午时，享寿七十二岁[2]。

邦寨村塘团寨，明正德十年（1515）《林秀义墓志碑》记载其迁居邦寨的历史，林秀义"原命生于明英宗正统八年癸亥二月十二日，明弘治三年庚戌由天柱西门岩寨移徙塘团开基，居住数载……大限明武宗正德十年乙亥，葬塘团，同吴姓之坟并排"[3]。

邦寨村龙氏族谱碑是嘉庆二十四年（1819）刊刻，所置五通族谱碑记载龙氏从始祖到十一世族人的名字及功名，其中始祖二人、二世六人、三世十一人、四世十九人、五世三十八人、六世六十六人、七世一三六人、八世二〇四人、九世二三五人、十世九十四人、十一世十九人。另据《重修碑记》记载：龙氏军宁、军辅二公迁入邦寨后，成为邦寨支始祖，并开枝散叶的历史："我支至军宁、军辅二公迁入邦寨，为邦寨始祖，迄今已三百余年，繁衍十七世，烟户已达三百，子孙散居木杉、地引、口洞、小王、宰贡、茅坪、锦屏等地。另徙广西、铜仁、四川颇多。"[4]

三寨村，罗家钰墓碑由其十七世孙永文撰，记载罗氏迁居新寨的历史："公讳家钰，原名老唐，兄弟二，公行长，数传，人口繁衍，原

---

[1]《吴宣达夫妇合葬墓碑》无立碑时间，现立于高酿镇邦寨村。
[2]《万载佳城》刊刻于民国十二年（1923），现立于高酿镇邦寨村。
[3]《林秀义墓志碑》刊刻于明正德十年（1515），现立于高酿镇邦寨村塘团寨。
[4]《重修碑记》刊刻于1980年，现立于高酿镇邦寨村，

坐定寨，基址有限，乃分向高形寨、新寨居焉。"①

　　在天柱县远口镇，湘黔边吴氏入黔始祖吴盛，原籍江西庐陵县（今吉安）安塘三里，南宋理宗时任大理寺丞，以言事忤权贵，遂弃官避世于湖广靖州会同县远口（即今天柱县远口镇）居住。据《吴盛传》所记，吴盛任南宋大理寺丞时，得罪奸臣贾似道，遂弃官回江西吉安县原籍。淳祐年间，吴盛为避免贾似道继续寻衅迫害，遂携妻彭氏、子八郎等举家西迁，进入苗疆，在荆湖北路靖州会同县远口安家落户，置田二百余顷，载税粮六百余石，世称"吴半州"。迄今吴氏已繁衍三十余世，人口二十余万，分散居住在黔东南、湘西、桂北、四川等地。其中远口镇、地湖乡的吴姓最集中，为黔湘桂边境数十县吴姓的发祥地②。为慎终追远，吴氏族人曾建有祠宇，"不意同治四年春，地方被苗蹂躏，祠宇遂遭其殃"。光绪年间重修吴氏总祠，其族人"挨户乐捐"，建成祠堂正殿并二殿③。民国二十七年（1938）重修远口吴氏总祠牌楼及墙垣时，所立功德碑刊载了各地吴氏族人捐资情况，其中有中团寨、桥头湾、油榨坪、地柳、中寨、抱塘、乌坡、亮江、稳江、岑板、白毛寨等地的大制公后裔，地锁、地旺、杆子溪等地的六五公后裔，中寨、罐头、团河、溅潭、河头溪、大团、黄鳝冲、新屋场、腊湾头、四郎冲、马鞍洞、云照、皎村、耦里、三门塘、杉木冲、口洞、平头、邦寨、相公堂、棉花坪、孔阜、槐平寨、新舟、妈羊、庄上、金鸡、凤羊坪、杨柳田、彭家团、甘棠坳、关团、潘家寨、毛胜、季仕平、茅坪、中黄、副司、密寨、妙衣、绍洞、白寺科、洞腊溪、地灵、木丹、归岁寨、岗首、格溪、平略、下白社、翁落盘、大耗、长嵊脚、龙

①《罗公讳家钰字老唐府君墓》刊刻于民国三十八年（1949），现立于高酿镇三寨村。

②天柱《远口吴氏通谱》，2000年印刷本。

③《流芳百世》碑刊刻于光绪二十一年（1895），现立于天柱县远口镇吴氏总祠大门前。

坡、东岳司、张家盘、马鞍冲等地的六六公后裔①。夏寨村民国六年
（1917）的《永远流芳》碑，记载罗氏从江西落户天柱的历史："我祖
由吴皋而徙屯凤邑数百年矣。"②

锦屏县新化乡有两通宗祠碑，一是欧阳村嘉庆八年（1803）
的欧阳氏宗祠《德垂后裔》碑，记载其先祖从河南迁居湖南，最后定
居锦屏的历史："我祖自豫而楚，自楚而黔，累代播迁。"③另一通是
新化寨村欧氏宗祠《先序昭垂》碑，同治十四年乙亥仲春月二十二日
阖族同立，记载其先祖从浙江迁徙贵州的历史："余族发源于武林，
由浙之豫，自豫来黔，寄居新水已数百年矣。"④

锦屏县敦寨镇亮司村，龙政忠因"征剿有功"，洪武二年被授予
亮寨长官司正长官，世代承袭，龙氏宗祠"奉始祖政忠，此吾亮寨一
支百世不迁者也"⑤。《重修东山水口墓碑记》记载，龙氏五大公之一
的麻公及其父亲龙禹官"奉命南征"，"带兵剿捕"，"荆楚复平"，麻
公及其子望霖最后葬于湖南绥宁东山，亮司村《龙氏迪光录》记载这
段历史："吾家东山一世祖元爵公，讳宗麻，宋南平侯忠武公讳禹官
之长子，母罗氏，暨弟朝、灵［霖］、廷、旺，皆文武才，有父风。初，忠
武公奉命南征，恩威并著，蛮人感服，兵不血刃而南方悉平，元祐二
年卒于楚……苗民复叛，残害生灵。上以大臣奏，召公自淅川列校

---

① 《重修远口吴氏总祠牌楼墙垣碑记》刊刻于民国二十七年（1938），现立于天柱
　　县远口镇吴氏总祠大门前。

② 《永远流芳》碑刊刻于民国六年（1917），现立于天柱县远口镇夏寨村罗氏宗祠
　　院门外。

③ 《德垂后裔》碑刊刻于嘉庆八年（1803），现立于锦屏县新化乡欧阳村欧阳氏宗
　　祠内。

④ 《先序昭垂》碑文记载刊刻于同治十四年，但历史上无同治十四年，应该是光
　　绪元年即1875年，碑现嵌于锦屏县新化乡新化寨欧氏宗祠左侧墙内。

⑤ 《祠堂叙》碑刊刻于乾隆五十年（1785），现镶嵌于锦屏县敦寨镇亮司村龙氏宗
　　祠墙内。

任湖南宣抚处置副使，带兵剿捕。乃藉母及诸弟，自长沙行营，历常、辰、沅、靖，抵于绥宁。不率则用武，既服则修文。四年之内，莫不怀德畏威，望风归命而荆楚复平矣。公于是乞休，遂于东山之铁冲家焉，元祐七年卒。越明年，罗夫人卒，皆葬水口龟形。厥后，其子望霖亦附葬焉。"①

在锦屏县敦寨镇地步村有两通罗氏修建宗祠的碑，均记载了其先祖迁徙的历史，一通是《建祠碑记》(乾隆六十年，1795)，记载罗氏祖先从江西逐步迁徙到贵州锦屏的历史："吾宗原籍江西，元季缘兵燹迁于楚，迄有明，隶于黔，至卜此土而居者，始祖才素公也。"②另一通是道光二十七年(1847)的《永远流芳》碑，记载了当地罗氏始祖才素公之后，其子孙人丁兴旺，并在村中修建亭楼的历史："余里自才素公始居此土，其后子继孙绳，人烟繁盛，东、南、西、北、中村处俱建亭楼，庶几尊卑得休息，而余里亦有锁钥矣。"③

锦屏县钟灵乡高寨村《永远流芳》碑(光绪二十三年，1897)记载欧氏"随征有功"定居锦屏后，开枝散叶的历史："自我祖由吉水派衍以来，随征有功，平戎著绩，职受新化总军。奈因洪武二年，世俗浇漓，风尘扰攘，迁居斯土，支分年远，族众人繁。"④

锦屏县偶里乡寨先村《重建祠堂记》记载吴氏从江西吉安首先迁徙远口，后又辗转迁徙，最后定居偶里。"吾支于宋理宗宝庆二年(1226)从吉安徙入远口，后又徙至钟灵。明万历庚辰年(1580)盛

---

① 《重修东山水口墓碑记》刊刻于道光九年(1829)，碑文详见《(同治)龙氏迪光录》卷四《遗文第六》。

② 《建祠碑记》刊刻于乾隆六十年(1795)，现立于锦屏县敦寨镇地步村罗氏宗祠内。

③ 《永远流芳》碑刊刻于道光二十七年(1847)，现立于锦屏县敦寨镇地步村罗氏宗祠内。

④ 《永远流芳》碑刊刻于光绪二十三年(1897)，现立于锦屏县钟灵乡高寨村欧氏宗祠内。

公十五代孙凤腾、凤逵二公远移香火，徙居偶里"[1]，凤腾公成为偶里吴氏开基始祖，自成一支，一脉派衍，后裔繁盛，昌盛至今。

二、移民清水江中上游地区

黎平县德凤镇，周泰詹墓志铭记载周氏从山东迁徙黎平的历史，"公讳九龄，别号泰詹，其先山东青州安丘人。□从龙至楚，家于五开"，"泰翁生于嘉靖辛酉年（1561）三月初十日戌时，殁于崇祯丁丑年（1637）十二月初三日辰时"[2]，享年七十六岁。墓志铭由明末著名抗清英雄、南明重臣、黎平府人何腾蛟撰写，何腾蛟官至翰林院大学士兼兵部尚书、湖广总督。高屯镇潭溪村，据《本支百事》碑记载，石氏先祖石满崇祖籍河北沧州，明初从军南征，因"征剿有功"，从而被授潭溪长官司一职，并世袭长官司的历史，"本司官籍北直隶河涧[间]府沧州城"，石满崇"于洪武二年归附定西侯，随常玉[遇]春克服征剿有功，蒙提升蛮夷长官司职，管辖三百八十四寨"，其后，子孙一直世袭潭溪长官司。其后裔开枝散叶，不断向四周迁徙，族人有到镇远府八号、瓦寨，湖南会同、通道、辰溪，四川秀山、石耶一带，黎平府下江、永乐、寨藕等地定居[3]。

黄平县谷陇镇，据《贵州黄平王家牌王氏族谱》记载，王倒犁是王家牌王氏始祖，明洪武年间随父由江西来到黄平旧州。王倒犁后携妻周氏又迁到翁坪戜雄寨，以开坊铸犁为业。后娶本寨苗族女子潘"阿扁"为妻，潘家赠给一片青杠山林和"柳板"田土，始祖就从戜雄寨迁往山林中居住，始创王家牌。黄平境内的苗族称王家牌

---

①《重建祠堂记》碑刊刻于2005年，现立于锦屏县偶里乡寨先村吴氏宗祠内。

②《诰封大中大夫泰詹周公墓志铭》刊刻于崇祯十三年（1640），现存于黎平县德凤镇两湖会馆内。

③《本支百事》碑刊刻于乾隆五十年（1785），现立于黎平县高屯镇潭溪村。

为"昂雕",意为"汉寨",称王氏始祖为"耇雕良卡",意为"铸铧的汉族公公",因苗语把铸铧称为"倒犁",故王家牌王氏始祖被称为"王倒犁"。"汉籍的王倒犁及其后裔,由于世代与苗族互为姻亲,王家牌王氏在语言、服饰和生活习惯上已经苗化。"①王家牌村《万古千秋》碑记载王氏迁徙到贵州后,因战乱而四处迁徙谋生的历史:"想我王姓先祖,洪武开辟,由西至黔数百年。自咸丰年间,地方叛乱十余载,各逃在外觅食营生。""有业者,居家耕种;无业者,各逃他方。"②

在雷山县西江镇控拜村,有《穆栋羊族谱碑》,记载了穆家的祖先从江西迁徙,辗转控拜,繁衍生息的历史。目前穆家字辈共二十四个,具体字辈是:熙引进应,鼎上天良,仕修公腾,文正成金,帮锡发辛,永远彪荣。刻碑时碑上字辈已经排到第十二个"腾"字辈。此前一直是苗族父子联名,从十一辈"公"字开始,使用汉文字辈。具体是"修"字辈的"当牛"家的四个儿子使用"公"字辈,分别是:公斌、公琴、公俊、公华,从字面上看,与汉族取名已经没有区别了③。

在麻江县,清末戊戌科(1898)状元夏同龢的先祖夏永昌明初自南京从征到都匀,后定居麻江,据莫友芝撰《夏鸿时墓志铭》记载:"其先永昌,明初自南京上元从征来都匀,授卫指挥世袭,遂居麻哈长官司之高枧堡。"胡安铨撰《夏长春墓表》同样记载:"其先永昌,明初自江南上元从征来都匀,授卫指挥世职,居麻哈长官司之高枧堡,后以司置麻哈州,遂世为州人。"④有艾氏及袭氏先祖是经商到麻江

---

① 王家牌王氏宗谱编纂委员会:《贵州黄平王家牌王氏族谱》,2006年,内部印刷本,第9页。

② 《万古千秋》碑刊刻于光绪二十九年(1903),现立于黄平县谷陇镇王家牌村小学旁。

③ 《穆栋羊族谱碑》刊刻于2006年,碑是刻在雷山县西江镇控拜村路边墙上的。

④ 莫友芝:《夏鸿时墓志铭》,胡安铨:《夏长春墓表》,均转引自拓泽忠、周恭寿修,熊继飞等纂:《(民国)麻江县志》卷十七《人物传》,第2、4页。

的，据邹元标《艾友芝墓志铭》记载，艾氏先祖系江西新建人，因经商定居麻江，"故江西世族，以其先商黔，遂家焉"①。《故贵州省政府秘书袭君墓志铭》记载了袭氏先祖于明朝弘治年间到都匀经商，定居麻江的历史："其先江西新建人。明弘治间，远祖爵经商来都匀，遂家焉。九传至士贵，以武功洊擢八寨汛千总。"②

在施秉县，有一通《明武德将军宋诚公盔甲碑》，记载宋氏先祖于明初领军来黔，镇压当地苗民起义，最后战死，其子孙被封官的历史："始祖诚公，江南凰阳之世家，切保公之子也。明洪武初年，领军来黔，克覆[复]清、黄、玉、潕阳河一带地方。永乐十年，与逆苗战于白洗三昼夜，矢力俱尽，阵亡于爽山间，更其地名将军坳。明封武德将军，袭其子孙偏桥左千户使正千户。"其后，子孙繁衍，"公之子孙继盛七世矣。谨将世系字派列后"③。

在岑巩县思旸镇亚坝村，有一通立于道光二十三年（1843）的《明宣慰司副使刘贵墓碑》，记载刘贵从江西吉水从征来黔，因功授宣慰司副使，他有两个儿子被授长官司。至道光年间，刘氏裔孙已繁衍二十余代。"公讳贵，号富岩，姓刘氏。江西吉水人。元末从征来黔，以功授宣抚司同知，官思州。思，故苗疆也。苗蛮啸聚山林，固[困]之，公恩威并用，既歼厥渠，复礼田氏，抚服之。苗咸就抚。苗地广扩[阔]数百里，人烟数千户，至是始入版籍。旋赞田氏入贡称臣。洪武五年（1372），以忠顺授宣慰司同知。八年，迁宣慰司副使。以疾卒。葬府东桑坪山之阳，列祀乡贤祠，并载续广事类赋。子二：道传、道忠，俱有父风。道传袭父职，擒剿黄胜隆有功，授平岳

---

① 邹元标：《艾友芝墓志铭》，转引自拓泽忠、周恭寿修，熊继飞等纂：《（民国）麻江县志》卷十六《人物传》，第6页。

② 梁时宪：《故贵州省政府秘书袭君墓志铭》，转引自拓泽忠、周恭寿修，熊继飞等纂：《（民国）麻江县志》卷二十二《艺文志·外篇上》，第18页。

③ 黔东南苗族侗族自治州地方志编纂委员会编：《黔东南州志·文物志》，贵阳：贵州人民出版社，1992年，第168页。

溪长官司；道忠于洪武五年亦以擒贼有功，授施溪长官司。迄今两支历二十余代，哲嗣踵起，科贡蝉联，丁口甲一郡焉。"①

第二节　求生之道：民间移民的生存策略

不管是军事移民还是民间自发的人群移动，每个时代均有发生。宋元以降的"江西填湖广""湖广填四川"更是移民史上著名的移民案例。特别是明清时期，人口稠密地区的人口向西南山地移动，使山地社会经济得到了空前的发展。清水江流域自明代以来就是一个容纳军事移民与民间移民的重要地域。对于这一地域的移民问题，纵论性的研究，已有曹树基《中国移民史》（第五、六卷）那样的经典之作②。新进吴才茂以卫选簿讨论卫军籍贯与贵州人口结构变动以及民族之间的关系，亦颇多启发③。当然，也有专论清水江流域军户、民户者④。至于论及人群关系以及移民与当地少数民族的关系，张应强对"弃龙就姜"的敏锐观察，也为我们提供了微观的视

---

① 黔东南苗族侗族自治州地方志编纂委员会编：《黔东南州志·文物志》，贵阳：贵州人民出版社，1992年，第166页。
② 参见曹树基：《中国移民史》第五卷《明时期》，福州：福建人民出版社，1997年，第313—316页；曹树基：《中国移民史》第六卷《清民国时期》，福州：福建人民出版社，1997年，第152—164页。
③ 参见吴才茂：《明代卫所制度与贵州地域社会研究》，北京：中国社会科学出版社，2021年，第158—210页。
④ 参见吕善长：《明代清水江流域的军户人口研究》，《原生态民族文化学刊》2009年第2期；吕善长、林芊：《明代清水江流域的民户人口研究》，《贵州大学学报（社会科学版）》2020年第3期。

角①。众所周知，清水江流域是少数民族聚居的核心区之一，人群之间的移动，特别是外来人口，与当地少数民族人群之间的关系，其实是一个非常复杂而又微妙的关系，这种因人群移动而促进各民族之间的交往交流交融，形成"你中有我、我中有你"的多民族聚居形态，对认识铸牢中华民族共同体意识有重要的现实意义。

一、移民与土著之关系

移民与土著，两者并不是固定不变以及界限非常清晰的人群，因为从广义上来说，一个地区内绝大多数居民其实都是外来移民，只是迁移进入的时间有先后而已。

就清水江流域居住的人群而言，据史籍记载，苗族的祖先是蚩尤②，在与炎黄联盟逐鹿中原的过程中，经过涿鹿大战被打败，九黎部落纷纷逃离中原，或东迁，或南移，或西进，由此开始了苗族历史上的五次大迁徙。春秋战国时期，连年战火迫使苗族迁入武陵山区。西汉初年，苗裔溯沅江而上，进入"五溪"地区。"五溪"之一就是潕水，即潕阳河，流经黔东南的黄平、施秉、镇远、岑巩，今天黔东南的苗族相当部分就是沿江而上迁入的，潕水与清水江汇合后在湖南就称沅江，而沅江的主源就是清水江。秦汉至南北朝时期，进入武陵地区的"武陵蛮"被迫向西、向南迁徙，分三路进入贵州，一部

①参见张应强：《木材之流动：清代清水江下游地区的市场、权力与社会》，北京：生活・读书・新知三联书店，2006年，第228—229页。

②根据笔者的田野调查，只有雷山西江苗族支系称自己是蚩尤的后代，其他尚未见到。最早的记载是在1942年，雷山西江文化人侯昌德与鼓藏头等上层人物修订《西江苗族父子连名族谱》，记述了从蚩尤到雍正十年（1732）改土归流时285代父子连名的谱系。改土归流后，受附近屯堡汉姓影响，不同的家族改成了唐、侯、杨、蒋、李、董、宋、梁、毛、张等姓氏。西江苗族认为自己是蚩尤第68代孙虎飞率部从雷公坪逐猎犬来到西江的。

分沿潕水、清水江而上,从湖南西南部进入黔东南;一部分经湖南西北部进入黔东;一部分溯渠水、巫水而上,经湖南南部进入广西和贵州[1]。可见,所谓当地少数民族,只不过是迁入的年代更为久远。

至于清水江流域另一个人口较多的侗族,也是一个不断移动的民族。关于其族源,学术界一致认为是由古代百越族群发展而来的一支。在漫长的历史社会变迁中,由于种种原因,"这支越人迁到岭南,落于两粤交界,与骆越杂处"[2]。后循着都柳江而上,散居于今贵州、湖南、广西三省(区)的毗邻之处。这种说法与侗族古歌《祖公上河》《祖公落寨》所述内容相吻合。至宋代,侗族以单一的民族称谓出现在汉文文献中,如宋人陆游《老学庵笔记》载:"辰、元、靖州地有仡伶、仡览、仡佬、瑶……"这条记录中的"仡伶、仡览"分别是侗族自称"更"(gaeml)、"干"(gaml)的反切。元明时期,侗族又被称为"峒蛮""峒人",对于这样的称谓,可能是由于侗族多生活在溪峒地区有关,从而使"侗族由一个地理名词、基层的行政名词渐渐转化为百越族群分化出来的民族共同体的族称,即专指'峒人'"[3]。

这些宋元以前进入清水江流域的人群,在地化之后,逐渐成为世居民族。而明代进入清水江流域的屯军与移民,在社会历史变迁中,也逐渐融入当地社会,也变成"土著"。如黎平府"屯所之户,明初军籍十居其三,外来客居其七,今日皆成土著"。"自改卫(指五开卫)为县(指开泰县)时,军屯皆成土著,身住屯所,业落苗寨。视彼

---

① 参见石朝江:《世界苗族迁徙史》,贵阳:贵州人民出版社,2006年,第150页。石朝江:《中国苗学》,贵阳:贵州人民出版社,1999年,第46—47页。

② 罗延华、王胜先:《侗族历史文化习俗》,贵阳:贵州人民出版社,1989年,第16页。

③ 邓文敏、吴浩:《没有国王的王国:侗款研究》,北京:中国社会科学出版社,1995年。

邻省邻府客民，跋涉相依，尤为便捷。"①这种插花式的居住形态，进一步加大了民族间的交往交流，可以说，外来移民与"土著"之间的互动关系是极为频繁的。最显著的例子，莫过于姓氏的使用。

清水江流域各县的姓氏众多，据统计，2005年天柱县有二百零七个姓，实际只有一百九十四个，另有十三个姓氏无人口统计②。2005年黎平县有三百零一个姓氏。其姓氏来源有二：一是外来人口迁移与繁衍；二是由土著土语称谓中衍生而来的。如黎平县岩洞镇竹坪村有二十一个姓氏，有内、外姓之分，内姓十五个，外姓六个，是清末民初迁入的。内姓是每个房族都有其侗语姓氏名称，为本土土语称谓衍生，后来演变为汉字姓氏。内姓的由来，一是由一个房族聚居的地盘的侗语名称而定；二是根据其来历而定，如聚居在冲里的房族，侗语称"郡公井"，"郡"是一个房族或一群人之意，"公"即一位公公的世系，"井"即是山冲。"郡公井"是居住在山冲里的公公世系，后来以汉字谐音演变为姓"龚"。又如侗语称"宁郡顿"，意为"聚居于山湾里的人群"，即全寨祖先开拓的地点，比喻为一株大树的根，侗语称"顿"，以汉字谐音演变为姓"邓"③。这也是笔者第一次看到有关"土著"姓氏的由来。

二、生存之道：改姓与"赐姓"

迁入清水江流域的不同姓氏，在社会变迁中，逐渐形成了大小不一的宗族，在这个过程中，他们常常根据居住环境、政治形势、社

① （清）罗绕典：《黔南职方纪略》卷六《黎平府》，载杜文铎等点校：《黔南识略·黔南职方纪略》，贵阳：贵州人民出版社，1992年，第322页。
② 参见杨德润主编：《天柱县民族·姓氏·村镇·文物集成》，天柱县文体广电局内部印刷本，2006年，第65—66页。
③ 参见黎平县地方志编辑委员会编：《黎平县志（1985—2005）》之《附录·黎平县部分姓氏谱牒研究资料辑录》，贵阳：贵州人民出版社，2009年，第1307页。

会情状，为了获取更加便利的生存条件，往往采取改姓的策略。兹举数例，略作说明如下。

凯里顾氏改姓。《贵州凯里顾氏族谱·凯棠支谱》记载了顾氏改为唐、周、王的过程，其原因据称有二：一是为了参加科举考试。在清嘉庆年间，顾良相之子雄邦公（入凯棠始祖）第七世孙、居住在凯棠的麻令（66世）和丢所（66世）两堂兄弟要参加科举考试。他俩在报名时，发现已报考的人中顾姓人较多，为增加录取的机会，麻令将自己的学名改为"唐成举"，丢所将自己的学名改为"周在瑚"。最后，两人均考取秀才。唐成举考取秀才后，居住在凯棠养小寨的都跟着改为唐姓，并定立"世玉永远、正家兴开、文再自从、将德举后、来定乾坤"二十个字的字辈。周在瑚在考取秀才后，居住在凯棠甘稿寨的也跟着改为周姓，其居住的地方改称为"周家寨"。周家寨的周姓恢复为顾姓大约是20世纪40年代，周家寨也恢复为甘稿寨①。二是为了生命安全。凯棠龙塘村的苗民岩大五，本名顾馥春，苗名耶九，是哥老会的首领。1853年参加保乐、九松起义，1855年参加张秀眉起义，后于1871年兵败被杀。1873年，清军对岩大五家乡的顾姓族人进行清查，为避免被杀戮，鼎雄公后裔被清军王姓军官招安，跟随其姓王。于是，原居住在龙塘的鼎雄公后裔（除少数居住在边远偏僻的人家，如现在南江别道寨的顾永明一房外）包括移居新寨、南江及黄平党遥等的族人都改为王姓，至今已有一百五十多年的历史②。这样，鼎雄公后裔的绝大多数就改为王姓了，但王姓人一直认为他们自己是顾家人，顾家也一直承认他们是自己家族的兄弟。据《贵州凯里顾氏族谱·凯棠支谱》之《职称职务人员简历》

---

① 《顾改周、唐姓考》，参见贵州凯里顾氏族谱编修委员会：《贵州凯里顾氏族谱》卷三《凯棠支谱》，内部印刷本，2012年，第1—3页。

② 《顾改王姓考》，参见贵州凯里顾氏族谱编修委员会：《贵州凯里顾氏族谱》卷三《凯棠支谱》，内部印刷本，2012年，第4—6页。

记载：鼎雄分支共记录并介绍了一百零九人，包括一名担任正省部长级的王姓族人，其中王姓占绝大多数，有九十二人之多，顾姓十六人，另有一张姓（王姓之妻）；夏雄分支共记录并介绍了五十六人，其中顾姓三十七人、唐姓十七人、另有二姓（顾姓之妻）各一人。顾氏七十一世、鼎雄公第十一世孙王维宁，苗名碾保，原名王光吉，又名顾维君，曾对凯棠顾、王氏宗族简谱作过考证说明①。

锦屏"弃龙就姜"。清水江下游文斗地区有许多对龙姓"弃龙就姜"的描述：文斗上寨《姜氏族谱》述及其祖先姜春黎迁入文斗时，"虽同姓者认为门，然犹疑为外来客家，恐其恃智相欺，遂与龙姓暗商，将中寨之地，让与吾祖先居住，万一不顺，好同下手。"题名为《万载流芳》的族谱收存了原为龙姓后裔的人群，现已是文斗下寨姜姓的重要组成部分，该谱记载了"初进文斗住坐"之"一代祖"龙朝玺，到"七代祖弃龙就姜"，以及其后以姜姓繁衍发展的过程。"弃龙就姜""是因文伯、文举两太公弟兄赴考，几次未中，后改姓姜，两弟兄中一文一武，故弃龙。"②这样，自文伯、文举开始，整个家族都由龙姓改为姜姓。

文斗寨除了"弃龙就姜"外，似乎还存在"弃李就姜"的事例，如下两件契约可资说明：

契约1：立卖山场杉木字人本房李绍璜父子四人，为因缺少粮食，自将到杉山共二处，一处穷诸了，上凭盘路，下凭冲口，左凭山水沟，右凭油山；又一处土名从陋贯，上凭油山盘至冲，与绍宏杉山为界，左凭钟英油山冲，右凭冲。今出卖与本房姜绍齐名下承买为业。面议谷一百九十斤，亲手收回。其山杉木

---

① 参见贵州凯里顾氏族谱编修委员会：《贵州凯里顾氏族谱》卷三《凯棠支谱》，内部印刷本，2012年，第747—777页。

② 参见张应强：《木材之流动：清代清水江下游地区的市场、权力与社会》，北京：生活·读书·新知三联书店，2006年，第228—229页。

自卖之后，任凭买主修理管业，卖主父子不得异言。恐后无凭，立此卖字存照。

内涂二字，添四字。

道光八年二月十三日①

契约2：立卖载手杉木字人<u>下房李如兰、如连、如葵弟兄三人</u>，为因要银用度，无处得出，自愿将到先年佃栽熙华、熙和之山，土名冉歪一块，其山界至：上凭钟英，下凭大路，左凭恩诏与冲为界，右凭钟英，四至分明，今请中出卖与<u>本房姜绍熊叔名下</u>承买为业。当日凭中议定价纹银二钱五分，亲手收足。其山自卖之后，任凭买主蓄禁管业，卖主弟兄不得异言。恐后无凭，立此卖载手杉木字为据。

外批：此山分为五股，地主占三股，载手占二股。

凭中：世贤

道光廿九年三月廿十六日　如葵亲笔立②

在契约1中，卖主李绍璜父子称买主姜绍齐为"本房"，而契约2中，卖主李如兰兄弟三人也称买主姜绍熊为"本房"。据文斗契约文书分析，依附姜姓的李姓有两家，即李绍璜（也写作黄）、老虎、老生、老岩父子四人和李开弟、如兰、如连（也写作连）、如葵父子四人，在道光年间还有八份契约涉及称姜氏为"本房"或"叔"，具体是：《李如兰卖山契》（道光十八年）、《李如葵卖木契》（道光十八年）、《李开弟、如兰、如连父子卖木契》（道光十九年）、《李如连卖木契》（道光二十年）、《李如兰佃契》（道光二十年），《李绍黄父子卖木契》（道光

①陈金全、杜万华主编：《贵州文斗寨苗族契约法律文书汇编——姜元泽家藏契约文书》，北京：人民出版社，2008年，第249页。

②陈金全、杜万华主编：《贵州文斗寨苗族契约法律文书汇编——姜元泽家藏契约文书》，北京：人民出版社，2008年，第414页。

二十一年)、《李绍璜父子等卖木契》(道光二十一年)、《李绍黄父子卖山契》(道光二十四年)①。可见李姓加入了姜姓房族,这也从侧面反映了小姓改大姓、依附大姓之现象。

在锦屏县魁胆村,当地普遍流行的说法是,王姓有四支房族,其中第四支房族从前也不姓王,其先辈是从外地来的部分小姓,为了在魁胆村居住下去就依附于第二支王姓房族,全部被迫改为王姓。改姓的事还会将第三支房族和平翁(魁胆的邻村,原本为隶属魁胆款组织的子寨)的龙姓联系起来,说他们从前同属于一个龙氏宗族,至今双方族人见面还是以兄弟、叔伯相称,彼此不结姻亲。另据龙氏族人回忆说:"那时,本寨几乎所有的人都姓王了,就是说要想在本地生活下去就必须改姓王,由于形势所迫,我们只能改姓王了。"②

在锦屏县彦洞乡瑶白村,有龙、滚、杨、范、龚、耿、宋、万、胡、彭等十姓。由于"滚"姓家族势力较大,因此外迁来的一些小姓也改称"滚"姓,但在内部是有区别的,也可以互相通婚。据瑶白寨老说:早先各个姓氏来自不同省份和地区,他们当年在迁入瑶白的时候把各自的文化、习俗和传统也带来了。龙家最早到寨中择地定居,滚家是从上边搬迁来的,住在上寨,杨家顺着溪流往下走,在下寨定居。范家、龚家等陆续从各地迁来。滚姓势力大,其他小姓或后来者为求得庇护和居住权,不得不改从滚姓。但改姓者始终保持自己原来的姓氏,形成姓氏双重化。最常见的是将神龛牌位和墓碑做成双层,外层写滚姓,里层写原姓。逢年过节或祭祖,这些改姓的人家就将本族的历史、姓氏和为何改姓等情况讲给后辈听,叫他们莫忘根

---

① 参见陈金全、杜万华主编:《贵州文斗寨苗族契约法律文书汇编——姜元泽家藏契约文书》,北京:人民出版社,2008年,第344、347、349、358、359、361、362、395页。

② 张银锋、张应强:《姓氏符号、家谱与宗族的建构逻辑——对黔东南一个侗族村寨的田野考察》《西南民族大学学报(人文社会科学版)》,2010年第6期,第36—42页。

本。后来,这种活动公开化,就演变成一年一度的摆古节①。《瑶白摆古歌》也证实了瑶白改姓一事,歌中唱道:"说到瑶白村,十姓为一姓,十个家族为一族,全是主人无亲戚。"②

锦屏县平略镇甘乌村同样存在这种情况,自明洪武初年,湖南邵阳范氏兄弟到清水江一带居住,康熙末年迁往甘乌,至今已有六百余年的历史。清朝初期,范氏已发展到二百余户,均姓范,这在锦屏实属罕见。民国初年,有几户外姓人家落户甘乌村,自觉将其姓氏改为范姓③。

另外一个重要的汉苗之间的融合,体现在"赐姓"上。清水江流域特别是雍正朝才开辟而设置"新疆六厅"之地,属"化外生苗地",据称仅有氏族和部落称谓,并无汉族姓氏。部落称谓有"方""黎""噶闹"等,氏族称谓有"柳"(Liongx)、"勾"(Gongd)、"勒"(Dlees)、"向"(Hxangt)等,这些部落和氏族称谓相当于汉族的姓氏,称为苗姓,苗语称"寨方"(Zad Fangs,意为"方家")、"寨黎"(Zad dlib,意为"黎家")、"寨向"(Zad Hxangt,意为"向家")、"寨勾"(Zad Gongd,意为"勾家")、"寨柳"(Zad liux,意为"柳家")等。苗名则采用"子父连名"制,以二代、三代连名为主,四代连名较少。连名原则是子名在前,父名在后,祖父名排第三。如"奖杉"(Jangx Dlas),"奖"为子名,"杉"为父名;"虾奈里"(Xab Naii Lix),"虾"为子名,"奈"为父名,"里"为祖父名,等等。

这些无姓氏的人群,在与外来移民交往交流交融后,也逐渐使用起汉姓来,特别是雍正初年,鄂尔泰在镇压广顺一带少数民族后,呈报经理苗疆十一事,其中有曰:"苗人多同名",应"各照祖先

---

①傅安辉、吴育瑞、杨子奇:《瑶白村——在融合中演进》,载《凯里学院学报》2011年第1期。

②杨秀廷:《瑶白听古》,载《理论与当代》2013年第5期。

③平略镇志编纂委员会编:《平略镇志》,内部印刷本,2011年,第53页。

造册"；凡"不知本姓者，官为立姓"①。清雍正六年（1728），朝廷决定
开辟苗疆，镇远知府方显奉诏至台拱诸寨招抚苗民，登记户口，赐苗
族汉姓，编设保甲②。官方及经办人造户口册时，登记姓氏主要采用
的原则有：一是以苗族氏族和部落称谓，或者以人名音译等为姓，
如"方"即方姓，"黎"取谐音为李姓，"柳"即刘姓。如人名为"里"，
即写成李姓，名为"旦"即唐姓。二是相互认姓或个人自己选用汉姓
的，某人某寨先用汉姓之后，其家族或同寨同宗分出的寨子或个人
均用同姓。如三穗大塝坡矮子寨邰家与良上上寨万家，源于"党"氏
族，共祖先和清明会田，在编制户口时，户主登记，一个音译"邰"姓，
一个自报"万"姓③。

　　这些少数民族使用汉姓之初，只用于与官方或与汉民交往的
场合，而在本民族内仍用苗名。于是，便出现了苗名上冠以汉姓，
如"王略阳"，"王"为姓，"略阳"为苗名，"略"为子，"阳"为父；"张秀
眉"，"张"为汉姓，"秀眉"为苗名；"任九虾白"，"任"为汉姓，"九虾
白"为苗名。开设学校之后，苗民子弟入学读书，便仿照汉人制定字
辈，少数宗族还仿照汉族修家谱、建宗祠④。

三、民族身份之变换

　　在清水江流域各民族交往交流交融中，不同移民群体进入之
后，都有一个在地化的过程，民族身份变换是常有之事，主要存在三
种形式：一是汉族变少数民族，二是少数民族变汉族，三是不同少数

---

① 刘显世等：民国《贵州通志·宦迹志四》，载《中国地方志集成·贵州府县志
　辑》第9册，成都：巴蜀书社，2006年，第223页。
② 台江县志编纂委员会编：《台江县志》，贵阳：贵州人民出版社1994年，第92、
　32页。
③ 三穗县志编纂委员会编：《三穗县志》，北京：民族出版社，1994年，第113页。
④《苗族简史》编写组：《苗族简史》，贵阳：贵州民族出版社，1985年，第325页。

民族之间的变换（如苗变侗、土家族变苗等），具体情形如下：

（一）汉族变少数民族。随着移民、迁徙的频繁发生，自从始祖迁入当地后，为了生存，与当地民族平等相待，和睦相处，互通婚姻，语言、生活习惯日益本地化，也就自然融合为当地的少数民族。"居于少数民族地区的汉人，在人数上居于少数，为了适应当地的生产方式、地理环境、社会生活、风俗习惯和相互通婚等，经过一两代、三四代或更长的时间便融合于当地少数民族之中了。"①自明代以来，中央政府通过卫所形式大规模在少数民族地区屯军，汉族也大规模进入贵州。一些军户流入苗疆地区，与当地少数民族通婚，形成"汉父夷母"或"夷父汉母"，逐渐被少数民族同化。"屯所之户，明初军籍十居其三，外来客民十居其七，今日皆成土著。"②如杨姓，是中国的大姓，也是黔东南等地的大姓，在天柱县约占总人口的四分之一，超过十万人③。黔东南杨姓的来源有三支，最多的是杨再思支。据《杨再思氏族通志》记载："从二世起，随官任职，散居十地，子孙开始与土蕃侗族苗族联姻融合。""自外迁后，多与民族聚居，部分子孙聚族而居。"有迁入剑河、台江、凯里等地的杨氏族人，"久习成俗，有用苗族子父连名取名的。散居于湘、黔、川、渝、滇、桂等"④。另据社会调查显示，锦屏隆里所之汉民，因战乱而外逃者很多都籍于相邻县的侗族村寨，成为少数民族群体。例如锦屏县地稠村的胡姓有三十余户，其先祖系咸丰年间自隆里所逃逸迁去，已变为侗族；而逃逸迁去榕江的胡姓、江姓的子孙亦均变为侗族。据《莲花山集》

① 参见谷苞：《在中国历史上为数众多的汉人融合于少数民族》，载费孝通主编：《中华民族研究新探索》，北京：中国社会科学出版社，1991年，第77页。

② （清）罗绕典：《黔南职方纪略》卷六《黎平府》，载杜文铎等点校：《黔南识略·黔南职方纪略》，贵阳：贵州人民出版社，1992年，第322页。

③ 参见杨德润主编：《天柱县民族·姓氏·村镇·文物集成》，天柱县文体广电局内部印刷本，2006年，第30页。

④ 杨光汉主编：《凯里旁海杨氏族史》，内部印刷本，2006年，第31页。

载,董氏三谟已绝嗣,隆里所已无董氏相延①。但榕江县尚有其迁去之后裔,并已为侗族,现仍回隆里祭扫董氏。从隆里所迁至以上地区的各姓氏子孙都变成了侗族,除地稠村的胡氏外,皆说侗语、着侗装、行侗族之风习。但他们仍认定与隆里所的本家是同宗,这些地区胡姓、江姓的侗族长期与隆里的宗族之间相互参与婚丧等红白喜事活动,并一起于清明节祭祖扫墓②。

实际上,汉民在清水江流域变苗事例并不仅存于民间文献和社会调查中,在清代宦黔官员的记述中也颇为多见,如徐家干就记述清水江中游一带说:"其地有汉民变苗者,大约多江楚之人,懋迁熟习,渐结亲串,日久相沿,浸成异俗,清江南北岸皆有之,所称熟苗多半此类","其有天地君亲师位者,则皆汉民变苗民之属"③。这都说明了外来移民有一个在地化的过程。

在20世纪八九十年代民族识别过程中,由汉族改为苗族的,主要是锦屏县龙池、地步、华寨、亮司、平江、九南等地龙姓九百五十八户四千五百三十二人,映寨、寨稿等地吴姓二百七十一户一千三百三十人,丹寨县高峰一百一十多户六百多人。由汉族改为土家族的,主要是岑巩县羊桥、镇远县尚寨两千多户一万二千多人④。据不完全统计,黔东南地区从1994年到1997年,由汉族改为少数民族

---

① 参见(清)陈文政:《莲花山集·序》,乾隆乙亥年刻本。

② 贵州省民族事务委员会、贵州省民族研究所编:《贵州"六山六水"民族调查资料选编:仡佬族、屯堡人卷》,贵阳:贵州民族出版社,2008年,第343页。

③ 徐家干:《苗疆闻见录》,载《中国地方志集成·贵州府县志辑》第19册,成都:巴蜀书社2006年,第602—603页。

④ 参见《民族识别和民族成分的恢复和更改》,载中共黔东南自治州委党史研究室、黔东南自治州人大常委会民族委员会、黔东南自治州民族宗教事务委员会编:《党的民族政策在黔东南的实践》,贵阳:贵州民族出版社,2006年,第212页。

的总人数达到四万五千六百三十二人①。

（二）少数民族变汉族。清水江流域的移民除有苗化之外，还有很大一部分在不断地追溯其华夏祖先，以有别于"苗蛮"。锦屏县亮司村龙氏土司先祖龙政忠在明洪武初年被封为长官司后，其子孙一直世袭。龙氏族属何时开始甚至是否一直称汉族，无法考证。但最迟在雍正年间已称汉族，其后一直持续到20世纪80年代。据锦屏《亮司龙姓恢复苗族纪念碑序》记载："1735年7月，我地苗族上层正长官司龙绍俭经雍正皇帝特许，准予入学。在此以前我地少数民族是不准考科举的——根据记载，当时是'以夷制夷'的政策，我地苗族被迫逐渐汉化，以至延续到目前。"1986年1月，根据党的民族政策，恢复亮司龙姓苗族成分②。2月24日，亮司龙姓恢复苗族身份，并隆重召开庆祝大会。3月，龙池龙姓和培寨潘姓也先后举行集会，庆祝恢复为苗族③。

（三）不同少数民族间的变换。在清水江流域，除苗化、汉化外，也有少数民族之间被同化的现象。如锦屏县彦洞乡瑶白村，瑶白旧称"苗泊"，侗语叫"miul beeh"，意为苗族人居住的地方。最早在瑶白居住的是苗族人，明中期迁徙至此，侗族、汉族晚于苗族人，从而形成苗侗汉杂居的现象，由于苗族人发展慢，汉族人也不多，而侗族人发展快，加之附近村寨都是侗寨，遂逐渐被侗族所同化④，最后

---

① 参见《民族识别和民族成分的恢复和更改》，载中共黔东南自治州委党史研究室、黔东南自治州人大常委会民族委员会、黔东南自治州民族宗教事务委员会编：《党的民族政策在黔东南的实践》，贵阳：贵州民族出版社，2006年，第212页。

② 参见《亮司龙姓恢复苗族纪念碑序》（1985年），碑立于锦屏县敦寨镇亮司村龙氏宗祠内。

③ 锦屏县敦寨镇人民政府编：《敦寨镇志》，2011年内部印刷本，第28页。

④ 傅安辉、吴育瑞、杨子奇：《瑶白村——在融合中演进》，载《凯里学院学报》2011年第4期。

也被侗族村寨所接纳，成为著名的九寨之一。实际上，到了20世纪八九十年代，这种不同少数民族之间的身份变换也还存在，如民族识别过程中，黎平县顺化瑶族乡一百二十多户六百七十多人由布依族改为苗族①。

综上所述，明清以来的清水江地区，是一个外来人口聚集的地区。这些通过不同途径进入清水江流域的移民，面临着一系列生存问题。除去获取基本的物质生活条件之外，如何处理与当地少数民族的关系，是他们需要长期思考和践行的核心问题。换言之，他们要如何获取"入住权"，需要长期与当地少数民族进行竞争与合作。在这种过程中，各种生存策略层出不穷，竞争性争斗甚至清代所谓"三十年一小乱、六十年一大乱"的少数民族变乱，均与之有不同程度的关系。但除去这种极端的对抗性竞争外，在缓慢的日常生活中，更多的还是交往交流交融占据了主流。通过历史文献与民间文献的梳理可知，当外来移民到达清水江流域之后，除去屯军能迅速占据土地之外，其余人群，或以商道从事贸易活动，或以租客身份租山栽杉，进行经济生产活动。他们或以捐资"入籍"的方式，成为"当地人"，或以雇佣而得来之钱财逐渐买地定居下来，然后再通过改姓、赐姓、变换身份等形式，获取与当地人群一样的权利，真正成为清水江流域的"主人"之一，与少数民族一道，共同造就了"你中有我、我中有你"的和谐民族聚居区。

① 参见《民族识别和民族成分的恢复和更改》，载中共黔东南自治州委党史研究室、黔东南自治州人大常委会民族委员会、黔东南自治州民族宗教事务委员会编：《党的民族政策在黔东南的实践》，贵阳：贵州民族出版社，2006年，第212页。

第三节　乡愁记忆:会馆的空间分布 及其运行机制

　　会馆是一种地方性的同乡组织,创建会馆的目的在于"以敦亲睦之谊,以叙桑梓之乐,虽异地宛若同乡",逢年过节或每月之朔望,同乡欢聚一堂,祭神祀祖,聚餐听戏[1]。它是随着商业的兴起与发展、人口频繁流动与外地客商的云集以及财力的不断增强而产生的组织。王日根曾指出:"会馆是明清社会政治、经济、文化变迁的特定产物,它不仅仅是明清时期商品经济蓬勃发展的必然,亦与明清科举制度、人口流动相伴随。"[2]有关明清时期会馆的研究成果,已汗牛充栋,然有关黔东南地区的会馆组织,却未有专文讨论。兹就清代黔东南地区会馆的出现、数量、空间分布及其特点作一介绍。

　　黔东南地区的会馆组织,始建于何时? 并无确切的文献可考。随着明初对贵州的经营,外来人口增多,特别是清水江木材贸易兴起之后,陆续而来的商人,为会馆组织的建立提供了契机。据现有零星文献记载,黔东南至迟在明末就开始出现了会馆,共有三座,其中凯里两座,镇远一座。凯里两座会馆均称万寿宫:一在凯里城,明朝万历三十五年(1607)修建[3];二在清平撒毛堡,明熹宗天启年间

---

[1] 李华:《明清以来北京工商会馆碑刻选编·前言》,北京:文物出版社,1980年,第1页。

[2] 王日根:《乡土之链:明清会馆与社会变迁》,天津:天津人民出版社,1996年,第28页。

[3] 《(道光)清平县志》中没有建立的时间,此处是根据凯里万寿宫门口牌匾上的简介。

(1621—1627)修建①。镇远福建会馆始建于明末清初，后由福建人林品南任镇远知县(同治十二年至光绪二年，1873—1876)时率闽省在镇远的商人重建。其后，会馆在黔东南地区如雨后春笋般地建立起来。

一、会馆的空间分布及其特点

（一）会馆的空间分布

对清代黔东南地区会馆的空间分布统计，以黔东南苗族侗族州现行行政区划进行，换言之，只要是属于现黔东南州辖区的地理空间，都在统计之内。兹分县市统计如下：

1.凯里市。共有会馆八座，其中江西会馆四座，福建会馆、江南会馆、两湖会馆、四川会馆各一座。

江西会馆即万寿宫有四座，一在清平城中，乾隆间江右人创建，道光十年重修。二在凯里城。三在老马场。四在撒毛堡，"天启年间建，乾隆乙卯苗蛮火之不燃，寻辟之，门壁刀迹犹存"②。清平(今凯里市炉山镇)还建有江南会馆、两湖会馆、四川会馆③。凯里城内万寿宫建于明万历三十五年(1607)，道光十年(1830)重修，咸丰五年(1855)毁，同治十三年(1874)复修，占地面积2500平方米，坐北朝南，由前殿、戏台、正殿和后殿组成，2006年6月6日贵州省人民

---

①彭泰楠修、张柬纂，李斌点校：《(道光)清平县志》卷五，贵阳：贵州民族出版社，2021年，第196页。

②彭泰楠修、张柬纂，李斌点校：《(道光)清平县志》卷五，贵阳：贵州民族出版社，2021年，第196页。乾隆乙卯年即乾隆六十年(1795)。

③黔东南苗族侗族自治州地方志编纂委员会编：《黔东南州志·名胜志》，贵阳：贵州人民出版社，1992年，第128页。

政府公布为省级文物保护单位①。福建会馆即天后宫，在凯里。

2.丹寨县。有两座会馆，均为江西会馆，即万寿宫，一座在城内南街，清光绪八年(1882)地方人士捐资修建。另一座在城东七十里的南皋场，清光绪二年(1876)民众募捐修造②。

3.麻江县。共有会馆十一座，其中江西会馆五座，两湖会馆三座，福建会馆、广东会馆和川滇会馆各一座。

据《(民国)麻江县志》记载，麻江有两湖会馆即禹王宫三座，一在县城东街，二在乐户司，三在平定下司。江西会馆即万寿宫四座，一在县城中街，乾隆壬午年(乾隆二十七年，1762)建；二在宣威司；三在乐平司；四在平定下司。福建会馆即天后宫，在平定下司③。另外下司还有川滇会馆、广东会馆④。县城还有江西临江会馆⑤。

4.黄平县。有十六座会馆，其中江西会馆六座(含江西临江会馆)，四川会馆三座，江南会馆三座，福建会馆、两湖会馆、云南会馆、湖南会馆各一座。旧州镇有七座会馆，分别是：福建会馆(天后宫)、江西临江会馆(仁寿宫)、四川会馆(万天宫)、江西会馆(万寿宫)、江南会馆、两湖会馆、云南会馆。新州镇四屏三座会馆，分别

①凯里万寿宫的修建时间有两种说法，一是万寿宫前的石刻简介上是明万历三十五年(1607)，而《凯里市志》(北京：方志出版社，1998年，第1046页)则记载为乾隆年间，具体时间待考。

②郭辅相：《八寨县志稿》卷五《祠庙寺观》，民国铅印本，第15页。

③拓泽忠、周恭寿：《麻江县志》卷九《祠庙寺观》，民国二十七年铅印本，第22—23页。

④下司会馆统计是根据实地田野考察以及文献记载。也可参考黔东南苗族侗族自治州地方志编纂委员会编：《黔东南州志·名胜志》，贵阳，贵州人民出版社，1992年，第130页。

⑤《(民国)麻江县志》卷九《祠庙寺观》未统计江西临江会馆，根据《(民国)麻江县志》记载："自古立大功定大疑，无不以终始为兢兢，诚得其人无不成者，萧公会亦一端也，其始临府十二人，共出银三十两交首会生息，是谋始有人也。"可知麻江县城还有江西临江会馆。

是：江西会馆、四川会馆、江南会馆。重安镇有四座会馆，分别是：江南会馆、四川会馆、湖南会馆、江西会馆。上塘和龙溪各有一座江西会馆①。

重安万寿宫即江西会馆，位于重安镇北街，始建于乾隆二十年（1755），光绪四年（1878）重建，由戏楼、厢楼、正殿、观音堂、厢房、后厅组成，占地面积710平方米，大门柱联"圣德汪洋，名昭东海；神功浩大，泽沛西江"，1988年黄平县人民政府公布为县级文物保护单位。旧州仁寿宫即江西临江会馆，位于旧州西中街，始建于乾隆五十一年（1786），毁于咸丰五年（1855），光绪十四年（1888）重建，占地面积897.6平方米，其封火墙的十多块印字砖印有"乾隆五十一年闰七月临江府众姓建修"字样，由戏楼、正殿及其前后两厢与后楼组成，1988年黄平县人民政府公布为县级文物保护单位。旧州天后宫即福建会馆，位于西下街南侧，始建于道光十七年（1837），咸丰五年（1855）毁于兵燹，光绪二十七年（1901）重建，占地面积1202平方米②，1988年黄平县人民政府公布为县级文物保护单位。新州万寿宫即江西会馆，在城东隅，由黄平经商的江西人修建，据《（嘉庆）黄平州志》记载，会馆"雍正乙卯毁于苗，乾隆七年重建，十二年讫工，址上下二十二丈，左右减一丈，为堂十楹，门四重，余屋二间，台一，其乡人程京兆严作记"③。

5.施秉县。有五座会馆，其中江西会馆三座、两湖会馆和四川会馆各一座。

江西会馆有三座，一在县城大桥北端，改建为城关粮食加工厂

---

① 黄平县地方志编纂委员会编：《黄平县志》，贵阳：贵州人民出版社，1993年，第741页。又见（清）李台：《黄平州志》卷十二《寺观》，嘉庆六年刻本，第6页。

② 黔东南苗族侗族自治州地方志编纂委员会编：《黔东南州志·文物志》，贵阳：贵州人民出版社，1992年，第23、24、27页。

③ （清）李台：《黄平州志》卷十二《寺观》，嘉庆六年刻本，第1页。

和营业所；二在马号乡江西街村东端，新中国成立后改建为江西街小学；三在双井镇新城，清宣统二年设新城区立小学堂于其内，现改建为新城粮管所。两湖会馆，在县城大桥北端，占地三千余平方米。四川会馆，在县城王家坡，后改建为城关一小教师宿舍①。

6.镇远县。有会馆九座，八座在镇远县城，一座在青溪，其中江西会馆三座，福建会馆、两湖会馆、陕西会馆、江南会馆、四川会馆、两广会馆各一座。

据《（乾隆）镇远府志》记载，乾隆年间县城至少有四座会馆，其中万寿宫即江西会馆有二，一在祝圣桥，一在府城西；天后宫即福建会馆，在府治西新城门后；陕西会馆在府治西②。另据文献记载，镇远还有禹王宫即两湖会馆，在卫城大码头；江南会馆在卫城周街；四川会馆在卫城周街；两广会馆在府西北小田溪③。祝圣桥侧的万寿宫即江西会馆，具体修建时间不详，《（乾隆）镇远府志》已有记载，说明至迟乾隆年间已经建成，馆内有戏楼、厢楼、杨泗殿、客堂、许真君殿、客房及文公祠等建筑，戏台后壁悬"中和且平"木匾，下有福禄寿三星木质浮雕，大门柱联"不典不经，格外文章圈外句；半真半假，水中明月镜中天"。天后宫即福建会馆，明末清初修建，《（乾隆）镇远府志》已有记载，说明至迟乾隆年间已经建成，同治十二年（1873）和光绪三年（1877）由福建商人捐资重建，据称是西南地区最大的天后宫，1981年9月镇远县人民政府公布为县级文物保护单位，1985年11月贵州省人民政府公布为省级文物保护单位。青溪万寿宫即江西会馆，位于青溪㵲阳河南岸，光绪四年（1878）建造，由大门、戏楼、两厢、正殿、前后天井等组成，1990年被列为县级文物保护

---

① 贵州省施秉县地方志编纂委员会编：《施秉县志》，北京：方志出版社，1997年，第199—200页。

② （清）蔡宗建：《镇远府志》卷十九《祠祀》，乾隆刻本，第4页。

③ 《新编镇远府志》，郑州：中州古籍出版社，1996年，第345—347页。

单位①。

7.三穗县。三穗有四座会馆,分别是江西会馆、湖南会馆、福建会馆以及四姓馆,其中江西会馆在邛水城外,其他会馆(湖南会馆、福建会馆、四姓馆)均在邛水城内②。

8.岑巩县。有会馆四座,二座在县城,二座在龙田。其中江西会馆二座、两湖会馆和湖南会馆各一座。

江西会馆即万寿宫,一座在田垱坪③;另一座在龙田镇中街,始建于嘉庆十九年(1814),光绪十六年(1890)重修,原有大门、戏楼、两厢、正殿、后殿等,占地面积640平方米,紧挨湖南会馆,1982年2月岑巩县人民政府公布为县级文物保护单位。湖南会馆,位于龙田镇中街,始建于嘉庆十一年(1806),建筑面积400平方米④。两湖会馆即禹王宫,位于思旸镇中街,始建年代不详,今存建筑为光绪二年(1876)重建,据大梁题记为光绪二年"三楚合省众姓重新修建",占地面积720平方米,由大门、戏楼、禹王殿、观音殿等组成,1982年2月岑巩县人民政府公布为县级文物保护单位⑤。

9.天柱县。有会馆九座,其中江西会馆三座,福建会馆、宝庆会馆、衡阳会馆、五省会馆、两湖会馆、贵州会馆各一座。

据《(乾隆)镇远府志》记载,天柱县在乾隆年间至少有三座会馆。天后宫即福建会馆,在城东门外。万寿宫即江西会馆有二:一

---

① 镇远县青溪志编写委员会:《镇远县青溪志》,内部印刷本,2007年,第204页。
② 镇远县政协文史资料研究室编:《镇远府志》,贵阳:贵州人民出版社,2014年,第511页。
③ (清)蒋深:《思州府志》卷三《建设·祀祠》,康熙六十一年增补刻本,第25页。
④ 贵州省岑巩县志编纂委员会编:《岑巩县志》,贵阳:贵州人民出版社,1993年,第772、793页。
⑤ 贵州省岑巩县志编纂委员会编:《岑巩县志》,贵阳:贵州人民出版社,1993年,第770页。黔东南苗族侗族自治州地方志编纂委员会编:《黔东南州志·文物志》,贵阳:贵州人民出版社,1992年,第25页。

在邦洞，城北十五里右，有观音堂，前有池塘一口，计粮八分有奇；二在远口司大桥西老寨后，规模阔大，为司地巨观[①]。天柱的会馆主要集中在清水江边的远口，共有六座会馆，分别是：宝庆会馆，民国初年由姚礼程等人牵头修建，位于城墙街，占地约1000平方米；江西会馆，清末民初建造，位于今远口粮管所；衡阳会馆，民国十八年（1929）由甘祥茂、段明渭、王秀清、贺隆善等人牵头修建，位于城墙街，20世纪70年代电影院扩建，被拆除；五省会馆，五省即湖南、湖北、江西、浙江、贵州，与衡阳会馆相邻，民国初年建，1958年辟为人民大会堂，后改为电影院；两湖会馆，民国初年建成，位于现农牧站背后，占地约200平方米；贵州会馆，民国五年（1916）建，现为镇政府办公楼[②]。坌处江西会馆，建于清同治中叶，彭、喻、黄、万、程等江西人和湖南人陆续迁居坌处后修建，原址在今镇政府宿舍大楼，20世纪40年代曾设私立湘赣小学[③]。

　　10.锦屏县。有十五座会馆，分布较散，其中湖南会馆五座、江西会馆三座、两湖会馆三座、福建会馆二座、贵州会馆和宝庆会馆各一座。

　　　三江镇有会馆四座，分别是福建会馆、江西会馆、两湖会馆、宝庆会馆（财神庙）。江西会馆即万寿宫，创建于乾隆年间，由前殿、天井、两厢、中殿、后殿组成，会馆门柱雕刻有对联："水秀山明大启仙人旧馆；兰宫桂殿重开福地新门"，客厅有两副对联："经之营之财恒足矣；悠也久也利莫大焉"，"财生动脑勤身士；神佑慈心善意人"，反映了江西商人的经营理念。两湖会馆创建于民国八年（1919），在锦屏县知事邓卓汉（湖北人）支持下，湖南商人史恒如（号经魁，湖

---

① （清）蔡宗建：《镇远府志》卷十九《祠祀》，乾隆刻本，第10、11页。
② 天柱县《远口镇志》编纂委员会编：《远口镇志》，内部印刷本，2014年，第290—292页。
③ 坌处镇志编纂委员会编：《坌处镇志》，内部印刷本，2010年，第86—88页。

南芷江人）组织湖北、湖南在锦屏经商的商人修建，有戏台、酒楼、门楼、议事厅、会客厅等，有"商贾旅黔，一水奔腾惊客梦；笙歌悦耳，两湖融洽忆乡音"戏台对联，会馆规模之宏大、设计做工之考究、鸠工之多、技艺之精湛，堪称锦屏会馆之首。1950年1月12日，锦屏解放时，就是在两湖会馆召集各族各界代表人士举行庆祝大会的。1970年两湖会馆被洪水冲走[1]。福建会馆，在江西会馆下方约80米处，建于民国五年（1916），有天井、戏台、供奉大厅、议事厅等，由闽商陈祥茂主修，陈祥茂后任会馆值年[2]。敦寨镇有湖南会馆，清末建于胜利街口（今计生办所在地）[3]。茅坪镇有会馆三座，分别是湖南会馆、德山会馆、福建会馆[4]。德山会馆，又称禹王宫，建于清同治元年（1862），1952年茅坪木材水运局将其作为办公场所，1984年被拆除[5]。铜鼓镇有会馆三座，分别是江西会馆（1960年代曾被铜鼓公社用作办公场所）、贵州会馆、湖南会馆。花桥有江西会馆、湖南会馆、两湖会馆[6]。钟灵乡有湖南会馆，是清朝中期由衡州和宝庆两帮同建[7]。

　　11.黎平县。有会馆七座，郡城四座，永从三座，其中江西会馆三座，福建会馆二座，两湖会馆和广东会馆各一座。

---

[1] 吴育宪：《清朝至民国时期的锦屏会馆》《锦屏文史》2009年第3期，第25—27页。

[2] 吴恩荣：《锦屏县会馆概况》《锦屏文史》2013年第3期，第18—20页。

[3] 锦屏县敦寨镇人民政府编：《敦寨镇志》，内部印刷本，2011年，第78页。

[4] 茅坪镇志编纂委员会编：《茅坪镇志》，内部印刷本，2012年，第51页。

[5] 王宗勋：《清水江木商古镇——茅坪》，贵阳：贵州民族出版社，2017年，第39页。

[6] 铜鼓镇志编纂委员会编：《铜鼓镇志》，内部印刷本，2010年，第92、388页。

[7] 贵州省锦屏县钟灵乡志编纂委员会编：《钟灵乡志》，内部印刷本，2013年，第237页。

表3—1：黎平会馆统计表

序号	馆名	地址	修建时间	重修	规模	备注
1	江西会馆	郡城东捕厅署左	嘉庆二年		正殿五间，牌楼五间，戏台一座	万寿宫
2		参将署右	道光二十三年①	同治十一年		万寿宫，元旦、冬至节地方官朝贺处
3		永从南门正街	乾隆五十八年	光绪五年	正殿三间，中厅三间，戏台一座，左右厢房各一间，厨房三间	万寿宫
4	两湖会馆	郡城东胡家坪	嘉庆元年		正殿五间，牌楼五间，戏台一座。	禹王宫
5	福建会馆	郡城东学宫右	嘉庆八年		正殿三间，牌楼三间，戏台一座。	天后宫
6		永从十字街	嘉庆十八年		正殿三间，中厅三间，戏台一座	天后宫
7	广东会馆	永从北门外	道光三年		正殿三间	北帝宫

资料来源：根据《（道光）黎平府志》卷七《营建志·寺观》、《（光绪）黎平府志》卷二下《地理志·庙坛》统计制作。

　　黎平两湖会馆由门楼、戏楼（台）、禹王宫、佛殿等组成，占地面积3479平方米，建筑面积740余平方米，有匾额和楹联43件，1986年3月黎平县人民政府公布为县级文物保护单位。江西会馆即万寿宫有三座，一在参将署右，为"元旦、冬至节地方官朝贺处"②。《万寿宫碑记》记载了黎平万寿宫创建及修葺的经过，"万寿宫殿创自

---

① 道光版和光绪版《黎平府志》均无万寿宫的修建及重修时间，此处是根据黎平两湖会馆内刻于同治十二年的《万寿宫碑记》补充。

② （清）俞渭修、陈瑜纂：《黎平府志》卷二下，载《贵州府县志辑》第17册，第126页。

道光二十三年(1843)",原"为百官朝贺之所,年久倾圮",同治十一年(1872)新任知县李于彤"目击颓废,心甚恶焉,乃请于摄府"倪应复,"克齐观察,鸠工"修葺,"三阅月功成,其局仍旧,而规模宏远矣"[①]。二在城东捕厅署左,嘉庆二年(1797)建,有"正殿五间,牌楼五间,戏台一座"[②]。三在永从南门正街,乾隆五十八年(1793)建,光绪五年(1879)重建。

　　12. 从江县。共有会馆四座,三座在丙妹,一座在下江。其中福建会馆二座、江西会馆和四省会馆各一座。

表3—2:从江会馆统计表

序号	馆名	地址	修建时间	重修	规模	备注
1	福建会馆	东门外	道光二十三年		正殿三间,中厅三间,左观音阁三间,右客厅厢房十间,戏台一座,牌楼三间	天后宫
2		下江南门城内大街		光绪三年	正殿三间,后殿三间,左厢房三间(客厅)左右厨房各一间,石牌房一座,戏台一座	祀观音。首事林万利等集资重修
3	江西会馆	东门外	道光二十三年		正殿三间,外厅三间,左观音阁三间,客厅三间,厨房三间,戏台一座,牌楼三间	万寿宫
4	四省会馆	东门外里许	道光二十一年	光绪十六年	正殿三间,殿后客厅三间,厅屋三间,厨房三间,戏台一座,门楼一间	旧祀财神。县承周立昌倡捐重修

　　资料来源:根据《(道光)黎平府志》卷七《营建志·寺观》、《(光绪)黎平府志》卷二下《地理志·庙坛》统计制作。

---

①《万寿宫碑记》(同治十二年),碑现存于黎平县德凤镇两湖会馆内。

②黎平县县志编纂委员会办公室校注:《(道光)黎平府志》卷七《营建志》,北京:方志出版社,2014年,第351页。

13.榕江县。有十四座会馆，八座在古州，二座在朗洞，四座在寨蒿①。其中福建会馆三座，江西会馆三座，五省会馆二座，贵州会馆、广东会馆、湖广会馆、湖南会馆、四川会馆、广庆会馆各一座。

表3—3：榕江会馆统计表

序号	馆名	地址	修建时间	重修	规模	备注
1	贵州会馆	小东门外上河街	乾隆年间	嘉庆元年、道光十四年重修		文昌庙，并祀黑神
2	福建会馆	卧龙岗武侯庙前	乾隆三十三年	道光十七年、光绪三年重修	正殿三间，后殿三间，左右厢房各一间，客厅一间，后添二间，牌楼一座，戏台一座	天后宫，奉祀观音
3		朗洞南街	乾隆四十五年	嘉庆八年重修	正殿三间，左右厢房六间，客厅五间，斋房三间，牌楼三间，戏台一座	
4		寨蒿	民国年间			
5	江西会馆	大东门外中河街	乾隆年间	道光十四年、光绪元年重修	正殿三间，后殿三间，客厅一间，厨房一间，牌楼三间，戏台一座	万寿宫，祀北极紫薇
6		朗洞南街	道光十三年	咸丰年毁，重修	正殿三间，卯亭三间，左右厢房六间，斋房三间，牌楼三间，戏台一座	
7		寨蒿老镇政府处	民国年间			

① 寨蒿的四座会馆资料均来自詹承典：《寨蒿——榕江的第二商场》，载《榕江文史资料》第6期。

续表

序号	馆名	地址	修建时间	重修	规模	备注
8	湖南会馆	寨蒿卫城	民国年间			
9	广东会馆	大东门外中河街	乾隆年间	道光十四年、光绪元年重修	正殿三间,厢房三间,戏台三座,牌楼三间	玉虚宫,祀北极紫薇
10	两湖会馆	南门外下河街	乾隆年间	道光十四年、光绪元年重修	正殿三间,后殿三间,厢房三间,牌楼三间,戏台三座	寿佛宫,奉祀观音
11	五省会馆	大东门外中河街		光绪三年重修		
12		寨蒿卫城	民国年间			观音庙,有大雄宝殿
13	四川会馆	城南	光绪十三年	民国十九年维修	戏楼、两厢、正殿、寄香祠及厨房	陈观察、张军门创造
14	广庆会馆	南门外炮台角			前厅、中堂、后室	粤西馆,广庆宾馆

资料来源:根据道光《黎平府志》卷七《营建志·寺观》、光绪《黎平府志》卷二下《地理志·庙坛》《榕江县志》(第925页)、《榕江文史资料》第六辑统计制作。

榕江两湖会馆修建于乾隆年间,后经过几次重修,由戏楼(台)、正殿、后殿等组成,占地1226平方米。牌坊上装饰有彩塑、绘画等,有"二龙抢宝""魁星点斗""南极仙翁""八仙过海",两侧有"双龙抱柱",以及"穆柯寨""空城计""摩天岭""龙凤旗"等历史故事。

14.雷山县。共有会馆三座,均在县城,其中江西会馆、四川会馆、湖南会馆各一座。

江西会馆,光绪年间建造,位于今雷山县粮食局制米厂,建有四幢连接成井字形的木结构小青瓦二层楼房，占地0.5亩，1951年初修建粮食局仓库时拆除。四川会馆，光绪年间建造，今雷山县农资公司化肥门市部处，为一幢三间木结构小青瓦二层楼房，占地150平方米，1950年改为税务局办公楼和宿舍，1957年改为雷山火电厂，20世纪60年代建仓库时拆除。湖南会馆，光绪末年建造，今县幼儿园处，为一幢木结构小青瓦二层楼房，占地面积120平方米，民国九年（1920）发生火灾被烧毁①。

15.台江县。有两湖会馆和江西会馆各一座。

两湖会馆，在施洞。光绪三年（1877）由寓居该地的湘鄂籍同乡捐建，光绪五年（1879）提督龚继昌增建戏楼、厢房、大殿，由戏楼、两厢、正殿、祀祠组成，占地面积550平方米，祀祠前两侧拱券顶侧门额分别楷书"楚月""湘云"字样，墙壁题有诗词，绘有人物、花鸟等。江西会馆，光绪初年江西籍商贾捐资修建的同乡会馆（今台江县供销社职工宿舍处），有一殿两廊计七间，1953年拆建为台拱供销社营业部②。

16.剑河县。有九座会馆，其中江西会馆三座，湖南会馆、两湖会馆各二座，福建会馆、贵州会馆各一座。

县城③有三座，分别是：福建会馆，在城西，民国年间曾经改设为柳川镇公所；两湖会馆，在城西，民国年间曾经改并为中心小学；江西会馆，在城西门外，民国年间曾经改为国民兵团驻训所。柳霁

① 贵州省雷山县志编纂委员会编：《雷山县志》，贵阳：贵州人民出版社，1992年，第492页。

② 贵州省台江县志编纂委员会编：《台江县志》，贵阳：贵州人民出版社，1994年，第668、670—671页。

③ 今天所说的剑河县城是指革东镇，而此处县城指的是原老县城柳川镇，2003年2月20日因三板溪水电站建设、剑河县城搬迁需要，贵州省人民政府批准变更台江县革东镇隶属剑河县管辖。2007年4月20日剑河县城由柳川镇搬迁至革东镇。

有三座,分别是:贵州会馆、江西会馆、湖南会馆,现拆改为仓库。南嘉有三座,分别是江西会馆,民国年间乡公所曾设在此处;湖南会馆,民国年间保公所曾设在此处[1];两湖会馆即禹王宫,至少建于咸丰三年(1853)之前[2]。

(二)会馆的空间分布特点

为说明会馆的空间分布特点,兹根据上述之会馆情况,特制表如下:

表3—4:黔东南会馆空间分布统计表

地名	江西会馆	湖南会馆	两湖会馆	福建会馆	四川会馆	广东会馆	贵州会馆	江南会馆	五省会馆	其他会馆	小计
凯里	4		1	1	1			1			8
丹寨	2										2
麻江	5		3	1		1				1	11
黄平	6	1		1	3			3		1	16
施秉	3		1		1						5
镇远	3		1	1	1			1		1	9
三穗	1	1	1							1	4
岑巩	2	1	1								4
天柱	3	2		1	1		1		1		9
锦屏	3	6	3	2			1				15
黎平	3		1	2		1					7

---

[1] 阮略:《剑河县志》卷二《地理志》,民国三十四年石印版,第25—27页。

[2] 据黎平两湖会馆刊刻于咸丰三年的《万古流芳》碑记载,在重修黎平两湖会馆时有"南加堡禹王宫捐钱十九千四百文"字样。

地名	江西会馆	湖南会馆	两湖会馆	福建会馆	四川会馆	广东会馆	贵州会馆	江南会馆	五省会馆	其他会馆	小计
从江	1			2						1	4
榕江	3	1	1	3	1	2	1		2		14
雷山	1	1			1						3
台江	1		1								2
剑河	3	2	2	1			1				9
合计	44	15	17	16	8	5	4	5	3	5	122

（说明:江西会馆包括临江会馆,湖南会馆包括宝庆会馆、德山会馆、衡阳会馆,两湖会馆包括湖广会馆,广东会馆包括广庆会馆）

通过对《黔东南会馆空间分布统计表》的分析,可以总结如下:

一是从分布区域上看,主要在沿江分布。最多的是黄平,有16座;锦屏15座,榕江14座,麻江11座,剑河9座,天柱、镇远9座,黎平7座,凯里6座,施秉5座,从江、岑巩、三穗各4座,雷山3座,丹寨、台江2座。这些会馆的分布,刚好反映黔东南区域的渐次开发史,清水江流域的开发是上、下游开发早,中游晚,锦屏、天柱是下游地区,黄平、麻江是上游地区。丹寨、雷山、台江是清朝雍正年间"改土归流"过程中开辟的"新疆六厅"之八寨厅、丹江厅和台拱厅,反映了这一区域开发较晚。会馆的分布区域说明黔东南的移民人数、商业繁荣程度和会馆的设立是成正比的。

二是从数量看,以江西会馆(万寿宫)为最多,在统计的县中均有分布,共44座,其中黄平县有6座;两湖会馆(禹王宫)有17座,居次席,其中麻江、锦屏各3座;湖南会馆15座,其中锦屏6座;福建会馆(天后宫)16座,四川会馆8座,广东会馆、江南会馆各5座,贵州会馆4座,五省会馆3座,川滇会馆、云南会馆、陕西会馆、四省会馆、四姓会馆各有1座。

二、会馆的修筑——以黎平两湖会馆为例

那么，如此众多的会馆是如何建立起来的？限于资料，目前黔东南的会馆组织之建设情况，并未能全面勾勒。但因黎平两湖会馆有较为丰富的碑铭，兹以之为例说明这种修筑情形。在黎平县德凤镇两湖会馆内，共计有近三十通碑铭，其中有五通碑被镶嵌在会馆内的墙体之中，碑的额题分别是《亘古不磨》《万古流芳》《功德常昭》《永垂万古》《百世不朽》，其形制大小相差无几，高×宽分别为177厘米×85厘米、175厘米×81厘米、176厘米×85厘米、178厘米×82厘米、177厘米×85厘米。其中《亘古不磨》是序文，其余四通碑是捐资者姓名以及捐款数量。兹迻录《亘古不磨》碑文并标点如下：

重修两湖会馆功德碑序

尝思洞庭波阔，携江沱潜汉以同流；衡岳云高，合泰华恒嵩口并峙。是知两湖之名胜，直甲华夷；益信三楚之奥区，全超海甸。然安桑梓者，固可驻足此邦；而阅关河者，何妨息肩异地。稽吾邻省，地近黎阳，星聚虽属黔人，云游尤多楚客。每值良辰令序，辄思促膝谈心，欣话旧之有人，岂栖身而无所？追思往哲，纠集同乡，图始岁在乾隆，剔金置地；创修时维嘉庆，鸠工庀材。前立禹王，春秋聿隆胏醢；后装寿佛，亿兆共仰慈云。更塑当祀诸神，咸昭配享；时联客居众姓，永保安康。睹气象之维新，快馨香之旁达。而且左厢右厢骏其度，东庑西庑鸿其模；门户广开，闬闳大启。何莫非殚其智力，挥厥资财者哉。无如岁远年湮，难禁风霜之浸蚀；暑来寒往，频遭雨雪之销磨。渐就倾颓，允宜补葺。又况门临华第，户对岑楼，绘画悉极神奇，向方终虞缺陷。休嘉异昔，顺适殊前。脱不高我屏藩，何由压其怪幻？将转否以为泰，乃革故而鼎新。兹者既正殿之辉煌，复前

垣之完善。凡斯巨任，须仗宏才。然虽有奇商，非多钱难以善贾；欲成大厦，岂一木所能独支？爰偕纠首，普劝同心。何须裹海中边，止属大湖南北，都垂慈念，雅结善因。萍水初逢，即欢欣而解橐；关山乍历，遂慷慨以倾囊。高人与达士争输，白镪偕青蚨并献。繁纤不等，集众腋以成裘；多寡随缘，合群材而作室。大兴土木，几历星霜，墙垣愈见其巍峨，殿宇咸臻于巩固。雕甍焕彩，宜增列圣之光；画栋生云，用壮重湖之色。敢云恢宏先业，差喜似续前贤。所赖乐善仁人好施，长者亦既泯夫德色，何可没彼芳名？勒以贞珉，共乾坤而不朽；镌诸文石，偕日月以齐辉。是为序。

钦赐花翎前翰林院编修道员同知贵州黎平府事益阳胡林翼撰　廪生曾宗瑞书

大清咸丰三年岁次癸丑仲夏月谷旦　唐礼云刊石

碑文系晚清中兴名臣之一、时任黎平府知府的胡林翼撰文，并由廪生曾宗瑞书写、石匠唐礼云雕刻。碑文之内容，主要记述了重修两湖会馆之事，由碑文可知，两湖会馆的修建肇始于乾隆年间，至嘉庆年间修成，其豪华壮丽、民众踊跃捐资的情形，绘声绘色地出现在碑文之中。由此可知两湖会馆号召力之强。

为使两湖会馆重修工作高效有序地推进，有严密的分工，设有督修、总理、纠首等组织协调机构，分别行使监督、协调和筹款职能。其中督修三人，由地方军政官员担任，分别是钦赐蓝翎署贵州黎平营参将升朗洞参将任大兴[①]、钦加同知衔署贵州黎平府开泰县事衡

①据《（光绪）黎平府志·卷六上》记载，任大兴是开泰人，行伍出身，咸丰八年任古州右营千总，咸丰九年任朗洞右军千总，同治元年任下江游击。后人把任大兴在下江血战捐躯、死后投胎转世的故事作为神话编入《（民国）榕江乡土教材》，评价其为"忠义不死之说，迄今流为佳话"。详见李绍良：《（民国）榕江乡土教材》第四章，第38页。

阳魏承枞（咸丰元年任开泰知县）①、特授贵州黎平府开泰县知县巴陵高崧；总理二人，分别是贺德盛、六品军功贺开泰；纠首主要由湖南籍商人担任，衡州府和宝庆府最多，分别为十三人、十二人，另外有辰州府二人、永州府三人、靖州府三人，共计三十三人。由此可知，此次修筑两湖会馆属于官商联合的行动。

　　当然，会馆的修筑，最重要的还是资金，这些资金来自何处？据《万古流芳》碑记载，区域性地方会馆积极参与了黎平两湖会馆的重建过程，从经费方面鼎力支持，既有湖南洪江寿佛宫，也有贵州清水江流域的南加堡禹王宫、柳霁禹王宫，共捐款46220文。会社组织也大力赞助，三江财神会、宝庆府财神会、衡州府财神会、辰州府财神会、永州府财神会等地方会社组织共捐钱83660文。《万古流芳》碑中仅有两名个人捐款记载，一是总理贺德盛捐钱153620文、一是监生陆鸣岐捐钱24880文，足见两人在重建会馆过程中的地位和作用。

表3—5：重修两湖会馆地方会社组织捐资统计表

地点	洪江	南加堡	柳霁	三江	宝庆府	衡州府	辰州府	永州府	合计
名称	寿佛宫	禹王宫	禹王宫	财神会	财神会	财神会	财神会	财神会	
捐款（文）	22400	19400	4420	10040	10800	10800	3200	2600	132480

　　《功德常昭》碑中记载的捐资者有150人，共计捐钱764460文，另有两人捐银100两7钱4分。捐钱形式多样，既有个人捐款，又有

---

① 据《（光绪）黎平府志·卷六上》第69页记载：魏承枞咸丰元年任开泰知县。而《黎平府志·卷六下》第73页记载："魏承枞，字将侯，湖南举人，道光末年知开泰县。"两处记载略有出入，具体待考。而到了咸丰二年，开泰知县已换成江苏武进人冯桂阳了。

叔侄、兄弟同捐，也有后裔以其先祖名义捐的。另外，还有清水江流域的会社组织，如衡州府财神会、宝庆府财神会；捐钱最多的是冯荣升，是所有捐资者中最多的，共捐163800文，最少的仅200文。《永垂万古》中记载的捐资者有167人，共计捐钱443120文，捐钱形式多样，既有个人捐款，又有叔侄、兄弟同捐，也有僧人捐款，其中商号不少，如德盛和记、复兴合记、两全合记、义利店、三茂店、义源广等。捐钱最多者是20200文，最少者是360文。《百世不朽》中的捐资者有216人，共计捐钱206040文。唐礼云除刻字外，还捐钱5600文，是《百世不朽》碑中记载捐钱最多的人，最少者是400文；不少商号如泰兴店、益顺合记、协茂店、万兴店等也参与捐助，另有女性如邓王氏参与捐钱。

从捐款数量统计，所有捐资的五百多个会社组织以及个人共计捐钱1413620文。捐资中绝大多数是捐钱，捐银者极少，仅两人，分别是李定山后裔捐银50两3钱7分、杨万林后裔捐银50两3钱7分。在重修两湖会馆所有碑铭中，个人捐钱最多的是总理贺德盛，共153620文。从捐款组织和个人统计，共有532个组织和个人捐钱捐银。

黎平两湖会馆修建过程比较繁杂，从动议到筹资，再到修建，历经乾隆、嘉庆两朝，据《重修两湖会馆功德碑序》记载，黎平两湖会馆创修于嘉庆年间、咸丰年间重修，在黎平经商的两湖人士"每值良辰令序，辄思促膝谈心，欣话旧之有人，岂栖身而无所"，于是"纠集同乡"，乾隆年间"图始"，先"剧金置地"，筹集资财；嘉庆年间"鸠工庀材"，创建两湖会馆。其规模宏广，"左厢右厢骏其度，东庑西庑鸿其模；门户广开，闳闶大启"。然好景不长，两湖会馆"岁远年湮，难禁风霜之浸蚀；暑来寒往，频遭雨雪之销磨。渐就倾颓"。众人思"革故而鼎新"，"欲成大厦，岂一木所能独支"？于是"普劝同心"，本着"多寡随缘"原则，众人"遂慷慨以倾囊。高人与达士争输，白锤偕青蚨并献"，咸丰三年，"大兴土木，几历星霜"，会馆"墙垣愈见其巍

峨,殿宇咸臻于巩固"。其景象"雕甍焕彩,宜增列圣之光;画栋生
云,用壮重湖之色"①。

因此,从两湖会馆创建因素、倡建者的身份、会馆建筑及其环境
变化等因素的考察可知,两湖会馆的修建是黎平府官绅士民共同协
作的结果。由此亦可想见黔东南地区其他会馆之建立,其个中过程
尽管复杂程度不同,但大致与黎平会馆的组织模式相当。

三、会馆的运行机制

1.会馆的运行经费

会馆是如何运转的呢? 一般来说,为使会馆能够正常运转,一
些有识之士便会想方设法成立组织,出资生息,然后购置会产,因
此,各会馆均置有田地和房舍,出租索息作为会馆维修、香火、宴会
以及周济同乡费用。据《(民国)麻江县志》记载,麻江万寿宫者,"乃
吾乡崇建许真君□记者也",于乾隆二十七年(1762)建造。乾隆
四十二年(1777),江西商人陈文龙倡议,"协同八友发",成立赵公
会,至乾隆四十六年(1781),"解会用结,余银生息"。乾隆五十九
年(1794),购买田产,"得买王宅田一份,田价尽字税契,共去银
一百金。九友公议,此田收谷永作焚香之资"。麻江的江西临江会
馆首先由十二人设立萧公会,共同出银交首会生息,每年四月初二
日将本利交下手,这十二人团结协作,"爱乡敬主,始终不渝","以
为吾乡人范"。《(民国)麻江县志》记载:"自古立大功定大疑,无不
以终始为兢兢,诚得其人无不成者,萧公会亦一端也,其始临府十二
人,共出银三十两交首会生息,是谋始有人也。至次年,将本利交
下手,每岁以四月初二为交期,不少分毫。自乾隆五十七年起至今
二十年,共得银若干两,是图终有人也。向使十二人中有一畏难者,

①《亘古不灭》碑刊刻于咸丰三年(1853),现存于黎平县德凤镇两湖会馆内。

则不可谋始,有一自利者,则不能图终,今皆无畏难心,无自利心,谓非有志竟成者哉,十二人爱乡敬主,始终不渝,若张君钦、张惺万、皮仁厚、汪彩生、徐相生、吴和锡、刘德贞、陈灿周、杨显亲、杨高政、何盛方、陈亨周,应揭志之,以为吾乡人范。"[1]

黄平旧州仁寿宫,在旧城内,"临江郡人客于州者,醵三百金,买向氏街基建此,颇壮丽,其址起讫及堂庑檐楹如千,当自有纪。盖凡江西人客他省,率建万寿宫。兹易万言仁者,以所祀诸神中,萧公为其郡人,有仁侯称,用以别于合省。然曰:仁寿,则犹祝釐意也"[2]。黄平的会馆中,"以旧州四川会馆、江西会馆、两湖会馆,新州江南会馆、重安湖南会馆的会产为多"[3]。

2.会馆的活动

会馆的活动,一般在会馆中的戏台进行。戏台既作为演戏场所,也是文化传承的舞台。在传统节日或喜庆之日,同乡均聚集会馆,请戏班演戏助兴。戏曲成为同乡消解乡愁、联系情谊的重要手段,正所谓"八方聚乐在会馆,四时娱神有戏楼"。如锦屏王寨两湖会馆建于民国八年(1919),落成之日,开台唱大戏(汉戏)几天几夜,由晨河戏班演出,轰动周边各县。每逢祀神诞辰,会馆都会举行祭祀仪式。届时,会馆同乡欢聚一堂,击钟鸣鼓,焚香燃烛,行三跪九叩之礼,共同追忆桑梓之情,观看地方戏曲,品赏家乡菜品,祭祀乡土神灵。

会馆如何开展活动?黔东南的会馆是商旅人维系乡土情缘的重要场所,客居他乡的同籍人难免有思亲怀旧之感,由于共同的语

---

① 拓泽忠、周恭寿:《麻江县志》卷九《祠庙寺观》,民国二十七年铅印本,第22—23页。

② (清)李台:《黄平州志》卷十二《寺观》,嘉庆六年刻本,第6页。

③ 黄平县地方志编纂委员会编:《黄平县志》,贵阳:贵州人民出版社,1993年,第741页。

言、风俗，趋近的心理、文化，"同乡偕来斯馆也，联乡语，叙乡情，畅然荡然，无去国怀乡之悲"，会馆都有固定时间开展活动。如江西会馆就非常重视团结，相互提携，一旦旅外之家乡人"横遭飞灾，同馆之人即刻亲来，各怀公愤相救，虽冒险不辞"。每当同乡在外遭遇"疾病疴痒"，会馆便"相顾而相恤"，为其提供钱财、药物。据记载，1934年中央红军长征途经剑河县南加堡留下十余名伤病员，南加堡地方官府欲将这些红军伤病员押送县城处死。锦屏江西会馆值年首士何郁庭听说这些红军大部分是江西籍，深表同情，即刻召集会馆人员商议，冒险营救红军，由江西会馆出面打通各个关节，将红军从南加堡收到锦屏江西会馆治疗养伤。红军伤愈后，有三人感动于江西会馆的大力营救，愿意留下来参与经营生意，其余每人发给3块银元作为盘缠，雇船送往洪江，转道回江西①。

　　会馆谋求官府的认同成为共识。如黎平两湖会馆在咸丰三年重修时，时任贵州黎平知府的胡林翼就专门撰写了《重修两湖会馆功德碑序》②。镇远福建会馆始建于明末清初，后由同治十二年至光绪二年任镇远知县的福建人林品南率闽省弟子重建。锦屏两湖会馆创建于民国八年（1919），在锦屏知县邓卓汉（湖北人）的支持下，湖南巨商史恒如（号经魁，湖南芷江人）组织在锦屏经商的湖北、湖南商人在王寨下寨（今三江镇六街车站里侧）修建，亦称禹王宫。

　　综上所述，明代以降，黔东南地区成为王朝倾力开发的区域之一，移民的到来，对该地社会结构的变动产生了深远的影响。而社会经济的发展，特别是该地原生资源（如木材等）加入全国贸易网络之后，大量的商人不断前来"淘金"。为了形成合力，这些移民与商

---

① 吴育宪：《清朝至民国时期的锦屏会馆》，载《锦屏文史》2009第3期，第25—27页。

② 《重修两湖会馆功德碑序》刊刻于咸丰三年（1853），碑嵌于黎平县德凤镇两湖会馆内墙上。

人掀起了修建会馆的高潮。这些会馆肇始于明朝末年，兴盛于清代中期以降，有清一代共计修建122座会馆，它们星罗棋布地分布在黔东南的大地上，并呈现出沿江沿河分布的特点。其修建过程尽管复杂程度不同，但大致是官、商与地方社会互动的结果。至于运行机制，多数是以一种"置产生息"的方式运行。

第四节　汉苗之间：顾氏军户家族的变迁

元明更迭之际，来自四面八方的各类移民不断来到清水江流域，诚如专家所指出的那样："至于驻防军队、屯垦的士兵和平民，以及因战祸、灾荒和苛政由中原地区逃亡到少数民族地区的大量汉族移民，他们虽然生活在少数民族地区，但是他们在少数民族社会的包围中却维系着一个或多或少的汉族社区。这样的汉族社区虽然社会生活各个方面必然要受少数民族社会生活的影响，但是他们融合于当地少数民族的过程却要长得多。"[1]作为从江南远道而来征苗的军事移民，如何适应当地生活并扎根下来，如何转型，这值得思考。顾氏便是一个典型案例，入黔顾氏四世祖顾旻在明景泰年间因"征苗有功"，在香炉山设立指挥所，顾氏由此开始世居香炉山，并且"世袭指挥千户爵"。至五世祖顾良相时，因军事失利而潜入苗疆，由此开始了清水江上游凯里地区顾氏亦汉亦苗的故事。

---

[1] 谷苞：《在中国历史上为数众多的汉人融合于少数民族》，载费孝通主编：《中华民族研究新探索》，北京：中国社会科学出版社，1991年，第81页。

一、从"汉"到"亦汉亦苗"：顾氏移民及其转变

1. 顾氏移民及其世袭

香炉山，地势险要，"在清平县东南，屹立凯里之西，形如香炉，高万仞，盘旋而上，有田有井，可容数万人"[①]。因形似香炉，常年云雾飘渺如烟而得名。海拔1233米，四面峭壁崭绝，景致奇特，据《黔阳第一山》碑记载："其峭壁端方，烟云缭绕，倏忽变幻，不可捉摸，荟萃众山之景"，被颂嘉名为"黔阳第一山"，与贵阳之黔灵山等齐名[②]。香炉山选垒三层。第一层有明代苗族起义首领阿榜故居遗址，昔日塘房集市遗迹。第二层名叫二屯崖，是环山一周的台地，面积约0.14平方公里。明崇祯十五年（1642），在修建香炉山城时，建有东、北、西三道城门，还有香炉塔、城隍庙、观音阁、顾氏宗祠和苗族义军军营等遗址。南面有自第二层到顶层的"九十九磴坎"，大有"一夫当关万夫莫开"之势。顶端筑有"南天门"，系石拱大门，曾建有阁楼。山的顶层，呈椭圆形，既宽又平，面积约0.18平方公里。顶层有苗族义军营盘遗址，明代建有灵官殿、玉皇阁、文庙、武庙等建筑。香炉山的所有建筑均已毁，现仅存残墙、石拱门等。

凯里顾氏先祖是明初从上海通过军事移民而来的。据《缵绪流芳》碑记载，入黔始祖夏国公、镇远侯顾成字景韶，原籍江南华亭（今上海松江），洪武八年（1375）平贵州，永乐十一年（1413）平定思南与思州争端，死后葬于贵阳紫林庵[③]。凯里《炉山顾氏族谱》也记载了顾氏入黔的经过，入黔一世祖顾组从江南华亭到贵州平定苗乱后，

[①]（清）徐家幹：《苗疆闻见录》，载《贵州府县志辑》第19册，第598页。
[②]《黔阳第一山》碑刊刻于光绪甲申年即光绪十年（1884），现立于凯里市炉山镇香炉山西北山腰处。
[③]《缵绪流芳》碑刊刻于1986年，碑现立于凯里市炉山镇香炉山西北山腰处。

驻守遵义。顾氏原"住江南华亭县朱氏巷，时值明太祖下江南时，即投于麾下。元至正二十八年（1368），从族叔副将军济宁伯顾时随副元帅傅友德浚河运粮，破元大都。洪武四年（1371），又随之讨平成都，以功升都骑校尉。洪武八年（1375），朝廷调济宁伯顾时镇守淮安，调景韶公征讨贵州，祖即从景韶公征黔，将黔地苗蛮讨平，以功升授指挥职。至洪武十四年（1381），颍川侯傅友德奉诏征讨云南，调祖从征。将云南平定后，还军贵州。时贵州蛮苗野性时起叛逆，景韶公命祖同镇贵州。旋奉诏征讨蛮苗。蛮苗时归时叛，反复不常。祖连年出兵，将水西、居宗、必登、西堡、沧浪诸蛮洞平悉，威震黔南，以功奉景韶公镇远侯，特授祖镇蛮将军。……痛长子统因国事捐躯，而且乏嗣，乃以祖之次子兴祖承继统嗣。永乐十二年（1414），景韶公薨，主上敕命追赠夏国公除长子嗣侯爵外，荫二庶子指挥爵，故兴祖嗣镇远侯，勇［永］嗣普定卫都指挥佥事；兴宗嗣贵州卫指挥千户。祖仍驻守遵义"。入黔二世祖顾兴宗"世袭贵州卫指挥千户爵，镇守贵阳城"。入黔三世祖顾诚"世袭指挥千户爵"。景泰元年（1450），顾诚"作先锋，导兵进击，连破八十余寨。……又由都匀、三蓝、丰宁剿至青苔堡，四路又破二百余寨，群苗畏威，遂缚其酋以降，苗患乃息，大军凯旋。黄镐奏明圣上，留祖守青苔堡，镇摄苗疆，遂家于斯"。入黔四世祖顾旻平定苗乱，在香炉山设立指挥所，顾氏由此开始世居香炉山，"世袭指挥千户爵"[1]。明景泰年间，"时有耙猪者聚党数万，攻陷独山、都匀，分遣四出，又有韦同烈趁势起于截洞，蹂躏清（清平，今凯里炉山）麻（麻哈，今麻江）。英宗三年（1438）夏四月，平蛮将军方瑛率川湘滇黔四省之兵歼灭耙猪，檄祖（指顾旻）会剿清麻二属。同烈战败，退踞香炉山，负隅固守。祖献计云：香炉山高插云端，贼守咽喉，我兵马攻不着，上不能到，求战不得，惟四面驻，围困自破。方瑛纳之，围月余，贼果饿□，祖缚同烈

---

①《炉山顾氏族谱》卷二《絅公事迹传》，民国二十八年刻本，第33—37页。

械送京师，协从尽降。方瑛云：香炉山四面峭壁，乃天然之险，为清（平）凯（里）之保障，得香炉山而清凯在握。故历来巨匪动辄先行窥踞，乃条奏命祖移镇香炉山，弹镇苗族，免生逆叛。祖观音洞下创建营房，设立指挥部，遂家于斯。吾族世居香炉山者由祖始焉"①。另据碑文记载：明英宗正统三年，顾旻"受命移镇香炉山，遂家于斯"②。

顾氏自明洪武年间开疆驻镇贵州，至四世祖顾旻移镇香炉山，到明末顾承勋共九代，"支庶无稽，自承勋公以下始载支庶，吾族分为四大房自此始也。窃炉山为吾顾氏发迹之地，自入黔四世祖旻公奉敕镇守，遂于观音洞下面建筑营房，设立指挥部，聚戚族而居，有惧匪者往上依之，人烟增至二百余户，当时俨一热闹山城"。"明末之乱，赖祖承勋公保全，未遭兵燹，迄清雍正乾隆两次混乱，亦旋乱旋治，历明及清，我祖在上，共居九代，至廷字派之时，阀阅出仕，花萼争辉，钦赐五桂齐芳匾额，焕然盛族矣。惟咸丰乙卯之乱，责守无人，山为贼破，屋宇悉毁，迨同治之末，世道肃清，所遗基址即成荒墟，而后人不复再居其上。"

综上所述，顾氏其入黔一世祖是顾组，任指挥来黔，驻守遵义，被追封为镇蛮将军，死后葬于遵义；二世祖顾兴宗，世袭千户指挥，驻守贵阳，被追封为武威将军，死后葬于贵阳；三世祖顾诚，世袭千户指挥，驻守都匀，被追封为昭勇将军，死后葬于都匀青苔堡；四世祖顾旻，世袭千户指挥，驻守香炉山，被追封为武毅将军，死后葬于凯里万潮镇青榈坳；五世祖顾良相，世袭千户指挥，驻守香炉山，被追封为广威将军，死后葬于凯里开怀；六世祖顾骐，世袭千户指挥，驻守香炉山，被追封为武略将军，死后葬于凯里虎庄；七世祖顾德

---

① 《炉山顾氏族谱》卷二《四世祖旻公事迹传》，民国二十八年刻本。此与《贵州凯里顾氏族谱》卷二《香炉山支谱》的记载略有出入。
② 《明武毅将军千户指挥顾公讳旻之墓》刊刻于1988年，现立于凯里市万潮镇青榈坳。

政，世袭千户指挥，驻守香炉山，被追封为振武将军，死后葬于凯里鸭塘香鸡潭；八世祖顾承勋，世袭千户指挥，驻守香炉山，被追封为平蛮将军，死后葬于凯里龙塘对门坡，1976年3月迁至鸭塘香鸡潭①。到八世祖顾承勋时，已是明清鼎革之际，"清帝定鼎，祖乃解甲下山，封以土府之职不受，退耕终老"。

由上可知，明代顾氏共有八世担任过指挥官职，从镇守遵义到贵阳，再到都匀，于四世祖时移镇香炉山，并定居下来，由此完成从屯军到定居的过程。

2.顾良相军事失利及其潜入苗疆

自入黔一世祖顾绲任指挥以来，其后均为世袭千户指挥。

顾氏宗族后来发生分衍，有一支进入黔东南苗疆地区，即袭爵指挥千户的顾兴宗支系，时间是在兴宗孙入黔四世祖顾旻之时。顾氏移镇香炉山，其子良相承袭父职"千户指挥"。

在明孝宗派大军进剿苗疆时，顾良相作明军向导，不忍屠戮无辜，数万苗民赖他而免遭烧杀。到明孝宗时，"时蛮苗富架、长脚等反，自称都顺王，连陷独山、都匀各处。孝宗七年，镇远侯顾溥奉诏为平蛮将军，充任总兵官，率兵八万来黔，会同贵州巡抚、都御使邓廷瓒及兵备副使吴倬分路围剿。溥至清平，祖绾指挥印进营缴云：世承先德，嗣此卑官，有名无实，无事亏克斗粮，有事檄先征剿，祈兄销此苦差，沐恩非浅。溥不准，代咨巡抚，饬清平县历年照例给粮，并檄作向导，引先锋官向麻哈小径征剿，克期会兵都匀。至枧腰寨，祖禀云：此地均系熟苗。先锋官云：既是熟苗，赐尔黄旗一面，凡是

---

① 《（道光）清平县志》记载了顾氏先祖的墓葬地点，姓名和墓葬地与《顾氏族谱》略有出入。顾绲（《清平县志》记载为顾恒）墓在遵义，顾兴宗墓在图云关，顾诚墓在图云关，顾旻墓在老董，顾良相墓在开怀，顾骊墓在虎庄，顾德政墓在上鸡滩。详见彭泰楠修、张柬纂、李斌点校：《（道光）清平县志》，贵阳：贵州民族出版社，2021年，第58页。

熟苗,插旗识之。祖得旗,遍插于枧腰寨、老虎苗、干塘、白午、舟溪、青杠林、前郎、璊碉坝构一带,以故数处之苗民均免剿戮,救活命数万。及回兵至近家河,有苗发矢中先锋前旌。先锋官怒云:尔言熟苗,何故放箭杀?欲绑祖斩。祖禀云:俟卑职问之。遂单骑进寨,责诸苗曰:我救尔等活命,何故放箭害我?军官震怒,我死尔众寨之命不保矣。众苗大惧,同绑放箭者齐跪军前,诉说因射飞鸟误中前旌,即将放箭者斩之而释。于是大军悉会都匀,富架父子束手受诛,各处悉平。廷瓒与溥会奏,将都匀改设流官,置一府二州三县,授从征将士土府、土司职爵,世守各地"①。正是基于众苗寨"数处之苗民均免剿戮,救活命数万",故苗民对良相尤为崇敬,一直持续至今,"每年春秋二祭,枧腰寨人担柴、老虎苗人荷鱼前往助祭。虽沧海桑田,历年六百有奇,尚不忘保全活命之恩"②。

　　3."亦汉亦苗"

　　由于顾良相参与到吴姓和蒙姓土司间的纷争之中,因"私自出兵,惧上峰究罪",被迫潜逃。据《炉山顾氏族谱》记载:"后麻哈吴司与蒙司兴兵构怨。祖与吴司婚姻姻家,劝和罢兵,蒙司不允。祖以兵助吴司,将伊攻败。蒙司挟忿伏兵苦李井,祖不防,回至苦李井,伏兵突起截杀,兵死甚多。祖因私自出兵,惧上峰究罪,故埋名隐姓,潜逃开怀,装为土人,另安家立业,是以传开怀支、凯棠支,均以公为始祖焉。祖埋名去后,六世祖呈报病卒"③。顾良相被迫潜入苗疆,并叫儿子造了一座假坟,谎称自己已死,以掩人耳目。其墓碑记载,顾良相"因军事失误,惧上究罪,故埋名隐姓,潜逃开怀,取用苗

---

①《炉山顾氏族谱》卷二《五世祖良相公事迹传》,民国二十八年刻本。另外,后修的顾氏各族谱中有顾良相相关传略的,均有记载。

②《炉山顾氏族谱》卷二,民国二十八年刻本,第43页。

③《炉山顾氏族谱》卷二《五世祖良相公事迹传》,民国二十八年刻本。

名邦迪,另安家立业"①。

顾良相潜入苗疆后,采用苗名"邦迪"或"邦丢"(意为傍靠苗族居住的汉人),游走于凯里乡间苗寨——这一带为贵州、四川和湖广三省交界处,以阉猪为业,在党果结识杨阿首。杨阿首苗名告首,也是汉人,因避祸以补锅为业,娶文姓苗女阿榴,成为赘婿。杨阿首又促成顾良相娶其妻妹阿妯,这样杨阿首、顾良相既是连襟,又是患难之交,遂立言:"开怀杨、顾二姓子孙不得开亲(婚配)",并刻碑立于寨中②。

顾良相娶苗女文氏后,采用父子连名,他的四个苗族儿子的苗名中也都有一个"邦"音:长雄邦、次松邦、三优邦、四佼邦。因担心被朝廷追责,其子女分别迁徙各地。长子雄邦迁居凯棠(今凯里市凯棠乡),次子松邦留居开怀,三子优邦迁居八寨(今丹寨县杨武乡),四子佼邦迁居排羊(今台江县排羊乡)。由此,顾氏由汉而成为苗,并演化为四支,子孙繁衍,成为苗疆中顾氏苗族大姓。苗族父子连名是逆连,即从下而上数,从自己开始,上溯至最早的一代止。据名叫燕宝的顾氏苗族后裔追述,从他数至顾良相,共十五代。从后往前数分别是:

燕宝——宝熊——熊养——养略——略绍——绍荣——荣卡——卡金——金留——留香——香鼎——鼎雄——雄邦——邦迪(顾良相)

十五代均为双名,代代相传,下一代名的尾音,是上一代名的首音,从目前健在的燕宝,依次上连,直至明孝宗时的邦迪(顾良相),无一例外。

在今贵州凯里市开怀街道,顾良相的墓碑记载了其亦苗亦汉的

---

①《明广威将军千户指挥顾公良相之墓》碑刊刻于1988年,现立于凯里市开怀街道。

②顾永昌:《凯里顾氏溯源》,内部印刷本2009年。

故事：我祖良相公，原籍江南华亭县朱氏巷，乃入黔始祖夏国公、镇远侯顾成六世孙，即入黔一世祖授指挥职、敕赠镇蛮将军顾组之五世孙也。承袭千户指挥爵，敕赠广威将军，驻镇香炉山。娶王氏，生六世祖顾骒等。明孝宗七八年间，顾良相因"军事失误，惧上究罪，故埋名隐姓，潜逃开怀，取用苗名邦迪，另安家立业，娶苗女文氏，生六世祖雄邦、松邦、优邦、佼邦，是以传今凯棠、开怀、排羊、八寨等四支顾氏苗族"。因此，顾良相墓碑的落款是："裔孙炉山支、凯裳支、开怀支、八寨支、排羊支奉祀。""四百余年来，顾氏家族藤蔓瓜瓞，树大根深，滔滔江河，源远流长，虽分苗汉，实为一本，民族融合自公始也。近聚合族，勒石立碑，永志不忘焉。"另据《顾氏族谱》记载，顾良相先有汉族妻王氏，育有三子：顾骦、顾骐、顾骒，其后裔在香炉山形成一支顾氏汉族。五支顾氏，香炉山支出自汉族王氏，其余四支出于苗疆文氏，均奉顾良相为祖，为其血缘子裔。

　　从上述材料可知，炉山顾氏从顾良相开始演绎了亦汉亦苗的故事，一直延续至今，到1988年时，黔东南州的顾姓已达四万人[1]。现在顾姓的具体人数没有统计，据《贵州凯里顾氏族谱·开怀支谱》记载：顾良相之五子松邦，留居开怀；松邦之子板松，由此衍生你板、牛板、厅板三大房。开怀支谱对开怀支顾氏第六十一世至七十五世各辈男性人数的统计，共有五千零九十四人[2]。

二、顾氏宗族的科举之路

1.科举功名的获取

　　清代奉行以宗族制度推行孝治的政策，族学是宗族制度的重要内容之一。《圣谕十六条》有"隆学校以端士习，黜异端以崇正学"，

----

[1] 李保中：《我州有四万苗汉系顾成后裔》，载《黔东南报》1988年11月28日。
[2] 据《贵州凯里顾氏族谱·开怀支谱》（内部印刷本，2010年）第369页统计。

《圣谕广训》有"设家塾以课子弟"，均把设立家塾、教育族人放在非常重要的位置，这也充分体现了清朝"以孝治天下"的文化追求。在清朝政府的大力倡导下，族学迅速在全国各地包括苗疆地区发展起来。

当时，科甲蝉联是宗族兴衰的关键，科举人才的培养是宗族兴旺发达的重要标志。顾氏宗族虽然没有具体开办族学的记载，但从有众多科举功名的人中，可以推知，顾氏非常重视其族学建设。《炉山顾氏族谱》没有明朝时期科举功名的具体记载，据《凯里市志》记载，在明朝有五位顾姓人中举，他们分别是嘉靖壬子科顾尧辅、乙卯科顾尧年和万历癸酉科顾闵、丙子科顾为麟、壬午科顾一麟，估计应该有炉山的顾氏族人，此说有待考证①。

顾氏宗族中，尤其是炉山顾氏，很重视族学，积极参加科举取士。如炉山顾天性一支，其父顾承勋，承袭千户指挥，生于明末，"手不释卷，驭众有方"。明天启初年，清水江上游发生社会动乱，"革夷、山丙、平寨、报消一带土民四处剽劫，聚众扰乱，烽烟满地，上下游均被波及"。崇祯年间，清水江一带"土司劫掠，作恶如故"，贵州巡抚邹文盛等率大军进剿，调随身卫队助顾承勋的团练，并由其指挥。顾承勋"遂集乡勇分两路围攻，将地方风火扑灭"。战后，被授"提督团练、平蛮将军职"。到了清帝定鼎，顾承勋"乃解甲下山，清封以土府之职"，"不受，退耕终老"②。官方文献《清平县志》也记载了顾承勋"袭指挥晋广威将军"之事③。在顾天性的四个儿子中，次

---

① 贵州省凯里市地方志编纂委员会编：《凯里市志》，北京：方志出版社1998年，第935页。
② 贵州凯里顾氏族谱编修委员会：《贵州凯里顾氏族谱·香炉山支谱》，内部印刷本，2010年，第8页。
③ 彭泰楠修、张柬纂、李斌点校：《（道光）清平县志》，贵阳：贵州民族出版社，2021年，第60页。

子顾慭是贡生，授修职佐郎；三子顾懿"钦崇师道，轻财仗义，耕读传家，教子成名"[①]；四子顾惠，贡生，授贵阳府教授，"为人忠信明决，常调公局判案，片言可折狱，人咸以循吏看之。钦赐'五桂齐芳'匾，竖于清平城，钦以大宾宴，例赠文林郎"。

2.科举士绅群体的形成

据《炉山顾氏族谱》统计，清代的十代顾氏族人中有文武庠生145人；廪生40人；贡生24人；监生26人；文武举人、进士16人，其中进士1人，解元1人，举人15人，经魁1人，共计有科举功名的人251人。其功名分类详见下表。

表3—6：清代顾氏宗族科第功名一览表

序号	入黔世系	文武庠生	廪生	贡生	监生	举人	进士	小计
1	9代	4	1					5
2	10代	3	3	3	1			10
3	11代	8	6	4	2	4		24
4	12代	25	6	5	8	2		46
5	13代	24	7	5	3	1		40
6	14代	22	3	4	3	4	1	37
7	15代	28	3	2	8	4		45
8	16代	7	1	1	1			10
9	17代	15	5					20

[①] 贵州凯里顾氏族谱编修委员会：《贵州凯里顾氏族谱·香炉山支谱》，内部印刷本，2010年，第83页。

序号	入黔世系	文武庠生	廪生	贡生	监生	举人	进士	小计
10	18代	9	5					14
	小计	145	40	24	26	15	1	251

资料来源：根据《炉山顾氏族谱》之《清朝文武庠生表》《清朝廪生表》《清朝贡生表》《清朝监生表》《文武举人拔贡进士表》以及世系整理而成。

《炉山顾氏族谱》中没有明代科举功名的记载，但到了清代，则有详细记录。从上表统计可知，顾氏从第9代开始有科举功名的族人，共有5名，分别是文武庠生4人，廪生1人。其中顾天性的4个儿子中，次子顾憼、四子顾惠①，均有贡生功名。到第10代，顾氏族人中取得功名的人在逐渐增多，达到10人。第11代有24人。从第12代开始，有科举功名的族人显著增加。第12代有46人，是顾氏族人中科举功名最多的一辈人。

顾氏宗族在第12代至15代中所产生的生员以上有功名的族人中，分别有46、40、37、45人，共计168人，占总数的67%，是顾氏最辉煌的时期；第14代族人顾衷成为顾氏宗族唯一有记载的进士。从16代开始，取得科举功名的人数呈现断崖式下滑，第16代仅有10人。第17、18代分别是20人和14人有功名身份。另外，《炉山顾氏族谱》还显示顾氏族人在清代还有入仕者40人，有九代忠臣者18人。从上表可知，在顾氏的举人进士中，出仕的级别也不高，多是知县一级的官员。

①《（道光）清平县志》卷二《选举》记载为恩贡，官贵阳府教谕。见彭泰楠修、张柬纂、李斌点校：《（道光）清平县志》，贵阳：贵州民族出版社，2021年，第104页。

三、顾氏宗族转型后的影响

由于对于科举的重视，到了清雍正年间，炉山顾氏家族开始成为科举世家，在培养顾氏家族精英的同时也造就一批社会精英。

表3—7：清代顾氏举人进士名录

姓名	入黔世系	年号	科名	公元	功名	仕宦情况	《清平县志》记载	《凯里市志》记载
顾廷玑	11	雍正	癸卯恩科	1723	举人	修文县教谕①，二房	官修文县教谕	雍正癸卯
顾廷璠	11	雍正	癸卯恩科	1723	举人	直隶唐山县知县，二房	官唐山县知县	雍正癸卯
顾廷瓒	11	雍正	乙卯	1735	举人	江南三山司巡检②，福建长汀县知县，二房		
顾廷珩	11	乾隆	庚午	1750	举人	河南平西县知县，五房	有载	乾隆庚午
顾瀛	12	乾隆	丁卯	1747	举人	1723～1803，广西盐正县盐大使，罗阳县知县，五房	官广东盐大使	盐大使
顾湘	12	乾隆	丙子	1756	举人	都匀府学正，三房		

---

① 《(道光)清平县志》记载先后有出入，《冢墓》记载顾廷玑为知县，而《选举》记载为修文县教谕。见彭泰楠修、张柬纂、李斌点校：《(道光)清平县志》，贵阳：贵州民族出版社，2021年，第60、100页。

② 《(道光)清平县志》卷二记载顾廷瓒，"廪生，官繁昌县三山司巡检"。见彭泰楠修、张柬纂、李斌点校：《(道光)清平县志》，贵阳：贵州民族出版社，2021年，第116页。

续表

姓名	入黔世系	年号	科名	公元	功名	仕宦情况	《清平县志》记载	《凯里市志》记载
顾维亮	13	嘉庆	丁卯	1807	举人	1764～1832,桐梓县教谕,顾衷之父,五房	官桐梓县教谕	
顾衷	14	咸丰	辛亥	1851	举人	1814～1884,甘肃中卫县知县,鼓浪县知县,五房		古浪县知县
顾衷	14	同治	壬戌	1862	进士			
顾锋	14	嘉庆	庚午	1810	武举	1782～1851,五房	有载	嘉庆庚午
顾炜	14	道光	庚子	1840	武举	贵州凯里营把总,三房		无仕宦记载
顾炳正	14	道光	丙午	1846	武解元	贵阳营守府,四房,1857年在南京阵亡		
顾世均	15	道光	庚子	1840	武举	?～1855,贵阳营千总,五房		
顾世卿	15	道光	癸卯	1843	武举	?～1874,永安协盘江镇汛部厅,五房		盘江汛千总
顾世官	15	道光	癸卯	1843	武举	贵州古州镇中营游府,五房		凯里营把总
顾世鳌	15	咸丰	乙卯	1855	经魁	1829～1865,贵州棒柞营都司,三房		

　　资料来源:根据《炉山顾氏族谱》之《文武举人拔贡进士表》《世系》以及《凯里市志》之《明清时期清平县籍进士举人名录》整理而成。①

　　顾氏族人尤其是香炉山支对教育相当重视,对文化教育以及科举的不懈追求,产生了众多的知识精英。入黔第八世顾承勋有五个

---

① 贵州省凯里市地方志编纂委员会:《凯里市志》,北京:方志出版社1998年版,
　　第934—937页。

儿子,长子天位(夭亡)、次子天性、三子天命、四子天爵、五子天禄,今天的贵州凯里顾氏香炉山支系由此演分四支,"自承勋公以下始载支庶,吾支分为四大房,自此始也"[1]。

二房顾天性支。第九世顾天性,顾承勋次子,诰授文林郎。第十世顾懋,顾天性次子,清贡生,诰授修职佐郎;顾惠,顾天性四子,贡生,授贵阳府教授,"为人忠信明决,常调公局判案,片言可折狱,人咸以循吏看之。钦赐'五桂齐芳'匾,竖于清平城,钦以大宾宴,例赠文林郎"。在第十一世中,顾惠的五个儿子均有科举功名,长子顾廷玑,清举人,修文县教谕,例赠文林郎,死后葬于修文;次子顾廷瑶,清举人,直隶唐山县知县,例赠文林郎,葬于修文;三子顾廷瑶,清廪生,待赠修职佐郎;四子顾廷瓒,字锡侯,清贡生,江南三山司巡检,例赠登仕郎;五子顾廷珣,清贡生,例赠修职佐郎。第十二世顾渊,顾廷玑长子,清文庠生;顾绒,顾廷玑次子,清马喇司巡检;顾溥,廷瑶次子,署铜梁县巡检;顾治,顾廷瑶三子,清监生,捐从九品衔;顾汝,顾廷瑶四子,清监生;顾湜,号三阳,顾廷瓒长子,清拔贡,四川试州州判;顾涛,字巨源,顾廷瓒次子,清贡生,待赠修职郎;顾藻,字采渊,顾廷瓒三子,清庠生;顾法,顾廷珣长子,清庠生;顾澍,顾廷珣三子,清庠生。第十三世顾宗梓,号楚材,字秀园,顾涛长子,清贡生,例赠修职佐郎;顾宗栋,顾藻长子,清贡生;顾樗,顾藻次子,清廪生。第十四世顾近光,顾宗梓次子,清代贡生;顾锡光,顾宗梓三子,清文庠生,"以忠信处世,勤俭持家,尽孝悌于家庭,传诗书于后世,倡修家乘,振理族纲,任阁族长,监视修造宗祠,为全族敬仰"[2]。

三房顾天命支。第九世顾天命,顾承勋三子,清国学生,"性敏

① 贵州凯里顾氏族谱编修委员会:《贵州凯里顾氏族谱·香炉山支谱》,内部印刷本,2010年,第9页。
② 贵州凯里顾氏族谱编修委员会:《贵州凯里顾氏族谱·香炉山支谱》,内部印刷本,2010年,第28页。

捷，究心经史，肄业儒学，诗礼传家，忠信接物，越数世子孙而书香不坠"①。第十世顾懿"钦崇师道，轻财仗义，耕读传家，教子成名"。第十一世顾廷链，顾懿三子，清监生。第十二世顾洲，顾廷链长子，清监生；顾渤，顾廷链次子，清国子监加州判衔。第十三世顾宗元，顾渤长子，清文庠生，"幼读诗书，二八游泮"。第十四世顾炳，顾宗元次子，清代监生。第十五世顾世澄，顾炳长子，"酷嗜诗书，文气清朗"，后于"岳家舌耕，常往凯月课，屡获特等"，被岳父"荐于凯署授教，兼充幕客"，可惜英年早逝；顾世元，"勤耕教读"；顾世朝的原配徐氏"能识诗书"②。

四房顾天爵支。顾天爵，承勋四子，清代文庠生，"励志经史，文列文庠，勤俭持家，教子孝悌"。其后裔相对中科举的较少。入黔第十六世顾扶基，四房，号佐臣，顾世名长子，《炉山顾氏族谱》主撰人，"清朝末期任和安团团总，民国成立后，任地二区区长。复修香炉山门洞，重建宗祠，振理族纲，述修宗谱，为乡族所钦仰焉"。顾隆基，四房，号荣昌，顾世兴长子，"以贸易营生，白手起家"，"重修宗祠，为全族信仰"③。

五房顾天禄支。获取功名的顾氏族人不少，如入黔第十世顾宪，号斌如，顾天禄之子，清代岁进士。第十一世顾廷珩，号楚奇，顾宪长子，清代岁进士，乾隆庚午科中试第十三名举人，任河南平西县知县；顾廷玫，号文华，顾宪次子，清代监生。第十二世顾瀛，号凌仙，字云帆，顾廷珩三子，清代增生，乾隆丁卯乡试第七名举人，官广西盐正县盐大使；顾河，顾廷珩五子，清代增生，候选主簿。第十三

① 贵州凯里顾氏族谱编修委员会：《贵州凯里顾氏族谱·香炉山支谱》，内部印刷本，2010年，第83页。
② 以上引文详见《贵州凯里顾氏族谱·香炉山支谱》，内部印刷本，2010年，第83、87、95—96、97页。
③ 以上引文详见《贵州凯里顾氏族谱·香炉山支谱》，内部印刷本，2010年，第183、200、202页。

世顾维毅，号远斋，顾瀛长子，清代庠生；顾维棋，号寿斋，顾瀛次子，清代岁进士，乾隆庚子科中二十七名举人，"笔力畅沛，文势渊涵，每作文不袭人牙慧语，必出自心而后用之"。顾维新，号茂斋，顾瀛三子，清代武庠生；顾维慧，号智斋，顾瀛四子，清代庠生，参加童试时，因"文情秀雅，笔力充沛"被考官赏识；顾维亮，顾河长子，清嘉庆丁卯科举人，署桐梓教谕。顾维文，顾河次子，清代文庠生。第十四世顾衷，号子和，又号炉村，顾维亮之子，中清道光癸卯科副榜、辛亥科拔贡，清咸丰乙卯科举人，同治元年壬午科进士三甲第一百零二名，成为顾氏唯一的进士，据族谱记载："特好诗书，出行街上，目不斜视；及游庠后，越愤苦修，奋志功名，遂食饩。开拔中试后，会点进士。"①

四、余论

检视民国年间和当代编撰的《顾氏族谱》中，有科举功名的主要是炉山支顾氏族人，其他进入苗疆的顾氏后裔没有检索到。当然，其他支顾氏族人中也有部分族人读书和从教的记载，如顾氏开怀支第十六世王马，开怀支厅板房支，"幼读私塾，始经商，后从教。学识渊博，通律法，能言善辩，豪门争聘而不就，甘守清贫任教"②。吾雄分支十五世五哨，毕业于都匀学府后考取秀才。第十六世九碋，汉名顾明基，年幼时家境困难，因勤学好问以及聪明过人，被私塾先生免费收为学生，学习成绩突出，后考取秀才，1890年开始从教，有许多学生成为凯棠地区清末和民国时期教育工作的骨干，是清末民

---

① 以上引文详见《贵州凯里顾氏族谱·香炉山支谱》，内部印刷本，2010年，第272、273、276页。
② 王马为父子连名，马勇长子。详见《贵州凯里顾氏族谱·开怀支谱》，内部印刷本，2010年，第314页。

初开拓凯棠教育事业的开拓者和奠基人。其三子勇九曾做过私塾先生[1]。

　　通过接受教育、参加科举考试以获取功名是每个读书人的梦想，这种梦想"促使少数民族地区民众对清王朝及中原主体文化——儒家文化的认同，从而加速了清水江流域的'王化'和'内地化'进程，增强了民族之间的交流与融合，推动了地方社会的进步"[2]。而对科举的向往使得凯棠支顾氏族人有为参加科举考试而做出改姓的事，如十三世麻令和丢所分别改叫唐成举、周在珊[3]。正因为有顾氏族人对教育和科举的重视，从而推动了清水江流域教育的普及与发展，以致距离凯里不远的麻哈在清末出了位科考状元——夏同龢。对教育的重视由此成为凯棠人的共识，崇文兴学蔚然成风，凯棠镇教育基金会累计募集资金近1000万元，用于每年对考上大学以上的学生发放助学奖励。截止到2022年9月，这个户籍人口仅有2.5万人的小镇，已有博士28人、硕士61人、本科生2560人，分布于省内外各行各业。而其中一大批受教育的顾氏族人由此走出大山、走向社会，成为领导干部，甚至走上正部级领导岗位，成为国家和社会的栋梁之材。

---

① 详见《贵州凯里顾氏族谱·凯棠支谱》，内部印刷本，2012年，第53—54、69页。

② 蔡敏、李斌：《清代清水江流域村落的兴学活动——以天柱地坌为中心》，载《贵州大学学报（社会科学版）》2015年第1期。

③《贵州凯里顾氏族谱·凯棠支谱》，内部印刷本，2012年，第593页。

第四章　有规有则有序：
碑铭里的秩序世界

秩序的原义是指有条理、不混乱的情况，是"无序"的相对面。按照《辞海》的解释："秩，常也；秩序，常度也，指人或事物所在的位置，含有整齐守规则之意。"社会秩序是指动态有序平衡的社会状态，是社会学范畴。中国古代思想家们提出的"治"，就表示社会的有序状态和社会秩序的维护与巩固，"乱"则表示社会秩序的破坏和社会的无序状态。在同一个社会内部，社会秩序还可以分为经济秩序、政治秩序、劳动秩序、伦理道德、社会日常生活秩序等几个大的方面，其中经济秩序和政治秩序的稳定起着决定性的作用。

第一节　失序与有序：社会变乱与秩序重建

在中国传统社会中，有"皇权不下县"之说。在乡村社会治理中，作为清水江流域苗族侗族的传统社会组织形式——"款组织"，在维护乡村社会秩序的平衡与稳定中发挥着重要的作用。有"团练之父"之称的胡林翼在黎平府任知府期间，倡办团练，主要职责为"保卫乡里、缉防盗贼"的团练随后在全国各地纷纷开办。在"咸同兵燹"期间,"三营"作为团练的杰出代表,成为清水江中下游地区对抗张秀眉起义军和姜映芳起义军的一支重要力量,他们通过武力对抗等强制性措施来恢复地区的社会稳定。

一、"咸同兵燹"及其对社会秩序的破坏

19世纪50年代,受太平天国起义的影响,贵州各地先后爆发了少数民族领导的起义。其中,尤以台拱(今台江县)张秀眉等领导的"咸同苗民大起义"、清平(今凯里市)岩大五领导的苗民起义以及天柱姜映芳领导的侗族农民起义声势最大。1855年4月30日,张秀眉在台拱起义,张老九(九大王)响应于偏寨,高禾、九松继起于乌结,出现"千里苗疆,莫不响应"的局面。在起义后的一年多时间里,先后攻下凯里、施秉、清江、台拱、黄平、清平、古州、都匀等府厅州县城。到1858年,攻克黔东门户镇远府。随后,兵分两路,东路攻柳霁、天柱,出邛水,经青溪、思州、玉屏,直抵湖南晃州、会同、靖州;西路出平越、贵定、瓮安、龙里,直逼贵阳。面对丢城失地,湘黔"莫不震动"。

"咸同苗民大起义"对地方社会造成巨大的破坏,地方民间文献也有许多相关情况的记载。如锦屏《彦洞记述碑》详细记载了咸同时期张秀眉、姜映芳等起义及其战争的破坏情况:"清(江)、台(拱)异类,苗性犬羊,于咸丰四、五年,怀吞业之恶念,起骗账之狼心,蓄造叛逆,肆行滋扰。""同治元年勾结教匪姜映方[芳],盘距汉寨,山名呼为九龙山。擅造旗帜、王号,自称定平王,破陷天柱,抄出平秋、石引,使我首尾难应。所仰黎平府宪,府宪遥阻莫救;所慕附近苗光,苗光自雇[顾]不出。仅只我卡四面受敌,独力苦拒,从四月二十七日击至五月十六日,药完铅尽,难支败走,被逆杀追岑顿、大平、中仰一带,房廊概被烧毁,人民受尽戕殃,哀声满地,铁石难闻。""至同治三年六月初二日,逆苗乘危而害,团因灾而莫雇[顾],

卡练惊奔，被贼又烧一次。""同治四年五月二十一日被贼又烧一次，尸骨充塞道路，血滴成渠。""陈大六聚扎江口屯，自称陈大帅；杨万洪把住滥木桥，自号公平王；关将军盘距寨头，时出时入；宝元帅霸占硐却，肆横无忌。""想我黎民遭此乱世，前后十有余年，受尽许多苦楚，八口之家无一口得耕，八亩之田无一亩得种，出力者吐尽血浆，出资者捐尽家业，为国捐躯，身归黄壤，欲待罪因忠结恨，无门招慰亦不安。"①剑河《流芳百世》碑记载："咸丰乙卯（即咸丰五年，1855）之秋，贼风竟起，猛兽挺生，由革夷高禾、九松、方乜，下自清枒[台]张秀弥[眉]、包大肚、杨大六此等逆魁，三五成群，千方结党，烧杀乡村，攻打屯堡。""壬戌年（即同治元年，1862），忽有柱属姜、龙、陈、李四逆窜入抬[台]邦，协合主□，引领攻下柱邑，设营九龙山，滋扰各属，惨遭其害，鸡犬不宁。""大寨复原其半，小村十仅存一，迭重受害，苦不尽言。"②榕江县《瘗骨碑序》记载了朗洞地区深受战乱影响："朗城自咸丰丙辰（即咸丰六年，1856）遭兵燹，而后吾民、墟墓同毁于苗，烽火蔓延垂二十载。"③锦屏亮寨司同治三年编修的《龙氏迪光录·纪乱》记载："咸丰五年，台拱苗民拒命，蔓延清江、古州等处。"导致亮寨司地区"人民逃散，妇女老幼如蚁而行，行李狼藉，堕甑不顾。贼随后追赶，喊声震天，烧毁房屋，凡庵庙皆毁"。"七年，湖尔司属金山寨有花苗一股，与清、台长发苗匪百余合伙，顷刻千余。二月初八至亮寨司，喊声震天，炮声彻地，冲至司署，打碎房壁四十九间无完片，掳掠邻近衣服、猪牛、器用而去。初十日又至。十五日姚大王至。二十三日石将军至。二十四日元贞皂隶

---

① 《彦洞记述碑》刊刻于光绪二年（1876），碑无额题，笔者根据内容所加，碑现立于锦屏县彦洞乡彦洞村。

② 《流芳百世》碑刊刻于光绪六年（1880），现立于剑河县敏洞乡沟洞村。

③ 《瘗骨碑序》刊刻于光绪二年（1876），原立于榕江县朗洞镇，后被移至榕江县城红七军军部旧址后院。

贼至。二十五日黄白弄冲贼至。龙二王又至。索马索钱，或捉人取赎，必饱所欲而后已。蹂躏万端，官府不能救，欲逃无路，欲死无益。如此之祸，世所罕见。"①从上述民间文献的记载可知，这些社会动乱，给清水江流域地方社会造成了严重破坏。

二、传统款组织及其演变

款组织由一个或多个自然寨联合组建，跨地方圆数十公里，村寨之间有严密的组织形式。款有款规、款约。"款"是寨与寨之间结成的防御和反抗外来侵扰的组织形式，由村寨自愿参加，有"大款""小款"之分。"小款"由周围几个家族或村寨结合而成，"大款"也叫"团"，由若干个"小款"或乡村甚至区域结合而成。寨子大、户数多的一寨为一款；寨子小、分布邻近者，或三五寨、或数寨为一款。款组织结合并非长期不变，其格局经常有变。大小款都有"款首"，少则一人，多则数人。小款"款首"由各寨寨老公推，大款"款首"由各小款"款首"选举产生。"款首"由热心公益、有威信、组织能力强的寨老担任，无特殊报酬。一般每年"议款"一次，各户户主参加，商讨款内有关事宜，制定"款约"。"款约"主要内容多为惩罚盗贼、内奸、恶棍，保护农林生产，消防，解决财产纠纷等。公议后的"款约"一般都会勒碑立于寨门等显眼处。"款脚"（传号令者）鸣锣喊寨，宣讲"款约"并督促众人共同遵守。秋冬时，各户凑钱凑米到款首家会餐一次，总结当年执行"款约"情况或修订条款，俗称"吃款"。各寨各姓各户，不分贫富，男性青壮年必须参加团款组织，每人自备武器一件，或长矛、大刀，或鸟铳、火枪；平时，还要随时配备草鞋一双，有事则立即上路。每年各小款首带本款人员在约定日期集中，相互检

---

① （清）龙文和、龙绍讷编著，龙泽江点校：《苗族土司家谱　龙氏家乘迪光录》，贵阳：贵州大学出版社，2018年，第440—441页。

阅各寨的武器装备，称为"亮团"。

款组织定有款规或款约，用以调动人们的积极性和约束人们的行为习惯，具有较强的法律效力。款约款规是由公众共同制定的"法规"，凡合款的村寨必须共同遵守，不得违反。其作用和任务是：对内保护私有财产和公共财产，调解纠纷，维持地方秩序；对外抵御外辱，彼此相援。大款一般在山坳上设有哨卡，轮流守望，有警即鸣枪为号，各寨鸣锣聚众，寨老带队出发。一旦发生对外争斗，只需闻报，各寨迅速集中，适应出征者都视为己任，人人乐从，个个争先，生死与共。

清水江流域有众多款组织，较大的有青山界四十八寨、湘黔边四十八寨、九寨（今锦屏县境内）、婆洞十寨（今锦屏县境内）、黎平高东款、注溪十八寨联款（今天柱县注溪乡和蓝田镇的侗族村寨）等。

湘黔边四十八寨具体是指哪些村寨，没有完整的记载。据龙更清收集整理，分上二十四寨和下二十四寨，位于今天柱、锦屏和湖南靖州一带[1]。靖州、天柱各有二十四寨，其中包括靖州由一里九寨（地笋寨、地背寨、菜溪寨、岩咀头、地庙寨、黄白寨、弄冲寨、万才

---

[1] 龙更清：《"四十八寨"的由来》，载《天柱苗韵》（内刊）2010年第1期（创刊号）。有关四十八寨中具体寨子的范围、名称等各种文献记载很不一致，有的记录的具体寨名超过五十个，且范围均在今天柱县境内，如《物华天宝——天柱风物录》（天柱县政协文史委编，内部印刷本，2001年，第243页）；有记载包括今天柱县三十寨、锦屏县六寨、湖南靖州十二寨（天柱县政协非物质文化遗产宝库编纂委员会编：《天柱县非物质文化遗产宝库》，贵阳：贵州大学出版社，2009年，第334页），位于今天柱和锦屏境内，面积约140平方公里，现有人口近2万，苗族占90%以上。分上二十四寨和下二十四寨，包括地垄、菜溪、窑田、翁冲、妈羊、高坡、栗木坪、下粮田、豆墦脚、兴团弯、马路村、杨家、秀田、竹寨、刘家寨、荒冲、黑岩脚、老硬冲、翁晒、棉花坪、汉冲、牛田口、淘金、架枧、新寨、矮寨、湳头、垄处、宰贡、清浪、勾刀、偏坡、地冲、雅地、三门塘、大冲、铜鼓坡、盘溪、孔阜、地抑、旧楼、圭井及今锦屏县的平金、乌坡、亮江、银洞、合冲、令冲等四十八苗寨。

寨、水冲寨），靖州由二里六寨（小河寨、皂绿寨、孔洞寨、排洞寨、官田寨、铜锣寨），靖州寨市里三锹九寨（烂泥冲、圹保寨、高营寨、大溪寨、银万寨、圹龙寨、楠木寨、三江寨、高坡寨）。天柱由义里（今竹林乡、坌处镇）二十四寨，包括"上六寨、中六寨、下段十二寨"，其中，"上六寨"即茅坪、亮江、银洞、平金、合冲、乌坡，民国三年锦屏建县时，六寨由天柱划归锦屏；"中六寨"指的是雅地、偏坡、中寨、抱塘、龙家冲、水大溪（1952年划归锦屏）；"下段十二寨"指的是浦头寨、新寨、棉花坪、竹刘寨、下粮田、高坡寨、栗木坪、秀田寨、杨家寨、地坌、菜溪、妈羊。

青山界四十八寨是锦屏、黎平、剑河三县交界地区的大款，其范围一百多平方公里，苗族聚居，包括今锦屏县二十四寨，即苗吼、培亮、宰格、苗庄、苗里、扣文、九丢、晚楼、美罗、控俄、格朗、卑祚、苗亘、瑶光、苗馁、文斗、平鳌、彰化、塘东、番鄱、摆尾、格翁、锦中、中仰；黎平县二十二寨，即己得、己迫、乌潮、己迫上寨、岑同、乌腊、苗丢、高下、苗举、唐错、平空、高仲、高练、塘朗、岑己、格东、八东、平信、岑弩、岑拾、苗格、鄙栽；剑河县二寨，即高椅、康中，共四十八个苗族村寨。

九寨位于今锦屏县西北部，面积约210平方公里，侗族聚居，由王寨、小江、魁胆、平秋、石引、黄门、瑶白、高坝、皮所九个小款组成大款①。每一小款又包括若干子寨，如平秋款，以平秋为中心，包括圭宿、富库、开了、更我、盘寨营、更豆、兰托、洞万、略威、桥问、大坝、晓岸、岩有等村寨。魁胆款以魁胆寨为中心，包括平翁、孟寨、凸寨、破鼎罐、各龙、圭开、三德、平岑、石桥冲等自然寨，因咸同年间组织十六甲，故亦称"十六甲"。

黎平高东款，辖高孖、大稼、高培、高面、邓蒙、荣咀、平途、盘现、岑奉、岑柳、腊亮、姚枝上、平空、革东、唐旧、俾雅、高绍、高仲、

---

① 地处九寨的彦洞属中林验洞长官司管辖，不在九寨之列。

高杀、高练、塘朗、塘赖、归奉、归坟、高梦、丈巴、基兰、岑胡、宝塘山、己迫、己得、党觉、岑同、岑优、格韶、平底、周家坪、乌潮、下八里、岑泵等侗族、苗族和汉族村寨，包括现在的大稼乡、平寨乡以及孟彦镇的岑湖、高秋等村寨。

　　其他如婆洞十寨是以今锦屏县启蒙镇者蒙村为中心，包括边沙、流洞、魁洞、者楼、者抹、便晃、寨五、八教、西洋店十个寨子组成的大款。注溪十八寨联款是由今天柱县蓝田、三合、两坌、贡溪、翁溪、蒲溪、双溪坪、坪坤、塘涧、闪溪、碧雅、风阿、德江、公闪、关坪等十八寨组成的"联款"。清道光年间，盗匪猖獗，百姓为自保在黎平府所属西北部地区组成六合团，其中己得为一合，高倚、党觉为一合，乌潮为一合，堂灼为一合，格朗、扣文为一合，岑同、平空为一合，共六合，统称六合团。

　　不同款之间，有时是有交叉的，如青山界四十八寨与高东款，重叠的村寨就有平空、高仲、高练、塘朗、己得、己迫、乌潮、岑同等。

三、经费之筹措：以三营为中心

　　清朝咸同年间，台拱张秀眉和天柱姜映芳等苗侗百姓纷纷揭竿而起，出现了"千里苗疆，莫不响应"的局面。面对混乱的局面，清水江中下游地区士绅们在官府的倡导下，纷纷寻求自保，在款组织的基础上组织团练，"三营"便是其中的杰出代表。它以锦屏文斗为中心，辖地三十个村寨，包括今天锦屏河口、平略两乡镇，当时人口近三千户，近两万人。"三营"以原始款属村寨为基层，由上、中、下营组成，直属黎平知府。营以下以村寨为单位设团。营设总理，为最高指挥官，由黎平府任命。此外，还设协理、书办等。"上营"由瑶光文举人姜吉瑞率领，统辖瑶光、韶霭、塘东、格翁、锦中、苗吼、培亮、甘塘八寨，以瑶光为中心，团丁驻扎甘塘坳；"中营"由文斗武生姜含英率领，统辖文斗上下寨、平鳌、岩湾、加什、中仰、九佑、彰化、南路、鸠怀、丢休、松离十二寨，以文斗为中心，团丁驻守大坪九岗坡；"下营"由河口武生姚廷桢率领，统辖甘乌、八洋、平略、新寨、岩寨、寨早、扒洞、岑梧、高贞、归固十寨，团丁驻守高贞坡。

"三营"的足迹遍及清水江中下游以及都柳江一带，包括今锦屏、剑河、天柱、黎平、从江、榕江及湖南靖州等县。"三营"共扎营二十五座，各寨与外相通的每条大路津要处都设有关卡，在村寨周围筑工事、布竹签阵、修寨门，在高处修烽火台或瞭望台。一寨有警、各寨相救，一营有事、三营齐帮。至今，在文斗、平鳌、瑶光等还保存有寨门、围墙、烽火台等。

为使团丁乐于效力卖命，同时能保证后勤供应，"三营"制定并实行"抽田制"、按户派捐和认捐等三种方式筹集经费。

一是抽田制。规定：凡有田者，将其三七开分，田主留其中之七，其中之三交给团款（村寨）安排给出力征战者。出田、领田者都要与总理或村寨团首签订交、领田合同，出田者永不得追回其田，受田出力者战死无怨。所需粮饷，仍照原有田亩和实际家庭情况从富户进行摊派。富户如有隐瞒田产或拒派，则要受到重罚。"自此人人欣愿，众志成城。"①

据立于咸丰九年（1859）锦屏瑶光上寨《万古流传》碑记载：

　　尝思诗咏同胞，书云同德。当兹干戈扰攘之际，难取其一视同仁也。咸丰五年，清抬[台]苗乱，攻城劫堡及南加焉，而我境安堵无恐，弗遭荼毒，非仗地脉龙神之麻乎。六年冬，扰及黎邑，一十二司相继变心。我九寨同仇偕作，决战于婆洞地方，三战三捷。我里大众力解城围，地方富户欢腾眉睫，愿将田亩存七抽

①《三营记》成书于光绪十九年，系手抄本，由中营书办平鳌人姜海闻著述，中营总理姜元卿作序。有关《三营记》的内容，详见姜高松：《文斗苗寨》，内部印刷本，2011年，第132—144页；又见《贵州档案史料》2001年第1.2合期，第78页—88页。

三，酬出力劳。我上甲兄弟四十余家，将抽三田，共留十担，地名九党田六丘，永祀后龙龙神及南岳香火，以垂久远。是为记。

军功姜应兴、军功姜凤歧、姜述维、姜应相、姜乔龙、姜老毛、姜老凤、姜述理、姜安邦、姜恩荣、姜添寿、姜富洪、姜丁贵、姜五生、姜绞寿、姜丙祖、姜三龙、姜应生、姜保寿、姜乔成、姜丁卯、姜继林、姜丁寿、姜成生、姜生龙、姜岩乔、姜木生、姜丁福、姜一保、姜恩高、姜发祖、龙老福、姜凤鸣、姜凤生、姜乔贵、姜乔生、姜继宗、姜光才、姜发恩、龙召光。

此神地二间，姜恩良、□□捐。

匠人唐文清

写碑人吴必魁

咸丰九年十月二十八日立[①]

锦屏《彦洞记述碑》（光绪二年，1876）记载了九寨团练筹款情况："幸我黎平府主多札饬我寨罗兴明充当乡正，倡连九寨合为一款，贫者出力，富者出资，各寨各招长勇十五名，公议卡首杨积瑶调户编棚，防堵犁元大凹，卡名呼为验洞卡，团名号曰太和团，无事长勇堵御，有事一踊抵敌。""蒙府主徐札我寨团首等设局定章，照货价值轻重，每百抽钱二文。"[②]

锦屏亮寨司同治三年（1864）编修的《龙氏家乘迪光录·卷四·纪乱》记载了黎平府知府在锦屏亮寨司抽田养练的情况："（咸丰）九年，多府抽田养练，除百石以下免收，余见十抽三，司内共抽田八百余石，养练五名。司内外共抽田七千余石。"[③]

---

① 《万古流传》碑刊刻于咸丰九年（1859），现立于锦屏县河口乡瑶光上寨。

② 《彦洞记述碑》刊刻于光绪二年（1876），原无额题，笔者根据内容所加，碑现立于锦屏县彦洞乡彦洞村。

③ （清）龙文和、龙绍讷编著，龙泽江点校：《苗族土司家谱·龙氏家乘迪光录》，贵阳：贵州大学出版社，2018年，第442页。

在文斗和平鳌有两份关于抽田办团练的契约文书:

契约1立分合同字人塘东、河口、加池、岩湾、文斗上下两寨、平鳌、中仰、韶霭、干塘、大坪界上款内众等。因逆匪逼近款地,众等公议设立,将各地方有田者三七均派,业主占七股,出战出力者占三股。众境有无得力同心,如翌日匪徒一战尽殄,复转屯所业。现有田者受四股,出力战斗者受六股。其中富户米粮见丁除八石,一则曰永清四海,再则曰国泰民安。恐后无凭,人心不古,立此合同字,永远存照。

塘东姜朝魁、姜沛霖,河口姚廷桢、姚廷煊,加池姜世明、姜沛清,岩湾范本清、范玄祖,文斗姜含英、姜钟英,中仰陆景嵩、潘国干,韶霭李国梁、龙家琼,大坪干塘孙鱼龙、黄世刚、吴绍春。

咸丰六年十二月初九日　　众等公立

契约2立抽田字人姜东仪、之玗、上锦、国干、启先、姜卓、东吕、东滨、德清等。为因贼匪作乱,扰害地方,富者出资,贫者出力。无如地方穷苦,无资所出,富户情愿将田三七抽给。出田者占七股,受田者占三股。除上田在外,余者照谷石出三与众抵贼。自抽之后,任凭受田者子孙管业。所有贼匪临境,官府提调随传随到,不得躲闪萎靡退缩。如有此情,将田退出充公,逐出境外。凡开仗有损伤者,抚恤俱在三股田之内。今欲有凭,立此抽田字为据。

凭中:乡正文清　国干

存字人:则相　国望　文光　东佐　　代笔:姜子清

咸丰七年七月初五日　　姜作弼笔立①

---

① 转引自王宗勋:《清水江历史文化探微》,昆明:云南美术出版社,2013年,第35—36页。

　　从上述史料来看，至少反映了两个方面的内容，一是"富者出资，贫者出力"原则；二是"存七抽三"原则。在两份契约中，分别有十一寨和八寨的人参与立约，其中包括"三营"中首任中营、下营总理姜含英和姚廷桢以及中营第三任总理陆景嵩。

　　二是按户强行派捐。这一规定不仅仅是适用于"三营"，清水江流域其他地区莫不如此。如天柱保安团"上户派钱二百串，中户百五，下户八十，花户照粮一斗三升，统名军费"①。

　　据《本寨众人卖清河塘约》记载：

> 立卖清河塘约人。本寨众上人等因为红苗作反，老爷派我寨火绳八盘，众人无处出处，众上自愿将河边地名塘叫做顽列出卖与亦本寨姜廷德名下承买为业，当日议定价银四钱整，银契两交，不欠小厘。自今以后，任凭廷德下塘毒鱼管业，而寨内人等不得异言争论塞塘之事。今欲有凭，立此卖字存照。
>
> 中人：姜文德 文献
>
> 乾隆六十年四月十日书②

　　这一则材料反映了乾隆末年湘西、黔东腊尔山区爆发苗民起义（即乾嘉苗民起义），官府向清水江流域苗民摊派军需物资，加池苗寨需交火绳八盘，由于无银筹办，只得将本寨公共池塘出卖与地主姜廷德的情况。而《本支家乘迪光录》记载铜仁府爆发石柳邓农民起义后，亮（寨）司"殷实之户"要"派买军马"一事："嘉庆元年，铜仁府红苗石柳邓反，亮寨司殷实之户派买军马，赴营听用，各户计亩运送军粮至麻音塘交代。"③这也算是体现"一方有难、八方支援"了。

---

① 刘中燠等修、张德培编辑：《天柱县五区团防志》，民国八年刻本，第7—8页。

② 《本寨众人卖清河塘约》，张应强、王宗勋：《清水江文书》第一辑第3册，桂林：广西师范大学出版社，2007年，编号1—1—6—009，第9页。

③ 锦屏《（同治）本支家乘迪光录》卷四《纪乱》。

三是捐资。

《姜兆璋等领捐田字》记载了地主捐田办练的情况。

> 立领捐田字人姜兆璋、玉光、兆清、开周、凤克、开望、开廷、开庆、玉连、龙文明,打头敌共三十六人,与站墙众寨人等,为因贼匪临境,扰乱烧杀村寨,殊堪痛恨。我等挑选精壮练丁弟兄三十六人,与众寨努力抵敌,连获捷胜,奏凯而还。今贼匪四散,蒙众头公将本寨姜世泰、世道、世显、世泽、世明、克昌、遇昌、沛清、兆珊、宗保、显弼等并寨内所有多少之田,见十抽三,打头敌之人占两股,站墙之人占一股。自今抽出,日后不得再捐。如有日后贼匪仍行扰乱,打头敌之人与站墙贫富众寨,听从头公随时调遣[遣],奋勇争先进剿。以上数条,我等情甘自愿,绝无抗傲[缴]躲闪,如有抗傲[缴]躲闪,我地方将他屋宇并所抽占之田尽行充公,并无怨言。恐后无凭,立此领抽捐田字为据。
>
> 乡正:姜世太　世明　大荣
>
> 妙白老抽单世明乡正收
>
> 凭中:高老五
>
> 咸丰七年二月初九日　世元笔立①

四、社会秩序重建之效果

清水江流域地方乡绅通过捐资等方式,成为地方团练武装的主导力量。作为三营的核心和中坚力量——"中营",其团务基本上是由姜氏宗族担任。三营设立时首先由姜含英任总理,咸丰八

---

① 《姜兆璋等领捐田字》,张应强、王宗勋:《清水江文书》第一辑第4册,桂林:广西师范大学出版社2007年版,编号1—2—2—095,第220页。

年(1858)三月被地方官府札保"赏戴蓝翎"，不久"因团劳卒"。姜含英的堂弟姜弁英继任总理，咸丰十一年(1861)五月，姜弁英"劳故"。中仰寨的陆景嵩接任，一年后请辞。"总理中营团务"的重任又落到姜名卿手中，姜名卿是姜含英的长子。可见，姜氏宗族在对抗"咸同兵燹"中所发挥的作用。姜氏宗族中或因军功加官晋爵，或子弟入学补廪，或捐监拔贡，屡见不鲜。姜含英之子、姜名卿之弟姜佐卿在《姜氏族谱》中写道："同治四年，选哥与佐咸捐例贡。越年，佐以军功保五品顶戴。平靖后，八弟元卿、十弟贵卿次第入学补廪；癸酉(即同治十二年)，元弟选拔，名哥改捐同知。"[①]通过参与地方事务并发挥主导作用，姜氏宗族的地位和权势得到进一步加强[②]。

　　"三营"从咸丰六年(1856)组建，到光绪十二年(1886)，先后出战七十余仗，辉煌战绩有三解黎平府城之危、四救柳霁县城(今剑河县南加镇柳基村)[③]、三救锦屏县城(今锦屏县铜鼓镇)、协助清军围攻姜映芳起义军的根据地——天柱九龙山。正因为有如此功绩，朝廷对"三营"有功人员大加封赏。如"上营"总理姜吉瑞赏戴蓝翎分发湖南候补知县，"中营"总理姜含英、"下营"总理姚廷祯赏戴蓝翎免补把总以营千总补用。

　　笔者在锦屏县平略镇南堆村收集到一份民间文献，李秀精因"奋勇出力、屡见[建]奇功"，赏蓝翎五品顶戴。

---

① 锦屏《姜氏族谱·世系纪略》。

② 在锦屏县河口乡文斗村，现存有五通光绪二十一年(1895)的"诰封碑"，分别是姜兴渭(姜含英之父)、姜含英的神道碑，姜母姜宜人(姜兴渭长媳、姜含英兄毓英之妻)、姜母姜宜人(姜含英之妻、姜名卿之母)的神道碑以及姜母范孺人(姜佐卿之妻、姜德相之母)的节孝碑，足见姜氏宗族在地方社会的地位和影响。

③ 当时柳霁县是镇远府天柱县的分县。雍正十二年(1734)建土城，乾隆元年(1736)，分天柱县丞驻柳霁，仍属清江厅；乾隆二年改建石城，民国二十五年(1936)撤县。

兼署总督部

为给发功牌事。照得本兼署部堂查有府属南堆寨李秀精奋勇出力、屡见[建]奇功，合行给发功牌，此牌仰该军功，遵照准此用蓝翎五品顶戴。如能再行立功，随时赏，务奋勉，不得藉牌生事端。切切须牌者赏。

右牌给蓝翎五品军功李秀精　准此

咸丰十年八月十九日

兼署总督部堂行①

笔者在剑河县南加镇收集到一份民间文献，杨顺思"练团勤慎，堪以赏给五品顶戴"，如今后又立新功，"再行升赏"。

钦命督办军务兵部尚书总督部堂署理贵州巡抚部院张

为给发功牌奖励事。照得本部堂督办军务，凡有在事出力人等自应择优奖赏，以示鼓励。查有军功杨顺思练团勤慎，堪以赏给五品顶戴。除录案咨部外，为此牌仰该弁遵照祗领，如后有功，再行升赏，务各奋勉图报，不得藉牌滋生事，切切须至功牌者。

右牌给五品顶戴杨顺思　准此

同治二年十二月初十日

督部堂②

即使在"咸同兵燹"之后，苗疆社会不需要大规模的社会动员，但在应对盗匪时也需要"家家相劝惩，寨寨相联络"，需要"一家有惊，合家救之，一寨有惊，合寨救之"。因此，"三营"这一地方团练

---

① 《兼署总督部给发功牌事》，该文书由笔者收藏，锦屏县三江镇李宏斌先生提供，李宏斌系李秀精的第七世孙。

② 《贵州巡抚部院张为给发功牌奖励事》，笔者2011年7月31日在剑河县南加镇收集，文书由培由村杨再余族长保存。

组织并没有消失，而是继续发挥着不可替代的作用。光绪二十年（1894）时，由于匪患严重，"三营"重整规条，议定款规九条，足见"三营"影响之大。

　　谨将上中下三营合□□条开列于左

　　盖闻团规不整，虽有守望相助之心而约束恐懈。约束既懈，虽有和衷共济之志而元气已伤。所以欲培元气，莫善于严约束。欲□□□，莫先于整团规。如我上中下三营地方，近来盗匪横行，不独团中受害，即邻近往往遭劫，总因人心涣散，团练不行，故耳。于是特邀集三营绅耆人等，合其大款，重整团规，会议禁条，使家家相劝惩，寨寨相联络，以期间里无所容奸，而地方渐臻醇朴矣。

　　一议联团。实为保卫□□□，前此先辈，创立之初，整齐约束，能彼此相顾。近来团规不整，人心涣散，因此盗匪横行，不独孤村受害，即大寨亦往往遭劫。我们大家齐心，从今大众誓整顿器械，方是备御事体。倘遇盗匪来寨抢劫，拿获贼盗，大家自□□一块，定将贼身全将火化。

　　一议和款。原期痛痒相关，我们情同共揾，唇齿相依。一家有惊，合家救之，一寨有惊，合寨救之。相交相助，毋稍躲闪，竟分畛域。自议之后，愿大众齐心，家家相扶持，寨寨相联络，并无殊于此界彼疆，则外匪闻风远遁，而地方乐业相安矣。

　　一议地方闻盗。惊偷劫谁家，左右街邻宜各协力相救，奋勇拿贼。万一贼势凶杀，鸣锣呐喊，大家齐心捕捉。倘或视抢劫，定是与贼通同舞弊。谚云：一家有事，拖累九家。被贼失物若干，众团坐问，邻右坐视，□□□还。如遇家贫如洗，不能赔还失主，大家禀官究罪。

　　一议不准停留面生歹人。窃拦路打劫，明火掳抢等蔽[弊]，缘近无窝家，强盗不能展翅飞来。此后凡遇面生不识之人，无论火铺人家，必问姓名来历，方准住宿一夜，不可久留。至于游食乞丐，三五成群可怪之人，立地驱逐。如有敢犯，一经发作，大众定将窝家罚处。如此则究无容，而贼亦可息矣。

一议不准聚赌博之流。始则十百，继而千万，不可限量。输者无钱偿还，势则偷盗。又其甚者，相通[逼]太过，彼此持刀斗杀，酿成人命，连累地方，为祸不少。此后不论大小子弟，各家父老劝谕，毋使聚赌顽[玩]钱，各劝正业。如此敢犯，一经发作，众款罚钱三千三百文。当窝家，不独众声罚处，而且报官究治。

一议不准偷田园谷菜，并杉木油树。窃我地方山多田少，谷菜固是养命之源，杉木亦属资身之宝，不知费劲艰辛，而后栽植得出。此后遇偷窃贼赃两获者，大众罚钱一千三百文，仍将贼人声传大款，议连者逐出境外。

一议不准放火烧山，以及放浪牛马羊。盖山靠有水，田靠有埂，园靠有菜，各勤栽种，养活身命。此后如有烧山者，大众给报口钱一千三百文。照烧山多少议罚。契杉木者，每苑罚钱一百文，至契木菜者，仍照罚钱一千三百文，概归款内。

一议婚姻，宜从古礼。近□□□□甚。先辈求亲，只已请男媒为说，即得一话。不放多炮，亦不杀猪只。至于过门，不是至亲友谊，不必贺赠木联，省此浪费。果是至亲友谊，宜琢料木联，方成体面。幸为劝勉，是为厚望□也。

一议油山费尽工苦。不许入山砍伐，以放捞为名，患意强捡。所有放捞，定于十一月二十五日。倘敢固犯者，罚钱三千三百文。

实贴晓谕。

光绪二十年四月初八日特谕①

①《上中下三营条规》，张应强、王宗勋主编：《清水江文书》第一辑第8册，桂林：广西师范大学出版社2007年版，编号1—3—5—089，第269页。

从上述材料可知,清水江流域宗族在应对苗疆社会动荡以及猖獗的匪患时,以传统社会组织形式为基础,在政府无钱可出的情况下,采用"抽田"等形式筹集经费,兴办团练。正因为有经费保障,才使得地方团练很有战斗力,成为对抗"咸同兵燹"、维护地方社会秩序的重要力量。

事实上,在"咸同兵燹"期间,清水江流域以宗族或村寨为核心,组织了众多的地方团练组织来抵御社会动乱,维护地方社会秩序。如在天柱,咸丰九年(1859),保安团在垒处率先成立。此后,各乡里纷纷效仿,先后建立了新三团、江东定清团、太和团、水洞中和团、牛场三和团、远口聚星团、邦洞团、蓝田团、北岭团、兴隆团、协和团、杨山团等民间武装组织,团首均由当地乡绅担任。在天柱县的团练中,实力最强的为垒处保安团,次为远口聚星团、江东定清团,他们与农民起义军对抗多年,在处理咸同时期清水江下游地区的社会变乱中发挥了巨大的作用。概言之,不管是在"生苗"还是"熟苗"地区,在王朝势力进入之前,地方乡村社会主要依靠传统的社会组织如议榔、款组织等进行治理。王朝势力进入之后,也要依靠这些社会组织,因为"皇权不下县"。在社会动荡频发的清水江流域,以宗族为核心的传统社会组织肩负起维持地方社会秩序的功能,为保境安民而衍生出像"三营"那样强悍的地方武装势力。

第二节　当江与争江：利益争夺 与经济秩序重塑

有关清水江木材贸易的利益纷争,特别是那持续了二百余年的"争江案",不仅曾经惊动了嘉庆皇帝,而且现在仍值得进一步发掘遗存于民间的文献，勾勒其历史细节①。本节以碑铭史料为核心，通过对"争江案"的细节梳理，分析清水江流域在木材贸易兴起后，当江制度的建立及其所涵盖的内容，并藉此分析清水江流域社会经济发展的曲折过程。

一、木材贸易与当江制度的确立

贵州为山区省份，被誉为"宜林山国"，而清水江流域更是首屈一指的著名林区及木材外销产区。爱必达在《黔南识略》已指出其盛："自清江以下至茅坪二百里，两岸翼云承日，无隙土，无漏阴，栋梁桌楅之材，靡不备具。坎坎之声，铿訇空谷，商贾络绎于道，编巨筏放之大江，转运于江淮间者产于此也。"②《（光绪）黎平府志》亦以此为傲："府属及清江、台拱等处俱产杉木，周围约计千余里。"③其盛亦为其他史料所津津乐道，如《贵州财经资料汇编》载："往昔本省森林，向极盛密，此产木材除供本省自用外，尚可大量输出于东南各省。……各林区以水运及市场限制，昔日木材可大量外销者，亦仅限于清水江、榕江及赤水河三大流域。尤以清水江为最重要，约占

---

① 有关"争江案"的研究可参见韦天亮：《清水江地区"争江案"史料考辨——以第一历史档案馆所藏奏疏史料为研究线索》，载《贵州大学学报》2017年第1期；严奇岩：《"当江制度"与清水江流域的生态变迁——以碑刻资料为考察重点》，载《中央民族大学学报》2016年第4期；单洪根：《清代清水江木业"争江案"述评》，载《贵州文史丛刊》2002年第4期；王会湘：《从"清浪碑"看清代清水江木业"争江案"》，载《贵州文史丛刊》2002年第4期；王宗勋：《惊动嘉庆皇帝的争江案》，载《清水江历史文化探微》，昆明：云南美术出版社，2013年。

② （清）爱必达：《黔南识略》卷二十一《黎平府》，载《中国地方志集成·贵州府县志辑》第5册，成都：巴蜀书社，2006年，第204页。

③ （清）俞渭修、陈瑜纂：《（光绪）黎平府志》卷三上，载《中国地方志集成·贵州府县志辑》第17册，成都：巴蜀书社，2006年，第204页。

十分之五。"《十年来贵州经济建设》记载:"本省森林,依地理上之分布,虽可分为五区,然或因砍伐过度,仅足自给,或因距离水运较远,搬运困难,其大宗木材(以杉、柏为主)可以输出者,首推清水江流域,次赤水河流域,而尤以清水江流域为最重要。盖此区林木荫茂,为全省冠。木材可经由沅江集中湖南的常德转运汉口及京镇一带销售,全省木材外销,清水江流域林区约占十分之五,……民国初年,清水江流域每年外销木材总额值六百万万。"国民政府实业部《关于贵州林业调查报告》(1937年)指出:"全省木材外销,清水江流域占十分之六七,……其外销者,当推麻江、三穗、台拱、剑河、锦屏、天柱及省溪、江口等八县;丹江虽木材亦多,但因运输不便,外销较少;至黎平北部木材,亦由清水江运出。清水江木材,上游以麻江之下司为聚散处,下游以锦屏、天柱为交易集中地点。"[①]民间文献于此亦有载,如文斗《姜氏族谱》记锦屏沿河一带是"丛林密茂,古木阴稠,虎豹踞为巢,日月穿不透"的"深山菁野"。又如乾隆年间的碑文也显示锦屏地区"林木参天""其古涧深原,四望苍莽,狐狸之所凭依,虎狼之所巢穴"[②]。显然,清水江流域系"森林王国"以及由此产生了巨大的经济利益,是不争的事实。

明清两代,因建设宫殿需要,朝廷面向贵州、四川、湖广采办杉、楠等品种大木。清水江流域之木材,显然在其视阈之内。据蓝勇教授的研究,明初已开始在贵州采办皇木,至嘉靖年间已颇为兴盛[③]。至于何时进入清水江流域采办皇木,尚未见确切的记载,但因皇木采办系一项繁重的负担,所谓"采木,国家巨役也,费至重,力至劳,

① 以上两条皆转引自贵州省编辑组编:《侗族社会历史调查》,贵阳:贵州民族出版社,1988年,第28—29页。
② 《建祠碑记》刊刻于乾隆六十年(1795),现立于锦屏县敦寨镇地步村。
③ 蓝勇:《明清时期的皇木采办》,《历史研究》1994年第6期。

是天下之所无奈何而不可以已者也"①。因此，可从因采木而免除地方官员的一些事项，判断采办时间。据《明实录》载，嘉靖二十二年（1543），"以采木免……镇远、黎平、都匀等五府各正官来朝"②。嘉靖三十七年（1558）再次"以采木免……黎平、镇远六府各州县正官入觐"③。由此可知，至迟在嘉靖年间，清水江流域已在采办皇木之范围里。

迟至雍正、乾隆两朝，外地木商已涌入黎平府境内经营木材，木材贸易大盛，出现年销二三百万金、折合木材二三十万两码（一两码折合0.6立方米）的繁荣局面。民国初年，江西木商周绍甫兄弟在清水江支流——乌下江（又称孟彦河）④流域的罗里开设木业公司，将收购的杉木运到湖南、江西、上海等地。木材购销大户湖南会馆每年除收购杉木一万多两码外，还直接在村寨购买青山，木植被放运至湖南转销。当时在黎平城内从事木材贸易的商行就有五十家⑤。

如此巨大的经济利益，引发了沿江民众的利益纠纷，特别是锦屏卦治、王寨、茅坪，凭借江面宽阔，水势平缓，成为清水江下游最为重要的木材集散地，由此拦江抽利，纷争蜂起，迟至康熙后期就"闹起来了"⑥。为规范市场秩序，雍正年间，贵州巡抚张广泗定王寨、茅坪、卦治三寨开设木行，"经示准职等三寨歇客，轮流当江"⑦。雍正

---

① （清）平翰等修，郑珍、莫友芝纂：《（道光）遵义府志》卷十八《木政》，收入《中国地方志集成·贵州府县志辑》第17册，成都：巴蜀书社，2006年，第399页。

② 《明世宗实录》卷二七六"嘉靖二十二年七月丁未条"，台北："中央研究院"历史语言研究所，1966年，第5404—5405页。

③ 《明世宗实录》卷四六二"嘉靖三十七年闰七月丁酉条"，第7804页。

④ 黎平境内称孟彦河，锦屏境内称乌下江。

⑤ 贵州省黎平县志编纂委员会编：《黎平县志》，成都：巴蜀书社，1989年，第313页。

⑥ 韦天亮：《清水江地区"争江案"史料考辨——以第一历史档案馆所藏奏疏史料为研究线索》，载《贵州大学学报》2017年第1期。

⑦ 《卦治争江碑四》刊刻于光绪十六年（1890），碑原立于锦屏县三江镇卦治村。

九年(1731),黎平知府发布告示,确定了当江制度,具体规定了当江时间及内容:"茅坪、王寨、卦治三处,皆面江水而居,在清水江之下游,照地与生苗交界。向者生苗未归王化,其所产木放出清水江,三寨每年当江发卖。"具体规定为:子、午、卯、酉年为茅坪当江,辰、戌、丑、未年为王寨当江,寅、申、巳、亥年为卦治当江。每寨当江之年,负责开行接客,经手交易,而其他两寨之行户不得私引客商越买。三寨轮流值年,开店歇客,执掌市场贸易,"苗人临河开店歇客,三寨轮流轮值之年谓之当江"①。至光绪年间,这一当江内容再被重申,不仅"仍照旧规,三寨分年轮当",而且加入了对大河、亮江、八卦河轮流当江的内容:"三寨人分年轮流当江……每逢子、午、卯、酉年,大河、亮江、八卦河轮为茅坪当江,王寨、卦治不得私引客商越买;辰、戌、丑、未轮归王寨当江,茅坪、卦治不得私引客商越买;寅、申、巳、亥轮归卦治当江,茅坪、王寨不得私引客商越买。自光绪七年辛巳正月轮归卦治当江为始,以后永远遵照。其有亮江、八卦、大河统归轮流,值江年当江收领,三寨不得藉词滋事。"②这样,一个轮流当值的当江制度,在地方各级政府的干预下,在清水江下游建立起来了。

二、"江步""采运"与"捞获""赎买"之规则

除茅坪、王寨、卦治轮流当江已如前述外,在清水江流域,围绕"一江厚利",尚有与之相关的其他当江内容,举凡木材之采买、放运、工价、捞获与赎买等,均有规范可循。

①(清)俞渭修、陈瑜纂:《(光绪)黎平府志》卷三上,《中国地方志集成·贵州府县志辑》第17册,成都:巴蜀书社,2006年,第204页。
②《表扬政德》碑刊刻于光绪七年(1881),现平铺在锦屏县三江镇卦治村一龙姓人家门口。

1. 江步制度

清水江流域民众为了自身利益，把江河分成若干段，称为"江步"，即按"步"分"江"制度①。其由来，据一方碑铭所言："河通顺流，遂与上下沿河民分段放运客木，以取微利，江步之所由来也。"②实际上，该制之核心，就是木材流经哪里，就只能由所经地方的人们放运，其他地方之人无权放运③。但清水江上下沿江河百姓为增加收入，争相加入木材放运行业，因而时常发生争江事件，甚至发生多年的官司诉讼，后经多方调解，制定江规，实行利益均沾。另外，"排夫"系由沿河村寨的百姓充当，远离江河的民众所能从事的木材运输往往被限定在"旱夫"这一角色，即负责砍伐并将木材从山场拖运到溪河边。江步、江规不仅普遍存在，而且严格执行，否则"送官究治"。嘉庆二年立于卦治的《奕世永遵》碑文中可以体现："徽临西三帮协同主家公议，此处界牌以上，永为山贩湾泊木植，下河买客不得停簰。谨为永遵。"④碑文规定了上下河的界牌，山贩不得越界"湾泊木植"，木商也不得越界"停簰"，这实际上就是江规与利益的划分。

江步不仅在清水江干流存在，在支流也大量存在，主要涉及清水江的一级支流亮江、乌下江、鉴江以及二级支流八洋河等河段。

如亮江就有八步江规，据光绪九年《八步江规》可知，钟灵河至亮江口共有"八步江"，木材到一个地点后交与第二个地点的人接运，共八个地点交材，即洞楠、娄江、八洞口、稳江、赛地、下高、银洞、亮江。亮江人把木材运至亮江口后，交由茅坪人运至茅坪木行

---

① 本文所涉江步并非均为等距离，而是大致相等的路程。
② 《永定江规》刊刻于嘉庆十六年（1811），碑现立于锦屏县铜鼓镇高柳寨。
③ 秦秀强：《江规：清代清水江木材采运贸易规范考察》，载《原生态民族文化学刊》2010年第1期。
④ 《奕世永遵》碑刊刻于嘉庆二年（1797），石刻原在锦屏县三江镇卦治村对岸，现已被天柱县白市水电站蓄水所淹没。

木坞①。这样，从钟灵河到亮江口的木材运输经八段才告结束。

又如乌下江（亦称瑶光河），亦有刊于咸丰元年的《拟定江规款示》，由中游和上游二十六个村寨"众寨头人同心刊立"，"爰因约集各寨头人同申款示，永定规条：上河木只准上河夫放，不可紊乱江规；下河夫只准接送下河，须要分清江界"，"下河木客买卖上河发木，不准自带水夫"等，反映了乌下江中上游村寨开修河道与分江放木二者权利与义务的关系②。又如鉴江流域也有相关规定："鉴江木植由狮子口放下，令改由鱼塘上放下，木植经过柱境内一律开放。""除狮子口以下坝仍照族规抽收外，所有狮子口以上之坝按寨名规定。""每株松桐一元，下上坝抽收坝银八毫，下中坝四毫，下下坝五毫。""每杉条一根，下上坝收坝费二文四毫，下中坝一文八毫，下下坝一文二毫。"③鉴江支流瓦窑江同样也有江步："自团菌以上，贡溪至注溪，桥梁坝枧一共四十八部［步］。"④再如八洋河有"四步江"，即启蒙人只能把木材放至寨早、寨早人只能放至岩寨、岩寨人只能放至干溪、干溪人只能放至八洋，最后由八洋人接运至八洋河口。八洋河的上游婆洞河在道光年间也有对木材放运分江步进行管理的规定，巨寨盘兴塘以上河段由上婆洞人放运，盘兴塘至粟木塘由下婆洞人接放，粟木塘至归朝由归朝人继续下运，"立有碑记，不得紊乱"⑤。由此可知，"江步"制度普遍存在于清水江流域，为木材贸易的有序放运提供了重要的规则保障。

---

① 《八步江规》碑刊刻于光绪九年（1883），残碑，仅见上半部，现立于锦屏县三江镇飞山庙内。

② 《拟定江规款示》碑刊刻于咸丰元年（1851），已断为几块，现立于锦屏县固本乡培亮村。

③ 《天柱县行政公署指令碑》刊刻于民国六年（1917），碑现在天柱县邦洞镇织云街上。

④ 《遵古重补》碑刊刻于光绪二年（1876），现立于天柱县蓝田镇贡溪村河边。

⑤ 启蒙镇志编纂委员会编：《启蒙镇志》，内部印刷本，2013年，第459页。

2. 采买、放运及工价

为规范运价秩序，乾隆四十二年（1777）曾制定排夫工价章程，据嘉庆七年（1802）所刻《永远碑》载曰："自乾隆四十二年，排夫工价定有章程：瑶光运至卦治，每排取工价银四钱八分；运至王寨，每排取工价银五钱六分；运至毛[茅]坪，每排六钱四分。较之四十一年以前，每排加增银一钱。"至嘉庆七年，二十多年过去了，虽然相安无事，"并无加价之事"，但"恐章程不定，或有地棍借故把持勒诈，或有流棍借端煽惑，客商敛银滋讼"，于是，"合行出示晓谕，示仰瑶光及沿河民苗等知悉：嗣后，木植到境，任客投店，雇夫运放，排夫工价照四十二年所定，不许分厘多索"①。

光绪二十二年（1896），黎平府知府俞渭根据木商姜利川等以"越江夺买，瞒课病民，公恳示禁"等情"出示严禁事"：

> 窃惟江河有端口，交易有行，故设立王寨三江，所以公其利而便于民，亦以便于征而裕国。上河山客不能冲江出卖，下河木商不能越江争买，向例严禁，谁敢故犯？近来，三江行户多有领下河木商银两，径上河头代下河木商采买，山客之资本有限，谁能添价与伊争买？故山客于前二三年在衙具控有案，奈上河贤愚不一，不能认真，以致行户代客买卖者愈出愈多。前此犹有顾忌，互相隐瞒，今则人夫轿马搬运下河之银，径上落[罗]里、孟彦、地里一带，坐庄收买。深山穷谷，一扫罄尽。独不思利为养命之源，可公取而不可独占，彼既据其全，此已流于歉。况设江行之意，云何而任其如此行为？上自深山穷谷，下至江南上海，利皆归下河商矣。于是，颁给告示，禁止代下河木商越江争买，使上下交易皆归江行，则不独为山客除争夺之害，实于国课大有裨益。事关利弊，故敢合词，公恳查究示禁等情到府。

---

① 《永远碑》刊刻于嘉庆七年（1802），现立于锦屏县河口乡瑶光下寨。

> 据此,除批示"据禀行户代客户入山买木,致夺山客之利,又复有种种弊端,殊属不合,候出示严禁可也"外,合行出示严禁。为此示,仰该三江行户、上下河客人等一体知悉:自示之后,尔等买木需由上河山贩运至三江售卖,不得越江争买。至各山贩木植到江,所有售卖之价,务须报局纳课,不得短报数目。倘敢不遵,一经查出,或被告发,定即提案,重惩不贷。①

由此可见,不管是排夫的雇请及其工价,还是采买程序,都有一个协商好了的运行规则,然后勒石成碑,公诸于众,其目的也是为了沿江百姓能共享这"一江厚利"。

3. 捞获与赎买

清水江每至雨季,洪水暴涨,沿河木材容易被洪水冲散,沿河民众争相捞取,故常有捞木者与木主之间的矛盾,地方政府为此制定捞获与赎买之规定。如道光八年(1828),天柱县制定《捞获木植工价》,规定:"倘值洪水涨发之时,遇有上河漂流,下河捞获木植,毋许藏匿,毋许毁废,务候该商凭斧记确实,遵照示定木植大小,酌给工资银两若干,准其取赎,该商等不得悭吝,亏负捞获□,而居民不得高抬揹执漂流之木。如违,许该保长指名禀究。该保长若敢通同徇庇,或经访闻,或被告发,立即签提,一并倍处。各宜凛遵毋违。特示。"同时也规定了捞获木植因大小不同而工价不同:

> 一尺内围木,每根准给捞获工价银四分。
>
> 二尺内围木,每根准给捞获工价银八分。
>
> 三尺内围木,每根准给捞获工价银二钱。
>
> 四尺内围木,每根准给捞获工价银三钱六分。
>
> 五尺内围木,每根准给捞获工价银八钱三分。

---

① 《河口禁行户入山购木碑》刊刻于光绪二十二年(1896),原碑无额题,根据碑文由笔者所加,碑现立于锦屏县河口乡瑶光村。

六尺内围木，每根准给捞获工价银一两五钱。①

以上内容为三帮五勷商人以《俾垂久远》为名刊碑公立，以为"捞获"与"赎买"规则，通行于清水江两岸。

至光绪五年（1879），黎平府根据"木商运木，近年河水陡涨，多被漂流，沿河奸民或乘危斩缆，或捞获勒索，有碍商旅，拟定章程，请饬遵办"等情，制定了更为详细的《捞木赎木章程》：

　　——被水漂流木植，沿河居民捞获者，无论整排、散木，不准削记改记，锯断藏匿。掉放河边，报知地保，点明数目，速书招赎字据，开写斧记、数目、捞获日期，粘贴泊排各坞，上下木商来认，会同地保合对，斧记相符，照章取赎，木商不得短价，捞户如有违章卡赎者，准商禀官提究。

　　——捞截木植定期四十日，候木商取赎。如逾限不到，准捞户鸣知地保，投行照价售卖。

　　——捞截木植无论水势大小，均听木商于定限取赎。如遇陡涨漂江洪水，每两木码准取赎价钱二千文。满河水每两木码准取赎价钱一千文，平常水木植漂流无多，听木商酌捞获钱财，不准恃强多取，木商亦不得悭吝少给，以照平允。

　　——水涨之时，如有乘危潜至水底附近排边斩缆强放，被木商捕获告发，即照抢夺拟罪。若捞藏、削记改记、锯断私卖，被木商查获告发，即照偷盗律计赃科罪，以示惩儆。

　　——排夫包运客商木植放河洑、德山一带，沿途藉端卡索客商银米，故意羁留岩滩，迟延时日，而试图加价，嗣后再蹈前项情弊，准木商就近赴县禀明，严加惩办。

与道光八年制规定相校，此次规定更为细致。首先规定了"取

①《俾垂久远》碑刊刻于道光八年（1828），现立于锦屏县三江镇飞山庙内。

赎"手续与时限。由捞获者书写捞取木材之状况，以"斧记"为据招赎。其时限为四十天，过期可"投行照价售卖"。其次规定不许涂改捞取之木材和赎价计算方式。最后还针对排夫进行了职业道德约束，不能"卡索客商银米，故意羁留岩滩，迟延时日，而试图加价"。这些利于木材贸易正常运行的内容亦为三帮五勷商人以《永垂久远》为名刊碑公立①。

此后，这种"捞获"与"赎买"规则可能尚存在一些问题，民国二年（1913），经贵州省都督批准，总办三江木植统征兼弹压府、署理黎平府兼开泰县事、署理天柱县事、总办瓮洞厘金兼弹压府等官商一道，"会饬刊碑"：

> 一、满江洪水赎木，在六丈以上者，以江内篾每两码给赎钱二千文，五丈以上赎钱一千文，四丈至三丈者照式递减。
>
> 一、半江洪水赎木价，在六丈以上者，以江内篾每两码给赎钱一千文，余照式内[类]推。
>
> 一、满江洪水赎木期限半月，半江水限十日。过期不到，准捞户自由变卖；但连期水涨碍难寻赎，亦不得拘此限期变卖。②

此次规则主要集中在两个方面，一是赎价有"满江洪水"和"半江洪水"之分，前者倍之；二是赎木期限的规定，亦有"满江洪水"和"半江洪水"之分，前者十五天，后者十天。综上可见，清水江木材贸易兴起之后，利益所涉面极广，而每项利益均须不断地出台相关规则，共同维护"木材"能顺利"流动"。不然，利字当头，纷争蜂起，可称之为名副其实的好讼之乡③。

---

①《永垂久远》碑刊刻于光绪五年（1879），现立于锦屏县三江镇飞山庙内。

②《卦治木商会碑》刊刻于民国二年（1913），原碑立于锦屏县三江镇卦治村。

③ 吴才茂：《清代清水江流域的"民治"与"法治"——以契约文书为中心》，载《原生态民族文化学刊》2013年第2期。

三、利益之争："当江"与"争江"

尽管有当江制度，亦有与之配套的诸多规则，但围绕"一江厚利"的诱惑，不同利益群体均想分一杯羹，由此出现的纷争与诉讼，伴随着木材贸易的始终。其中最为重大者，莫过于"内外三江"之争和"内三江"内部之争，其所涉时间之长、地域之广与人群之多，可为这一历史时期清水江流域争夺利益的典型代表。

1."内外三江"之争

清水江流域木材贸易兴起后，"当江"可以获取丰厚的利润。据嘉庆六年刊刻之碑文所述："客商投宿三寨（指茅坪、王寨、卦治），房租、水火、看守、扎排以及人工杂费，向例角银一两给银四分。"①那么，这种当江制度最早始于何时何处？据目前可见史料及清水江流域自下而上的开发史而言，最早当江者应属是天柱坌处，据立于天柱县坌处镇清浪村《清浪争江碑》所述：

> 是以我等地方自开辟清水江以来，蒙前□各大宪设立坌处为采办皇木之所，至康熙二十四年，客苗乱行，被黎平府属之毛平、黄寨、卦治三处乘机霸市，擅设三关。上下经控，抚藩臬道名裁，因豪恶龙永义等财多讼能，故失江坞。②

这是目前所见最早记录清水江"内外三江"争江的资料。据此可知，坌处在康熙二十四年（1685）之前是"采办皇木之所"，后因"客苗乱行"而被上游地区"乘机霸市"，诉讼之时因对方"财多讼

---

① 《卦治争江碑一》刊刻于嘉庆六年（1801），原碑立于锦屏县三江镇卦治村，现已不知去向。

② 《清浪争江碑》刊刻于道光八年（1828），原碑无额题，由笔者根据碑文所加，碑现立于天柱县坌处镇清浪村。毛平即今茅坪，黄寨即今王寨。

能",故而失去作为"江坞"的权利。显然,利之所在,"外三江"的垒处自不肯善罢甘休,由此开始了两百余年的争江。据吴述松统计,这两百年的争江共计十次:康熙年间一次,雍正年间二次,乾隆年间一次,嘉庆年间四次,光绪年间一次,民国年间一次[①]。

康熙四十二年(1703),垒处王国瑞为首串联从托口以上至垒处设十八关阻木抽税,被朝廷取缔。雍正年间,贵州巡抚张广泗规定"三江轮流值年","沿江别寨均不准当"。雍正八年(1730),垒处王国良等向古州兵备道请帖,要求在垒处开木行歇客,被"严行出示禁革"。雍正九年(1731),黎平府知府布告中称:"一江厚利归此三寨。"乾隆四十二年(1777),垒处游志安等向贵州布政司请帖开木行,被"饬回"。

嘉庆年间,争江达到高潮。嘉庆三年(1798),垒处王师旦、王绍美等率众告到黎平府,被驳回。嘉庆六年(1801),天柱伍仕仁、王绍美等串通客商冒充皇商买木冲江。次年,经黎平、镇远两府会商,"各商照旧章"。嘉庆九年(1804),垒处王载车(王师旦之子)等将水客在茅坪所买之木在垒处阻拦,形成阻江。次年,下游之木商不敢采买,停留于托口、洪江。嘉庆十一年(1806),垒处阻江案经黎平、镇远两府会审,仍"照三江值年买卖"。当三江船队行至垒处时,被王绍美等人强行截扣并焚烧。黎平、镇远两府派兵围困垒处,捕人充军,王师旦囚死狱中。正如《争江记》所言:"兵马围困垒处寨,抄家劫舍苦难当""充的充来死的死,垒处争江无人还。"[②]可见,下游村寨尤其是垒处为"争江"付出了沉重代价。

---

① 吴述松:《清水江两百年争江案判决与乾隆以蛮治蛮新政》,载《北方民族大学学报(哲学社会科学版)》2014年第1期。

② 《〈争江记〉唱本》详见垒处镇志委员会编:《垒处镇志》,内部印刷本,2011年,第401—406页。张应强:《木材之流动:清代清水江下游地区的市场、权力与社会》,北京:生活·读书·新知三联书店,2006年,第290—294页。其他文献如《侗族社会历史调查》和《锦屏县志》均有记载。

　　咸同年间，清水江流域长期处于社会变乱之中，为维护地方社会稳定，时任黎平府知府胡林翼倡办团练，于是团练兴起。光绪年间，争江再起。光绪十五年（1889），借办团练之机，坌处由举人吴鹤书出面，请求在坌处等地开设木行，收费养练。几经反复，最后准许坌处、清浪、三门塘设店开行，以内外三江分别名之。光绪二十八年（1902），因抢捞漂流木材，纷争又起，官府下令刻《永定章程》碑，定出江规。

　　至民国五年（1916），经贵州省民政厅下令、镇远府奉命调处，正式划分"内三江"为茅坪、王寨、卦治，"外三江"为坌处、清浪、三门塘。"王寨、茅坪、卦治内江地方，照旧永为买卖木植商场及三帮五勷泊排成排内江行户，不得将码头私与永州客、外江客停泊木排，以杜商场争端；永州客、外江客内江既未置有码头，均照旧驻居于坌处、清浪、三门塘有木坞之主家，以便泊排成排。但内江行户不得接客，外江主家不得阻客，而作买卖自由公例；永州客、外江客欲进王寨、茅坪、卦治内江买木，非有外江木坞之主家引进，内江行户不得与外江客私自开盘议价，违者内江罚行户，外江罚客。"并且"酌拟赎木章程"，规定洪水后"遇捞获漂流木植赎取"的十一条措施①。至此，持续二百多年的争江案宣告结束。

　　综上可知，"内三江"与"外三江"民众为了各自的经济利益和社会资源，以村落和宗族为核心衍生了旷日持久长达二百余年的"争江"案，宗族在其中发挥着重要的作用，诚如张应强所言，它反映了"不同族群为争取更大利益对王朝制度及正统文化的借助与依从"，

---

① 《内外三江木材商场条规碑》刊刻于民国五年（1916），原碑无额题，碑嵌于天柱县坌处镇坌处小学围墙中。2017年11月18日，在黔东南州原副州长单洪根先生指引下，笔者与贵州大学杨军昌教授、吉首大学罗康隆教授等一起考察，在锦屏县茅坪镇也有一块与天柱县坌处镇相同内容的碑，碑现平躺于茅坪镇退尾寨一居民院内。

"木材之流动所牵涉到的个人、家族、村寨,莫不直接或间接地卷入'争江'所引发的灾难与机遇的漩涡之中"①。随着"咸同苗乱"期间区域社会关系的重新调整,"外三江"逐步取得了部分"当江"的权利,从而形成了"内外三江"共享"江利"的局面。

2."内三江"内部之争

在"内三江"与"外三江"争夺当江的同时,"内三江"的卦治、王寨、茅坪也明争暗斗。"内三江"的位置分布,卦治居上;王寨居中,占据小江(八卦河)与清水江汇合处;茅坪居下,处于亮江与清水江汇合处。三寨由上至下各距十五里左右,地处清水江下游,河面宽阔,水流平缓,是停靠、编扎木排的理想场所。外省木商进入清水江采买木植,首先抵达茅坪。茅坪的行户便截留木商落行,并派人到王寨、卦治联络山客,将木植放到茅坪交易,从而引起王寨和卦治的不满。或者,遇茅坪当江之年,王寨、卦治又私引木商越江购木,遂引起内江三寨间的争讼。

乾隆年间,"王寨人心贪鄙,屡欲霸吞八卦河之私,垄断独登,迭次互控"。卦治人向道台申控,"蒙前道宪周彻底判断,不得藉夫霸吞江利"②。嘉庆六年(1801),"三江地面俱系清江一河上下,势有不一,小江一河出自王寨,亮江一河出自茅坪。查茅坪居于卦治、王寨之下,嗣后茅坪当江,而王寨、卦治不得私行僻路购买,至于王寨、卦治居于茅坪之上,此二处当江,而茅坪亦不得勾商私向小河、亮江购买"③。

至光绪年间,"内三江"之争愈演愈烈。"大河、小河木植系三寨

---

① 张应强:《木材之流动:清代清水江下游地区的市场、权力与社会》,北京:生活・读书・新知三联书店,2006年,第273、275页。

② 《卦治争江碑四》刊刻于光绪十六年(1890),碑原立于锦屏县三江镇卦治村,现已不知去向。

③ 贵州省编辑组:《侗族社会历史调查》,贵阳:贵州民族出版社,1988年,第55页。

人分年轮流当江，嗣因茅坪与王寨肇衅，互控不休，历任所断，旋结旋翻，以致终无了期。"光绪七年(1881)，"照旧规，三寨轮流当江，照本署道断令照旧办理，每逢子、午、卯、酉年，大河、亮江、八卦河轮为茅坪当江，王寨、卦治不得私引客商越买；辰、戌、丑、未轮归王寨当江，茅坪、卦治不得私引客商越买；寅、辛、巳、亥轮归卦治当江，茅坪、王寨不得私引客商越买。自光绪七年辛巳正月归轮卦治当江为始，以后永远遵照。其有亮江、八卦、大河统归轮流，值江年当江收领，三寨不得藉词滋事。……查此案甫经断结，而王寨竟敢放木冲江，本属不合。是否王承立等主使，抑系凶徒所为？何以首士等无一人出言理阻，殊不可解。除批示严饬查拿究惩外，合行出示晓谕。为此，仰三寨人等知悉，以后务遵前断，各值当江之年各自查照办理，不得听奸小播弄，再行放木冲江，复至滋衅。惟有敦亲睦，将来和气生财，自享源源不竭之利，庶无负本署道一片体恤商民之至意，一候奉到抚部院岑批回，再当抄批出示，妥立成规，饬令刊碑，永远奉行。各宜禀遵勿违。"① 时隔六年，纷争再起，光绪十三年"缘三江荷蒙宪示，大小各河流当江无异。兵燹后，人心不古，王寨、茅坪互控，亮江河各怀垄断，迭讯未息。因上控，蒙抚院指示，饬令道吴亲勘断结，由辛巳为始，宪示煌煌。殊至今岁遭王寨痞棍王森林、张玉珍等收押，犹不知悔，反督催收余者抗提，案今未结。今实有茅坪凶徒龙吉瑞等见玉珍等久抽无阻，照此为例，纠党霸收亮河，收及万元。预备刀枪，又阻大河六家客木粘单承阅。若不恳示严禁，客商等均惧买卖，闭市封江，胥兴无着，宪示何存。目无法纪，事关重件，伏乞台前作主，赏准存案示禁，俾胥兴有着，以儆效尤"。据批："此案前经巡宪亲勘断结，出示晓谕，自应永远遵办。兹呈龙吉瑞等霸收各情，如果不虚，殊属藐顽，候即出示严禁，并札茅坪总理查明，饬

---

① 《表扬政德》碑刊刻于光绪七年(1881)，现平铺于锦屏县三江镇卦治村一龙姓人家门口。

令遵照宪批办理。倘有违抗，即禀明，定行提案，重究不贷。"[1]光绪十五年："王寨复行私改八卦江规，控经周府案下，当蒙加示，仍照巡宪断案，毋得违背宪示。"光绪十六年："八卦小河迭次争控，经巡宪吴断结，仍照大河轮流当江，王寨不得据为己有。"[2]

由此可见，虽然经过各级官员多次断结，然而为了各自利益，"内三江"相互间仍然争控不休。

综上所述，贵州东南部的清水江，由木材贸易而带来的"一江厚利"，为社会各个阶层所觊觎。在区域社会内部，为避免无序之纷争，人们通过协商，建立起"江步"制度，这种各自把持一段的利益分配，可看作区域社会内部利益均沾的调节器，在这种调节器的作用下，地方社会内部势力与利益分配处于一种较为稳定的状态，社会结构亦趋于一种稳定的状态。而在涉及王朝制度与外部社会力量（如商人）参与的当江之争中，这些"江步"制度，显然很难规范大范围的权利之争，这为王朝制度的次第嵌入提供了绝佳时机。从此之后，争江案的主体虽仍系区域社会中的村落，但王朝制度亦藉此全面介入地方社会的运行之中。清水江流域的社会变动，亦由此进入一个波澜壮阔的新时代，咸同兵燹到来之际，更加把地方社会和王朝政府纽合为一体以应对社会变乱[3]，地方性规范也逐渐为王朝制度所取代。这种历史进程虽然有所反复，但就历史发展的趋势而言，地方运作的规范，终归融入到王朝制度中来。

---

[1]《卦治争江碑三》刊刻于光绪十三年（1887），原立于锦屏县三江镇卦治村，现已不知去向。

[2]《卦治争江碑四》。

[3]李斌：《失序与再造：咸同兵燹与清水江流域地方社会秩序的重建》，《贵州大学学报（社会科学版）》，2018年第4期。

第三节　从"栽岩议事"到"府示立碑"：
乡村社会治理体系变迁

　　清雍正、乾隆时期，是黔东南"广袤二三千里"乡村社会变革的重要时期。雍正初始，清廷逐步推行"蛮悉改流、苗亦归化"政策，旨在将"熟苗"地区实施"改土归流"，将"生苗"[①]地区实施"归化"的措施，使其"归隶版图"，成为"编户齐民"。清雍正年间，随着"开辟新疆"的实施，以及"新疆六厅"的设置，使得黔东南乡村社会逐步纳入中央王朝的统一管辖范围之内，设官建制后，清代黔东南乡村社会治理体系由以"栽岩议事"为代表的自治体系，逐步演变为以"府示立碑"为主的国家治理体系。但需要说明的是，国家治理体系并非完全替代乡村治理体系，而是两种治理体系长期并存于乡村社会之中。总体上来说，呈现出宏观上的王朝国家治理体系与微观上的乡村社会自治体系两种管理体系共治的局面。文章主要以"古州厅"相关村寨为个案，探讨清代黔东南乡村社会治理体系的变迁过程。

---

①生苗居住的地区叫生界。"生界"一词，由来已久，有关黔东南境内"生界"的较早描述，可见于宋代朱辅所撰的《溪蛮丛笑》："去州县堡寨远，不属王化者，名生界。"据符太浩所著的《溪蛮丛笑研究》所述："生界"内的各族居民，既不承担赋税徭役，又不必遵守朝廷已有的法规，基本上是按照本民族的固有的制度和文化去运作。

一、"栽岩议事":"新疆开辟"前的 乡村社会治理模式

"自沅州以西即多苗民,但有生熟之异。生者匿深箐中不敢出,无从见,熟者服力役,纳田赋,与汉人等。"[①]清代"开辟新疆"以前,黔东南境内的雷公山、月亮山腹地及其周边的广大地区的民众,往往"匿深箐中",属于生苗。文献典籍中的"化外之地""不隶版图""不籍有司,且无土司管辖""不奉约束""不通声教"等皆是对黔东南"生苗"地区的描述。可知,未开辟之前的黔东南乡村社会处于不受中央王朝管控、亦无土司管辖的自立自主状态,但通过田野调查得知,其内部管理并非杂乱无章、混乱不堪,而是形成了一套以"栽岩议事"为代表的自治管理方式。

所谓"栽岩议事",是指集体决议后,以栽岩来订盟。因苗族无文字,在集体议事后达成的决议,往往只能口传身授,不能用文字记载,但为了能将此项决议推广或流传下去,往往集体栽一块岩石,即"栽岩订盟"。为了强化此次栽岩的权威性和神圣性,一般会在栽岩的时候举行一个栽岩仪式。栽岩仪式往往由德高望重的寨老主持,旨在通过仪式的神圣性和寨老的权威性去强化"栽岩议事"的社会效用,达到人人遵从的目的。

每次栽岩后确立的椰规,都有具体的名称(类似当今每次开会时确定的会议主题)。笔者在从江县加鸠镇考察时,就发现有如下一些椰规的名称:"椰白种,格党窝","椰党爽,格能秋","椰党义,格松汾","椰摆场,格松地"等。据当地人解释,在苗语中"格"是集

---

① 方亨咸:《苗俗纪闻》,(清)王锡祺辑:《小方壶斋·舆地丛钞》第八帙,杭州古籍书店影印本,第10册,1985年,第71页。转引自陆韧、凌永忠:《元明清西南边疆特殊政区研究》,北京:人民出版社,2013年,第261页。

会的意思，椰是"岩"的意思。如"椰党爽，格能秋"的释解是"在能秋这个地方的党爽处集会举行栽岩"。其他椰规情况也是如此，如"椰党义，格松汾"的意思，就是"在松汾这个地方的党义处集会举行栽岩"。也就是说，每次椰规的名称，往往依据栽岩的地方取定。

栽岩分为"总岩"和"分岩"、"大岩"和"小岩"等不同类型。"总岩"所管辖的地方较为宽广，往往达到数十寨，甚至上百寨的范围。如从江县加鸠镇"能秋总岩"就管辖上百个村寨，而加鸠镇的"五寨"分岩只管辖现今加鸠镇的加瓦、加叶、污内、加进、党郎五个村和加勉乡的加模村，共计六个村的十五个自然寨。关于"总岩"和"分岩"的关系，当地的群众解释说，"分岩"解决不了的事可提交"总岩"来解决，但实际上这种所谓的"总岩"和"分岩"都是处于平等地位，不存在直接的领导与被领导关系，只有涉及区域性的重大事情才由"总岩"来议决。所以，"总岩"和"分岩"虽有管辖范围大小之异，但没有统属关系之实。每个"岩"下面所辖的村寨，一般称之为"栽岩圈"，民众称之为"岩众"。

龙耀宏认为"栽岩"的核心是其表现出来的苗、侗民族社会中较为原始的一种行政管理制度，是古代苗、侗民族人民为维护社会道德，维护地方社会治安，维持生产生活秩序，改革传统习俗，抵御外来入侵等通用的一种"决议"和"决定"形式[①]。因此，栽岩的实质则是订盟，是其自立自主管理的表现形式。

"栽岩议事"始于何时，目前并无资料明确记载。现在的榕江、从江、广西、湖南等地还普遍遗存有栽岩。仅就榕江县而言，据榕江本土学者周年荣1994年统计，榕江苗族的栽岩，尚存数百块之多[②]。笔

---

① 龙耀宏：《"栽岩"及〈栽岩规例〉研究》，载《贵州民族学院学报》2012年第3期，第1—6页。

② 周年荣：《榕江苗族的栽岩文化》，载《贵州民族研究》1994年第2期，第54—59页。

者在黔东南境内的从江县加能、摆道、加叶、加学，以及榕江县高懂、摆王、高扒、卡寨、定向、高随、高同等地田野调查时也见到过遗存的栽岩。

　　总之，栽岩是维持社会安定、调整人际关系的一种手段，也是原始立法的一种形式，在"栽岩圈"内具有极大的权威性，岩众人人受其约束。栽岩"椰规"涉及军事、婚姻、惩盗贼、禁忌、伦理道德、定界等社会的方方面面，可以说是自成体系、自立自主的一套地方管理的制度或规约。

二、"开辟新疆"：黔东南乡村社会的"内地化"过程

　　"黔省故多苗，自黎平府以西，都匀府以东，镇远府以南，皆生苗。地广袤二三千里，户口十余万，不隶版图。"[1]对于雄心勃勃的清王朝来说，"生苗"自立自主的"化外"发展状态，是不能容忍的[2]。清廷认为，生苗"滋扰地方，劫杀横行，阻塞道路，危害已久"，因此，必须加以"归化"，纳入"大一统"管理体系中来，加之封疆大吏的好大喜功，最终促成朝廷批准实施"开辟新疆"。

　　时任云贵总督鄂尔泰疏言："生苗盘踞于黔楚粤三省接壤之间，阻隔道途，难通声教，仍然夜郎自大，肆意横行，地方官从不敢过问，若不乘长寨、谬冲、乌蒙、泗城等处苗蛮震怖之后，即行相机清理，终

---

① 刘显世、谷正伦修，任可澄、杨恩元纂：《（民国）贵州通志・前事志十九》，载《贵州府县志辑》第7册，第192页。
② 陆韧、凌永忠：《元明清西南边疆特殊政区研究》，北京：人民出版社，2013年，第270页。

为边方之患，难谋内地之安。"①

　　雍正五年（1727），云贵总督鄂尔泰命黎平知府张广泗会同副将李登科往古州相机招抚生苗。"广泗历诸寨，至古州，登诸葛营。生苗以汉官无至诸葛营者，皆大惊，以为孔明复生，相率罗拜。广泗归，历陈其险要，请行招抚。鄂尔泰大悦，于是，始谋开新疆矣。"②张广泗此次深入古州，相机招抚生苗，差不多算是一次试探，旨在通过本次试探，看看生苗民众对于"归顺朝廷"的反应如何。通过此次试探，张广泗见古州生苗民众对其"相率罗拜"，认为招抚古州生苗之事可行。鄂尔泰听取了张广泗的汇报后，也觉得生苗地区并非前人所述的那样"彪悍"，随即开始谋划"开辟新疆"之事。

　　雍正五年（1727）三月，方显莅镇远府任。鄂尔泰要求方显亲赴云南府陈述开辟苗疆相关事务。鄂尔泰询问方显苗疆应否开辟，方显首先认为"诚能开辟，则害可除""诚能开辟，则利可兴"，指出了开辟苗疆所能带来的好处。在问及能否开辟时，方显则认为："苗寨繁多，难于创始；苗性反复，难于善后。畏葸不足以图功，卤莽适足以偾事，难于得人。"在回答鄂尔泰如何开辟苗疆时，方显认为："苗亦人类，必专用剿，未免伤天地之和气；苗多兽心，若专用抚，亦难慑凶顽之胆，二者不宜偏废。但须先抚后剿，剿平之后，仍归于抚耳。"总体上讲，方显认为，开辟苗疆需要"抚剿并用，以抚为先"的策略。之后，他乘便上书"平苗事宜十六则"③。但因贵州巡抚祖秉圭以"苗

---

① （清）余泽春修，余嵩庆等纂：《（光绪）古州厅志》卷之十上《艺文志》，载《贵州府县志辑》第19册，第458页。
② 刘显世、谷正伦修，任可澄、杨恩元纂：《（民国）贵州通志·前事志十九》，载《贵州府县志辑》第7册，第192页。
③ 刘显世、谷正伦修，任可澄、杨恩元纂：《（民国）贵州通志·前事志十九》，载《贵州府县志辑》第7册，第192页。

本豺狼，难责以人道，此事断不可行，亦不必行"①为由，方显不得不搁浅本次招抚行动。而方显的"平苗事宜十六则"得到了时任云贵总督鄂尔泰的赞许和采纳，加之张广泗上次的试探，更加坚定了鄂尔泰开辟"新疆"的决心，因此"决计开辟"②。

　　黔东南"新疆六厅"的开辟，概言之，分别由方显和张广泗兵分两路分别从南北两个方向渐次开辟，形成合围之势。方显主要招抚清水江北岸各苗寨，张广泗则主要开辟清水江南岸及都柳江各苗寨。雍正六年（1728）二月，鄂尔泰饬令方显按照两人此前确定好的方案着手开辟苗疆。雍正六年三月，方显率通事及效用人逾山越岭，由梁上寨出发，一路宣布皇仁，招抚清水江北岸苗族，最后，诸苗就抚者十六寨。乃令各寨头人定期会集，宰牲合榔。四月，方显率领邛水司副土官袁三奇赴挨磨、者磨等寨招抚苗人，此二寨苗人见梁上寨已经接受了招抚，故而也诚心盼望被招抚。此次就抚者共计八个寨。至此，清水江北岸的苗寨悉数被招抚。清水江南岸的开辟始于八寨。雍正六年（1728），鄂尔泰令升任贵州按察使的张广泗讨八寨。鄂尔泰认为："八寨为都匀要隘，丹江、清江、古州之咽喉，窟穴其中者为黑苗，往者半隶夭坝土司。自将土司戕害后，虽改属都匀府，而流、土俱不受制，与化外无殊。杨排、杨尧、乜告、杨乌四大寨恃强恣肆，附近诸小寨皆为役使。又番仰、番扛、摆卓等十余寨与丹江诸生苗勾结剽掠。其地既为苗疆之肯綮，其苗又属梗化之渠魁，欲靖苗疆，宜从八寨始。"③雍正六年正月，总督鄂尔泰谓："生苗不亟加惩治，匪独为苗患，且大为民害。既审地势，察苗情，详悉具

---

① 刘显世、谷正伦修，任可澄、杨恩元纂：《（民国）贵州通志·前事志十九》，载《贵州府县志辑》第7册，第193页。

② （清）方显著，马国君编著，罗康隆审订：《平苗纪略研究》，贵阳：贵州人民出版社，2008年，第140页。

③ 刘显世、谷正伦修，任可澄、杨恩元纂：《（民国）贵州通志·前事志十九》，载《贵州府县志辑》第7册，第194—195页。

奏。荷蒙圣鉴,指示周详,调贵州按察使张广泗赴滇,授以剿抚机宜。"①五月十六日,张广泗由贵阳率兵赴都匀,至六月初九日,张广泗等招抚九门、长塘等四十余寨。其间仍有不服者,张广泗和都匀参将赵文英攻之,六月初九,排牙、坝固、大肚、小肚诸苗皆降。六月十七日,进营斗魁,诸苗见官军驻此,皆纷纷投降。六月十八日,张广泗使抚标守备张瑢、麻哈州知州孙葵分兵进攻之,赵文英据险策应,苗亦分路拒敌,官军奋击败之,番仰、番扛、杨排、杨尧诸苗皆遁。七月二十四日,张广泗率兵下丹江,为应对丹江逆苗与八寨苗勾结,阻碍军粮运输道路,于是,张广泗等移营瓮城,旨在以其地扼八寨之吭而拊丹江之背。此后,虽间有苗复叛,但朝廷皆予以破之。至十月初,八寨遂平,留赵文英守其地。八寨招抚后,张广泗等人又着手商议攻打丹江。十一月十一日,张广泗开始进军大、小丹江,至十二月中旬,丹江平。雍正七年(1729)五月,方显在张广泗的配合下,攻下公鹅诸寨,最终使得清江也被平定。雍正七年二月,总督鄂尔泰自云南来,驻贵阳,咨询张广泗由清江进取古州的可能性。七月十七日,张广泗"率兵至岑龙坡,取道黎平,以进古州,群苗结岑梗、梅得二寨及附近山苗万余人拒广泗。广泗令黎平副将赵文英、游击周豹攻二寨,破之。复令黎平知府张钺、平越游击向之荣、贵阳游击史应贵各率土汉兵护刍粮进屯岑陇"。古州原分上中下三保,诸葛营在其中,张广泗入据之。诸苗见张广泗,皆惊曰:"诸葛营老子复至矣!"相率罗拜,献酒食,降②。

　　苗疆开辟以后,清廷按照内地的管理体系分别设立各类管理机构,旨在加强对新辟苗疆地方社会的管理。设置了丹江厅(雍正七

①刘显世、谷正伦修,任可澄、杨恩元纂:《(民国)贵州通志·前事志十九》,载《贵州府县志辑》第7册,第195页。
②刘显世、谷正伦修,任可澄、杨恩元纂:《(民国)贵州通志·前事志十九》,载《贵州府县志辑》第7册,第198页。

年置，隶都匀府）、古州厅（雍正八年置，隶黎平府）、清江厅（雍正八年置，隶镇远府）、台拱厅（雍正十一年置，隶镇远府）、八寨厅（雍正八年置，隶都匀府）、都江厅（雍正九年置，隶都匀府），各厅中还设有同知、通判等具体的官职。清廷在"新辟苗疆"设官建制以后，直接冲击了当地"栽岩议事"的管理体系，将国家管理体系逐步渗透到了黔东南乡村社会之中，使得黔东南乡村社会逐步开始了"内地化"过程。

三、"府示立碑"："文字进疆"
与国家治理体系的地方呈现

　　"新疆"开辟后，如何治理成为当务之急。为了加强"新疆"善后治理，清廷推行了"蠲免钱粮"，"苗人争讼之事，俱照苗例完结"，"永不征收苗赋"，"签立头人、颁委任"，"编保甲"，"废除苗疆陋规"等一系列措施。而推行这些措施的晓谕、政令、禁革、告示等主要方式是立碑，且是以汉文文字作为媒介，将朝廷的晓谕、政令、告示等镌刻在石碑上，旨在让民众人人知晓或遵从朝廷的政令或政策，作者称之为"府示立碑"。"府示立碑"的过程，不仅是黔东南乡村社会的"内地化"过程，亦是"文字进疆"和"礼俗"改革的过程。

　　（一）编保甲、签立头人，颁委任，以苗治苗：互动调试后的乡村治理新格局

　　雍正四年（1726）十月，鄂尔泰实授云贵总督，呈奏"云贵事宜"，重点指出土司的弊端。十一月，又奏呈"分别流、土考成"疏。疏中，除依旧指出土官的弊端，奏议设置流官外，还提到推行保甲制度，意在以保甲之法治理云贵地方社会。

> 　　至于清盗之原，莫善保甲。保甲之法，率以十户。云贵土苗庞杂，户多畸零，保甲不行，多主此议不知。除生苗外，无论民夷，自三户以下皆可编甲，不及三户者，编附近甲，无许零住。

逐村经理，逐户稽查，责在乡、保、甲长。一遇有事，罚先及之。一家被盗，一村干连。保长、甲长不能觉察，左领[邻]右舍不能救护，各皆酌罚，无所逃罪。此法一行，则贼盗来时，合村鸣锣响应，互相救护，虽有凶狠之盗不可敌，当看其来踪，尾其去路，必不可逃。①

内阁等衙门议复云贵总督鄂尔泰奏："清盗之源，莫善于保甲。云贵苗民杂处，户多畸零，将零户编归，独户迁移附近，以便稽查之处，行令该督悉心筹画，饬令该地方官善为奉行，安置得法。"②从内阁等衙门的议复情况来说，朝廷同意鄂尔泰在云贵推行保甲制度的请求，但疏中明确注明"除生苗外"的地方才推行保甲制度，当时"古州"等地的"里古州"属于"生苗"区，因此，保甲之法并未在该地推行起来。

雍正十二年（1734），云贵总督尹继善奏呈"新辟苗疆八事"，其中一条中指出："于旧有头目内择其良善老成者，按寨大小酌定乡约、保长、甲长，令其管约稽查。"③朝廷同意了此奏，但随即发生的苗民起义延缓了此项政策的实施。

雍正十三年（1735），以包利、红银为代表的苗民发动起义，史称"雍乾苗民起义"。清廷在平定此次起义后，对于如何进一步治理苗疆，产生两派观点。一派以兵部侍郎王士俊、两广总督鄂弥达等为代表，试图在新辟苗疆采用"设土司治苗"或"设立巡检头目，约束其众"的以夷治夷的治理策略。王士俊主张"将征服各寨，大则

---

① 刘显世、谷正伦修，任可澄、杨恩元纂：《（民国）贵州通志·前事志十九》，载《贵州府县志辑》第7册，第189页。
② 刘显世、谷正伦修，任可澄、杨恩元纂：《（民国）贵州通志·前事志十九》，载《贵州府县志辑》第7册，第189页。
③ 刘显世、谷正伦修，任可澄、杨恩元纂：《（民国）贵州通志·前事志十九》，载《贵州府县志辑》第7册，第212页。

以三十寨为率,小则以五十寨为率,择土司中之有才能素堪詟服群苗者,使管辖之"①。鄂弥达主张"择良苗为众苗所信服者,设立巡检头目,约束其众"②等"以夷治夷"的治苗策略。另一派则是以张广泗、方显等为代表,张广泗认为"设土司治苗"或"设立巡检头目,约束其众"的做法并非治苗善策:"此一带苗人,向无酋长,今欲强立一人以为土司,苗人安肯听其约束。臣窃谓土司之设,于理于势,皆有所不可也。"③应该"签立头人,以嵩责成"。方显则主张在苗疆编立保甲,并于乾隆元年(1736)正月十二日,上奏"请于苗疆编立保甲"折:

> ……查群苗野性,向无统属,凡有蠢动,寨中即有一二知事,苗头欲行禁止,奈平素无权,群苗罔遵约束,今若就其求抚时,即于各寨编立烟户册。每十人为一甲,择一老成者为甲长,给以委牌。每十甲为一保,择一强干者为保长,给以委牌。凡遇朔望,令保长赴就近地方官衙门听讲上谕,通事、翻译,仍量赏盐烟,以示奖励。并令保长回寨,都率甲长,家谕户晓。如此庶群苗各遵约束,而日渐月摩,不出数年,其野性可以渐驯,教化亦可以渐孚矣。④

乾隆三年(1738)七月二十八日,张广泗奏呈的"屯户不敢滋扰苗民"折中,详细奏明不能在新辟苗疆"设立巡检头目,约束其众"的

---

① 中国第一历史档案馆等编:《清代前期苗民起义档案史料汇编》,北京:光明日报出版社,1987年,第192页。
② 中国第一历史档案馆等编:《清代前期苗民起义档案史料汇编》,北京:光明日报出版社,1987年,第249页。
③ 中国第一历史档案馆等编:《清代前期苗民起义档案史料汇编》,北京:光明日报出版社,1987年,第193页。
④ 中国第一历史档案馆等编:《清代前期苗民起义档案史料汇编》,北京:光明日报出版社,1987年,第132页。

原因：

> 至设立巡检头目，约束其众，是即以夷治夷之法。但各处地方不同，夷情各异，前人设立土司者，皆系就彼地原有之酋长素为蛮夷所悦服者，加以职衔，令其管辖所属苗人，以为羁縻之策。至古州一带蛮夷，向无酋长，其人性同野兽，不识上下尊卑，即有所谓头人者，即各本寨中之强有力者一二人，然亦不能约束其众，其本寨苗人，亦不听其管辖，今欲以彼同侪等类之人，一旦加以官职，令其统率众苗，彼安肯甘心贴伏？况新疆苗类众多，统以文武，镇以官兵，尚敢群起跳梁，是又岂一二巡检头目所能约束无事耶？且设立头目，必多扰累，扰累不已，必滋事端，又或以阴狡好事之头目，率此繁多犷悍之苗夷，恃险阴谋，勾结为匪，是欲弭害而害滋大，欲杜衅而衅益生。臣愚以为巡检头目之设，于新疆地方，实有所不可也。①

张广泗认为，鄂弥达的主张不符合新辟苗疆的实情，因此，不支持鄂弥达"设立巡检头目"的主张。

乾隆三年七月二十八日，张广泗奏呈的"革除苗疆派累厘定屯堡章程"折中的"苗寨应签立头人，以崇责成也"条，详细阐释"签立头人，颁委任"是治理新辟苗疆最好方式的原因：

> 查新疆苗众向无酋长，若遽欲设立土司头目，以统率其众，不但苗众不肯服从，且恐更滋事端，然亦不便听其散焕，漫无约束。查各苗寨内，向有所称头人者，系各本寨中稍明白、能言语、强有力者，众苗即呼为头人。虽众苗亦不甚听其管束，然其头人良懦守分者，本寨散苗亦稍知守法。若其头人凶狡强悍，则举寨从风，无恶不作，前大兵惩剿之时，所有起事凶恶头人，

---

① 中国第一历史档案馆等编：《清代前期苗民起义档案史料汇编》，北京：光明日报出版社，1987年，第249页。

经臣歼除殆尽,现今存留各寨者,尚属安分之人,但系伊本寨自立之寨头,并无责成。查内地民间编设保甲,每乡每里俱有乡保、牌头,今苗疆地面虽不能尽如内地设立保甲门牌,应请就各本寨择其良善守法者,仍其苗俗,听于本寨内将姓名公举报官。酌量寨分大小,或每寨一二人,或二三人,签为寨头,注册立案,各本寨散苗,听其约束,毋许为非作歹,毋许劫掠仇杀,毋许私造军器,毋许招纳匪人。该寨头如果能实心稽查,地方无事,该厅员量加奖励,以示鼓励,倘有前项等弊,许该寨头密禀厅员,严拿究处,如该寨头通同徇隐,即将该寨头一并治罪责革,另行签立。是亦同内地设立乡约保长之类,庶责成崀而苗人不敢滋事矣。①

最后军机大臣鄂尔泰等"详悉酌议"后,同意了张广泗的上述方案,至此,新辟苗疆的治理方案初步定了下来。虽然在随后的历史发展过程中,因历史进程的复杂性和新辟苗疆治理的难度超出了想象,最终出现"土弁治苗"的基层社会治理模式②,但治理苗疆的整体思路还是以张广泗等人的思路为主。此外,就基层军事治理方面而言,朝廷采用了"设营置汛""安屯设堡"模式。最终在基层社会治理和基层军事治理的相互配合和促进下,使得清代黔东南乡村社会的管理体系从以"裁岩议事"为主的自立自主管理模式,演变成了以"府示立碑"为主的国家管理模式。

具体到村寨社会治理体系变化而言,文中选取古州厅属宰牙村为个案略加说明。据田野调查得知,苗疆未开辟以前的宰牙村社会治理方式是以"裁岩议事"为主的自立自主管理方式,当地人在达成

---

① 张双智、陈洪毅编著:《苗疆善后事宜资料选辑》,北京:北京联合出版公司,2018年,第106—107页。
② 卢树鑫:《再造"土司":清代贵州"新疆六厅"的土弁与苗疆治理》,载《近代史研究》,2020年第1期,第18—33页。

某项决议后，采用"裁岩订盟"。若是此后有纠纷需要解决，当事双方则会回到此块裁岩的面前，杀鸡鸣神，裁断此事，这一过程，当地人称之为"踩裁岩"。目前该村寨还遗存着几块"裁岩"，据当地人介绍："在老一辈中，大家都非常相信这块裁岩的裁断，只不过后来，大的纠纷裁判都由官府审判，裁岩也就慢慢失去了作用。"

目前宰牙村共遗存着六通清代的碑铭，通过分析这六通碑铭的内容，能较清晰地反映乡村社会治理体系的变迁。宰牙村遗存的最早的碑铭是嘉庆二十四年(1819)闰四月十六日所立的"立公议合同碑"，碑文如下：

立公议合同碑

立公议合同乌商、养汪[两汪]、养堤、官舟、旁岑、寨[宰]牙四寨、岑门、帛[绍]洞保里、三梭、勇东(以上系地名)，今尤格改(以下系人名)、今沟、包通冒三，委往高三、格近陵。今委等为因各项公件米石，各寨有踊跃急公者、疲玩息婚者，兼兹公件均皆不一，今众保甲齐集，公同酌定开列于后；

计开：

——采借各项米石票调头人赴古(古州)承领发价散给，各寨今照上刻；

——各项米石，各寨保甲督催赶紧上纳，不得拖延。每石取包银四两一钱，内头人抽一钱下古换纹银上纳，倘有抗票，送赴古。

——各寨百事不听乌济，各办各事，不得抗玩。

——各寨告状，原被规费婚姻田土六两六钱，酗酒口角三两三钱，焉微小事二两二钱不等，三公照老爷改得规费见两抽一钱相送，一差人鞋脚六两六钱，抽三两二钱不等。

——被告立人差提即速赴案，不得抵抗。

——出票往各寨差一名供应一钱，不得多。

　　——散户被告逃走着落保甲要人,不得推诿。

　　——各寨有事即赴本官具禀,不许赴朗(朗洞)控告。

　　——各案讯问不结,由本官详送赴古。

　　——告状此微小事,原、被上一两四钱下六钱不等。

　每得寨头人包虽、叶筒同办。

　嘉庆二十四年闰四月十六日中头人同立

　　此碑为宰牙及周边的十几个寨子"为因各项公件米石"等问题,"众保甲齐集"商议后确立的合同,内容涉及各项米石采借、告状规费抽取标准等相关问题。因资料阙如,我们无法确信此碑是否为宰牙村最早立的碑,但此碑的出现,表明宰牙村处理社会事务的方式由"栽岩"变成了"立碑"。此时的宰牙村及其周边的寨子已经完成了编立保甲,头人和保甲长在社会治理中的地位日益凸显。

　　第二通碑为道光二十一年(1841)二月十九日立的"府示立碑",此碑主要是官府给寨牙四寨头人颁发委任牌的告示,碑文如下:

府示立碑

贵州黎平府分驻古州清军府加五级记录十次庞

　　为给委事,照得寨牙四寨,业经本府讯断,归府所有一切公事及捕盗等事,自应验放头人给委办理。兹据寨牙四寨苗民杨应昌具公禀保,得苗民龙朗想、杨应华、龙今来、龙威肚、龙今牛等人为人正直,办事老成,堪以承充四寨头人。除批准出示外,合行给委。为此委,给头人龙朗想遵照即便承充该寨头人,约束苗众,稽查奸匪。如遇地方有大小公件,务须秉公办理,毋许私毫扰众,勿得始勤终怠,毋违!须至执照者。

　道光二十一年二月十九日出示执照

　　此碑的内容主要是官府签立"为人正直,办事老成"的龙朗想、杨应华、龙今来、龙威肚、龙今牛等人为宰牙四寨头人的委任告示,其任务是"约束苗众，稽查奸匪"。此碑反映的正好是张广泗"签立头人，颁委任"思路在地方社会的具体呈现。

第三通碑是同治元年（1862）五月初十日立的另一通"府示立碑"，

府示立碑

署黎平府分驻古州清军即补正堂田

　　　　为出示晓谕以除后患事。照得本府案准，前任署府袁，移交平江土司杨秉贞属内。上年因代办朗洞营参将戴国祯查知，客民李老考蓄发改装，投贼，缉获，申详古州总镇桂、□主周案下，批准在朗洞正法，将所置田产账项归官卖充。旋经李老考之弟侄等心怀不平，具控袁署府案下，愿以此项田账帮捐军饷等情。后查戴国祯将田出售，为价太低，酌派买户公同照依田账价数，加增价值，以助军需。拟派杨应昌、宰牙四寨共出钱二百六十千文，除袁署府收过钱八十千文，下余之项，本府饬差如数催收。四寨补缴钱一百四十千文，杨应昌缴钱一百八十千文，收清，支销军饷。所有田土应听宰牙四寨各买户耕食管业，以后地方痞棍不得再行控告，衙役人等不得从中需索，致于查究，凛慎勿违，切切此示等。因奉此，我众人等同集，刊碑以垂远久。

　　宰牙四寨杨应昌、吴国相、龙委丢、龙写金扛、包金远、今贺、龙委绞、三威斗并各散户人等同立

　　同治元年五月初十日公立

立此碑的缘由为"署黎平府分驻古州清军府即补正堂田，为出示晓谕以除后患事"，主要是处理田土纠纷案件的最终官府判定结果告示。此碑反映的是，诸如宰牙这样的村寨，纠纷案件的处理也由自主处理变成了官府定案。

第四通为光绪四年（1878）二月初三日立"定旦夫碑"，碑铭原

文如下：

定旦夫碑

　　立遵批公议照旧例应送站夫清白合同字人，平江、料里、歹摆、当鸠、俾拉一爪等寨头人潘老或、石老三、吴国政、陈保长、吴补梅等因光绪二年十一月内学宪过境，府宪札司官办理站夫，缘以叛乱多年，久不办站，故尔滩[摊]派不清，以致我等各寨与寨牙寨、上下绍洞、岑门、美德、苗养、乌济、养汪、官州、孖俾赧等处头人互相争持，具控府主俞案下，蒙批照旧摊派，并蒙各司与本官杨土司于中查例劝改，所有平宇一站每百夫平江司该占五名，系我平江、料里等寨自行担当，所有朗洞此站火夫系寨牙、绍洞、养汪、美德、岑梗以上各寨承当，日后不得混杂，我等二比遵劝照例息讼，不得再生事端。如有复行多事，任凭执字送官究治。今恐无凭，立此清白照例合同碑，永远存照。

计开：

　　凭中：滚纵、六百、八卫、平江各司：吴老爷、杨老爷、刘老爷、杨老爷

　　代笔：乐乡司卫老爷

　　寨牙四寨一爪：杨士荣、龙今三咬

　　养汪四寨一爪：杨漏丢

　　乌济、向扭、官州、岑敖一爪：杨应昌、杨三姤

　　俾得、高兴、归女一爪：姜委召、王老端

　　上绍洞一爪：杨再元、杨正华、杨正国

　　岑门、下绍洞一爪：龙文开、吴洪庭

　　岑梗、高归七一爪：江补杭、杨定条

　　岑最、苗养、归得一爪：姜老乜、龙老八

　　孖俾赧四寨一爪：丢佑朗

　　外有定向小寨不在爪数，夫亦同众

光绪四年二月初三日谷旦立

此碑的主要内容为立合同确定寨牙四寨及其周边各寨每年夫役额度,其缘由是原有夫役"摊派不清",导致各寨"头人互相争持,具控府主俞案下,蒙批照旧摊派"。同时,告诫各寨要"遵劝照例息讼,不得再生事端。如有复行多事,任凭执字送官究治"。

第五通为光绪十八年(1892)六月十九日立的"千山碑记",碑铭全文如下:

千三碑记

此碑是记岑稿、岑檽之山也,其山在岑扛寨屋背,上抵归朗,下抵归檽,顶凭山头河段在内,自有明之世,千三各寨与育洞争论,蒙官审断,置为千三公业,嗣即招人栽杉并同入葬。突及皇清光绪年间,有贪利棍徒杨光文、杨廷士、吴起杰、杨老单料为代远年湮,无人记忆,因起狼饿,图饱私囊,竟敢纠聚洋洞两寨暗将木卖,致使争论不清,控到黎平府主俞,未经审讯,而洋洞自知理屈,恐惧法网,乃退木价纹银七十八两,当凭城隍神主兑交,其山退还千三外,有新卖与育洞之木,概听千三收价。质神数日,杨廷士恶疾骤死,始信天理昭彰,报应不爽也!夫杨光文,下洋人氏,其嘴左歪,其心故多邪术,平素唆人争讼,于中取利,难以枚举。今唆洋洞与千三兴讼,而千三费去纹银二百八十三两,洋洞卖脱杉山数处,不下四百余两,盖贪心害众,使两造耗费,致有如此之多,洵可恶也。故将此人生平、心术并载流传。今后此山为千三公业,勒石以垂不朽云。

计开千三各寨名、牌数、首事人于左:

色边:十七牌,石映山、石润华、石开林、罗生和

高赧:六牌,吴开盛、杨奉光

宰衔:二十牌,杨通湖、龙包三、龙故尾、龙包宁、龙今杼

岑门:三牌,龙金往、凝包金

盘贾：四牌，王大熙、刘往龙

高冷：一牌，吴启明

八书：四牌，龙雪头、王永修

平蚕：半牌，吴通文

上绍：十五牌，杨正发、杨方杰、杨光国、杨昌宗

岑最：四牌，田威、黄勇

下绍：六牌，吴光和

岑扛：二牌，蒋□。

西弥：九牌，吴文龙、吴兴贵、吴朝基

定向：三牌，姜宓□、杨□献

□官：九牌，吴再启、吴积德

半溪：一牌，王昌福

阳卫、岑奋：九牌，吴开基、吴开学、田恒泰、田文周

上下洋洞：二十牌

己登：六牌，石显辉、石文开

中证：高维吴士成、务弄吴之瑞、平养吴学忠

千三各处公山：高报母己、西弥母盘下边小岭、阳卫母庆里边一团、洋洞江口母案、洋洞岑贯坡脚、绍洞矜贡角龙、定向母泥、八书白岩、岑稿岑□一所之山

光绪十八年岁次壬辰六月十九日千三公立

此碑内容为明朝时期"千三各寨与育洞争论，蒙官审断，置为千三公业"，同时"招人栽杉并同入葬"。到了清光绪年间，"贪利棍徒""纠聚洋洞两寨暗将木卖，致使争论不清"，"洋洞自知理屈，恐罹法网"，于是退还木价，"当凭城隍神主兑交，其山退还千三外，有新卖与育洞之木，概听千三收价。质神数日，杨廷士恶疾骤死，始信天理昭彰，报应不爽也"。千山各寨首事见证了"今后此山为千三公业"的历史。

第六通为光绪二十二年（1896）八月十六日立"府示免义谷碑"，碑铭全文如下：

府示免义谷碑

钦加知府衔特授古州清军府加五级纪录七次万

为出示严禁以靖地方事。照得本府查得所属宰衙、高帮、高略、定向、岑最、高便、两夫等七寨人稀寨小，向无义谷，历未具有，承认应免票催，惟查该匪徒等不时往来各寨，或假称差役，或冒充委员，盘查义谷及催令税契，借故诈搕，本府闻之，殊堪痛恨，若不先行出示严禁，未免不教而诛，除饬差密访外，合行示禁。为此示，仰宰衙等七寨侗苗人等知悉：嗣后，该游匪等再至各寨，假冒前项不法情事，许即捆送来辕，以□惩办，决不姑容，该民等亦不得妄拿无辜，并究不贷，其各凛遵，毋违，特示。

光绪二十二年八月十六日告示

碑文主要反映了宰衙（即宰牙）及周边的七个小寨，原本无义谷，但有匪徒假冒差役、冒充委员"盘查义谷及催令税契"等不法行为，朝廷知晓后，出示严禁，"为此示，仰宰衙等七寨侗苗人等知悉：嗣后，该游匪等再至各寨，假冒前项不法情事，许即捆送来辕，以□惩办，决不姑容"。

通过梳理上述历史过程，并结合宰牙村遗存的清代碑铭来看，在清廷确立了新辟苗疆的治理思路后，通过"府示立碑"等形式将朝廷的政令、告示等推广到地方社会中，地方社会在朝廷签立的"头人""保甲长"等代理人的具体执行下，社会治理体系由"栽岩议事"逐步演变成了"府示立碑"。

（二）广设义学：推动"文字进疆"，强化国家治理体系

自古以来，黔东南乡村社会居住的少数民族，大都属于有语言而无文字的民族，从而被视为"不通声教"。若不解决"悉文字"的问题，那么"府示立碑"的过程也就会成为一场空，朝廷治理体系也无法推广到黔东南乡村社会之中。因此,为了能让苗民更深入地了解国家治理体系,兴办教育也是朝廷强化国家治理体系的主要措施之一,通过设立学校,"课读经书","课诲新附苗人子弟,实为振励苗疆要务"。同时,在"新附苗人子弟中酌取一二名,以风苗众,庶陶以文教,消其悍顽,于苗疆治理,不无裨补"①。

雍正八年(1730)十一月,贵州巡抚张广泗据升任学使徐本条奏,请设上下两游新疆义学:

> 上下两游新疆,绵延二三千里,生苗犷悍,声教不通,宜设义学以渐化导。于是立古州义学二,大、小丹江,八寨,清江,旧施秉,安顺之摆贡,镇宁之威远汛各义学一,永丰、册亨、罗斛亦设义学一,令永丰教官董率,数年之后,每学取进一二名。从之。②

咸同苗乱之后,光绪年间,古州同知余泽春在《善后条陈》中再次提及了办义学的重要性:

> 义学不可不设,二十年来兵燹,其人尽生于荆棘矛铤之间,罔识礼教,况苗民豕鹿,其性混混闷闷,毫无知觉,唦之东则东,唦之西则西。人或欺侮太甚,则激怒而聚起相牙,及至酿成变乱,必草薙而禽狝之,然后即安。推原其故,由于不解汉语,不识文字,无人开导之也。为今之计,不若多设义学,使其幼小即入学教之,读书识字,使通汉语,数年之间,苗解文字语言,则知识渐开,莠民不得而诱之,不得而欺之,渐摩既久,变乱之衅自清。③

---

① 刘显世、谷正伦修,任可澄、杨恩元纂:《(民国)贵州通志·前事志十九》,载《贵州府县志辑》第7册,第204页。
② 刘显世、谷正伦修,任可澄、杨恩元纂:《(民国)贵州通志·前事志十九》,载《贵州府县志辑》第7册,第204页。
③ (清)余泽春修,余嵩庆等纂:《(光绪)古州厅志》卷之十下《艺文志》,载《贵州府县志辑》第19册,第490页。

　　清朝政府在"苗疆"构建的"教化"体系主要包含儒学、书院、义学等形式。最高层次为儒学，最基层的学校为"义学"。"义学"分布最为广泛①。如清代黔东南儒学有古州厅学（清道光十三年建），儒学之外的书院有台拱厅内的三台书院、拱辰书院、莲花书院；八寨厅内的龙泉书院；丹江厅内的鸡窗书院、丹阳书院；古州厅内的榕城书院、文峰书院、龙岗书院等；清江厅内的蔚文书院。

　　清廷主要是通过广设义学的方式对苗疆少数民族地区的民众进行教化；虽然社学也是清代黔东南基层教育组织，但其教育对象主要是生活在少数民族乡村中的汉民。清代黔东南义学最早设置于雍正八年（1730），之后慢慢新增义学数量。仅古州厅设置的义学就有车寨义学、月寨义学、南关义学、北关义学、平江义学、怀新义学、郎山义学、鸣凤堡义学、忠诚堡义学、兴隆堡义学、章鲁义学，城厢义学三处，朗洞营义学等十五处。关于开设义学的目的，张广泗奏折中的"是所请设立义学，课诲新附苗人子弟，实为振励苗疆要务"最具有代表性②。此外，通过广设义学，也间接推动了"文字进疆"过程。文字的进入，又强化了国家的治理体系。

四、结语

　　通过上文分析，"新疆六厅"的设置，标志着清代黔东南"广袤二三千里"地方正式纳入国家版图，实现了由"化外"到"王化"的转变，治理方式也由地方自主管理体系转变为国家治理体系。在随后的历史发展进程中，虽因新辟苗疆治理的复杂性，以及几次苗民起

---

① 陆韧、凌永忠：《元明清西南边疆特殊政区研究》，北京：人民出版社，2013年，第345页。
② 刘显世、谷正伦修，任可澄、杨恩元纂：《（民国）贵州通志·前事志十九》，载《贵州府县志辑》第7册，第204页。

义的影响，迫使朝廷在与地方的互动与妥协中不断调整治理政策。此外，再配合"设营置汛""安屯设堡"等基层军事管理体系，使得朝廷对黔东南乡村社会的控制力得到了空前提升。鉴于文章篇幅所限，本文并未讨论咸同兵燹后朝廷治理苗寨政策的调整，以及"军管苗寨"等相关问题，但通过上述分析，已经明晰了清雍正、乾隆期间，国家的治理体系已经渗透到黔东南乡村社会之中，促使以"栽岩议事"为主的自立自主管理体系逐步式微，而以"府示立碑"为主的国家治理体系则不断得到强化。

朝廷通过"广设义学"等措施旨在"教化"苗疆，强化国家治理体系，但此一做法，在有意或无意之间加速了"文字进疆"的进程，由此导致黔东南乡村社会"礼"与"俗"的改变。

此外，清雍正年间在"开辟新疆"以及平定苗民起义的过程中虽然是以武力强行推进，但从另一个层面来说，随着外来移民的进入以及各民族交流的频繁，也可算是一次在国家主导下的多民族交往、交流与交融的过程，为中华民族共同体意识的形成夯实了基础。

第四节　行善积德：民间信仰与乡村公共秩序建设

碑铭资料作为民间文献的一种，其在区域社会历史研究中的价值和作用尤为突显。近年来，学界对清水江下游锦屏、天柱两地碑铭资料的发掘、整理为我们探讨该地区的社会历史文化提供了重要的文献支撑[①]，且目前已涌现出不少研究成果[②]。在这些研究成果

---

① 如《锦屏碑文选辑》《锦屏林业碑文选辑》《清水江文书·天柱古碑刻考释》等。
② 代表性成果有：李斌、吴才茂、龙泽江：《刻在石头上的历史：清水江（转下页）

中，一通通碑铭所反映的修路、修桥、修楼、修亭、修渡、修水井等乡村公益活动显得格外显眼。因为，与同时期我国县级及以上城市广泛存在的善会、善堂等慈善组织相比，广大偏远乡村往往成为慈善活动的死角[①]，乡村公益也就显得微不足道，甚至因为没有多少文献记载，不为专家、学者关注[②]。其实，麻雀虽小，五脏俱全，清水江下游乡村公益事业之兴衰虽不能反映一时代之大问题，但亦可从中窥探一地方社会之历史文化变迁。明末至民国时期，清水江下游乡村公益事业何以如此兴盛？关于这点，已有朱晴晴、李颖、吴才茂等从地方公益性质的"会"、民间信仰、社会经济、少数民族妇女较高的社会活动能力等方面对清水江下游公益事业之兴起进行了探究[③]，但是其价值与意义也未得到充分发掘。

　　明清以来，随着贵州开发进程的加快，清水江下游木材贸易之

（接上页）中下游苗侗地区的碑铭及其学术价值》，载《中国社会经济史研究》2012年第2期；严奇岩：《从碑刻看清水江流域苗族、侗族招龙谢土的生态意蕴》，载《宗教学研究》2016年第2期；严奇岩：《碑刻所见瑶光苗族神树崇拜的文化内涵及其社会功能》，载《宗教学研究》2019年第2期；等等。

① 王卫平、黄鸿山：《中国古代传统社会保障与慈善事业——以明清时期为重点的考察》，北京：群言出版社，2004年，第296页。

② 如梁其姿在《施善与教化——明清的慈善组织》（石家庄：河北教育出版社，2001年，第1页）导言部分即写道："本书亦不讨论个别善士修桥补路式的善行。"另有《论清代贵州民族地区民间慈善事业》《善在官民之间：清代贵州士绅与地方公益》，两者虽言民间、地方，但并未下县。参见李思睿、李良品：《论清代贵州民族地区民间慈善事业》，《贵州民族研究》2014年第10期；王国梁：《善在官民之间：清代贵州士绅与地方公益》，《贵州社会科学》2019第6期。

③ 参见朱晴晴：《清代清水江下游的"会"与地方社会结构》，《开放时代》2011年第7期；李颖：《清至民国清水江流域侗族妇女公益事务探微——以三门塘碑刻为中心》，《贵州大学学报（社会科学版）》2015年第6期；吴才茂：《立碑树德：清代清水江地区少数民族妇女的公益事业及其表达》，《贵州大学学报（社会科学版）》2017年第2期。

兴盛及由此带来的社会变革使得该地区日益内地化，具体表现在政治、经济、文化、社会组织、宗教信仰等诸多方面[①]。如果说木材贸易带来的财富是清水江下游乡村公益事业勃兴的坚实基础的话，那么内地化进程中中原信仰文化之传播与移植则是重要的催化剂。诚如梁其姿所言，明清时期，我国善会、善堂等慈善组织曾作为一种新的社会现象广泛存在，究其缘由，除社会经济因素外，社会文化亦是一大诱因[②]。从现有碑铭资料来看，清水江下游乡村公益事业之兴起除为了解决现实需求外，该地区乡村文化中佛教、风水等民间信仰及其所传播的教人行善、劝人行善、使人行善思想也应当是其中的一个重要因素。反之，我们亦能从清水江下游乡村公益勃兴之文化力量的一个侧面衡量其内地化程度，探究乡村文化建设在乡村振兴中的意义与作用，值得借鉴。

一、崇石拜碑：刊碑活动对乡村公益事业的推动

在人类历史的漫长发展过程中，文字与石头的结合使得碑铭的文化功能日益多样，并逐渐形成丰富多彩的碑刻文化。从东汉熹平石经到五代广政石经，我们可以清楚地看到石刻作为一种媒介在文化传播方面所发挥的重要作用。从宋代开始，石刻更多地与政治文化结合，从而有了更加丰富的政治文化内涵[③]。由于石刻文字可传之久远，及至明清，不管是官方还是民间，碑铭作为一种传达官府政令与民间纪事的重要渠道而呈兴盛之势。地处湘黔交界的清水江

---

① 相关研究参见严奇岩：《内地化与清水江流域的"糯改籼"》，载《中国农史》2014年第1期；张新民：《清水江流域的内地化开发与民间契约文书的遗存利用——以黔东南天柱县文书为中心》，载《贵州社会科学》2014年第10期。

② 参见梁其姿：《施善与教化——明清的慈善组织》，石家庄：河北教育出版社，2001年，第3页。

③ 参见程章灿：《石刻刻工研究》，上海：上海古籍出版社，2008年，第93—95页。

下游地区也在社会历史的变革中实现了从刻木结绳到立碑、崇碑、拜碑的转变。这种转变包含两层含义：一是立碑纪事的兴盛，二是碑的文化传播功能得以充分体现，普遍崇石拜碑。两者互为因果，并有力地推动着清水江下游乡村各项事业的发展，其中就包括公益事业。

（一）从宝庆石匠看清水江下游碑文化之盛

历史上，清水江下游属苗侗民族聚居地，这里的碑文化并非本土文化的产物，而是内地化过程中文化传播的结果。碑文化之繁荣可能与政令传达、移民等有关，也可能与某一特殊职业群体有关，如宝庆石匠。宝庆石匠是籍贯为清宝庆府下辖邵阳县、新化县、城步县、武冈州、新宁县之石匠的统称。在碑铭资料里，我们总能看到"宝庆石匠某某某""石匠宝庆府某某某"等字样。像同时期移民至此谋生的诸多群体一样，宝庆石匠也属于外来务工群体，凿石刻字是他们的谋生手段。他们大多父子相传，师徒相授，通过自己的双手镌刻一通通碑文，传播着形式多样的碑文化，有力地促进了清水江下游碑文化之繁荣。据我们初步统计，锦屏、天柱两地《清水江文书：天柱古碑刻考释》《锦屏林业碑文选辑》及《锦屏碑文选辑》等碑铭资料共载石匠二百多人，其中确定为宝庆石匠的至少有31人，占10%以上。其中有一些石匠的活动轨迹颇引人注目，通过他们在当地的镌碑活动，我们似乎可以揭开清水江流域碑文化之面纱，亦能再现当年民间立碑纪事之盛况和碑文化之繁荣。

表4—1：部分宝庆石匠刻碑情况统计表

姓名	起止时间	数量（通）	活动年限
罗仪清	1774—1810	10	37
信正起	1792—1823	15	32
信正有	1785—1802	3	18

姓名	起止时间	数量(通)	活动年限
信正武	1792—1808	6	17
信天海	1810—1827	6	18

注：表中数据仅为目前所见部分资料，其他未见者亦有诸多可能。

　　从表4—1的统计情况来看，石匠罗仪清，从事刻碑时间较长，至少37年，即从乾隆三十九年（1774）到嘉庆十五年（1810），在这37年时间里罗仪清至少刻了10通碑，平均每3.7年即刻有一通碑。其次为石匠信正起，他在前后32年时间里刻了15通碑，平均每2.1年即刻有一通碑。而且从清代信氏的地理分布及其他综合信息来看，他与信正有、信正武等人当是兄弟关系，与信天海、信天顺、信天清是父子关系。同样，在这些刻有姓名的石匠群体中亦有罗仪清的兄弟罗仪发、罗仪泰、罗仪兴、罗仪侏及罗仪清的儿子罗良同等人，其他同一姓氏而关系有待探明者亦不在少数。所以，在厘清这些人物关系的同时，我们便可以还原这些家族、师徒传承式的石匠群体在清水江下游地区之凿石镌碑活动及他们对该地区碑文化之推动。

　　可以说，清水江下游碑文化之兴盛离不开石匠群体，想深入了解碑文化之具体形态就需要触及他们留下的实物资料碑铭。如今，行走在清水江下游之苗乡侗寨，我们总能在不经意间发现一两通碑铭。如果是天柱县三门塘这样的地方，那只能用"碑铭群""林立"来形容了，昔日碑文化之繁荣仍然依稀可见。在这繁荣的碑文化背后，我们亦能看到，生活在这片土地上的人们是多么喜欢立碑纪事，仅从《清水江文书·天柱古碑刻考释》中我们就能窥豹一斑。该书收录天柱县碑刻资料六百三十余通，分布于全县16个乡镇街道，包括乡规民约碑、寺庙碑、功德碑、兴学建校碑、公益设施碑等十类，涵盖社会政治、经济、文化、水利、宗教等诸多方面[①]。不难看出，民间频繁的立碑在于纪事，碑铭也是一种媒介，一种呈现方式，繁荣的碑文化其实也记录着诸多文化事项，大量公益活动所立之碑即有力地呈现了昔日乡村社会公益事业之景象。

（二）碑文化教人行善

从文化传播的视角来看，碑铭作为一种传播媒介，一般坚固耐久，能跨越时空，可开放传播，亦神圣而庄严，其在传播文化、表彰功德、社会教化等方面的媒介价值是值得肯定的，有着独特的作用和意义[②]。从碑文化的发展历程来看，碑铭在某种程度上传播着一定的文化和社会价值观念，并在潜移默化、耳濡目染中起到社会教化的作用[③]。从碑铭的分类来看，不同类型的碑铭，其传达的文化价值、社会教育功能也是不一样的。以清水江流域为例，乡规民约类，意在教育人们遵守基本的规约制度，维护地方安宁与和谐；林业生态类，意在教育人们保护林木生态环境，具有一定的生态教育功能[④]；而乡村公益类，则意在教人行善，相关碑铭不在少数，现各举一例。

锦屏县河口乡河口村有一通立于清乾隆五年（1740）的《施渡碑》[⑤]。河口在乌下江与清水江交汇处，水上交通便利，商旅往来不

---

① 政协天柱县第十三届委员会编：《清水江文书·天柱古碑刻考释（上）》，贵阳：贵州大学出版社，2016年，第3—5页。

② 汪鹏：《碑刻媒介的文化传播优势及其现代功能转型》，载《现代传播（中国传媒大学学报）》2014年第2期。

③ 柯卓英、岳连建：《论碑的文化传播功能》，载《中原文物》2006年第5期。

④ 严奇岩：《清水江流域林业碑刻的生态教育功能》，载《中华文化论坛》2018年第10期。

⑤ 参见姚炽昌：《锦屏碑文选辑》，内部资料，1997年，第79页。另见贵州省地方志编纂委员会编著：《贵州省志·文物志》，贵阳：贵州人民出版社，2003年，第333页；锦屏县河口乡人民政府编：《河口乡志》，内部资料，2004年，第490页。

断，船便是十分重要的交通工具。据碑文记载，该处为"江河要口，妇农工女往来经过者，其□□□易，客商上下资渡不少，而可无舡舟之济乎"，于是来自福建、湖南、贵州等地的"寨头人""客帮店户"便集资修船，解决了渡口船只问题。而这只是这件善事的表象，更深层次或更久远的影响还在于碑文开头便提及的"从来救蚁一事，获中状元之选；埋蛇片善，竟享宰相之荣"。人们以"宋郊救蚁""孙叔敖埋蛇"作比，形容造船一事是可以积阴德的，也希望家族之人能高中状元，官至宰相。与同时期善书所宣传的那样，积阴德是可以享利禄的。略有不同的是，碑铭在这一过程中也起到了如同善书的作用，立在那里对过往行人进行说教。加之人们对碑的崇拜及碑的媒介特征使得这种说教更加深入人心，更加贴近人们的生活，影响也更加深远，一系列功德碑的存在即是最好的证明。

天柱县坌处镇清浪村有一通立于清乾隆五十二年（1787）的功德碑，名为《承先启后》①。碑文详细地记载了清浪村村民集资修建花阶路和凉亭的事，参与人员有三百人之多。从碑文所载内容来看，修路、修亭实为善事，更是兴师动众，费时费力，功成之后，当然要立碑一通，以示纪念。在我们的传统文化里"善欲人见，不是真善"，一般做好事是不留名的，那为什么还要立碑呢？其目的有二：一为记录善行。"况固为善，不欲人知""是没好施者之善念"。"既叨众惠于既往，敢没信善于将来，镌石纪名而功德之有据"；二为激励后人。"励后人续成之志矣""愿后之贤者可继此而续之"，是为了激励后人，把修路、修亭之事传递下去，恰如碑名所言"承先启后"。随着时间的流逝，路会坏，桥会塌，亭会倒，记下一个个善事是很有必要的。也正因此，《重修路碑》《重修井碑》《重修碑记》等才层出不穷，前人的善行起到了很好的示范作用，并跨越时空传播开来，很好地诠释

① 政协天柱县第十三届委员会编：《清水江文书·天柱古碑刻考释（上）》，贵阳：贵州大学出版社，2016年，第466—469页。

了碑铭可教人行善的社会教化功能。

　　总之，清水江下游之碑文化曾一度相当繁荣，甚至演变成一种民间信仰，民众多崇石拜碑，有些甚至被当作"万年碑"来祭拜①。这样一来，繁荣的碑文化也成为与之相依的各种文化兴衰之土壤，它们互为因果，相互促进，公益事业只是其中之一。从以上所引锦屏县河口村之《施渡碑》与天柱县清浪村之《承前启后》碑我们可以清楚地看到，碑铭作为一种传播媒介在一定的时空范围向人们传播着行善的观念，影响着人们的行为举止。不管是《施渡碑》传达的做善事、积阴德、享利禄，还是《承前启后》碑之记善行、励后生，这些碑铭材料都是典型代表，受到人们的推崇，都像一本本善书一样，通过一个个鲜活的事例教人行善，积极行善。从这个意义上讲，民间崇石拜碑的习俗及其传播的文化价值观念也就成为清水江下游乡村公益事业勃兴的重要推动因素。

二、烧香拜佛：佛教对乡村公益事业的推动

　　佛教起源于古印度，两汉之际传入内地，唐宋元明时期传入贵州。据《明季滇黔佛教考》记载："黔居边鄙，佛法罕闻。明末寇乱，四方禅侣咸避地乞食于其间，或著衣持钵，不坠家风；或挂板悬槌，洪宣法教。"佛教的传入对贵州地区产生了重要影响，陈垣在读《徐霞客游记》之后曾发出"滇黔之开辟，有赖于僧侣"的感慨②。

　　在清水江下游地区，天柱县曾于明万历年间举办过"雷霆大法"佛事活动，地湖乡的星官庵、禅静庵也都建于明代。清代天柱县辖

---

① 严奇岩：《清水江流域林业碑刻的主体属性及其民族特色》，载《贵州大学学报（社会科学版）》2018年5期。
② 陈垣：《明季滇黔佛教考》，北京：中华书局，1962年，第29、191页。

有338寨，庵庙多达462处[①]，几乎每个较大的村寨都有一至数处佛教庵庙[②]。锦屏县的相关记载虽不及天柱，但在民国时期较大的村寨也几乎都有庵堂庙宇分布，其中王寨、圭腮、茅坪、瑶光等12处庵庙规模较大[③]。佛教在贵州少数民族社会中不仅传播着宗教，也传播着文化[④]。佛教所宣扬的因果报应说和慈悲观念成为慈善事业的动力机制[⑤]。历史上，天柱县有些庵尼姑虽少，但普渡众生的思想却在苗族妇女中影响深远[⑥]，她们积极从事乡村公益事业，碑铭资料亦有较多记载[⑦]。从这些具体事例中我们可以看到佛教给人们的日常生活带来的影响。在集资兴寺与捐钱、捐物之间，佛教有力地推动着该地区乡村公益事业的发展。

（一）从集资兴寺看清水江下游佛教之盛

由明至清，民间修庙建庵，集资兴寺之事颇多，不胜枚举，天柱高灵山《风调雨顺》《南无阿弥陀佛》碑即是典型代表[⑧]。两块碑均立

---

① 关于这点可参见吴才茂、李斌：《明清以来汉神信仰在清水江下游的传播及其影响——以天柱苗侗地区为中心》，载《贵州大学学报（社会科学版）》2013年第1期。

② 贵州省天柱县志编纂委员会编：《天柱县志》，贵阳：贵州人民出版社，1993年，第122、135页。

③ 贵州省锦屏县志编纂委员会编：《锦屏县志》，贵阳：贵州人民出版社，1995年，第146页。

④ 王路平：《贵州佛教史》，贵阳：贵州人民出版社，2001年，第472页。

⑤ 王卫平、黄鸿山：《中国古代传统社会保障与慈善事业——以明清时期为重点的考察》，北京：群言出版社，2004年，第186页。

⑥ 贵州省天柱县志编纂委员会编：《天柱县志》，贵阳：贵州人民出版社，1993年，第135页。

⑦ 吴才茂：《立碑树德：清代清水江地区少数民族妇女的公益事业及其表达》，载《贵州大学学报（社会科学版）》2017年第2期。

⑧ 参见政协天柱县第十三届委员会编：《清水江文书·天柱古碑刻考释（下）》，贵阳：贵州大学出版社，2016年，第175—183页；政协天柱县第十三届委员会编：《天柱民族建筑博览》，贵阳：贵州大学出版社，2015年，第193—194页。

于康熙五十五年（1716），是记载重修高灵山金像、殿宇及常住田产的功德碑。参与捐资人员之多，影响范围之广，充分反映了该地区佛教文化之兴盛。现摘录《风调雨顺》碑序如下：

> 常闻"山不在高，有仙则名，水不在深，有龙则灵"，何况山高泉涌之奇必有显应于斯焉。何则独惟孤峰，高居万脉之宗，泉涌百川之泽，层峦耸峻，势压群峰。顶尚有仙道气窈生成，上通碧落，下漱江津。常时迷雾连天，烟云笼罩，正是隐仙藏龙之福地者哉，岂无灵验乎。所谓附近长者仰观奇地，锦夺千邦，引动诸上善人共发菩提之念，同心美举，命□堪舆，登临踏看，果是一方发脉之宗，兹境之首景也。识知上有佛圣龙王，群仙游宴之处及雷电风雨会合之场，当建名山祈求福地矣。故斯约集四方，设立殿宇，雕装金像，铸钟造鼓，施舍福田，招僧云集，侍奉香火，永为常住。称名高灵山，号曰兴华寺，始自洪武世时，肇创以来，尚有百代存焉。岁逢期旱，民有祷求，无不感应，迅施霖雨普济生灵，远近庶民均沾惠泽也。迄今年久，殿像倾颓，意欲重修，莫奈工程浩大，独力难成。幸缘云游铜阳衲子明玉僧，号惟素，愿力坚承，为针引线，叩募十方檀越，善男信女，孰不与崇，捐助银财，共成厥美，培植当来之福果，以壮浏览之奇。现今已功圆果满，不昧信心，勒石立志，标明善念福果之始终者。恭祈佛天有感，祝延圣寿无疆，五谷丰登，万民乐业，垂名永远，香火无休矣。谨序。①

从序文中可以看出，高灵山本是一块风水宝地，曾建有"兴华寺"，始于明洪武年间，已有"百代存焉"。而且若逢久旱不雨，有人

---

① 碑序录自《清水江文书·天柱古碑刻考释（下）》，个别字句有所改动。参见政协天柱县第十三届委员会编：《清水江文书·天柱古碑刻考释（下）》，贵阳：贵州大学出版社，2016年，第175页。

来祈，寺中神灵总能感应，速降甘霖，附近百姓均受其惠泽。鉴于此，在僧人明玉等人的号召下，募化钱财，人们积极响应，金像、殿宇很快修缮完工，而施银捐钱者亦能"培植当来之福果"，"垂名永远"。恰如锦屏县《广福寺常住盟誓箴》碑所言："助赞善者，家道兴然，口祈祸散，福寿增延。荣华日进，出贵生贤，田蚕倍利，非横无沾。"①

据统计，《风调雨顺》碑约有2581字，记载捐银共115.57两。《南无阿弥陀佛》碑约有3454个字，记载捐银共280两以上。两碑累计达6035字之多，不禁让人感叹。除碑序外，其余皆为捐赠人姓名、数目及去向。仅《风调雨顺》碑就有常、陈、冯、关、胡、蒋、李、林、刘、龙、陆、罗、穆、潘、沈、石、舒、宋、谭、唐、田、王、吴、熊、徐、杨、姚、印、袁、张、朱、诸等32个姓氏337人参与。他们来自高灵山附近之天柱县、会同县、靖州县的半山、大墓、地湖、饭香岭、高坡寨、黄田寨、会田、会同县口乡各团、刘家寨、龙转弯、梳齿田、舒家团、岩头坪、杨家坪、油榨坪、佑家、远洞、竹刘寨等18个地方。在捐助者群体里，我们需注意的是，三百多人的名字基本是以村寨、家族为单位进行镌刻，集资兴寺之余佛文化也传至周边各家各户。所捐数目虽一钱半分，微不足道，但辐射面广，人皆留名千古，影响亦不可小视。还有就是重修高灵寺，周边的僧人、主持亦有不少捐助，或施银，或助佛像，如魔庵、星官庵、兴隆庵等，说明周边佛教文化亦算兴盛。佛教文化向人们传播着积善亦是积福、积善即可消灾的理念，意在劝人行善。

（二）佛教的劝人行善行为

目前锦屏、天柱两地共发现明代佛教相关碑铭资料四处，即锦屏县的《佛祖证盟》(1634)②，天柱县的《求兴南无阿弥陀佛》

---

① 姚炽昌：《锦屏碑文选辑》，内部资料，1997年，第124页。
② 《佛祖证盟》为摩崖石刻，位于锦屏县偶里乡皆阳村。碑文多处材料有录，但难以释读，性质难辨，暂有"赋税情况""社会组织"之说。参见《锦（转下页）

（1596）①、《兴龙桥》（1611）②、《南无成就功德佛》（1626）③。其中，除《佛祖证盟》识读困难外，《求兴南无阿弥陀佛》《南无成就功德佛》两通碑铭分别记述了竹林乡新寨村刘金大与白市镇八角洞僧人罗如海为方便行人而主动募捐架桥的事迹。碑文"谨发善心以化之"，"奉佛喜舍"，"植福保安"，"南无成就功德佛"等反映了早在明万历、天启年间当地人民即受佛教文化影响而从事公益活动。

前文所述《施渡碑》从某种意义上讲亦是佛教劝人行善的很好例证，现再举一例，一同分析佛教是如何劝人行善的。

奕世流芳

> 盖闻编桥救蚁，身获鼎元；布渡济人，名标翰苑，此固报施昭然，毫末而不差者矣。今有赤溪坪之津者，古渡圮毁，板折木颓。窃思此渡系出入之要路，实往来之通津。每当春涛濡滞，洪水汪洋，奔走者望叹长空，贸易者呼号彼岸，嗟怨之声不息，病涉之苦何堪。龙朝宿、王朝荣触境伤心，爰兴鄙愿，欲广利济

（接上页）屏碑文选辑》，内部资料，1997年，第4页；贵州省锦屏县志编纂委员会编：《锦屏县志》，贵阳：贵州人民出版社，1995年，第125—127页；黔东南苗族侗族自治州地方志办公室编：《黔东南风物志下》，昆明：云南美术出版社，2010年，第492页；锦屏县偶里乡人民政府编：《锦屏县偶里乡志》，内部编印，2002年，第298页；遵义县文物管理委员会，中国人民政治协商会议遵义县委员会，遵义县文化馆编：《遵义县文物志第1集》，内部编印，1983年，第110页。

① 政协天柱县第十三届委员会编：《清水江文书·天柱古碑刻考释（上）》，贵阳：贵州大学出版社，2016年，第194—196页。

② 碑上刻有"南无成就功德佛"，参见政协天柱县第十三届委员会编：《清水江文书·天柱古碑刻考释（上）》，贵阳：贵州大学出版社，2016年，第81—82页。另见钱晶晶：《桥：地方社会脉络下的文化符号——明清以来贵州三门塘人的修桥活动及其意义》，载《广西民族研究》2009年第3期。

③ 政协天柱县第十三届委员会编：《清水江文书·天柱古碑刻考释（上）》，贵阳：贵州大学出版社，2016年，第270—271页。

于迟迩,惟捐锱铢于身家。欣一时之盛举,成万世之慈航,以致遄者不惧,涉者无虞。敢冀果报以登庸,犹思祈恩以请福。俾余衰迈,念切含饴。慨余发苍霜,无为娱目。虽有承欢于膝下,实乏分甘于目前。廷勷永庆麟趾之祥,龙氏早叶熊罴之梦。敢期兰质流芳,惟祈孙枝挺秀。伏愿波光盖照,普保无边河泊,鉴临功德有准。是为序。

　　倡首:王朝荣

　　　　　同缘男廷勷　媳龙氏

　　倡首:龙朝宿

　　皇清乾隆五十三年(以下碑石断失)①

　　《奕世流芳》碑立于乾隆五十三年(1788),存于锦屏县三江镇赤溪坪。碑文开头便是"盖闻编桥救蚁,身获鼎元;布渡济人,名标翰苑",与《施渡碑》中"从来救蚁一事,获中状元之选;埋蛇片善,竟享宰相之荣"如出一辙。其中,"救蚁获状元之选,埋蛇享宰相之荣"出自《文昌帝君阴骘文》,讲述宋郊救蚁高中状元,孙叔敖埋蛇官至宰相的故事。《文昌帝君阴骘文》虽为道教劝善经书,但仅就宋郊救蚁一事而言,其叙事风格和主题取材上都带有浓厚的佛教印迹,实际上是受佛教影响而产生的。在不同版本的叙事中,宋郊救蚁之功德也被不断放大,反映了这种以功名利禄来教化世人的方式达到了极致,其背后也蕴含着佛教的因果报应思想②。

　　具体到这两通碑铭而言,作为一项公益事业,施渡有其切切实实的现实意义,但最重要的还在于人们的行为受佛教思想影响,人们相信因果报应,相信积阴德可以利己,通过做善事来为自己祈福,

---

① 碑文录自《锦屏县碑文选辑》,该碑存于三江镇赤溪坪王兴汉家。参见姚炽昌:《锦屏碑文选辑》,内部资料,1997年,第78页。

② 吴华、黄豪、郭俊良等:《传统视域下的钱穆——中外文明交流史数论》,上海:上海科学技术文献出版社,2015年,第116—126页。

最好能达成所愿。如果说这在《施渡碑》中"虽未期□□埋蛇之效"体现的不是很明显的话，那在《奕世流芳》碑中就显得非常明确了。该碑紧随宋郊救蚁典故的便是一句"此固报施昭然，毫末而不差者矣"，强调因果报应，善有善报。而王朝荣、龙朝宿施渡利己之处就在于希望自己儿子（女婿）"廷勤永庆麟趾之祥"，儿媳（女儿）"龙氏早叶熊罴之梦"，进而能够"兰质流芳""孙枝挺秀"，表达了施渡这一公益事业的另一层意义，凡事皆有因果，人们做善事也希望自己的心愿能了。由此观之，佛教文化及其传播的善行理念着实影响着人们的日常行为，能够劝人行善。

三、笃信风水：风水观对乡村公益事业的推动

清水江下游地区虽为西南少数民族地区，但在内地化过程中，民间风水信仰亦得以在此生根发芽，并表现出一定的地方性和民族性。目前学界关于清水江下游风水观念之研究已取得不少成果[①]，其繁荣程度此不赘述。从现有碑铭资料来看，清水江下游之风水观十分浓郁，而且深刻地影响着人们的日常行为。

受风水观念影响，清水江下游之苗侗族人民普遍相信风水是可以培植的，尤其是水口之风水，所以桥梁、楼台亭阁之修建无不

---

① 程泽时：《锦屏阴地风水契约文书与风水习惯法》，《民间法》2011年卷；王振忠：《清水江文书所见清、民国时期的风水先生——兼与徽州文书的比较》，载《贵州大学学报（社会科学版）》2013年第6期；李鹏飞：《风水争讼之"遵批立碑万代不朽"碑研究》，载《长江师范学院学报》2015年第1期。严奇岩：《从碑刻看清水江流域苗族、侗族招龙谢土的生态意蕴》，载《宗教学研究》2016年第2期；李鹏飞：《有冤难申终和解——清水江文书所见清代一桩风水纠纷事详解》，载《民间法》2018年第1期。杨军昌、杨宇浩：《清水江文书中的"风水观"与生态环境保护——以苗族、侗族"择吉冢"文书为例》，载《中南民族大学学报（人文社会科学版）》2019年2期。

体现出人们的风水思想与观念。有时寺观庙宇、学校选址等亦需充分考虑风水因素，即所谓"风亭水榭多征诸仁里，梯桥架阁□□培文风"①，为培植风水，人们积极修桥建亭，修楼建阁，有力地促进了地方乡村公益事业的繁荣。为说明问题，兹将相关碑序择其要者绘成一表，见表4—2。

表4—2：部分修建碑序所见风水资料统计表

碑名	所在地	立碑时间	立碑原因	碑序摘录
兴隆桥碑	天柱北岭村	乾隆三十八年（1773）	修桥建亭	相家以此间当挺伟才，更于水口处培一桥，有助于斯地之灵者……心藏阴阳风水之于人理，固有可信者□……有喜色而相谓曰……吾乡其必振兴乎，遂题其桥为兴隆云。
迁建锦邑学宫碑记	锦屏	乾隆三十年（1765）	迁建学宫	望气者皆曰文风不利，其迁之便……学宫迁建于此，可以妥圣灵而兴文远。
司勋永驻	天柱摆溪寨	乾隆四十年（1775）	修桥	桥关之达，以利往来，以育人才，关系固自匪轻……山水以钟祥……培植地脉。
青龙书塾	天柱棉花坪	乾隆五十三年（1788）	修建学校	卜其基于青龙之所……不特为息心养正之堂，而且作培植风水之室。
功垂不朽	锦屏大官舟村	乾隆五十三年（1788）	重修回龙庵	至于宏敞道场，庄严妙相，培成吾里地脉非浅鲜矣。大雄氏所谓无量功德，于此信焉。
永播千秋	天柱伞溪寨	道光八年（1828）	修阁	堪舆家每谓狂澜已倒，中流难回……诸父老立意建造一阁于此，以固一方水口。

① 政协天柱县第十三届委员会编：《清水江文书·天柱古碑刻考释（上）》，贵阳：贵州大学出版社，2016年，第226—227页。

续表

碑名	所在地	立碑时间	立碑原因	碑序摘录
永垂万古	锦屏大官舟村	光绪元年(1875)	重修鼓楼	在昔,村之下隅建有鼓楼一座,为培补地脉计……是楼也,屹然卓立,有三善焉:情殷复古,一也;培就文峰,二也;勇襄美举,三也。
培修碑记	天柱万一村	民国八年(1919)	重修庵堂	南治苑囿,北凿月池,一培风水……地脉既培,人文代蔚。

注:据《锦屏碑文选辑》《清水江文书·天柱古碑刻考释》统计而成。

从表4—2我们可以看出,为了修桥建亭,修楼建阁,修庙建庵,人们往往把这些事的重要性提升到可以培风水、补地脉、兴人文的高度。如天柱县三门塘人的修桥活动不仅包含着佛教的功德报偿观,还蕴含着更为强烈的求子保命、和谐风水、家族兴盛的愿望[1],甚至人才之培养亦与学校之选址密切相关,位置不好就要迁址重建。至于风水有没有培植好,人才兴不兴盛我们不得而知,但风水文化在此过程中所起的推动作用是显而易见的。或许培植风水只是一个口号,是倡修者找到的能让更多人加入其中的理由,其根本目的还在于解决当下现实需要。不管出于何种目的,我们可以肯定的是,风水观念是其中一个十分关键的因素。正因如此,乡村公益事业才能顺利开展。从某种程度上说明了风水观念可以促使人们捐钱出力,积极从事乡村公益事业,二者互为因果,而这亦不乏典型案例。

据锦屏县钟灵乡大官舟村光绪元年(1875)所立《永垂万古》碑载:

---

① 钱晶晶:《桥:地方社会脉络下的文化符号——明清以来贵州三门塘人的修桥活动及其意义》,载《广西民族研究》2009年第3期。

　　窃维宇宙事迹,有所创必有所因,因之为言依也。遵依先人创制,就现在规模扩大之,修整之。……官舟一村,设立安居,鳞萃鸠集,由来已久。相传先民有言,在昔村之下隅建有古楼一座,为培补地脉计。于时,合村人户烟火三百余许,家给人足,士读农耕,亲睦雍和之风早称,胜地遍延,数传变迁,几历地运剥屯,古楼倾坏,其基贻留,久作荒墟旷壤。自是而后,虽曰爱居爱处,而论人烟,一切蕃昌发越,较差于前者什伯。历来父老目睹村墟之寂寥,心慨情景之凋蔽,都谓古楼无存,缺所培补之咎。下及癸酉,村中佥议复起古楼,数人倡之,众始和之。……是楼也,屹然卓立,有三善焉:情殷复古,一也;培就文峰,二也;勇襄美举,三也。据兹三善,行见钟灵毓秀,合村家用□□,子孙逢吉,人文为之鹊起,科甲为之蝉联,世世兴发昌隆正未有艾尔。是为序。①

同样,天柱县坌处镇三门塘村有一通道光三年(1823)所立《复兴桥》碑记载:

　　斯桥水自右旋抱村而下,而世业风水之术者,佥以桥足固一村水口,且外森立二石,名曰傍浦岩。又有古木左右映带,每谓坚如钱券,固若金汤,可卜斯地之发祥焉。明万历四十一年,有刘公唐万、肛万,乃好善之人也,曾立石桥于斯,而村之财丁颇盛,此水口坚关之一验也。……于嘉庆癸酉年,各捐家资重修故制。……但是举也,固一村水口,虽或有感于风水之言,而其能承先人遗志,便通往来行人,一为而三善俱备,讵非前已兴之,后必兴之,兴而又兴之谓哉。故乐其善而为言以寿石。②

---

① 姚炽昌:《锦屏碑文选辑》,内部资料,1997年,第135—136页。
② 政协天柱县第十三届委员会编:《清水江文书·天柱古碑刻考释(上)》,贵阳:贵州大学出版社,2016年,第61—62页。

　　从碑序中可知，《永垂万古》碑为记重修鼓楼而立，强调了原有之鼓楼可培补官舟村之地脉，当是时"合村人户烟火三百余许，家给人足，士读农耕，亲睦雍和之风早称"。《复兴桥》碑为记重修桥而立，也着重强调了原有之桥可固守三门塘之水口，那时全村也是"财丁颇盛"，后年久失修，村里风水也不好了，于是众人响应，积极捐资修缮。修好之后，人们也希望此鼓楼、此桥能像先前一样补地脉、固水口，进而全村人丁昌盛，人文蔚起。正所谓兴也"风水"，败也"风水"。这似乎是此类公益事业运行的基本模式，人们总是拿风水说事，总是拿风水来倡捐，而人们又总是积极响应，屡试不爽。撇开风水，我们必须承认重修鼓楼、桥都是善事，有一定的现实作用与意义。恰如《永垂万古》碑所言："有三善焉：情殷复古，一也；培就文峰，二也；勇襄美举，三也。"也恰如《复兴桥》碑所载："虽或有感于风水之言，而其能承先人遗志，便通往来行人，一为而三善俱备，讵非前已兴之，后必兴之，兴而又兴之谓哉。"

　　至此，我们通过具体案例分析了民间信仰中的碑铭所载内容及佛教、风水观念以及传播的公益思想在推动乡村公益事业方面所起到的特殊作用。只是略有不同的是，碑铭内容具有一定社会教化功能，其意在"教"；佛教传达着因果报应与慈悲观念，其意在"劝"；而风水观念最为攸关，促使人们修桥、修楼，培风水，其意在"使"。三者层次不同，性质迥异，呈现出从被动到主动的变化。这种变化恰说明了风水观念对人们日常行为影响之深，甚至倡修之人都可能有意强调风水之修补与培植，以期能达到其目的。换言之，人们不断地立碑纪事，集资兴佛，或许存在有意识地利用民众崇石拜碑、信仰佛教来推动乡村社会有序运行的诸多可能。这样一来，佛教、风水观念也可借助碑的文化传播功能，三者有机结合推动着清水江下游乡村公益事业的蓬勃发展。

四、结语

正如我们所知，明清民间慈善或社会保障事业相关研究成果颇多，但受史料限制真正"眼光向下"关注乡村社会者鲜有之。清水江下游碑铭资料的发掘与利用为我们研究历史上乡村公益事业之兴起与发展提供了诸多可能性。

明清民国时期清水江下游碑铭、佛教、风水观念十分兴盛，而且富含地方、民族特色，乡村公益事业之勃兴离不开碑铭、佛教与风水观念之推动。从文化传播的角度来看，文化以碑铭为载体，利用人们的崇石拜碑心理，通过立碑纪事的方式，跨越时空向不同群体传达着行善的理念，在教化社会的同时教人行善，其意在"教"；佛文化以寺庙为中心，通过集资兴寺、募捐等活动宣扬善有善报，因果轮回，在普渡众生的同时劝人行善，其意在"劝"；风水观念则强调风水之好坏，关键在于人之培植与修补，在修桥建亭，修楼建阁之事上往往成为倡修者之说词，促使着人们积极捐资行善，其意在"使"。三者各有特点，虽为不同的民间信仰形态，但也不是绝对分离的。从碑铭资料来看，佛教与风水观念均离不开实物载体碑铭，更离不开碑的文化传播功能，离不开民众的崇石拜碑心理。也正因此，我们从碑序中可以看到倡修者在有意识地利用三者之关系及不同功效对人们进行说教，推动着公益事业的开展。这种现象从另一个侧面来看即反映了碑文化、佛教与风水观念对人们思想观念影响之深，而这绝不是一年半载能做到的，这恰可以说明该地区内地化程度之深。

通过对历史上清水江下游乡村公益事业勃兴之缘由的考察与分析，我们可以清楚地看到乡村社会文化建设的重要性，也可以清楚地看到民间信仰的力量，而这也恰印证了专家所言"乡村普遍存在的民间信仰活动中蕴含着丰富的社会性公益活动治理的功能"①。历史上清水江下游乡村公益事业勃兴的经验告诉我们,有什么样的民间信仰就会形成什么样的乡村文化环境,也就会传播什么样的思想观念,而这些思想观念又会成为推动乡村社会各项事业兴起、发展甚至衰亡的决定力量。

第五节　乡贤与功德:
彭氏家族与乡村社会秩序

乡贤之谓,古已有之,只是在不同历史时期其表现形式有差异,例如在先秦表现为"乡师""乡大夫",秦汉表现为"乡老",魏晋为"名士",隋唐科举时代以降,多指"乡绅"②。所谓生于其地而德业、学行著于世者谓之乡贤。从定义上理解,乡贤必须具备两个条件,"生于其地"是为籍贯限定,"德业、学行著于世"则是"贤"的标准③。实际上,乡贤并不是一个规范意义上的名词,而是一个社会学上可描述的范畴,其范畴可界定为那些在一定地域范围内德高望重,能力突出并致力于当地政治、经济、社会、文化公益事业之人④。这类人广泛存在于古代中国的乡村社会里,对乡村社会生活影响甚巨。有关其研究,主要集中在明清时期,且多与宗族、祭祀、教育以及乡村建设等联系在一起。例如,常建华就清代山西洪洞苏堡刘氏的宗

---

① 范丽珠:《公益活动与中国乡村社会资源》,载《社会》2006年第5期。
② 参见王春娟、秦行国:《乡贤在传统社会的历史形态及其差异》,载《齐齐哈尔大学学报》2017年第11期。
③ 张会会:《明代乡贤祭祀与儒学正统》,载《学习与探索》2015年第4期。
④ 张兆成:《论传统乡贤与现代新乡贤的内涵界定与社会功能》,载《江苏师范大学学报》2016年第4期。

族建设历程进行了研究[①]。赵克生就明代乡贤在庙学中的祭祀成为一代制度进行了分析[②]。李秀菊等就乡贤对地方教育的影响进行了研究[③]。刘华明则集中论述了明代苏州的乡贤，对其在地方社会的功能进行了全面的分析[④]。通过这些研究成果可知，整体研究与区域研究已经逐渐兴起，但亦可看到，有关区域乡贤的研究，多集中于华北、江南与华南地区。清代以来，清水江流域具备乡贤特征之人，在乡村社会多有存在，正是这群人的存在，把整套儒家系统在边疆之地建立起来。兹以清水江流域天柱县竹林乡地坌村发现的二十余通碑铭为中心，并结合彭氏族谱等民间文献，分析彭氏家族移民至边疆地方社会之后，奋力参加科举，终至科甲蝉联的历史过程。取得科举功名之后的彭氏族人，成为乡贤，他们热心乡村教育事业，积极参与修桥铺路、设渡济人、建庵立庙等地方社会各项公共事务，在乡村社会生活中起着举足轻重的作用。

一、彭氏移民及其甲第蝉联

据天柱县地坌村《彭氏家谱》（民国二十五年刻本）记载："我始祖彭锭公于大宋末年由江西吉安府太和县乔迁湘西渠阳府所属之伍塘冲"，并娶妻生子，从此定居下来，成为"靖属会地之开基始祖"。"太和"（一说泰和）传说也就成为清水江流域苗侗族源传说的普遍模式。彭锭的第四个儿子彭惠义"于元世祖六年甲申岁（1265）寻兄南来，乔居沅州，嗣后没葬渠阳靖州西门外十里塘"，是"沅辰天

---

① 常建华：《捐纳、乡贤与宗族的兴起及建设——以清代山西洪洞苏堡刘氏为例》，载《安徽史学》2017年第2期。

② 赵克生：《明代地方庙学中的乡贤祠与名宦祠》，载《中国社会科学院研究生院学报》2005年第1期。

③ 李秀菊、邹小宁：《乡贤与地方教育》，载《吉首大学学报》2017年第6期。

④ 刘华明：《明代苏州乡贤研究》，苏州：苏州大学2016硕士论文。

四房开基始祖"。明洪武初年,彭惠义之四世孙彭寿由湖南靖州之观保渡口乔迁贵州天柱县由义里之菜溪寨(清水江边一村寨,今竹林乡菜溪村)居住,据记载,彭寿"跋山涉水,拨楚来黔,天柱落籍,菜溪乔迁"[①],彭寿成为菜溪彭氏的开基始祖。此后,经过数代的繁衍生息,彭氏宗族壮大,"吾族始祖自寿公落籍菜溪,相传数代,子孙繁盛","族众则分居,木大则分枝,水大则分流者,家国一理,山川皆然也","枝开叶盛,族大丁繁"。从彭寿第四世孙开始,彭氏支分地垒、菜溪、尧田、双溪、高朗等地,其中彭美凤分徙尧田(今竹林乡尧田村);彭美胜并美玉、美珍兄弟于明末迁徙地兴团(即今竹林乡地垒村)开基,成为当地开基始祖。

定居地垒的彭氏族人主要是彭文贵之后,第六世彭氏族人有:彭继荣,文贵长子,号美胜;彭继耀,文贵次子,号美玉;彭继宗,文贵三子,号美珍。

第七世族人有:彭述汉,继荣之子;彭述诰,继耀之子,号勷典,讳慎徽,邑庠生;彭述谟,继宗之子,号玊显,榜名勷谟,文庠生。

第八世族人有:彭常好,述汉之子,号乐天。彭常仁,述诰长子,榜名彭兴,字翼远,文庠生;彭常义,述诰次子,榜名彭第,字超远,优廪生;彭常礼,述诰三子,号瀚远,榜名彭洙;彭常智,述诰四子,号沛远,榜名彭泗,"业儒";彭常信,述诰五子,号南序,榜名彭郊;彭常让,述诰六子,号难京,榜名彭祁,恩赐耆员。彭常德,述谟长子,榜名彭达,武庠生;彭常静,述谟次子,号定远,榜名彭清,武庠生;彭常辉,述谟三子,号卜年,榜名彭发,庠生。

"诗书传家"是传统社会每个家庭、每个家族的理想,清水江流域少数民族地区也不例外。要想"诗书传家"必须重视教育,彭美珍在其子彭述谟刚成人时就让其入塾读书,"甫成人即令就学。公性敏,读群书过目不忘,为塾师所器重,年方弱冠,名列黉宫",后成为

---

① 《(民国)彭氏族谱》卷之首《彭寿公落籍菜溪赞》。

文庠生。彭氏非常重视立德、立功、立言，"敦孝行以尽子职，德也；创学馆以育人才，功也，辑帝训以广教化，言也"①，且言行一致，"倡造文武学馆，并捐产业入"②。到了清初，彭氏第七世也就是迁居地坌的第二世彭氏族人中就有三人通过科举考试成为生员，其中彭述贤（榜名勷朝、字廷佐）成为生员，"时未归黔，入湖南靖州学"③，这是地坌第一位有科举功名的彭氏族人；同辈族人中彭述谟（榜名勷谟、字丕显）、彭述仁（榜名介寿、字纶音）也先后成为文庠生。

正是在此激励之下，彭氏家族耕读之风愈盛，迁居地坌的第三世族人中有七人成为文武庠生，其中彭述谟有三个儿子成为庠生，长子彭常德，榜名彭达，武庠生；次子彭常静，号定远，榜名彭清，武庠生；三子彭常辉，号卜年，榜名彭发，庠生，彭述谟家因此被称为"四世书香"④。同族的彭述诰"勤于诵读，性颖异，甫讲便通文理，使得久于其业"⑤，其子中有两人成为庠生，彭常仁，述诰长子，榜名彭兴，字翼远，文庠生；彭常义，述诰次子，榜名彭第，字超远，优廪生。自此之后，彭氏宗族历代都有族人通过科举考试取得生员资格⑥，可以说，从第七世开始，彭氏家族便"耕读传家"，成为清水江边"望族，诗书传家"⑦。

---

① 《（民国）彭氏家谱》卷之一《皇清待诰封修文郎堂伯祖丕显公传》。

② 《（民国）彭氏家谱》卷之一《善行传》。

③ 天柱于明万历二十五年（1597）建县，隶湖广靖州直隶州。雍正四年（1726）改隶贵州黎平府，雍正十二年（1734）定隶贵州镇远府。

④ 天柱《（民国）彭氏家谱》卷之一《皇清待诰封修文郎堂伯祖丕显公传》。

⑤ 《文昌会碑》刊刻于乾隆五十七年（1792），现立于天柱县竹林乡地坌村风雨桥头。

⑥ 详细记载可见《（民国）彭氏家谱》卷之首《绅士类》。

⑦ 《（1985年）彭氏族谱》卷一《商贤词谱序》。

二、彭氏乡贤与崇文重教

自明永乐十一年(1413)贵州建省以来,当地民间办学风气日盛,捐资助学、延师办学,涵濡渐染,人文蔚起。清水江流域众多村寨认识到学校的重要性,纷纷创办私塾,甚至是族塾,这种风气从清乾隆时期一直持续到民国时期。清水江流域彭氏宗族的崇文重教,既是官方建学、推行王化的举措,也是民众主动向化、进入国家教育体系的具体记载,既体现"官民"之间、也体现"汉苗"之间互动兴学的过程。清水江流域不少县比较重视教育,天柱县就是一个典型例子①。

办学首遇经费问题,其解决方法主要有倡设文昌会筹措经费"轮流生息"、通过捐赠并"陆续置产"。

《文昌会碑》记载了乾隆二十八年(1763)彭姓族人捐资设立文昌会的历史,生员彭兴的"先伯父立馆后,恐后人艰于就学,特置产业以为聘师之资。倘[犹]虑所出无几,师奉有空,于乾隆二十八年丙戌,约十六人各出资一两作会,曰:文昌。盖欲裕文教之昌明,聊修祀典于万一耳,爰以会轮流生息,陆续置产,并先年所遗田为每岁束修之费,逐年帝诞之需,诚一举而两得者也"。参与设立文昌会的首士是彭丕显、彭慎徽,另有彭定远、彭翼远、彭纶音、彭鳞拔、彭乐天、彭廷正、彭卜云等出资作会②。

据《起秀斋碑记》记载:乾隆初年,彭氏在国家倡导、地方官员支持、族人踊跃捐资的背景下,捐资办学的过程,"家有塾、党有庠、州有序","崇教化而作人材,兴礼仪而美风俗,意甚善也"!通过"教

---

① 详见李斌、吴才茂、龙泽江:《明清时期清水江下游天柱地区教育变迁——以碑刻史料为中心》,载《教育文化论坛》2011年第2期。
② 《文昌会碑》刊刻于乾隆五十七年(1792),现立于竹林乡地垄村风雨桥旁。

化""虽中材可进于君子,愚柔可变为明强"。学校之系于人讵浅显哉! 顾州县设学多在城中,乡民子弟住居辽远,未免负笈之烦,并苦薪米之费。大乡巨堡听其备置社学,一区择学优行端者充为社师,凡乡民子弟有志学文者俱入学肄业是矣! 三代党庠术序之法,俾穷乡僻壤咸知向学之意。倡首彭勷谟曰:'不才生当圣明之世,仰沐国家教养之恩,愿与邻里乡党共相劝勉。'"乾隆二年(1737)冬,"予徙居地兴,旧无学馆,就僧寺读书,以寺宇狭隘,且近居民时多往来之扰,复有梵偈之哓,苦无静功。爰请命于父兄,商同堡耆老度土于居左之田中,金曰:可。予遂捐田建学"。"予复捐金为众倡,堂弟兴、外弟魁不惜锱铢,力劝厥成,同堡之人咸乐相助,遂成社学一区,其学舍三进,每进三间,内立先师位,中为讲堂,前为门面。斋分左右,厨灶器具咸备,且其中凿石为泮,取思乐泮水之义也! 引活水入池,取朱子源头活水来之意。□□壬申春,工粗峻,邑侯谢公因过其地,题以额曰:静虚。"同时希望通过办学而为国家"兴学造士",彭氏族人是几代人共同捐献,倡首生员彭勷谟率儿子生员彭达、生员彭清、彭癸,孙相辅、相翼、朝端、正端共同捐银70.5两;信士彭勷典率儿子彭兴、彭第、彭洙、彭泗共同捐银70.5两,另有彭美华捐银13两、生员彭勷朝捐银12两、彭奇德捐银6.2两、彭乐天捐银4.5两、彭凤梅捐银2.6两、彭廷正捐银2.2两等,总共费用195两并碑费在内。彭氏族人在其中起主导地位,倡首举优生员彭勷谟(号丕显)、勸首信士彭勷典(号慎徽)、卜择生员彭勷朝(号廷佐)。除捐银外,彭勷典与彭勷谟两人捐中田8丘,禾15稛,税粮1升1合9勺4抄8撮4圭7粒2粟。彭氏族谱记载:彭氏购买田8丘,载粮3升7合5勺,"系真公与彦魁公二人在馆训课,各捐束修谷三年聚成,契买此业"[1]。这些学田,保证了起秀斋的正常教学。

据《学田碑记》记载,雍正十年(1732),彭美玉、彭美珍各出本银

---

[1] 天柱《(民国)彭氏家谱》卷之二《修建志》。

2两，彭勷朝出银1两，"约定逐年生息，以为异日建学之资"。至乾隆十七年（1752），彭勷谟、彭勷典"善继善述，另出家资建造学馆两进。从前所出之项仍然生发，至乾隆二十八年共得银二百余两，陆续置买田丘约计二百余稇。俾将来聘师有资，兴贤易成，法良意美，与窦氏之义方若合符节矣！棫朴菁莪，千秋遗爱，腾蛟起凤，百代流芳"①。

　　类似地垒起秀斋，由乡贤倡捐的学堂在清水江流域为数不少，仅竹林乡就有不少，如竹林乡棉花坪《青龙书塾》（乾隆五十三年，1788）记载了棉花坪"延师训读，非就僧寺即假民房，学者苦无肄业之区"，百姓共同商议，"各捐锱铢，卜其基于青龙之所"，设立书室，名曰青龙馆。"不特为息心养正之堂，而且作培植风水之室。自是，而乡之子弟读书其中者咸乐学业有基，崇教化，作人才，由小成以入于大成，有造而进于有德，地脉钟灵，人文蔚起。"到了民国年间，《书塾碑记》（民国三十年，1941）记载民众捐资重修棉花坪的青龙书塾。竹林乡竹寨《振英堂碑》（嘉庆十三年，1808）叙说了民众捐资、择风水宝地建振英堂的故事，"学校之设由来旧矣。今我竹寨素有学地，奈因年朽坏，凡延师训课，非假僧寺即借民房，学者苦无肄业之区"，乾隆四十六年（1781）民众捐资"作飞山神会生发，置买田产"，以作"建竖书室之费，卜其基于村边庙祠之左，脉自龙凤山叠嶂而来，前有笔峰特立，左有青龙绕护，右有白虎水环，四周润达，堪羡文明"，并预言："自是乡之读书其中者，咸乐学业有基，崇教化，作人才，由小成以入于大成，有造而进于有德，地脉钟灵，人文蔚起，延师训课于为伊始，凤起蛟腾，从兹万年。"竹林乡杨家村《唐氏家塾》碑（道光五年，1825）记载，嘉庆八年（1803），杨家村"寨中虽有旧馆，历年湮远，柱宇歪斜，板壁腐朽"，村中有识之士"乐捐锱财，重修整顿"，并预言："自是兴学造士有地、有资，则后日人文蔚起，夫岂不有光于吾党也哉！"竹林乡新寨村《永垂不朽》碑（道光十二年，1832）记

---

① 《学田碑记》刊刻于乾隆四十七年（1782），现立于竹林乡地垒村风雨桥旁。

载了原来的书屋"颇窄"，于是民众"捐资"增修凌云馆，"较前宽敞过半，幽静更倍之，永足为养蒙之所、作圣之堂，可谓尽善矣"。竹林乡秀田村《重建桂林斋碑》（咸丰四年，1854）讲述了唐氏族人办学的故事，嘉庆元年，"约众设文昌会，捐资生放"，到了道光十一年（1831），在原振英馆的基础上，"依旧址，鸠工庀材"，重建桂林斋，"由是养正有资，陶成有藉，英材蔚起"。

三、彭氏乡贤与社会公共事务

彭氏宗族积极参与地方公共事务，并且逐渐成为一种长期的宗族行为。同时，通过参与地方公共事务，提高他们在乡村社会的威望和号召力。彭氏宗族参与地方公共事务主要体现在修建路桥津渡、捐建庙宇方面。

（一）路桥津渡

莱溪地处清水江下游，地坌地处支流沿岸，整个地区大小支流交汇，山林间遍布无数条溪沟，为满足群众的日常生产、生活所需，生活在此地的人民把架桥、修路、设渡看成是修阴功的三大壮举，清水江流域有众多的碑铭记载此类壮举，诚如一碑铭所言："尝思阴功之说，一架桥、一修路、一义渡，只三者实济人利，大开方便之门也。"①

1."数百年崎岖之路忽变为王道之平平，千万人往来之冲永歌乎履道之坦坦"

道路与民众日常生活息息相关，路的好坏关乎民众的幸福指数，因此，有识之士常常不遗余力倡修道路，花阶或花阶路则是最有档次的。清水江流域一带，自古山路崎岖、林木深幽，又兼"雨稠水泛"，土路泥泞，民众苦不堪言，严重影响了正常的生产生活。地坌地处山区，交通极为不便，因而修路历来便被视为公共事业中的大

①《功垂不朽》碑刊刻于民国庚申年（1920），现立于锦屏县大同乡锦所村路边。

事，是行善积德的好事，彭氏宗族大力参与其中。《一路福星碑记》记载了地坌村村民在彭氏带领下修路的相关事宜：

一路福星碑记

　　阴骘文曰：修数百年崎岖之路，帝有明训，路之修功之积也。辛酉年夏六月，余因均摊携粮务跋岩公墓山，气喘足衰登龙神，倦憩树下，走扇眺麓，渡头一冲，山低无碍，平而且直，路形如书，不觉击节，欣此诚天造地设也！曷更便之，会众议均毕，遂与李公言其形似，并率副倡首，而公亦慨然乐世，观迹志，若合节，即诹日募众，茶山油树田丘，业人俱不自惜，众力合辟，不数日自而康庄以成。俾弹泥涂泞滑，因募众捐资甃石，而人性皆善，乐助非一，愈引愈长。十三年来，不辞劳瘁，冒雪冲寒，共得五百余金，修砌将近三十余里。曲者直之，坡者平之。始于辛酉之夏，竣于癸酉之夏。巩固乐颂荡平也。余以为非，众善士之善根畅发，何由坎如砥而如矢哉！乃搁笔书之，并记三至以传高人贤士之令德于不替云。

　　生员彭勳朝拜撰　玄孙宏选敬书

　　捐款人中，彭氏携妻带子甚至孙子辈共同参与捐钱，彭美玉、妻李氏、子慎徽捐30两，彭美珍、妻李氏、男生员彭功汉捐25两，彭美贤、妻潘氏捐13两，生员彭勳朝捐银8两，彭乐天捐银2两，彭朝天及母李氏捐1两6钱，彭相明携妻吴氏捐1两4钱，彭美凤捐1两3钱，彭达先与母袁氏捐1两3钱，彭氏日、彭石兰捐2两，彭氏晚女巳梅捐2两，彭天禄携孙松云捐1两2钱，彭颢朝携妻吴氏捐1两2钱①。据《一路福星碑记》统计，碑上捐资人有117人，其中50人是彭氏宗族的，在捐资的170两1钱6分中，彭氏就占102两7钱5分，还有7人无法统计，其中4人是彭姓。由此可见彭氏族人的参与力度。

---

①《一路福星碑记》刊刻于道光十七年（1837），现立于竹林乡地坌村风雨桥旁。

彭勤典（述诰，慎徽）"将游僧所化茶叶售卖得钱生放，以为每年修路田，自头冲口修至高寨溪"。彭勤朝（述贤，廷佐）"开关垣途三十余里，并置业产以为每年修砌之费，碑叙可查"[1]，"廷佐体文帝之训，自菜溪渡口以至大墓，修数十里崎岖之路"[2]，"辛酉（乾隆六年）秋，与舅氏春荣公募辟此冲成路，砌以石阶"。

据《墩步永安》碑记载：彭勤谟"佩文帝修路之训，存与人为善之衷，募众修砌，远近通衢，自菜溪以及会属之地，约计数十余里矣"[3]。道路的修砌，非一朝一夕之功，亦非一己之力可以成就，需要合力共同修筑。

2."溪涧之间架桥梁，庶免病涉之患"

与道路相比，桥在民众日常生活中的重要作用甚至犹有过之。清水江流域一带溪流广布，常常因水涨隔断交通，民众多"病涉"，因而桥梁的修造，亦是社会生活设施修造中的重点。地坌有一重要桥梁是龙形脚石桥，它是通往远口的必经之地，往来行人"川流不息"。清雍正七年（1729）曾修建木桥，后毁坏。乾隆十八年（1753），在原址基础上修建石桥，此桥到现在还完好。据碑铭记载："公曰：匪桥何济。自于雍正七年（1729）布有木梁以济行人，经年易圮。公又曰：匪石桥焉能坚。乃捐金，约同人选匠，沿溪□石，工昉于癸酉（1753）冬底，甲戌（1754）春而告成。"[4]彭氏族众包括彭勤谟祖孙三代、彭慎徽父子等捐钱，其中有5名生员，彭勤朝、勤谟还共同赋诗一首以示祝贺。

---

①《（民国）彭氏家谱》卷之一《善行传》。

②《（民国）彭氏家谱》卷之一《大诰封岳翁慎徽公传》。

③《墩步永安》碑刊刻于乾隆三十九年（1774），现立于天柱县竹林乡地坌村风雨桥旁。

④《龙形脚石桥碑》刊刻于乾隆年间，原无题额，现立于天柱县竹林乡地坌村龙形脚石桥旁。

3."江河之处修舟渡,方解望泽之叹"

由于清水江河面宽阔,无法修桥,两岸交往靠摆渡。清水江流域义渡多为集资兴办,也有少数是个人的善举。各渡多有山场、田丘等财产,用于支付渡工报酬、船只修补和制造。在菜溪的清水江畔,彭氏族人认为:"黔、楚、闽、粤商贩往来至此冲口,望洋却步,虽其上距里许有公渡,然中隔一涧,每至春夏江水泛涨,汹涌难越,且溪畔陡峭,不可扳援,行人病涉不知几何! 予循名求实,请命于父,商诸兄若弟,各捐银两置田造舟,起屋宇于江之左岸,柴山草场园圃皆备,俾舟人食田操舟,人至即渡,永无逗留,是岂予之忧然此事哉! 但轸念望若之苦,聊效一苇之便。期不召渡头之名,河伯有知,当亦量予之片念云。"彭氏族人率领子孙甚至曾孙捐资,据《修渡碑》载:信士彭美珍及妻李氏,子生员勷谟,媳蒋氏,孙生员达、清、发,孙媳李氏、刘氏、袁氏,曾孙相辅、相翼、相虞、相德、相举、相扬、生员相唐,捐银88两;信士彭美玉及妻李氏,子勷典,媳蒋氏,孙生员兴、廪生第、孙洙、郊、泗、祁,孙媳李氏、袁氏、潘氏、袁氏,捐银88两,玄孙宏彬(男)、开海、开钟、开□另捐渡船一艘,并盘二碑;信士彭乐天及妻唐氏、谢氏,子相和、相敬,媳唐氏、杨氏,孙守先、大元,捐银22两;信士彭美华及妻刘氏,子述天、述配、述言、述杰、生员介寿,捐银14两2钱;生员彭勷朝及妻李氏捐银1两2钱①。

乾隆十八年(1753),彭勷谟在菜溪清水江畔创设渡口,并制定渡规,涉及渡田及渡田管理、过渡秩序、船只维修与更换、渡夫招雇及操作程序等,共16条。彭勷谟"佩文帝造渡船以济人渡之训,创设斯渡"于乾隆十八年,"每思渡之设也,以济人为事,其人亘古络绎不绝,其渡亦亘古振兴不朽,岂仅视为一时一世之事哉! 是渡也,舟子之日食虽足,造舟资费未敷,以故从前以来屡次更造,逐年油□

---

① 《修渡碑》刊刻于嘉庆十九年(1814),原无额题,碑现立于竹林乡地坌村风雨桥旁。

皆出资用，虽云无几烦费，靡有穷期，恐难继之后人。兄尝以此系念，欲为善终之举，可以之图，未果，生怀斯愿，没不恶心，时嘱予钟其事。予唯唯从命，不竟苍茛，迄今痌瘝难释，靡谅已力之微，必体吾兄之悉"，"捐辐于乾隆四十二年辛酉岁七月初七日，契买"田土，并刊碑一一载明。"以上数规承行责任在渡夫，支项催督在施主"，"倡设优生员彭勸谟。重事增捐堂弟彭勸典号慎徽顿首拜撰"，"此碑因前碑朽坏，孙相辅、相翼、相德、相举、相虞、相扬，生员相唐等重修"①。

对于地坌村的小溪，行人往来不便，于是，修跳墩以便行人，彭卜云："心先人之心，事先人之事，又以本团过溪之处为大路紧吃关途，墩小水急不便。率由特募合团信善捐资修砌，梭石跳墩一十八步。俾往来者有步履之安、无塞裳之患，则行路者固颂前人之明德于不衰，济川者又歌后裔之遗泽于无既矣，阴功继美，因探本以序之。"捐钱的有彭卜云6两7钱、彭慎徽2两4钱、生员彭清捐银1两、信女彭门唐氏银1两等，总计石墩两头石板并碑共18两2钱8分，彭卜云另外修庙前瞻阶捐银1两6钱②。

（二）"建庵修寺"

"立庵以尊佛"，清水江流域除了讲究风水外，就是对神灵的莫名崇拜，所以供奉香火、祭拜神灵的庙宇比比皆是，主要有飞山庙、土地庙、南岳庙、天华山公庵、净神庙、太平庵等庙宇。

飞山庙又名威远侯庙，是供奉湘黔边地区杨氏祖先杨再思的寺庙。据《庙田碑记》记载："吾村之西有庙焉，曰：飞山"，是"渠阳之土神也"。虽然修建了飞山庙，但"尚乏祀田，每缺香灯"，于是生员彭第的先人"累年建醮余资，或数分或数钱不一，悉行生息"，"得银

---

① 《渡规碑》刊刻于嘉庆十九年（1814），原无额题，碑现立于竹林乡地坌村风雨桥旁。

② 《墩步永安》碑刊刻于乾隆三十九年（1774），碑现立于竹林乡地坌村风雨桥旁。

八两,俱付"彭第,彭第"继放得银五十五两,乾隆丁亥(1767)冬,买田一契,以为飞山香灯",所剩一两暨近年建醮余资"复行生息,共得银一百二十五两。己亥(1779)冬买田一契,辛丑(1781)春买田一契两处"。彭第经手的飞山庙庙产就有三契,"共上中粮五升四合□二撮九圭七立一粟二桼",另有"一百八十两捐入庙中,招人以朝夕供奉。庶香灯不缺,有以答神庥于万一耳"①。彭勤典"把历年建醮余银陆续生放,得银四十余两,契买土名飞山庙脚水田三丘,计粮五升五合,捐入庙中,以为飞山公香烟之资"。

土地庙是民间供奉土地神的庙宇,是乡村分布最为广泛的祭祀建筑,能够"福庇生民,保障一方",现在天柱县几乎每个村寨都有大小不一、模式不同的土地庙。天柱县竹林乡地坌村的土地祠,除本村绅民捐修外,还有附近村寨共同修建,据嘉庆七年(1802)土地祠碑记载,原来的土地祠"多历年所,风雨漂(飘)摇"且已"倾圮","睹四壁之萧条,目坛壝之非昔,讵无亵渎神灵之感,我等往来目击心殷,缘先年首士彭公美珍于太平庵累年设醮所余之费,逐年生息,厥后弃世,付众继放,迄今获十有余金。我等公同聚议,共发诚心,将此项另建石坛,安妥神位"。于是,命匠"修砌神台","合竖祠宇,庶二老安贞永绵血食,而我本境士女、上下行人咸歌康□阜于无既矣"②。土地祠于嘉庆七年壬戌岁五月吉日立,祠价22两。此祠地兴团、惠塘、翁冲、老引坡、遥田、上下妈羊、岩田、丫义坡、皆牙、老谢等寨众人捐银建立,但祠价未敷,又由乡耆彭慎徽捐银1两3钱、生员彭清捐银1两、生员彭兴捐银1两、廪生彭第捐银1两、生员彭尚

①《庙田碑记》刊刻于乾隆五十四年(1789),碑现立于天柱县竹林乡地坌村风雨桥旁。
②《土地祠碑》刊刻于嘉庆七年(1802),无额题,现立于天柱县竹林乡地坌村风雨桥头土地祠左侧。

唐捐银1两等[①]。

南岳庙，供奉南岳忠静助国侯王之神位，据《合修南岳庙石阶及大门碑记》记载了乾隆年间曾修南岳庙石阶及大门，"吾村之东有南岳古庙，庙门之左有入寨古阶，乃庙基实处，高虽土势揭而神像起尘，风雨漂而板壁易坏，兼之阶级小而步履不便，柴门毁而暮夜提防，事两全须当并举，因募合团各捐己资，剖石阶，买木砖，修之砌之，俾殿宇巍然壮观，门阶焕然丕振"。彭慎徽作为倡首信士并捐银12两，生员彭清捐银2两5钱，生员彭介寿捐银4两，还有十余名彭氏族人捐钱[②]。据《万古不朽》记载，南岳庙"咸同苗乱"时被毁，光绪年间重修。"村之东南岳一庙，幸有先祖创建于前，吾遂不敢不重修于后耶。"[③]

天华山公庵，是湘黔边地区四十八寨共同祭祀的庙宇，创建于雍正六年(1728)，殿中供奉有释迦牟尼、观音、八大金刚、四大天王、十八罗汉等神像。其祭祀圈涉及地苏、菜溪、鲍塘、三门塘、大冲、银洞、龙家冲、垒处等四十八寨的民众。雍正年间，在修建天华山庙宇的过程中，彭氏族人积极参与其间。据《善表佛天》记载，修建方式有众施主合修正佛像，也有个人或几人联手修建佛像，李春荣、生员彭勷朝、彭勷谟修三官帝，彭美玉修左观音菩萨，彭慎徽、李希圣修梓潼帝君，李春荣、生员彭勷朝妻李氏、彭奇德、胡连臣修右地藏菩萨。除直接修建佛像外，彭氏乡贤还踊跃捐献田地，彭美华、彭美珍捐天华山顶背下田14丘，册载禾60稨2手；生员彭勷谟施架子田；彭美玉、男慎徽施架子冲下田5丘，册禾22稨5手；彭美玉又

①《土地祠碑》刊刻于嘉庆七年(1802)，无额题，现立于天柱县竹林乡地垒村风雨桥头土地祠右侧。

②《合修南岳庙石阶及大门碑记》刊刻于乾隆三十九年(1774)，现立于天柱县竹林乡地垒村风雨桥旁。

③《万古不朽》碑刊刻于光绪三十三年(1907)，现立于天柱县竹林乡地垒村风雨桥旁南岳庙前。

妻李氏、男慎徽捐瓦厂坳田3丘，册禾2稱；彭美玉又妻李氏、男慎徽施庵脚盘田5块；李希圣、彭慎徽同捐本庵右处坡茶树1棵，茶子15箩；生员彭勷朝捐花粟半坡田第二丘半丘，等等①。

地坌村还有净神庙，据乾隆三十七年（1772）的《永垂千古》碑记载："同建飞山庙于地坌象形，共建净神庙于螺丝形"，雍正甲寅（1734）"踊跃重修庙宇"，"乾隆壬辰（1772）冬月□商良规捐锱作会，四姓迁头，本银二十两加两行息轮流支放，本存生发利充公用，永为是庙春秋二祭之资"②。

明末清初之际，在村侧建有一庵称太平庵，清咸同时期被毁，光绪戊戌年间重修，"我地兴团太平庵自兵燹以后，众捐资已竖内进五间，数月落成，前碑即篆，迨至光绪戊戌（1898）新正余，因发心与合村父老酌商倡邀善事，醮建三元，就会抽资配建前厅左右两厢，兼之增修内进"，倡修生员彭灏源撰写碑文并书，监生彭宏魁捐项并木钱3230文，生员彭灏源捐项并木钱2850文、监生彭宏彬捐项并木钱2012文，彭开源捐钱1560文，彭刘氏银香捐钱1300文，生员彭守桢、生员彭守白、监生彭守第、耆员彭守敏等各捐640文，另外还有不少彭姓民众捐款③。

综上所述，清代清水江流域碑铭资料丰富，这些"碎片"文献反映了当地的诸多历史信息，而制造这些碑铭之人，往往就是一方乡贤。乡贤作为地方社会举足轻重的人物，他们对乡村社会生活的影响甚巨，对乡村建设起着积极作用。具体到天柱县地坌村的彭氏族人，其迁徙与组建村落社会的历史，与清水江周边村落类似，不仅富

---

①据《善表佛天》碑（无立碑年代，应为清朝时期的）、《□修宝顶》碑（嘉庆二十一年）统计，两碑现立于天柱县竹林乡天华山公庵里。

②《永垂千古》碑刊刻于乾隆三十七年（1772），现立于天柱县竹林乡地坌村风雨桥旁。

③《元善资培》碑无立碑年代，应为清朝时期的，碑现立于天柱县竹林乡地坌村风雨桥旁。

有丰富的迁徙史信息，也有具体建设乡村社会活动，其中起到中坚作用的，当然是获取了科举功名的读书人。

　　具体而言，彭氏移居地垄之后，经过七代人的繁衍与积累，至清代前期，开始出现与科举功名相关的人员。值得指出的是，彭氏族人科举功名基本上处于"秀才"这一级，并无突出成就者。这种居住在乡村社会的生员，其主要精力与社会贡献多集中在乡村建设上。教育成为其最为关心的问题，这不仅因为他们实现不了更高一级的科举功名而寄希望于后来者，而且他们肩负着传播儒家学说与伦理道德的使命，于是，他们不遗余力地出资建学，营造崇文重教的社会风气。当然，作为乡贤，重视教育之余，乡村社会里的其他公益事务，也是他们施展影响的主要领域，举凡筑路架桥、修渡建庙等社会公益活动，无不看到他们忙碌的身影。通过这些社会公共事务的组织与参与，彭氏乡贤牢牢控制了地垄村落社会的公共权力，使乡民社会生活始终在一个有序的轨道里运行。

第五章 "女有外行"：
碑铭里的女性世界

清代清水江地区碑铭林立，其中又以记录社会公益事业者最为繁多。少数民族妇女身影闪烁其间，她们通过捐钱、捐田产、捐工、捐草鞋、捐木材、捐首饰等方式参与社会公益事业，当然亦有众姐妹甚至独立主持社会公益事业者，其出钱出力并把自己的名字刻写在石碑上，以期"永垂不朽"。这样的历史事实，不仅展现了少数民族妇女们有较高的社会活动能力，而且隐含着妇女拥有分享社会话语的权利。

清水江地区虽处"化外之区"，然"结绳纪事，刻木为契"的现象却被不断提及。从明代开始，逐渐兴起了立碑纪事的传统。大凡推行国家典章制度、颁布官府告示、规范民间社会生活、记录社会公益事业等，无不以碑铭的形式一一呈现出来。尤其是清代以降，可用"林立"一词来形容其繁多，每个村寨的村头寨尾，或多或少地竖立着各类不同类型的纪事碑铭①。我们曾把收集到的碑铭分成政治

---

① 自2009年起始，笔者与志趣相仿的同事一道，每年寒暑假期间，便至清水江地区做田野调查，至今已抄录整理了近千通碑铭。这些碑铭的形制，大致分为三种：第一种是长方形，竖立，有碑帽、碑脚，长、宽、厚并无定制，多数碑铭长100-150厘米、宽50-60厘米、厚6-12厘米；第二种亦为长方形，与第一种之差别在于无碑帽和碑脚；第三种为四方体形状，每一面均镌刻文（转下页）

军事、乡规民约、交通教育、宗族、宗教、经济等六大类予以介绍，认为有极为重要的学术价值，然当时并未在意那些密密麻麻的捐资名单，妇女的社会参与行为被遮蔽①。后来，当笔者仔细校对和整理这些碑铭之时，常常被里面密密麻麻的捐资名单所感动，发现其中有众多女性的身影闪烁其间，她们参与了大量的社会公益事业，或与

（接上页）字，多系官府刊刻之判例。这些碑铭一般由额题、序文、捐资名单和刊立日期等四部分组成。额题即碑名，一般由右至左横书于碑的最上方。序文一般由地方上的读书人撰写，通常叙述这块碑所记录的事情，先引谚语或圣贤之言，然后转入正题，述说事情之经过，尤其注重引导世人向善，参与地方社会事务。捐资名单一般先列发起人，然后依次从捐资多者到捐资少者排列，若有官员参与，则官员列于前。刊立日期即立碑的日期，是人们得以判断其时代的重要依据。

① 参见李斌、吴才茂、龙泽江：《刻在石头上的历史：清水江中下游苗侗地区的碑铭及其学术价值》，载《中国社会经济史研究》2012年第2期。后来，我们又曾把天柱的碑铭分为官府告示、乡规民约、路桥井渡、学校教育、祠堂宗族、寺观庙宇等六大类，参见李斌、吴才茂、姜明：《论明清以来清水江下游天柱地区碑刻的分类、内容与学术价值》，载《贵州大学学报（社会科学版）》2013年第3期。关于碑铭的分类，目前学术界有多种分类的标准。例如毛远明按照形制将碑刻分成碑碣、石阙、摩崖、墓志、经幢、石柱铭刻、造像题记、石刻画像题字等，按照文献的内容则分为纪事赞颂碑刻、哀诔纪念碑刻、祠庙寺观碑刻、诗歌散文碑刻、图文碑刻、应用文碑刻、石经、题名题记以及诅盟符箓碑刻、帖书碑刻等几种特殊的碑刻（参见毛远明：《碑刻文献学通论》，北京：中华书局，2009年）；仲威则将碑刻分成摩崖、碣、墓碑、功德碑、纪事碑、墓志与塔铭、文献碑、造像题记、刻经、幢、阙等（参见仲威：《碑学十讲》，上海：上海书画出版社，2005年版）；唐力行根据历史文书的视角，把《明清以来苏州社会史碑刻集》所收碑刻分成私人性民间纪事碑刻文书和官方碑刻文书两大类，其中前者包括墓志铭、契约碑、碑记、收支碑或征信录、善书等；官方碑刻文书包括示禁文书、褒奖文书、布告和执帖等[参见唐力行：《明清以来苏州的社会生活与社会管理——从苏州碑刻的分类说起》，载《上海师范大学学报》（哲社版）2009年第3期]。

丈夫一道，或与子孙一起参与，还有独立主持，并且镌刻碑铭，以期"永垂不朽"。她们参与社会公益活动所涉及的领域比较广泛，主要在修路、架桥、筑渡、砌井、立庙、兴学、建祠堂等。

第一节　女性筑路

贵州素有"天无三日晴，地无三尺平"之谚，山路崎岖，道路泥泞，一旦下雨，极为难行。生活在这种自然环境下的人们，为了尽可能地消除泥泞不堪的行程，人们热衷于修花阶或用鹅卵石铺设道路，其工程量颇为巨大，需要大量的人力财力物力。在这种情况下，修筑道路亦成为动员一方社会的重大活动，对这样的重要社会事务，人们也会以自己的方式立一方碑铭，记述他们的事迹。从这些碑铭中，勾勒出了一幅人们有钱出钱、有力出力的景象。女性在其中也扮演了重要的角色，她们更多的是体现在出力上，即参与道路的开挖、挑土、挑石等工种，这些事迹在碑文中较少记录，但在捐资名单中，仍可一窥其事迹。

在民众日常生活中，修筑道路乃是大善之举，但凡有以修路募捐者，人们亦多乐于襄助其事，均有"改砌辟路"之举，并立石碑记录其事，在这些密密麻麻的捐资名单里，总有妇女的名字闪现其中，她们或多或少尽己所能，捐钱出力，因为她们相信"积善之家有余庆"。例如，在天柱县竹林乡新寨村有四通有关修路的碑铭，从乾隆时期到嘉庆时期，历时六十余年，呈现当地民众积极参与修筑道路活动的事迹，其中都有女性参与其间。

在天柱县竹林乡新寨村，有乾隆四十二年《永远不朽》碑、乾隆四十四年《周道如砥》碑、乾隆五十年《修路碑记》、嘉庆十五年《功垂不朽》碑四通碑铭，记载了当地民众在六十余年的时间里，"士女仁人，各捐锱铢"，积极参与修路的故事。乾隆五十年（1785）的《修路碑记》序言中说："尝闻梓潼、文帝之训有曰：'修数百年崎岖之路'久矣。知修路一千古善事也。兹新寨左之下绵花坪，右之上有路数里，均属泞滑偏陂之途，许中又有依溪涧而行，经履堤防水涨圯颓，实有跋涉之艰。上下往来目击此路，不觉搔首踟蹰也。"从乾隆二十年（1755）开始，当地有识之士"始募众捐铺，延匠改砌，辟路过高寨坡脚，以免跨涧之苦；甃石于泞滑偏陂，以为康庄荡平之道"。修建了"自新寨井边起，至新兴团"长达数里的道路。捐资数额从三两五钱至一钱不等，其中粟门邓氏黑妹、杜门邓氏庚兰、潘门邓氏昭兰、粟氏七姑、粟氏申兰、杜氏癸梅、邓氏同癸、唐庸干同缘彭氏、杜氏庚姑、潘门邓氏云可、潘氏辰妹、杜氏梦菊、粟门刘氏四、邓门龙氏世妹、杜门潘氏字妃等二十一名女性参与捐资活动①。乾隆四十二年（1777）的《永远不朽》碑中，有序言曰："尝稽唐虞有土阶之风，三代有石阶之制，文帝有'修数百年崎岖之路'之训，自古修路一善事也。"新寨民众苦于"东至大塘冲，西抵营寨塘约一里许"道路"崎岖不便"，于是"剖石以结坦道"，捐资额度从九钱五分至六分不等，其中至少有杜永学妻龙氏、杜门邓氏庚兰、杜门唐氏□姑、邓荣昌同妻潘氏、杜门粟氏未姑等六名女性参与集资②。乾隆四十四年（1779）的《周道如砥》碑，记载"新寨之上，浦头之下，有路通往来，行旅所必过之地，约五六里许，中有一溪，水划山分，不数武而路旋两隔，虽有桥济，经年易圮，兼以弯曲泞滑，一路崎岖，久为行人之苦"，有识之士"心切更修"，于乾隆三十七年（1772）始，"募众捐锱，延匠改砌辟路，于过溪之右麓直曲免跨涧之劳"。此次道路"修自仁寨塘起，至浦头，均结坦道"，此举为"千古善事"，因此要"功成纪石"。捐资额度从三两一钱至一钱不等，其中女性如杜门龙氏口妹、粟氏三姑、刘

---

①《修路碑记》刊刻于乾隆五十年（1785），现立于天柱县竹林乡新寨村口。
②《永远不朽》碑刊刻于乾隆四十二年（1777），现立于天柱县竹林乡新寨村口。

门全氏玉音也踊跃捐资①。据嘉庆十五年(1810)的《功垂不朽》碑记载："兹我等寨皆塘冲界，两头虽前已□有，中间一节均属陡滑，逢天下雨，跌步艰难，行者之苦也。况斯路也，纵非周道，朝夕男女络绎不绝，实为要衢也。"有识之士"目击心伤，持簿募化"，"士女仁人，各捐锱铢"，至少有潘氏□□、潘氏□□、□氏玉英、潘氏辛梅、龙氏辛梅、李氏□英、潘氏真香、潘氏三英等八名女性参与捐资活动②。

竹林乡地坌村有一通道光十七年(1837)的修路碑，额题《一路福星碑记》，序文由生员彭勷朝撰写，叙述了地坌民众十三年来的修路经历，他们"不辞劳瘁，冒雪冲寒"，捐资"五百余金"，修砌道路"将近三十余里"。捐资名单里，值得注意的是女性参与情况：有与丈夫、儿子一起捐资者，如彭美玉与妻李氏及子慎徽、彭美珍与妻李氏及子生员彭功汉；有与丈夫、孙子一起捐资者，如李春荣与妻潘氏及孙不圣；有与丈夫一起捐资者，如彭美贤与妻潘氏、彭富梅与妻王氏、李春祐与妻王氏、杨君林与妻王氏；有与儿子一起捐资者，如彭朝天与母李氏、彭达先与母袁氏、蒋子厚与母杜氏、彭美祥与母李氏；有女性独立捐资者，如彭氏日芝、彭氏晚女，等等，通数下来，这一方碑铭，有近二十位女性参与了捐资，占总人数的17%③。

在天柱县白市镇阳山村有一通乾隆五十七年(1792)的《修路碑记》，记载白市镇阳山村一带道路"凹者凹，凸者凸"，行人举步维艰，当地民众捐资修路的故事。阳山地处交通要道，往东通牛场，向南至田冲，向北达渡马，"或五里而近，或十里而遥，缔姻友者，熙熙而来；入市集者，攘攘而往。乃凹者凹，凸者凸，挤伍之举足维艰，牛羊之入亦窘"。"春夏水潦，秋冬冰雪，叹行路难者不比比然也

---

① 《周道如砥》碑刊刻于乾隆四十四年(1779)，现立于天柱县竹林乡新寨村口。
② 《功垂不朽》碑刊刻于嘉庆十五年(1810)，现立于天柱县竹林乡新寨村口。
③ 《一路福星碑记》刊刻于道光十七年(1837)，现立于天柱县竹林乡地坌村风雨桥头。

哉"。"仁者长者不吝锱铢"，纷纷捐款，"揭隆者附之，洼者益之，或斩荆棘，或加土石"，于是"崎岖之径易为康庄"。捐资者中，除头首捐五两外，有七人捐资额度是一两，其中袁氏兰桂、杨氏银香、陈氏凤音、袁氏冬桂四名女性各捐银一两，共计有十一名女性参与捐资活动①。

在天柱县坌处镇雅地村皆雅坳，有两通嘉庆十七年的修路碑——《功德不朽》《永远流芳》，记载当地民众从嘉庆十五年至嘉庆十七年历时三载"信善男女乐善相捐"的故事。《功德不朽》碑记载修路的缘由："尝闻遵路而曰荡荡，履道而曰坦坦，盖言道路之平也。""吾村北之古路辟自先人，高下曲出约七八里达清河（即清水江，笔者注）"，但"山径崎岖偏陡"，有识之士"兴修补之念，约同人而商之"，"逢坌处二、七场期，执簿于扒冲亭内募化"，"蒙信善男女乐善相捐，请匠修砌花岩石板，历三载"匠工告竣，"但见从前之缺陷尽属宽平，自是举足安闲，从容自得，不禁乐游而忘返"，并"列众名以志诸石"。《永远流芳》碑则记载了当地民众几段路修建的具体宽度和长度："今将众姓捐修花岩石板路程列碑为记，自两岔陡坡头以下至坡脚二尺五寸宽，花路一百一十三丈四尺，至鸦地正冲下截桥头以下□□□□□溪猴形背石板十一丈，孔优龙形坡脚石板十二丈五尺，扒冲凉亭上边田埂石板三丈五尺，陡坡脚修补三截杂岩十一丈二尺，下茶田水口边修砌杂岩十四丈。""又将植杨化修怕间坡头花路三十一丈捐资姓名列碑为记。"捐资额度从十两到一钱不等，其中有众多女性积极参与捐资活动②。

天柱县高酿镇硝洞村有一通光绪二十九年（1903）的《流芳百

---

①《修路碑记》刊刻于乾隆五十七年（1792），碑现立于天柱县白市镇阳山村风雨桥头。
②《功德不朽》碑与《永远流芳》碑均刊刻于嘉庆十七年（1812），两碑并排立于天柱县坌处镇雅地村皆雅坳。

世》碑，记载龙宏高夫妻俩捐修路田的故事："立捐修路田碑记：耆员龙宏高同缘罗氏运红，今将到硝洞栗树坝田一丘，上禾八稀，实在粮七合零四少[抄]一作[拵]六圭，永远作为修整圭雍、盘慨、冲西三处道路之资，随即立户安[按]粮收花，不得异言。但愿捐者子孙昌盛，约会者同乐升平，恐后无凭，立此捐碑为记。"①

在锦屏县启蒙镇玉泉村，有两通道光三十年的碑铭，记载了当地民众修路的故事。一通是《功垂不朽》碑，记载"玉泉村口至书馆，上下男女朝夕所必由，肇始先人，其来已古，但道途未经修整，每逢雨雪，举步为[维]艰"。当地有识之士登高一呼，"共襄厥事，一时群情响应，众志雷同，趋事者不惮其烦，鸠工者罔辞其责"。当修路工程告竣之时，对捐资者应刊碑铭记，"仁人君子不吝锱铢而善著芳名宜垂永久，庶使后人知斯路之修有来由也"。另一通是《功德千秋》碑，专门记载妇女修路的碑，中国传统是男主外而女主内，故"从来功德之事，端归男子而不遗于闺门。村前门首上下道路其来历之分明与修整之劳瘁，已备载前序中，无容复赘"，但玉泉村妇女敢于冲破传统的束缚，踊跃捐资，碑文强调："妇人女子之乐于资助者，岂可听其埋没乎?"现在"厥功告成，道路平坦，故另树一碑，专刊闺中诸绣，以无忌好善之心"。具体碑文如下：

功德千秋

从来功德之事，端归男子而不遗于闺门。村前门首上下道路，其来历之分明与修整之劳瘁，已备载前序中，无容复赘。里中老幼性喜布施，业已刊碑以垂不朽，而妇人女子之乐于资助者，岂可听其埋没乎? 兹已厥功告成，道路平坦，故另树一碑，专刊闺中诸绣，以无忌好善之心焉。

---

① 《流芳百世》碑刊刻于光绪二十九年(1903)，碑现立于天柱县高酿镇硝洞村石桥旁边。

大清道光三十年庚戌岁季月谷旦立[①]

在天柱县高酿镇春花村的《修路碑记》，具体碑文如下：

修路碑记

敬修凉亭、土地及上下道路

此间旧路湮没已久，往来皆由上路，而上路尤崎岖不可行，心伤者属焉。惟此坳之土地祠，我春花之共起也，苗叛时久经毁坏，不加修治，辄用不安。今余名昌仕，约村人而商之，兼随意募化以资葺治，当捐得钱多少，除修治土地祠外，下存之款用恢复此路旧线。然下仅黄土均上抵桥头而止者，力不能进行也。然此心原未艾矣，后有修者，将拭目以候之。

林昌仕捐三元，龙令光捐二元，林启焕、龙凤藻、龙政伦、林启芳、林昌福、林昌选、林昌炳、林顺沐、伍荣辉、龙令恺、龙政科、龙见元、伍华松、伍华林、杨秀保、杨秀弟、杨秀烨、杨秀启、袁连魁、龙令珍、龙政容、林昌名以上二十二名各捐大洋一元，龙政梁、杨秀松、杨秀炳、杨秀标、杨秀科、杨秀燃、伍华根以上七名各捐钞洋一元。<u>胡氏根秀</u>捐钱三千文，林昌炽、龙坤岩、龙坤模、龙见杰、龙见尧、龙见梅、龙政森、龙政松、林昌塑、袁仁光、<u>潘氏引妹</u>、<u>潘氏秋莲</u>、伍永文以上十三名各捐大洋伍角，林启玉捐钱三千二（文），林启禄二千二（文），龙政保、龙令展、龙令棒、林再根、林顺悼、伍华举、吴邦德、吴邦造、吴邦启以上九名各捐钱三千文，林昌就、林昌海、林昌魁、林再标、林昌辉、林昌翰、林昌成、林昌帧、林昌显、林昌模、林顺基、林顺植、林顺兴、林顺金、林顺钟、林顺帧、林顺洪、林顺明、林顺源、龙政国、龙政宏、龙柱砥、龙令铃、龙令炳、龙学生、杨胜经、

①《功垂不朽》碑与《功德千秋》碑均刊刻于道光三十年(1850)，现并立于锦屏县启蒙镇玉泉村便柳路口。

杨秀绵、杨祖银、杨秀远、龙令极、姚俊宝、龙显福、龙令诠、龙宪全、龙见首、伍荣仲、伍永达、杨秀汲、杨秀福、龙见忠、龙见文、龙见成、吴邦隆、吴启豪、彭贵锦、彭贵友、刘宗林、罗正开、罗永祥以上四十五名各捐钱二千五百，<u>龙氏多腰</u>捐洋五角，<u>潘氏慧兰、潘氏妙娥、潘氏六桂、龙氏新竹、龙氏金梅、龙氏爱枝、龙氏月英、龙氏莲花、龙氏银花、龙氏善兰、龙氏春梅、龙氏元姜、龙氏东月、龙氏妹蕊、龙氏宁桃、龙氏善贞、龙氏兰花、龙氏玉花、龙氏桃秀、龙氏遂莲、林氏玉引、林氏妹引、林氏月娥、杨氏引多、伍氏翠柳、龙氏引兰、伍氏玉姬、杨氏引姜、龙氏玉梅、吴氏银丹、刘氏桂兰、杨氏引兰、林氏茂研</u>以上三十三名各捐钱一千五百文，<u>杨氏引圭</u>捐银一千九百文，<u>杨氏招娣</u>捐银一千九百文，<u>林氏汝爱、龙氏妹招</u>二名各捐二千五百文，<u>吴氏宁连、吴氏孟圭</u>、龙见焊、龙见宾、龙昭成、杨义田、彭高煜以上七名各捐二千四百文，潘世金捐银三千二百文。

左六名补修楠木坳半坡：龙政保捐洋二元，<u>唐氏翠兰</u>捐洋一元，龙连发（捐）十千零八（文），龙见杰（捐）大洋一元，杨秀弟、<u>龙氏玉引</u>各捐二千二百文，龙光合、张银发二名各修二丈，龙昭模、龙世坤二名各修一丈，袁继洋捐钱二千四百文。

倡首林昌仕　石匠姚俊卿

中华民国二十七年七月吉日立[1]

从碑文可知，该通修路碑记载当地民众捐资修建凉亭、土地祠以及道路的故事，春花村"此间旧路湮没已久，往来皆由上路，而上路尤崎岖不可行"，原有的土地祠因苗叛时毁坏，于是，好善之人积极"募化"，所得钱款"除修治土地祠外，下存之款用恢复此路旧线"。在所有一百五十六名捐资者中，有四十五名女性积极参与，占总数的28.9%。

---

[1]《修路碑记》刊刻于民国二十七年（1938），碑现立于天柱县高酿镇春花村。

妇女参与修筑道路的事例还很多，她们不仅积极参与贡献劳力，亦多少不一地捐献钱财，并把自己的名字刻上了碑铭，这无疑体现了妇女们在修路事业上的重要贡献。

第二节　女性造桥

天柱县坌处镇归宜桥的碑群中，有一通《上应七星》碑（光绪十一年，1885），其序言："盖闻造桥以便人行，所以积德于己。"[①]在民众的观念中，架桥与修路一样，既方便别人，又能为自己积德，故而这种行"万世功阴"的善事，民众参与捐资的热情一直很高。

清水江地区涧溪纵横，人们为出行方便，多架设木桥、石桥等桥梁。木桥架设较为简易，砍或三或五或七（笔者注：人们取单数不取双数）根杉木，用楠竹编的"缆绳"撬在一起，架于河面之上，工程量小，少数人即可完成，但常常因涝灾冲走而又需重新架设。如一通碑铭就这样记述道："前人徒架木板以便往来，然木经雪则溃，桥淋雨必坏，先人修来久而又折，折不久而又修。"[②]因此，人们会不断地创设条件，修筑石桥。

在天柱县有四通明代的修桥碑，均与女性有关，说明女性的地位与作用也不低。最早的一通是竹林乡新寨村万历二十四年（1596）十月十五日的《求兴南无阿弥陀佛》碑，该碑记述了明朝万历年间刘金大为方便行人而主动募捐架桥的故事。碑的序文如下：

---

①《上应七星》碑刊刻于光绪十一年（1885），碑现立于天柱县坌处镇归宜桥头。
②《万福攸同》碑刊刻于道光二十一年（1841），碑立于贵州省从江县谷坪乡流架村，此据张子刚编：《从江石刻资料汇编》，政协从江县文史委学习委员会、从江县文化体育广播电视局内部编印本，2007年，第66页。

"大明国湖广靖州会同县远口乡六图九□塘中寨善信刘金大,本命□□五月初十日巳时生人。见溪水□□往来不便,谨发善心以化之。"捐资额度从五两到一钱不等,捐资者中有□氏、龙氏、杜氏□□、李氏、龙氏、谢氏□□、舒氏□□、唐氏□妹、杨氏、唐氏□□、彭氏、杜氏、谢氏乔其、潘氏杨女等十四名女性[①]。

第二通是坌处镇三门塘梁溪口的明代万历三十九年(1611)的《兴龙桥》碑,叙述两对夫妻与有识之士共同捐钱修路的故事,其中本主谢什保同妻刘氏共施银六两二钱,外修路银四钱五分;谢尚桥施银二钱,同男谢福保妻潘氏共施银三钱。详细碑文如下:

南无成就功德佛

今据大明国湖广道靖州天柱县归化二图清水江三门塘梁溪口石桥乙座,万世功阴。

桥主:谢万银施银一两一钱,谢万保施银二钱。

本主:谢什保同妻刘氏共施银六两二钱,外修路银四钱五分。谢尚桥施银二钱,同男谢福保妻潘氏共施银三钱。谢明江施银二钱,男谢汉子施银二钱。谢双保施银一钱四分。刘羊苟、刘羊晚共施银五钱。菜溪彭龙保施银二钱,李金万施银二钱。抱塘吴亮孙施银一钱。黄坛李秀纪施银一钱。

行述人何先生 石匠粟子尧

万历三十九年孟冬月吉旦立[②]

第三通是白市镇白市村八角洞天启六年(1626)修建永兴接龙桥的功德碑,具体碑文如下:

---

① 《求兴南无阿弥陀佛》碑刊刻于万历二十四年(1596),该碑字迹漫漶,碑现立于天柱县竹林乡新寨村口。天柱县是明朝万历二十五年(1597)才建县的,此碑立于万历二十四年,当时新寨还属于湖广靖州会同县远口乡管辖。

② 《兴龙桥》碑刊刻于万历三十九年(1611),碑现在天柱县坌处镇三门塘村。

南无成就功德佛

永兴接龙桥

今据大明国湖广靖州天柱县安乐二图新州白岩塘八角洞石桥，奉佛喜舍，修架石桥，植福保安，头人信士杨俊皆人等竭诚捐□。切念溪沟，今见八角洞溪口古路一条，又因春水泛涨，路道蹊岖，不论军民上下人等，难以过往。今有斋人罗如海邀合一方众姓人等各施银两，请匠罗喜福打造岩石，辅架石桥一座。今期架立完就，立碑为记。

计开众姓男女姓名于后：

头人信士杨俊皆同妻杨氏，男杨启行、吴氏母子共银一两二钱□□□，施主信士杨俊东同妻舒氏施银一两正。信士杨秀东、杨氏、□氏，男杨景良共银一两一钱。信女舒巧娘施银一两，信士宋世书、陈氏、徐氏共银一两，信士杨顺敬、杨氏施银七钱，信士周云儒施银一钱二分，信女杨氏一钱，石匠罗喜福施银□□，信士杨燕珊、王氏共银五钱，信士杨秀兵、杨氏银五钱，信士杨均松施银三钱，信女陈氏二钱□□□，信士杨行尤、杨氏共银三钱，信士杨秀三一钱，舒天分银二钱，杨俊求银二钱，信士杨经受、杨氏五钱，杨俊品一钱，杨秀拔一钱，宋景玉、杨秀□二钱，信士杨秀成、宋氏七钱，信士宋景启、黄氏一钱，信士黄乔银一钱，信士杨俊池、杨氏一钱，信士张上保一钱□□，信女杨氏一钱，信士舒天照一钱，信士舒明法二钱，信士□□□银一钱，杨顺光二钱，杨俊顺一钱，舒天照一两。

大明天启六年冬月吉①

从碑文中可知，因八角洞溪口道路崎岖，"军民上下人等难以过往"，于是，在僧人的倡议下，"一方众姓人等各施银两"，修架石桥。

---

① 《南无成就功德佛》碑刊刻于明朝天启六年（1626），碑原立在天柱县白市镇白市村八角洞石拱桥边，现不知去向。

捐银数量从一两二钱至一钱不等,在捐银的五十一人中,其中女性十九人,占捐银总人数的37.2%。

第四通是竹林乡花里崇祯元年(1628)的《永兴桥碑记》,具体碑文如下:

> 菜溪寨施主儒士李仁才同妻刘氏寅贞、次妻杨氏合女,男李世椿、李世秦共施银七两;父李良福、母龙氏季女助银二两;叔李良禄,弟生员李仁科、妻龙氏计贞□□□□。
>
> 劝首:王象明、李仁恺
>
> 崇祯元年十一月二十七吉立①

该碑文记载了李氏一家捐钱的故事,其中儒士李仁才与妻子、儿子及父母亲,以及叔父、弟弟及弟媳共同捐银修建永兴桥。

到了清代,清水江流域女性参与修桥的记载越来越多。往往是夫妻与母亲、母子、夫妻与儿子、夫妻、女性单独等多种方式参与修桥。在天柱县白市镇有一通嘉庆年间的修桥碑,既有夫妻双方一道捐资的,如:乐世仪与同缘陈氏、庠生乐世伟与妻杨氏、乐世仁与妻孙氏、庠生乐世诠与妻姚氏、乐世伯与妻鲍氏,也有母亲与儿子或孙子一道捐的,如:王鲍氏与男文远、于鲍氏与男子理、罗蒋氏与男文佑、乐杨氏与孙维圣,还有女性单独捐的,如孙周氏、杜罗氏、姚孙氏。具体碑文如下:

昌善桥

> 盖闻为善者昌,是善之时义大矣哉。彼杠成十一,梁成十二,固可大可久之王政。而斯地父老订石不铺石板以成此桥,亦万世不朽之善举也。夫功无大小,为善则同,以此慷慨乐施共勤厥美,俾往来人永资康衢之便,将来后畜荣昌,必有题桥

---

① 《永兴桥碑记》刊刻于崇祯元年(1628),碑现在天柱县竹林乡花里。

而起者,视彼拥财自封相去天渊矣! 然则善焉何乐而不为,为之无往而不昌,因题其桥为昌善云,是为引。

化首人乐敬元、王文显、乐万隆、乐怀元、于文瑞、乐和元

计开捐资姓名于后:

乐世仪字万胜、同缘陈氏五两四钱,王文显、男昌善五两二钱,贡生乐世杰、男正元四两五钱,庠生乐世伟字万选、妻杨氏四两,乐世仁字万善、妻孙氏三两五钱,唐九皇三两,庠生乐世诠字万陛、妻姚氏二两五钱,乐万隆、侄守道二两,乐世伯字万里、妻鲍氏二两,于再瑾二两,乐君秀一两六钱,王鲍氏、男文远一两五钱,生员唐佐清一两五钱,罗国富一两五钱,乐廷聘、男思圣一两三钱,王文瑞一两二钱,孙世隆一两二钱,姚子元、姚世元共二两,于鲍氏、男子理一两二钱,孙昌奇一两二钱,罗万蛟、侄先文一两二钱,付昆山一两二钱,吴有起一两二钱,王文清一两二钱,孙周氏一两二钱,王爵士一两一钱,周朝益一两一钱,刘宏远一两一钱,生员乐守轨一两,生员杜学刚一两,乐杨氏、孙维圣一两五钱,于佐山一两,罗潘氏一两,孙克陛一两,周明之一两,唐秉亭一两,鲍功然、男世仁、世兴一两,罗蒋氏、男文佑八钱,付天彩七钱,王世礼五钱,罗国维五钱,孙朝敬五钱,孙克邦五钱,魏明山五钱,罗文美五钱,罗文运五钱,罗文邦五钱,孙克敬五钱,杜罗氏五钱,杨尔彦五钱,孙朝元四钱,付天凤四钱,乐寿山四钱,付天盛二钱八卜,鲍文光三钱十卜,乐天龙三钱,鲍学先三钱五卜,鲍文亮三钱三卜,杜克茂二钱三卜,孙朝相二钱三卜,吕荣美二钱二卜,唐朝魁、鲍才臣、鲍克先、王朝相、王凤章、乐后杰、吴德兴、乐天贵以下八人每出二钱,付天松三钱,罗久富三钱,鲍余先一钱五卜,鲍朝先一钱五卜,乐世尧一钱五卜,孙天秩一钱三卜,孙继祖一钱三卜,罗昌禄一钱三卜,乐化之一钱三卜,孙春宗一钱三卜,王子元一钱三卜,王文兴一钱三卜,鲍友富一钱,姚孙氏三钱三卜,姚文章三钱,姚秀

山三钱,姚世奇三钱,姚廷秀二钱,唐天才四钱,姚荣顺六钱,姚文顺五钱。

嘉庆八年癸亥正月念二日恩贡乐世杰撰　庠生乐守轨书
石匠刘池上

竹林乡地垒村岩田组石拱桥头,有一通乾隆三十八年(1773)的修桥碑,除序文外,还有三首贺桥诗。具体碑文如下:

当读史至女娲炼五色石以补天固西北也,而《夏令》则曰:"九月除道,十月成梁。"一洞一壑皆资人力,以补其缺漏,又王政之必然也。余目此地星居绣壤,一泓原泉自南而北,交关处石壁嶙峋,伟哉一方钥锁。而比关往来之要路,惟公筑室岭头窥之熟矣。公曰:"匪桥何济!"自于雍正七年布有木梁以济行人,经年易圮。公又曰:"匪石焉能坚!"乃捐金,约同人选匠,沿溪□石,工昉于癸酉冬底,甲戌春而告成。适有洪都商作八分诗,以赠余于起秀斋,履其桥,睹其诗,乐公之志有成而和之。因思鲁穆叔语范室子曰:"世有立德者,有立功者,皆可作不朽铭也。"且公之为人,貌厚而气完,壮而豪,遇着而慈祥,人或忌之。公只率其性之自然,以行其是,好朋友,喜布施,范文公之流亚欤,续貂之句,本非白雪阳春,但用以歌公之功,颂公之德。勒之于石,以告行人,同庆川流不息尔。

庠生袁庆国尚友氏拜撰,并将赠贺桥诗附于铭后。

山从断峡水来通,舟楫才凭利济功。
势耸长虹环锁钥,形分半月跨玲珑。
七言镌碣皇图巩,一线横空宇宙缝。
自是往来歌坦道,何须舆济郑人风。
　　　　　　　洪都晚郭鹏题贺
破浪当中竖石桥,长虹一色逼云霄。

首枕东隅身不动，尾襟西麓势难摇。

圯上老人呼纳履，亭边游客爱挥毫。

愚勤织就蛟龙锦，纪注功因百代牢。

　　　　眷晚生员袁庆国题贺

蒙蒙细雨湿晨衣，山隔峰头水隔溪。

五色炼成推妙手，不愁却步咏邛㵼。

脱骖待赠古今稀，谁布津梁锁这溪。

此日功成歌利乐，南风解愠不须夔。

　　　　眷晚生员彭勤朝、勤谟题贺

今将姓名所捐银两并桥亭碑正费一一开列于左：

倡首信士李讳昌瑞，号春荣，妻潘氏、游氏，男俊魁、俊儒、俊翰，媳彭氏、唐氏、彭氏，孙秀松、秀贤、秀杰、秀质、秀扬、秀智、秀桐、秀梓、秀六、秀尉、秀槐，孙媳彭氏、吴氏、潘氏、彭氏、彭氏、彭氏、彭氏、彭氏，曾孙登庠、登序、登学、登校、登典、登谋、登训、登浩、登月、登恒、登阳，捐银四十四两三钱。

信士彭美珍、妻李氏，男生员勤谟、媳蒋氏，孙生员达、生员清、发，孙媳李氏、邓氏、蒋氏，曾孙相辅、相翼、相朝、相正、相端，捐银五两。

信士彭慎徽、妻蒋氏、李氏，男兴、第、洙、泗，媳李氏、蒋氏，捐银五两。信士李明一两。李春先五钱。李长连、母潘氏一两。

桥价四十五两五钱，左右路五两三钱，停[亭]碑六两，除外用不载，总共五十六两八钱。卜择生员彭勤朝，架桥石匠李日新。

大清乾隆十九年甲戌岁三月吉日桥竣

乾隆三十八年癸巳岁六月上浣之吉旦　石匠宝庆府罗世凤、信绍、信发　嫡孙秀贤拜书[①]

①《岩田修桥碑》刊刻于乾隆三十八年(1773)，原碑无额题，现立于竹林乡地坌村岩田组石拱桥旁。

　　序言部分首先以女娲炼五彩石补天的故事，指出架桥是"立德""立功"，是"王政之必然也"的观点，碑文叙述雍正七年曾架木桥，以济行人，但"经年易圮"，于是决定修建石桥。当地民众踊跃"捐金"，并于乾隆十八年底动工，次年春"告成"。为后来人记载其功德，"以歌公之功，颂公之德，勒之于石，以告行人，同庆川流不息尔"。倡首信士李昌瑞一家携妻子、儿子及儿媳、孙子及孙媳以及曾孙共四代人捐资四十四两三钱，其中有十三名女性；彭美珍携妻子、儿子儿媳、孙子孙媳及曾孙共四代人捐银五两，其中有五名女性；彭慎徽携妻子、儿子儿媳捐银五两，其中有四名女性；另外，还有李长连及其母潘氏捐银一两。在捐资名单里，虽然捐助的人名大多是男性，但有二十三位女性，若从中国传统社会"男主外、女主内"的角度而言，这些女性仅有丈夫的名字出现即可，但她们却与丈夫一道，参与修桥的社会公益事业。这种夫妻一道参与社会活动的事例，在清水江地区极为多见，能显示女性在家庭中的地位。

　　清水江地区妇女参与捐资架桥的事例较为常见。例如乾隆五十八年（1793）《流芳百世》碑记载天柱县高酿镇大小圭村易木桥为石桥的故事，村寨门前溪口桥，"架亦久矣，奈木植易朽，洪涛易漂"，于乾隆癸丑年，"换以石板石墩并土地祠，苦力莫胜，爰募通寨，人人乐从议举"，共计一百零六人捐资，其中有十九名妇女参与①。又如在天柱县高酿镇三寨村有一通嘉庆三年（1798）的《盘龙桥碑》，原桥为木桥，"但木难坚实，终讫朽腐"，于是，"爰请石工，伐石于东山之岩，以架鼋梁"，所费共二百五十金，"并不募及外人众姓"，共计六十二名罗氏族人捐资，其中有十余位妇女参与捐资②。再如锦屏县大同乡锦所村有一通嘉庆二十三年（1818）的《万古流芳》碑，记载

――――――――

①《流芳百世》碑刊刻于乾隆五十八年（1793），现立于天柱县高酿镇大小圭村龙凤桥头。

②《盘龙桥碑》刊刻于嘉庆五年（1800），现存于天柱县高酿镇三寨村石拱桥。

修建"益后桥"的故事，就系"桥主杨永松缘人姚氏与子学礼、媳王氏同修"的。"迄今告竣落成，勒石碑志"，同时期待"惟愿合家老幼而由吉，但期绵延子孙，以克昌余愿足矣！"[1] 另外，即便在官方倡导的修桥事业中，妇女们亦和"县主"的名字一样，被刻在石碑上，被人们所传诵[2]。

这些事例的不断涌现，显示着清水江流域地区女性参与社会事务的机会越来越多，她们以此拓展社会生活空间，表达自己一心向善的良好意愿，并赢得了民众的尊重与赞扬。

第三节　女性修渡

锦屏县赤溪坪有一通《奕世流芳》碑，序曰："盖闻编桥救蚁，身获鼎元；布渡济人，名标翰院，此故报施昭然，毫末而不差者矣"[3]。修渡与筑路、架桥一样，亦是积阴功的三大善事之一，所谓"阴功之说，一架桥，一修路，一义渡，只三者实济人利，大开方便之门也"[4]。架桥、修路在边远的乡村社会相对容易，但并不能适用于大江大河。清水江作为贵州第二大河流，支流众多，两岸的居民过河，清代基本是依赖渡船出行。然而，并非每家每户均有船只，即便有船只，亦需

---

① 《万古流芳》碑刊刻于嘉庆二十三年（1818），现立于锦屏县大同乡锦所村益后桥头。

② 《重修永安桥碑记》刊刻于嘉庆十二年（1807），现存于剑河县南加镇新柳村杨秀发家。

③ 《奕世流芳》碑刊刻于乾隆五十三年（1788），现存于锦屏县三江镇赤溪坪王兴汉家，此据姚志昌选辑点校：《锦屏碑文选辑》，1997年，第78页。

④ 《功垂不朽》碑刊刻于民国九年（1920），参见姚志昌选辑点校：《锦屏碑文选辑》，1997年，第85页。

要固定的渡口。因此，渡口的修筑和维护，尤其是或雇或聘日常划船人员的费用，成为乡村社会渡船极为重要的部分。为此，乡民积极应对，购置田产，修造房屋，以或雇或聘划船之人。

在天柱县竹林乡地坌村，有一通嘉庆十九年（1814）的《修渡碑记》，记载了以彭氏为主体的民众踊跃捐资，在清水江边修渡、购置渡田的故事。清水江边"菜溪之下，江畔之右有冲，曰渡头冲砂，曰渡头砂，或曰昔砂。所设渡于此，故曰渡头"。"黔、湘、闽、粤商贩往来至此冲口，望洋却步"，于是，生员彭勤谟"请命于父，商诸兄若弟，各捐银两，置田、造舟、起屋宇于江之左岸，柴山草场园圃皆备。俾舟人食田操舟，人至即渡，永无逗留"。以地坌村的彭氏家族为主体修建的，尤其是彭美珍与彭美玉兄弟及其子孙捐银最多，且家内的妇女也都参与，信士彭美珍，妻李氏，媳蒋氏，孙媳李氏、刘氏、袁氏等捐银八十八两；信士彭美玉，妻李氏，媳蒋氏，孙媳李氏、袁氏、李氏、袁氏、潘氏、袁氏等捐银八十八两，另捐渡船一艘，并盘二碑；信士彭乐天，妻唐氏、谢氏，媳唐氏、杨氏等捐银二十二两；信士彭美华、妻刘氏等捐银十四两二钱；生员彭勤朝、妻李氏捐银一两二钱；信士李天禄、妻彭氏等捐施土名油麻砌宅基播坪二屯。同时，碑文还记载了乾隆七年、八年、九年、十五年所购买渡田位置、价钱及其四至。这足以说明，妇女们并非仅仅是家庭中的主妇，在这种积德的善行里，亦有她们的一份，即有上碑的权利①。

另外，从碑铭中可知乡村渡口的一般情形，即先有渡船，然后置办房屋和田产，为"舟子"提供居所和工钱，以便渡口每日有专门的划船之人，随时为民众的过往出行提供方便。这种由乡村生活经验所产生的渡船机制，普遍存在于清水江地区。这些事例，虽然更多的是现实需求驱动了人们去参与，但她们亦期望通过这类善事，"伏

---

① 《修渡碑记》刊刻于嘉庆十九年（1814），碑无额题，碑现立于天柱县竹林乡地坌村风雨桥头。

愿波光盖照"，达到"兰质流芳""孙枝挺秀"①的强烈愿望。

嘉庆十三年(1808)的《重修渡碑》，记载瓮洞镇尖山村民众捐资重修渡口的历史，"设渡以济行人于万古"，有识之士积极"募化"，"仁人长者捐资复创"，其中捐资最多的是胡杨氏长莲捐银二两，其他女性积极捐资的有胡潘氏枚音捐银一两、胡陶氏合莲捐银一两、蒋胡氏雨兰捐银三钱、蒋氏成妹二钱、罗氏冬梅四钱②。

光绪十四年(1888)的《重修荣阳渡》碑记载了当地民众捐田、捐钱重修岩门滩庙冲口渡船的故事。具体碑文如下：

重修荣阳渡

重修岩门滩庙冲口渡船叙

尝闻易详舟揖[楫]之利，以济不通，致远以利天下。可知不通之伤，端赖舟以济之，兼之王政丕兴，有造舟成梁之制，民情始暇有及时及力，所以古圣人隆民之心、舜民之意未尝不以涉水为斯民忧也。兹我村庙冲口渡者，虽非官宦之关津，实属商贾之要渡者也。溯自苗氛殃侵之后，因而渡田荒芜，以致渡船莫得，修造靡易，然渡岂终可废哉。奈孤掌难鸣，独力莫齐，爰约众等订簿，布化金钱，以备船只，使济上下之行人，以周往来之过客。兹幸人人捐施，共成其美。舟之已成，勒石标名，永昭千古而勿朽耳。是为叙。

潘开富同缘龙氏瑞莲捐一处，土名金竹埂，水田一连，大小八丘，五间计谷五十罗[箩]，税九分正。其开四抵：上抵宗照油山断，下抵宗德柴山断，左抵宗胜柴山断，右抵宗隆田角割草地

---

① 赤溪坪之津渡，就是倡首龙朝宿同缘男龙廷勷、媳龙氏以此目的而修筑的。乾隆五十三年(1788)《奕世流芳》，碑现存于锦屏县三江镇赤溪坪王兴汉家，参见姚志昌选辑点校：《锦屏碑文选辑》，1997年，第78页。

② 《重修渡碑》刊刻于嘉庆十三年(1808)，碑现立于天柱县瓮洞镇尖山村泻上组。

断，四抵分明，其田之水照原水灌养，其田随渡永远耕管。①

从碑文可知，因社会动乱导致"渡田荒芜，以致渡船莫得，修造靡易"，有识之士"约众等订簿，布化金钱，以备船只"，民众踊跃捐资，"幸人人捐施，共成其美"。其中，龙瑞莲同丈夫捐田八丘五十箩作为渡田，"其田随渡永远耕管"。此外，至少还有五名女性参与捐钱活动。

天柱县坌处镇三门塘村现存有三通碑铭，碑名分别是《始修桥路碑记》《次修桥路碑记》《终修桥路碑记》，三通碑铭详细记录了当地民众踊跃捐资"买渡田、立渡碑、砌碑亭"等相关事宜。《始修桥路碑记》记载了先年"共买田五处，造新舟，招舟子"。后来有些朽坏，乐善好施之人于乾隆二十八年（1763）"合志重修，同心再化，先募本村好施君子，后募抱塘、中寨乐施贤人，财聚百有余金，买置膳田数处，余银买植杉株蓄禁，以备渡资田"。碑上的捐资者有一百四十一人，捐资数额从五两到一钱不等，其中女性至少六人。《次修桥路碑记》记载三门塘临清水江，"余寨三门塘住居清水江边，其江发源于黔属，下达辰河，过江处非小涧，实巨浸焉。"有识之士先后于雍正五年（1727）、乾隆二十三年（1758）、乾隆二十八年（1763）不断"募化"，得到本寨并附近抱塘、中寨等民众积极捐助，又"购买渡田，积造舟费，庶招舟子"，从此可以"一劳永逸矣"。共有八十六人捐款，数量从二十三两到一钱不等，其中至少有三名女性。《终修桥路碑记》记载，"前所募银两已收者固多，未收者亦不少"，于是倡首"手执簿书仍向未收姓名，再募好施君子，挨户收齐，共得银百余两，买渡田、立渡碑、砌碑亭"，并将"乾隆三十三年所捐姓名、银两多寡并所买田丘、土名、禾粮"刊碑公告，共有二百零四人捐款，除本寨外，附近抱塘（今坌处镇抱塘村）、高酿（今高酿镇所在地）、阳豆（今属锦

---

① 《重修荣阳渡》碑刊刻于光绪十四年（1888），碑现立于天柱县瓮洞镇金紫村接龙亭。

屏县茅坪镇)、中寨(今坌处镇中寨村)、大冲(今坌处镇大冲村)、刘家湾、新寨(今竹林乡新寨村)、坌处(今坌处镇所在地)、雷寨(今凤城镇雷寨村)多人解囊相助,捐资数额从五两九钱到一钱不等,其中至少有十名女性,有同丈夫一道的,也有单独的,还有代母、代女的①。

第四节　女性乐佛

　　天柱县三门塘村有一通乾隆三十四年的《庙坊碑记》,记载了三门塘重建南岳庙的故事。寨中之左原建有南岳庙,雍正十一年(1733)秋,"寨遭祝融之患,庙因是而毁",因"人力参差",未能及时重修。"每思神为人主,吾人尚有栋宇之遮,何神反无栖托之所?"于是王、谢、吴三姓民众"乐捐余金、木材",于乾隆二十六年(1761)冬"遂穷匠氏以经营,二古庙复兴焉。且增其旧制,外结砖石",由此而"造作尽善,功倍于古,庙貌巩固于无疆,威灵昭垂于千秋矣"②。

　　锦屏县河口乡瑶光村有一通乾隆三十一年(1766)的《神庥保障》碑,碑序曰:

神庥保障

　　国家雍熙雅化,固首重乎人文,而犹莫隆于祀典。所以自古及今,无论府州县治,乡村僻壤,莫不建立观宇,以祀神人。吾乡虽居撮[蕞]尔,两河交集,四山朝拱,洵过关险近者可比。

---

① 《始修桥路碑记》无刊碑时间,据碑文推测,应该是乾隆二十八年(1763),《次修桥路碑记》刊刻于乾隆三十二年(1767),《终修桥路碑记》刊刻于乾隆三十六年(1771),三通碑铭现均立于天柱县坌处镇三门塘村南岳庙前。

② 《庙坊碑记》刊刻于乾隆三十四年(1769),碑现立于天柱县坌处镇三门塘村南岳庙门口。

先人感发善心，建立神庙一座，恭奉南岳大帝木主，四时崇祀，荷享神庥。嗣后文运渐开，名列胶庠者数人。虽为地灵人杰，实感神功之庇佑也。及癸酉季春祝融告警，庙宇回禄，兼以霖雨崩泻，遗址无存，迄今十有余载矣。我等同人再三公议，遵前人之志，启后人之灵，庙貌重修，神人当祀。于是人心踊跃，老幼欢怡，遂各捐资约计十余金，因相地于旧址之上，鸠工填砌，建造正殿三楹，过厅三楹，上奉文昌帝君，中奉南岳大帝。辉煌殿座，更胜于前。春秋崇祀，来享于后。惟祈神明默佑，景运宏开。而间里之殷陈者由斯，风俗之淳厚及人文之鹊起者亦由斯。所祀赤水者，□荆由有璞，虽未克媲美于府州县治，而乡村僻壤咸沐圣朝之雅化、神庥之保障也。是为记。

（以下捐资人姓名数量略）

乾隆三十一年岁次丙戌季冬月吉日立①

碑序首先叙述了庙宇的重要性及普及性："自古及今，无论府州县治，乡村僻壤，莫不建立观宇，以祀神人。"瑶光寨"先人感发善心，建立神庙一座，恭奉南岳大帝木主"，自建庙后，"文运渐开，名列胶庠者数人。虽为地灵人杰，实感神功之庇佑也"。到乾隆十八年（1753）春，"祝融告警，庙宇回禄，兼以霖雨崩泻，遗址无存"。自火灾后，迄今十有余载未能重建，经当地民众再三公议，决定"遵前人之志，启后人之灵，庙貌重修，神人当祀"。于是人心踊跃，老幼欢怡，遂各捐资约计十余金，"相地于旧址之上，鸠工填砌，建造正殿三楹，过厅三楹，上奉文昌帝君，中奉南岳大帝。辉煌殿座，更胜于前"。祈求"神明默佑，景运宏开。而间里之殷陈者由斯，风俗之淳厚及人文之鹊起者亦由斯"，期待"乡村僻壤咸沐圣朝之雅化、神庥之保障也"。

---

① 《神庥保障》刊刻于乾隆三十一年（1766），碑现立于锦屏县河口乡瑶光中寨。

　　陈寅恪先生在《明季滇黔佛教考》序中曾有言："黔建省较后，其开辟有赖于僧徒。"[①]明代以来，清水江地区"即穷乡僻壤，莫不为庙以奉之"[②]，大量的寺庙得以修筑[③]。不仅如此，人们还热衷于捐资置办庙田、庙产，雕塑神像。

　　天柱县竹林乡地坌村有一通光绪年间的《元善资培》碑，记录了"咸同兵燹"之后重修太平庵的情形，其中二十四位妇女参与捐资，最多的是袁李氏田娥捐钱一千五百二十文，其余从一千三百六十六文到四百八十文不等，信妇吴彭氏翠娥捐钱一千三百六十六文，彭刘氏银香捐钱一千三百文、妇唐杨氏贞鸾捐钱一千二百文、妇蒋邓氏娇娥捐钱一千一百文，李潘氏玉娥捐钱一千文，龙袁氏瑞姜捐钱九百六十文，妇李彭氏闰娥捐钱八百四十文，龙氏芝淑捐钱七百二十文，信妇杜潘氏恩合、潘龙氏回香、王刘氏四女、唐邓氏易娇、姚刘氏翠鸾、刘舒氏晚凤各捐钱六百四十文，信妇彭杨氏瑞菊、唐吴氏凤音、李吴氏新凤、蒋氏香翠、潘氏文凤、信妇唐潘氏子合、李袁氏易鸾、蒋袁氏笑菊、李蒋氏□□各捐钱四百八十文，这些女性为寺庙的重建贡献了自己的力量[④]。另外，寺庙还有"焚阴册以注果，给阳牒以为凭"的举措，人们捐资之后，寺庙会开一份"为表扬功德事"的"牒"给她们[⑤]。这些事例，足见妇女参与佛事的广泛性。

---

①陈垣：《明季滇黔佛教考》，石家庄：河北教育出版社，2000年，第234页。

②《修庙碑记》刊刻于嘉庆十三年（1808），碑现立于天柱县坌处镇大冲村南岳庙旁。

③吴才茂，李斌：《明清以来汉神信仰在清水江下游的传播及其影响——以天柱苗侗地区为中心》，载《贵州大学学报（社会科学版）》，2013年第1期，第58—64页。

④《元善资培》碑因有损，立碑时间已不能辨识，从内容有光绪戊戌等语来看，应在光绪二十四年之后所立，碑现立于天柱县竹林乡地坌村风雨桥头。

⑤按，有关这种牒文的样式，参见张应强、王宗勋主编：《清水江文书》第2辑第6册，桂林：广西师范大学出版社，2009年，第262页。

天柱县竹林乡《善表佛天》碑记载了天柱县兴文里四图人岳崧及其徒侄显荣一起创办天华山寺庙的经过，"始于戊申（雍正六年，1728），兴建于壬子（雍正十年，1732），竣于丁卯（乾隆十二年，1747）"，前后耗时十五年。民众踊跃捐修神像，置办庙产，其中生员彭勷朝与妻李氏参与修建右地藏菩萨，袁子凤及其母吴氏修建韦驮菩萨，彭美玉、妻李氏及其子慎徽捐多处田土作庙产之用，"施瓦厂坳三丘，册禾十稨""施庵脚盘田五丘"①。

在天柱县社学乡红卫村，有一通刊刻于乾隆五十五年（1790）的《重修碑记》，记载修建东岳庵的历史："肇自万历，至康熙时而修换，世远年浊，尘灰污朽，应宜整理焉。"乾隆五十二年（1787），吴姓"合族众等同发诚心，各乐捐资，重新建立庵院，三载落成，奕世鸿规"，最后"勒石志勋，共传不朽云"。在几乎都是吴姓的捐资者中，碑上还刊刻有"信女杨氏四妹银三钱、杨氏扬妹银二钱、蒋氏清姑银二钱"②。

在天柱县坌处镇大冲村，有一通《复修观寺》碑，记载从光绪到宣统年间当地民众数次募捐修建回龙庵的故事。"大冲回龙庵因先只雕观音形容，本无观音龛座，今蒙寨中首士次配殿后数柱，主持王全芳添刻善才龙女。又至光绪卅一年约各首人踊事募化地方，修得资财卅余千，修造龛宇一座"，"诚可为我众预祝矣"。除捐钱外，还有捐木、捐米的，女性也踊跃捐输，倡首李杨氏琪凤一千二百文，袁彭氏郊姬捐一千三百文，李王氏金香、李杨氏月柳、李姚氏老翠各捐八百五十文，袁彭氏晚鸾六百文，袁彭氏引合捐六百八十文，李吴氏凤连、彭袁氏思合各二百四十文，龙李氏三合二百，李吴氏元翠捐米

---

① 《善表佛天》无刊碑时间，根据碑文，应该是乾隆年间的，碑现存于天柱县竹林乡天华山庵堂内。

② 《重修碑记》刊刻于乾隆五十五年（1790），碑现立于天柱县社学乡红卫村东岳庵内。

一升，女性占全部五十名捐资者的22%①。

天柱县远口镇大样村有两通碑，一通是道光二十三年的《善果无虚》碑，记载了当地民众纷纷解囊相助修建南岳庙的历史，女性也积极参与其间，有吴李氏清合捐钱六百四十文，伍杨氏、张彭氏四妹、吴姚氏荷仙、吴杨氏各捐钱四百文，周吴氏、吴蒋氏各捐钱二百四十文，杨石氏嫦娥、张蒋氏旦娥各捐钱三百二十文，唐龙氏捐钱一百六十文，杨贺氏捐钱一百二十文②。另一通是《功垂万古》碑，也记载了女性积极捐钱，如吴龙氏一合捐钱一千六百文，罗吴氏金声捐钱七千文，张吴氏□□钱一千文，张苏氏、贡生世绘母钱一千文，吴罗氏合□捐钱八百文，张李氏捐钱八百文，龙刘氏姜团九百文，吴宋氏、龙李氏申和、杨吴氏□香各捐钱五百文，吴唐氏七百文，龙姚氏黄仙、吴龙氏定有母、宋侯氏、吴杨氏各捐钱四百文，杨蒋氏、吴杨氏金玉、唐黄氏、张杨氏□崽、吴张氏□□、李张氏新华各捐钱三百文，吴李氏、杜氏朋□、吴氏晚凤、杨吴氏□闰、唐苏氏三音各捐钱二百四十文，蒋吴氏华春捐钱二百文，吴杨氏卯凤、姚吴氏□□各捐钱一百六十文③。

天柱县高酿镇地良村，《功德不朽》碑记载原有庙宇在"咸同兵燹"中被毁，当地民众于光绪年间重修南岳庙的历史，"至同治壬戌年(同治元年，1862)清(江)台(拱)苗叛，通地遭秧[殃]，圣宇佛祠毁尽无遗"，至戊辰年(同治七年，1868)始"蒙大兵进剿，故土旋归人民"，当地民众"目睹而心伤哉，于是我等发心募化，合寨乐助其资，□

---

① 《复修观寺》碑刊刻于宣统三年(1911)，现立于天柱县坌处镇大冲村玉皇阁旁。

② 《善果无虚》碑刊刻于道光二十三年(1843)，现立于天柱县远口镇大样村南岳庙旁。

③ 《功垂万古》碑无刊碑时间，与《善果无虚》碑并列立于天柱县远口镇大样村南岳庙旁，从碑额与碑文的刻字风格判断，应该是同一石匠所为，故刊碑时间也可能是道光二十三年(1843)。

挺身以作,众姓共劳□□造有心者,功成不日矣,其规模虽不及乎先人之森严,其田丘则更加于先时之倍徒矣,故将施田姓名八甲上主开列于后,亦为功果不昧云耳"。在八甲的化首中就有女性充当化首,吴氏仲秀充当三甲化首,舒氏岩玉和杨氏清品充当七甲化首①。

在天柱县远口镇黄田村高灵山寺庙,有一通光绪二十三年(1897)的《阿弥陀佛》碑,具体碑文如下:

阿弥陀佛

遥溯佛降西天,佛法遍周于沙界。佛临东土,佛光普照于今焉,因至天下鼎建佛堂,四海供奉佛祖。兹高云一山虽非佛境,承先人而起建佛塔,□非□佛。因幸今日以重修佛寺,合境善延梓匠而雕刻佛形,同[四]方仁人共捐资以装饰佛像,满堂诸佛诸尊焕然光彩,一庵众神众圣□□增辉。静言思之,苟非念念之在佛、一心存佛者,不能聿观厥成也。见佛殿高而佛法常兴,佛慈大而佛惠永沾矣!

庠生彭灏源沐手再撰。

计开众等供修四尊:正佛一尊、韦驮一尊、关圣一尊、伽蓝一尊。

计开左右佛二尊。

洞上化首潘应常,信名开列于后:

信士龙定林捐钱二千七百文,宋□宏捐钱二千三百文,刘常开捐钱二千文,潘应常、潘应文各捐钱一千九百文,杜荣昌、蒋集桂各捐钱一千八百文,潘通淮、监员潘通文、刘常锦三名各捐钱一千二百文,信士潘通相、邓祥招、潘德财、蒋集德四名各捐钱一千一百文,宋忠信、刘常凤二名各捐钱九百文。

计开修观音古佛,信名开列于后:

---

① 《功德不朽》碑刊刻于光绪十二年(1886),现立于天柱县高酿镇地良村浩寨。

洞上三岔口化首刘常开、潘仕德。信女王新娥、刘常合、吴子婆、李开妹以上四名，各捐钱一千文，龙开鸾、刘常凤二名各捐钱八百文，王桂音捐钱六百四十文，全桂妹、龙林娥二名，各捐钱五百文。信女吴茶化、潘连娥、刘壬凤、贺再妹、潘成香、潘辰合、龙新娥、刘香合、刘连合、李晚娥、潘珍合以上十一名，各捐钱五百文。潘甲鸾、潘翠花二名，各捐钱五百文。杜桂香、潘思欢、刘连翠、潘通法以上四名，各捐钱四百文，刘成合、刘四凤、潘团合、杨顺合以上四名，各捐钱三百二十文。信女唐娇娥、刘良娥、杜思合、潘香蛮、刘长凤、潘林花、龙三娥、刘卯合、龙元合、潘翠香、潘兰香以上十一名，各捐钱□□□。信士潘应发、潘应道、潘应成、潘通德、罗大顺、袁春富、刘道亨、姚仁寿、潘应高，信女唐新凤、唐发秀、潘倪婆、吴银婆、杜任合、吴丁兰、潘桃秀、吴求□□□□□。

皇清光绪二十三年三月吉日立①

从碑文可以看出，该碑记载清光绪年间当地民众捐资雕塑高云山寺诸佛菩萨金像的历史，因"天下鼎建佛堂，四海供奉佛祖"，高云山虽地处偏僻，但当地民众踊跃"承先人而起建佛塔"，重修佛寺后，到处延请名师，雕刻佛像，"幸今日以重修佛寺，合境善延梓匠而雕刻佛形，同[四]方仁人共捐资以装饰佛像，满堂诸佛诸尊焕然光彩"，期待"佛慈大而佛惠永沾矣"。碑文在能辨识的七十七人中，有四十八名女性，占总人数的62.3%，这也说明女性参与修建寺庙的积极性非常高。

事实上，妇女对宗教有一种天然的亲近感，妇女参与佛事活动，是明清时代妇女社会生活史里面的重要内容。陈宝良曾指出："从明代妇女社会生活史的历程来看，从'妇无外行'到'妇有外行'，不

①《阿弥陀佛》碑刊刻于光绪二十三年(1897)，现立于天柱县远口镇黄田村高灵山寺庙内。

能不说是一大转向。而在这一转向中，妇女的佛道信仰堪称引发转向的关键。"①清代清水江地区，虽然地处边疆，但苗族妇女亦深受佛道的影响，她们走出家门，积极参与佛事活动，捐助修缮寺庙，并在碑文里刻上自己的名字，这无疑也是妇女"有外行"的重要表现。

天柱县蓝田镇凤阿坳刊刻于民国甲戌年(1934)的《灵应千秋》碑，记载了当地民众修建凉亭及签诗碑的历史，女性也积极参与其中，共有杨氏翠竹捐钱二千八百文，杨氏菊秀、杨氏金兰、杨氏兰□、江氏元□、杨氏玉润各捐钱一千二百文，袁氏兰芝、杨氏青竹各捐钱八百二十文，姚氏金竹捐钱八百文，杨氏东娇、杨氏翠禄各捐钱八百五十文，杨氏翠梅捐钱一千二百文。七十五名捐资者中，确定至少有女性十二人，其他不好判断男女，如袁翠柳、杨桂娇、杨新娇、杨兰花、杨爱莲、杨云莲，多数都应该是女性②。

在天柱县竹林乡天华山，有一通《永结万缘》碑，记载尧田、上下妈羊、新庄、屋背冲、岩田、地垒、喇赖等地民众捐助修建天华山寺庙的历史，其中女性积极参与捐资，如杨蒋氏冬鸾三百文，李氏爱香一百八十文，彭唐氏甲梅四百文，彭李氏金莲三百文，彭氏梅花一百六十文，杨宋氏桥妹、杨承贵、杨潘氏运鸾、杨氏寿娥、彭刘氏娥英各一百二十文，蒋彭氏卵鸾二百文，李氏肥娥、杨潘氏庆蛮、杨潘氏岩合各一百二十文，彭氏未姬二百文，李吴氏□鸾、杨粟氏桂娥、杨彭氏青鸾、季潘氏银妹、李吴氏银菊、李谢氏嫦蛮、李刘氏嫦妹、彭杨氏瑞菊、得氏长蛮、彭李氏丁凤、彭潘氏庚娥各一百二十文。以前之化首彭邓氏周娥、李罗氏各一百二十文③。

天柱县江东乡《桥头庵碑》，记载江东桥头的庵堂在同治年间被

---

① 陈宝良：《好鬼崇佛：明代妇女的佛道信仰及其仪式》，载《哈尔滨师范大学学报(社会科学版)》，2010年第1期，第118—125页。

② 《灵应千秋》碑刊刻于民国二十三年(1934)，现立于蓝田镇凤阿坳上。

③ 《永结万缘》碑无刊碑时间，估计是清代碑铭，现立于天柱县竹林乡尧田村。

毁，光绪年间建造，到民国年间重修的历史，"同治被苗烧毁，光绪有杨俊发虽买现屋，建造迄今，年久倒颓"，到了民国年间，"罗留真、舒桂真目睹而发诚心，订簿而化众姓，兹则装修完毕，礼[理]宜刻碑表扬"，妇女积极参与捐款，萧氏林妻捐光洋四元，杨氏梅□、余氏四妹捐光洋二元，杨氏新云、杨氏生辉、宋氏华鸾、杨氏喜姜、吴氏终音、李氏二妹、杨氏春和、陈氏金花、舒氏金花、杜氏仙兰、马氏二妹、林氏满娇、杨氏兰贞、周氏寅妹、唐氏先莲、唐氏细妹、李氏春梅、舒氏桂圆各捐光洋一元，吴氏金莲捐六千四百文，舒氏凤青、杨氏翠鸾、杨氏爱姜、乐氏三妹各捐钱四千八文，杨氏子花、唐氏连娇、杨氏元兰、杨氏桃兰、陈氏金凤、陈氏玉花、唐氏早妹各三千二文，粟氏吉妹三千八文，杨氏荷花三千六文[①]。共约一百五十名捐款人中，女性有三十五名，占总数的23.2%。

　　天柱县竹林乡棉花汉冲有一通民国二十四年（1935）的《善果昭彰》碑，记载了"永兴庵殿前左右两厢被王斋姑损朽，并庵中器物一概携尽"，往来民众"目睹心伤"，于是"订成募簿，编就图章，广化四方"，最后永兴庵"重建两厢，修整内外，兼置器物"，需"勒石标名以志不朽"。碑文具体如下：

善果昭彰

　　窃惟帝君曰：奉真朝斗，拜佛念经，报答四恩，广行三教，皆缘千善罕修，千过日积。然吾里永兴庵殿前左右两厢被王斋姑损朽，并庵中器物一概携尽。我等往来目睹心伤，爰是同伸善念，皈梵刹以盘桓，合发慈心，就禅林而基础，订成募簿，编就图章，广化四方，勤成三善，不拘富贵贫贱、妃嫔媵嫱、士农工商、鳏寡孤□，肯输囊底之金，不吝床头之款，从兹英贤毕至，少长咸臻，序列炉首、化首、经首，组织功成，重建两厢，修整内

---

① 《桥头庵碑》刊刻于民国二十七年（1938），碑现立于天柱县江东乡。

外，兼置器物，随建佛门、道门、沙门，宣扬妙范，剖破血狱，化贡经财，涤消污谷，皈投受生，填还信筐，了纳资愈，逐日行持，随时标榜，并放焰口炼度，普济苦爽寒林，继广梨园，完成善果，妙此伫看，天花遍坠，法雨纷纭，千祸永消，千祥云集，勒石标名以志不朽云。

总经理兼结缘邓才焕撰并书。

内经承：潘杰、邓德贤、邓德毅、杜公铣。外经承：潘廷、邓德焕、邓德培、潘学正、唐日达。

头炉首：刘期松、潘学亮、唐日明、刘道善、姚衮环、邓文金、邓文高、邓氏姝兰、邓丙兰、王忠孝、潘氏明姬、罗氏绍兰、刘中元、潘氏求□、邓德毅、王先明、邓银翠、潘光彩、姚炳衡、邓德亮、潘堂、潘杰、潘槐、王氏瑞姬、刘天星、唐才□、刘有汉、罗修真、王正学、吴俊绅、邓文星、邓氏辛兰、邓才礼、邓文学、刘中岳、潘□□、唐日达、刘荣标、李圆花、杜氏爱连、邓元德、杜公铣、杨九连、邓才盛、刘氏求女、欧大盛、王氏枝淑，以上四十七名每名捐大洋六元二、米二斗四、油六斤。二炉首：李氏年合、邓氏子娥、罗秀洪、潘源标、潘尚成、杜华亮、邓氏炉翠、潘通、潘氏真合、邓氏香翠、唐新隆、林再元、潘氏瑞姣、周氏酉花、罗氏肥香、邓德象、彭氏兰英、唐九花、杜文榜、邓才义、邓文隆、唐□娥、刘期忠、潘光锦、龙口花、吴氏明姣、杜公洋，以上廿七名每名各捐大洋四元二、米二斗、油四斤。三炉首：邓文光、邓才干、潘善、潘德义、邓贤招、彭氏送姜、彭氏西姣、潘相、李氏交合、刘氏有女、杜公前、林□成、吴元兰、采用盛、潘德仁、潘德发、龙氏乙花、杨氏西花，以上十八名每名各捐大洋三元二、米一斗五、油三斤。四炉首：潘氏兰合、唐氏庚玉、潘氏水花、吴启昌、邓氏元合、杜公相、潘氏卷妹、刘中秀、杜氏桃连、邓氏全花、杜公德、潘氏团合、潘氏桂连、吴启忠、邓德善、邓才显、罗氏岩花、潘氏辛花、李氏银花、刘邦磷、王忠林、姚礼善、杜氏辛桃、曾氏建兰、潘氏一妹、吴积善、唐氏松翠、潘氏求花、潘氏玉翠、梁氏婉妹、王氏梓花、唐氏交翠、宋氏□妹、刘氏娩翠、刘氏成连、唐氏金兰、张氏长妹、邓德隆、邓氏娩合、杜华凌、吕氏四妹、邓氏辛香、邓氏丙合、吴启明、潘氏润草、潘尚林、潘氏金花、姚秉权、潘光禄、王忠成、刘宏杕、刘有德、刘氏求凤、潘氏代香、唐绪洋、刘氏一娥、刘氏汉姣、潘氏岩翠、邓才斌、邓氏香翠、林再陛、李氏有花、邓文洋、龙更富、潘通知、潘通福、吴氏亥香，以上六十七名每名捐大洋二元二、米一斗二、油二斤。五炉（首），共计四百五十七名，每名捐大洋一元二、米一斗、油二斤。住持唐真善。

化首：潘学亮、潘廷、潘善、刘有美、姚秉璋、李大贵、王正明、邓心修、李绍尧、曾建兰、潘光彬、李大德、谢世煌、林文星、李大光、王述斌、杨通文、刘常勤、刘天荣、王卜里、欧大盛、罗□富、杨□□、邓才标、刘期忠、唐吉守。

民国二十四年岁次乙亥立[1]

上述捐资人中，女性占相当比例，头炉首中有九名女性，每名捐大洋六元二、米二斗四、油六斤。二炉首中有十名女性，每名各捐大洋四元二、米二斗、油四斤。三炉首中有六名女性，每名各捐大洋三元二、米一斗五、油三斤。四炉首中有四十名女性，每名捐大洋二元二、米一斗二、油二斤。五炉（首）共计四百五十七名，未载姓名，每名捐大洋一元二、米一斗、油二斤。在有姓名的一百五十九名捐资者中，有女性六十五名，占40.9%。

如果说夫妻、母子一道，妇女参与社会事务的权利尚受丈夫与儿子的限制，那么，她们独立助修寺庙，则体现了她们完全拥有参与社会事务的主动权。例如：

---

[1]《善果昭彰》碑刊刻于民国二十四年（1935），现立于天柱县竹林乡棉花汉冲。

□□□□□□□□观音老母圣诞佳辰，视彼诸村慕善信女携男提眷来朝贺者云云，继迹不息，深感大慈大悲之至仁，难忘救苦救难之灵验。惜此庵□西方金容座满，南海法相□□□□□苦耕于斯，目切惊心，归告诸婶氏等，故起发诚心，不惮披星带[戴]月之劳，勿虑沐雨桁[栉]风之苦，募化乡邻，善信男女倾囊乐舍，延匠刻镂□□□□女合修龙凤宝盒，并修伽蓝四尊神位，不几告成。至庚子秋，连及三年天灯胜会，同建斋因，共表忏扬，扶登宝座，奉安金莲。经承林甫氏德森家先生以叙告予，敬之曰："则□□□□敢容妄。"特援笔书于巅末云，居然有水盖成南海岸，无山不是普陀遥。远垂老母，德音永响，名之不可名，彰著善人，阴[因]果昭然，鉴之尤可鉴。是为叙。

信女□氏园合捐钱一千六百文，信女潘氏昆娥捐钱一千六百文，信女龙氏回香捐钱一千二百文，信士潘光耀捐钱八百文，信女邓氏金姑捐钱八百文，信士吕国安捐钱六百四十文，信女唐氏元凤捐钱六百四十文，信女罗氏元寿捐钱六百四十文，信女李氏金娥捐洋六百四十文，信士彭德成捐钱五百六十文，信女李氏龙妹捐钱五百文，信女李氏巧妹捐钱五百文，信士龙定先捐钱五百文，千总郭炳喧捐钱四百八十文，信女潘氏根桃捐钱四百八十文，信女李氏常宁捐钱四百八十文，信女潘氏送娥捐钱四百八十文，信女彭氏艳姬捐钱四百八十文，信女杜氏交鸾捐钱四百八十文，耆员潘代仁捐钱四百文，信女潘氏金花捐钱三百六十文，信女粟氏林翠捐钱三百四十文，信女潘氏玉莲捐钱三百四十文，信女袁氏香凤捐钱三百四十文。邓氏桥姑、支氏引弟、曾氏巧云、刘氏亥香、杜氏桥香、龙氏银蛮、唐氏有弟、吕氏银桃、林氏裕合、唐氏凤娥、林氏成花、李氏年合、姚氏寅合、龙氏三合、唐氏松翠、龙氏桂菊、唐氏癸蛮、吴氏成梅、吴氏丁梅、刘氏桂翠、杨氏交妹、龙氏银桂、蒋氏交鸾、刘氏香合，以上二十四名各捐钱二百四十文。林氏金千、唐氏兰香、李氏金娥、龙氏千合、杜氏建娥、杜氏肥合、龙氏开桃、龙氏润桃、龙氏裕兰、刘氏梅花、吴氏安桃、潘氏七香、罗氏丙花、唐氏戌合、刘氏音合、罗氏辰合、罗氏桥花、罗氏包娥、罗氏求婆、潘氏宁蛮、吴氏翠桃、潘氏年蛮、姚氏瑞蛮、杜氏月娥，以上二十四名各捐钱二百四十文。刘氏当合、吴氏成翠、吴氏乙凤、李氏戌娥、潘氏明鸾、潘氏鸣娥、潘氏翠花、唐氏兰香、潘氏姜兰、彭氏茂花、罗氏双凤、龙妙毛、龙玉先、周支方、潘氏求妹、潘氏意合、刘氏妹惠、刘氏寅兰、潘氏妙合、潘氏玉妹、邓氏新翠、彭氏银香、梁氏仕妹、潘氏易妹、潘氏求合、李氏彦香、邓氏庚众、吕氏酉合、潘氏莲香、潘氏坦莲、潘氏西娥、潘氏一妹、邓氏丙娥、彭氏求香、杨氏成妹、潘氏银莲、彭氏灼花、刘氏午合、潘氏祠合、潘氏银合、潘氏福妹、龙氏求交、潘氏求合、龙氏老妙、潘氏言蛮、彭氏裆妹、邓氏三娥、李氏金香、潘氏杏花、吕氏兰婆、潘氏申鸾、梁氏爱萧、龙氏翠香、潘氏闰莲、潘氏娩妹、唐氏莲香、李氏元香、唐氏亡娥、龙氏翠兰、张氏印凤、胡氏辰妹、潘氏三合、潘氏肥翠、潘氏春翠、杜氏检翠、姚氏玉花、龙氏未奋、潘氏金翠、陈氏岩遵、杨氏新莲、申氏受桃，以上三排共七十二名，各捐钱二百四十文。张万锰、吴氏双妹、唐氏新妹、邓氏求翠、李氏金兰、邓氏金翠、唐氏卯花、唐氏求妹、唐氏三娥、吴氏白姑、杨氏堵兰、潘氏明香、刘氏三姑、王氏生合、潘氏戌合、吴氏胡芙、杜氏秀莲、张氏三凤、龙氏妹崽、杜氏己香、杜氏妹婆、潘氏少妹、蒋氏乙合，以上二十三名各捐钱一百六十文。邓氏永珠、刘氏玉桃、杜氏娩莲、杜氏田莲、唐氏金兰、刘氏西蛮、龙氏常合、杨氏爱莲、刘氏华莲、王氏桂合、刘氏金翠、刘氏二合、刘氏有合、罗氏林妹、潘氏富翠、潘氏西翠、刘氏新花、石氏三凤、龙氏喜婆、林氏壬翠、龙氏乙蛮、龙氏回娥、潘氏辛合、邓氏寅翠、李氏建兰、吴氏成秀、龙氏元合、潘氏银香、龙氏成香、杨氏先妹、刘氏银翠、李氏玉翠、吴氏寄娥、潘氏壬合、潘氏珍合、龙氏金桂、彭氏爱娥、张氏朱香、潘氏香蛮、彭氏未蛮、潘氏成花、吴氏见娥、杨氏桂凤、吴氏喜婆、罗氏玉花、刘氏丙花、潘氏娩蛮、刘氏播妹、潘氏英蛮、龙氏有凤、刘氏翠香、吴氏求妹、苏氏爱妹、李氏九花、刘氏常凤、唐氏元莲、陈氏桂莲、孙氏三妹、陆氏金秀、李氏寅合、吕氏翠娥、李氏当妹、谢氏兰秀、龙氏文合、潘氏梅香、邓氏丙娥、林氏随英、唐氏堂姜、吴氏兆兰、唐氏合翠、邱氏桂菊、龙氏葱花，以上三排共七十二名各捐钱一百二十文。①

这通碑铭无刊碑时间，碑文中有"庚子秋"字样以及捐款名单中有千总身份，推测应该是清中晚期的年份（1721年、1781年、1841年、1901年），记录竹林乡刘家寨"合修龙凤宝盒，并修伽蓝四尊神位"的故事，捐钱范围包括附近民众，"募化乡邻，善信男女倾囊乐舍"，捐钱额度从一千六百文到一百二十文不等，共计五万四千一百六十文，捐资人员众多，共有二百三十九名，捐资人员绝大多数是女性，男性只有十人，其中包括一名千总和一名耆员，男性仅占百分之四点一，女性高达95.9%。

天柱县江东乡高坡村的土地庙，则全部是妇女于道光三十年（1850）捐建的，七名妇女分别是：舒氏爱合、唐氏引合、吴氏思合、董氏□合、吴氏枝妹、姚氏富娥、魏氏连珠②。天柱县远口镇新市有一咸丰八年（1858）修造的土地祠，捐资者全部为女性："吴门杨氏燕珠、青梅、满秀，吴门龙氏申鸢、白□、鸢香，吴门李氏宽梅，吴门姚氏正兰，吴门陈氏晋妹。"③天柱县瓮洞镇雷合村有两通有关土地祠的碑，其中一通与女性有关，即嘉庆十五年（1810）的《亘古不朽》

①《□□碑记》，无刊碑时间，现立于竹林乡刘家上组老学校旁。
②《土地祠碑》刊刻于道光三十年（1850），无额题，碑现立于天柱县江东乡高坡村。
③《保村中》碑刊刻于咸丰八年（1858），现立于天柱县远口镇新市村土地庙左侧。

碑，它记载了雷公冲民众捐资为土地祠修建亭宇的故事："黄柏凹[坳]旧有土地祠，灵验异常，斯固神之灵也，亦抑厥地多胜乎。惜夫亭宇不立，则往来祈祷之士，或不免致慨于拜瞻之未便耳。"于是，有识之士召集善男信女踊跃捐输，终成亭宇。化首中就有黄氏来香，捐资者中有余氏孝妹、罗氏女没、邹氏玫连、谭氏□妹、杨氏二妹、杨氏二香、杨氏桥女、游氏招莲、杨氏粹寒、杨氏香桂等众多女性[①]。

　　庙产多寡是寺庙香火能否正常运转的重要保证，也是信男善女思考的重要问题。天柱县瓮洞镇金紫村水口庵，有一通乾隆年间的《垂流千古》碑，记载置办庙产一事，水口庵"创自先人"，是"培植风水，广慈悲之一胜地"。"然所以殿宇常新者，赖有田亩可以招僧乎，所谓有功于当时，有劳于后世者也，宜其著名勒石以希名矣，胡为前人视之如故，非所谓有功者矜，有劳者不伐哉。今我等处守前人之胜，不忍前人之湮没。况我潘氏之水口庵内或住持僧私行典当者有之，或檀那山主而鲸吞者有之。""今我等阖族欲建石碑以记田丘之数目，粮亩之轻重。""思砌石记田，诚美举也，此后世不法者无以施谋为侵剥，先人之美意常存，佛祖之香灯永赖矣。"当地民众纷纷捐助田产作为庙产，其中女性捐助的庙产就有多处，如潘门杨氏一子应龙□□□施田一处，地名刑竹嵊田二丘，禾三十稊，刑竹嵊脚田一丘，禾六稊；一处土名梁家田一形，谷一十八罗[箩]。谭氏二子应□□□一处，土名白蜡树脚，上下二处，田一十五丘，谷二十二罗[箩]；一处土名兔丘龙礼田三丘，计禾□□。舒氏一子□□□六十五稊，老庵地一处，一处土名小断田四丘，计谷十罗[箩]。潘门张氏□□近施田一处，土名大禁山脚，大小五丘，谷一十二罗[箩][②]。

---

①《亘古不朽》碑刊刻于嘉庆十五年（1810），现立于天柱县瓮洞镇雷合村雷公冲黄柏坳凉亭。

②《垂流千古》碑时间漫漶不好辨识，但碑文中有"乾隆五十年"字样，可知碑应该是乾隆五十年以后立的，碑现立于天柱县瓮洞镇金紫村水口庵。

除直接捐钱外，她们还捐资修建庙像。天柱县竹林乡棉花汉冲《重修碑记》(乾隆二十八年，1763)记载不少女性同丈夫一道捐修菩萨的事迹，"信士邓孟元同妻潘氏装修伽蓝菩萨一尊""信士潘汉林妻林氏装修天官大帝三尊，信士粟玉明妻潘氏装修历代祖师一尊，信士邓德卿妻潘氏装修梓童帝君一尊"①。天柱县竹林乡地坌村，有一通光绪二十七年刊刻的《众果同登》碑，记载当地民众修建佛像的事例，姚杜氏成鸾、刘潘氏肥翠、李彭氏丙娥各捐钱四百八十文，蒋吴氏翠桃捐钱一百六十文，此外，杨宋氏梅妹、彭吴氏曰淑与其他四十三人"捐资众修"阿难佛、释迦牟尼佛、迦叶佛，刘氏银香、刘氏闰娥、刘□氏晚妹、刘彭氏云凤、李蒋氏月姬、蒋彭氏炳姬在内的七十二名"倡修众善"一道修建弥勒佛和阿弥陀佛②。

第五节　女性助学

学校是清王朝在黔东南苗疆之地实施"宏文教，变苗俗"的重要策略，兴办学校，推行儒学教育便成为国家经营苗疆的重要举措③。

---

①《重修碑记》刊刻于乾隆二十八年(1763)，原立于竹林乡棉花汉冲老井旁，现放于唐氏宗祠前。
②《众果同登》碑刊刻于光绪二十七年(1901)，碑现平躺于天柱县竹林乡地坌村风雨桥上。
③按，已经的研究成果，对清代清水江地区官学教育体系的建立、官办学校的管理以及学校经费及其社会变迁均有所论，但并未着力于民间参与，尤其是妇女参与捐资助学无人提及。参见李斌、吴才茂、龙泽江：《明清时期清水江下游天柱地区教育变迁——以碑刻史料为中心》，载《教育文化论坛》2011年第2期；姜明：《清代清水江下游地区的官学教育》，载《教育文化论坛》2013年第3期。

尽管清王朝通过各种方式给予苗人们就学考试的机会①,但乡村社会里的教育资源仍十分有限,尤其是教学场所需要人们自己筹建与维持。于是,乡民助学之风兴起,在既可使子弟获取知识、又可积累"功德"的驱动下,人们不断捐资助学。因为教育的重要性,所以在我们收集到的碑铭史料中,这一类数量最多。其内容包罗极广,有的碑铭不仅记录人们的捐资行为,表彰他们的功德,甚至也会把与教育相关的问题,长篇大论地刊刻在碑铭之上。例如剑河县南加镇柳基村的一通《创建蔚文书院官绅士民捐输碑》,就用了五千八百余字的篇幅,详细说明了蔚文书院山长的选聘、职责、待遇,教师师资延聘、薪资、上班时间,考试的方式,生童的选拔等内容②。

　　在众多的捐资助学碑铭中,留下众多女性参与的身影。妇女对教育的重视程度超出了一般人的想象,人们较为普遍的印象,教育落后即便在现代社会里也是贵州的标签之一,然而,清代乡村社会里的苗妇可能并未有受教育的机会,甚至基本都是文盲,生活也极度艰辛,但其"望子成龙"的急切之情,在全部由她们出资修建校舍的行为中淋漓尽致地体现出来了。在天柱县坌处镇鲍塘村,有一通刊刻于乾隆二十一年(1756)的《凤鸣馆碑记》,记载抱塘村"原有旧馆也,讲学其中",但"父兄视其旧馆窄狭,鼎新重建","于村左选地,卜其山明水秀,峰峦排列,复迁于斯",期待其"地灵人杰","而其启迪后人之意,虽不仅为取第占鳌之计,然苟于中而造就有成将异日者,或腾蛟起凤,或附凤攀龙,何莫非凤鸣之,应父兄之愿与夫

----

① 例如在《学政全书》中,就有多条与苗人学额相关的条款,以示激励,参见(清)素尔讷纂修、霍有明、郭海文校注:《钦定学政全书校注》,武汉:武汉大学出版社,2009年,第267—270页。

② 道光八年(1828)《创建蔚文书院官绅士民捐输碑》,碑现存立于剑河县南加镇柳基村柳霁小学。相关研究可见:李斌、吴才茂、王健:《从〈创建蔚文书院官绅士民捐输碑〉看清代清水江流域的书院教育》,载《原生态民族文化学刊》2016年第3期。

朝廷作人之意同哉"！在众多捐助者中，"信士吴士鹏同妻谢氏共捐银一十一两八钱八分、信士吴士清同妻龙氏共捐银一十一两八钱八分"排在最前面，也足见其重要性①。

在锦屏县平秋镇石引村，有一通道光三年（1823）刊刻的《石引学碑》，记载了石引村修学校时的故事，当地民众"议设书馆，聚集子弟，习传诗书"，以期"人文蔚起，永垂不朽"，捐资者中就有"陆氏六妹、陆氏什女、陆氏三妹"等十余位妇女参与捐资②。又如光绪十四年（1888）柳霁书院锻造钟铭，费用由当地民众捐资锻造，在现存"风调雨顺""国泰民安""皇图巩固"等三联钟上，刻列着上至千总、把总，下至黎民百姓的捐资者姓名，其中就有鲍王氏助钱一千文、鲍吴氏助钱八百文、返排周贺氏一千文、唐吴氏出钱一千二百文、杨王氏出钱九百文，首仕倪肖氏、陈刘氏各助银一两的记录③。

天柱县远口镇鸬鹚村有一通宣统二年（1910）的《千古不朽》碑，记载当地吴氏家族重修文昌阁及学堂的故事，"藉正殿左右两厢作塾"，以期"人材蔚起""科甲联登"。因"资费繁多，端赖诸君普助"，"若非募化巨资，何以劝勉美举，仰望合房协力，蛇穴宏开，共期众志成城，鸿功齐踊"。在众多捐款人中，吴唐氏、吴杨氏、吴邹氏与男美珊是捐资者中所捐额度最大、最多的，其中捐木三百三十五根，码三十二两六钱，扣银□□，申钱二百八十千文，又捐钱五十千文，又捐内边基地一间。其他女性如吴邱氏代弟捐钱二十二千文，吴罗氏发交捐钱八千四百文，吴杨氏兰翠捐钱四千二百文，吴袁氏老芝捐钱三千八百文④。

---

① 《凤鸣馆碑记》刊刻于乾隆二十一年（1756），现立于天柱垄处镇鲍塘村小井边。

② 《石引学碑》刊刻于道光三年（1823），原无额题，现存于锦屏县平秋镇石引村。

③ 钟现悬挂于剑河县南加镇柳基村柳霁小学二楼。

④ 《万古不朽》碑刊刻于宣统二年（1910），现立于天柱县远口镇鸬鹚村鸬鹚小学教学楼前。

　　而最为典型的事例，来自天柱县高酿镇木杉村的两通民国时期的碑，一通碑有序言和发起人、赞助人姓名，叙述着木杉村修建学校的故事。木杉村"地处边隅，文化晚开，学校从未开办，全乡士子咸兴难学之叹者久矣"。但办学需费甚多，"乃于民国十九年春，约诸同志以孔子会为名，每人捐钱五千，储蓄生息，俟后校舍落成提作基金。幸诸同志随时回应者百余人，基金可谓有着矣"。虽然基金落实了，但没有校址，于是"又召集各父老磋商，可将飞山宫及我寨中东、南二岳神祠三座概迁洞口，留飞山宫位址作校基，众皆一致赞同。越年，雇匠鸠工，不数月而告竣，以致人得所屋，校得所建，神之所安矣"。不料到了民国二十一年（1932）冬，经费用尽但工程未完，"派资殆尽，匠人弃工"。于是，有识之士"睹此惨景"后，"向我乡各妇道及诸父兄昆弟乐捐"，父老乡亲"解囊输金"，"或派或捐"，"挽狂澜于既倒，诚赖各妇道及诸父兄昆弟矣"。最后学校建成，并"勒石记功"。另一通碑除发起人外，几乎全部是妇女姓名及捐钱数额，从五十四千八百文至二十千文不等。具体碑文如下：

　　……谨将乐捐建筑校舍姓名列后：

　　发起人：龙大海、刘邦闻

　　赞助人：刘玉莺即龙池妻，捐钱五十四千八百文；胡芝茂即宏开妻，龙贵桃即秀□母，各捐五十千文；胡翠元即龙池母，龙翠□即□□母，各捐四十千文；刘引即□宪母，刘翠花即昭需母，龙兰秀即笑杰母，陶翠柳即□植母，龙贞凤即景星妻，刘凤占即周济母，李青桂即宏斌母，龙交翠即景良母，杨代元即□□母，胡翠环即□□母，以上十名各捐三十千文；龙绪显捐钱三十千文，刘秀川捐钱□十千文；龙引秀捐钱三十二千文，即昌继、昌□母，吴贞闰即宗铭母，沈翠花即秀贤母，龙喜娇即万钟母，吴燕先即东源母，杨淑弟即显殊母，吴玉先即国相母，李引兰即长庚母，龙含花即刘兴母，龙二妹即东贵母，刘运娇即太和母，刘□娥即招荣母，以上十一名各捐钱二十千文；罗引梅即宏藻母，龙规丹即宏仕母，各捐钱二十千文；龙□娥即□□母，龙代妍即长贵妻，龙桂桃即国宝母，龙凤娥即国家母，龙内淑即作相母，龙宪规即定炳母，吴引妹即宏裕母，以上七名各捐……①

从碑文可知，在这份捐资名单中，除了发起人龙大海、刘邦闻与另外两名捐资者未注明身份外，其余的赞助者因为注明了"某某母"或"某某妻"，其妇女的身份极易辨认。由此可知，妇女不仅有参与助学的权利，而且形成了捐资助学的风气，这对教育资源匮乏的乡村社会来说，无疑是人们重视教育的具体体现。

在天柱县瓮洞镇岑板村溪坎上的藏字塔旁边有一通咸丰三年（1853）的《字塔碑记》，记载清代咸丰年间岑板村民众捐资修建藏字塔的功德碑。序文首先说明文字与惜字炉的重要性，奉劝民众要珍惜文字："尝思朝廷无字何以治民，草野无字何以制产，街衢无字何以贸易，字固人人所当敬惜也。"于是，"地方信男善女共发慈心，修成一字藏以免泥涂圣贤也"。其次，在捐资者中，其额度从一千六百文到一百文不等，其中有女性参与其间，如蒋氏富莲捐一千文、孙氏长兰、杨氏月妹各捐三百文②。

妇女不断地参与到助学的公益事业上来，她们的目的其实简单朴实，就是"望子成龙"，让子孙有读书获取知识的空间。当然，当她们捐助了钱财以后，亦会关注自己是否有上碑的权利，因为在她们看来，上碑的目的也很明确，就是为自己及家庭积德，以便获得神明的眷顾，从此家庭朝着更加健康有序的方向发展。

----

① 两通碑均无额题、无刊碑时间，因碑文中有"民国念（廿）一年"、其后有"越止六月"字样，推测刊碑时间应该是民国二十二年（1933），碑现立于天柱县高酿镇木杉村小学教学楼右侧。

② 《字塔碑记》刊刻于咸丰三年（1853），现立于天柱县瓮洞镇岑板村溪坎上的藏字塔旁。

第六节　女性修井及助修宗祠

　　人离不开水，在没有自来水的年代，取水最便捷的就是水井了。水井是民众生活中不可或缺的生活设施，修井是民众关注的公共事业之一。水井的重要性是不言而喻的，诚如《永垂不朽》碑序言所说："盖闻天一生水，地六成之。是知水成于地，工降于天者，非偶然也。《孟子》曰：'民非水火不生活'，则知水之于人关系至重。民之于水，赖以为生。吾人立斯长斯，朝夕饔飧之用，莫外乎水。况烹饪敬神，尤须洁净之水，不至亵渎于神。此清泉所由重也，此水井所当修也。"[①]水井的修凿是百姓日常生活的重要组成部分。

　　妇女们对日常生活影响极大的水源即井的修筑，最为重视，参与程度也最深。因为井水与妇女们每天的挑水煮饭紧密相连，一口好井水是她们最为期盼的，所以，出现妇女发起修井的事例亦不足为怪。天柱县渡马乡杨柳村有两通碑铭，分别记载当地民众于乾隆年间捐资修建水井及龙王阁的故事，以及光绪年间重修龙王阁的故事。一通是乾隆四十八年（1783）的《龙王阁碑》，记载了当地民众集资修建龙王阁对井水进行保护的故事。碑文首先叙述了水及水井的重要性："《彖》曰：巽乎水而上水，井，井养而不穷也。井之时用大矣哉。"井泉"喷若玉窦，泄为瑶池，浪浪湛湛，冬暖夏清，其诸古所称甘泉、灵泉者乎"。其次记载了乾隆年间当地民众"无不欣然捐资，共勤厥美"，兴石砌井，并"功立神主，以时奉祀。倘旱干，祷雨往往有灵"。当看到"井基东狭难以建阁"时，民众又"自愿捐田，安阁

---

①《永垂不朽》碑刊刻于民国二十四年（1935），现立于锦屏县启蒙镇华洞村华洞　　寨水井边。

三柱而基得矣"。另一通是光绪三十四年(1908)《重修阁碑》，该碑记载渡马乡杨柳村龙王阁"昔人凿井建阁于斯"，龙王阁"丰标磊落，上层列文武之圣人，祈福而名成利就，中层列龙王之神像，祷雨而石燕腾空。下层覆井，泉以洁清，喷玉而人物被泽，佑往来士商清吉，固属诸方之保障，堪留百代之观瞻，可谓古人所作已备矣"。可惜毁坏于同治年间"兵燹"，因"修整未能，目关心抚"，于是，民众踊跃捐资重建，"爰集众善首等同心募化，普祈好施"，光绪三十四年"告竣功满，勒碑刊名"①。

在天柱县高酿镇甘洞村凸洞组有一通道光八年(1828)的修井碑，记载了当地民众捐资修井，其中不少女性参与其间，如龙氏咸香捐银二两二卜，龙氏桂梅、龙氏玉兰、龙氏岩姑、刘氏桂英各施银五钱，刘氏晚妹捐银四钱②。

如果说上述事例中，妇女尚处于配角，只是男性支配的社会公益事业的参与者的话，那么，女性独立发起并完成的社会公益事业，则完全是女性独立从事社会公益事业的表现了。兹先迻录一方碑铭如下：

修井路碑记

尝谓民非水火不生活，是水之于人，刻不可缓者也。此地有清泉一湍，水由地中行，先人因以汲水资生者，迄今十有余世矣。在道光年间，路属泥涂，步履维艰，余三公永佑独捐石板，修成坦荡。而于井尚未兴修，仍然狭隘，每逢夏涸，欲立以待。因语我族妇女，慷慨捐资，裂石新修，方成井样。则向之源源而来者，兹亦混混而出，盈科而进，放于四海取之不尽，用之不竭，

---

① 《龙王阁碑》刊刻于乾隆四十八年(1783)，《重修阁碑》刊刻于光绪三十四年(1908)，两通碑现立于天柱县渡马乡杨柳村龙王阁内。

② 《修井碑》刊刻于道光八年(1828)，原无额题，现立于天柱县高酿镇甘洞村凸洞组水井边。

此吾村大幸也哉。勒诸珍珉，以志不朽。

　　　　为首王起明敬书，邑文生潘滋大代撰

　　　　宣统二年三月二十五日小寨敬立①

表5—1：《修井路碑》捐资人员统计表

姓名	捐款额度（文）	姓名	捐款额度（文）
舒氏首女	1800	潘氏引弟	1800
刘氏明珠	1400	吴氏□翠	1400
刘氏音莲	1400	吴氏什凤	1100
王氏昭娥	1100	王氏茂莲	520
吴氏青姜	320	吴氏金莲	320
王氏桂莲	320	吴氏金兰	320
周氏老园	320	王氏桂莲	320
龙氏玉娥	200	刘氏彩香	320

　　这是一通记录舒氏首女等十六位妇女捐资修建水井的碑铭，从碑铭的形制及序言来看，与其他碑铭类同，并无区别。然其捐资名单却给人以强烈的冲击，人们以之研讨的空间陡然增多②。因为

①《修井路碑记》刊刻于宣统二年（1910），现立于天柱县坌处镇三门塘村小寨水井旁。

②按，这一碑刻史料，已为多篇论文引用，以此讨论"强调姓氏的自我意识"者有之，讨论"妇女权利地位"者有之，讨论"妇女公益事务"者有之。分别参见张应强：《清代西南商业发展与乡村社会——以清水江下游三门塘寨的研究为中心》，载《中国社会经济史研究》2004年第1期；吴才茂：《从契约文书看清代以来清水江下游苗、侗族妇女的权利地位》，载《西南大学学报》（社会科学版）2013年第4期；李颖：《清至民国清水江流域侗族妇女公益事务探微——以三门塘碑刻为中心》，载《贵州大学学报》（社会科学版）2015年第6期。而（转下页）

一般的观念里，如果捐资名单全部是男性，人们认为理所当然，亦无奇怪之处。但是，水井在古代的社会生活中极为重要，正如碑中所言一样："民非水火不生活，是水之于人，刻不可缓者也。"而这么重要的日常生活资源，却是"我族妇女，慷慨捐资，裂石新修，方成井样"。这不仅仅是"象征着在以男性为主导的村落文化中女性力量的一次彰显与舒展"[1]，更为重要的是体现了女性在社会生活中已经具备了主导社会事务的能力，即她们已经可以脱离男性而独立地从事社会公益活动，甚至作为社会公益事业的"倡首"，不需要"语我族妇女"这样的被动表达。例如另一通妇女修井碑，就更为集中地展现了这种情形：

重修井碑

> 稽井，由来久矣。唐尧凿井，兆民饮德，周王画井，数口无饥。古时徙处同井，不第以井为利用饮泉之区，而以为出入相友、守望相助、患难相扶持、相亲睦之地。迄今年代虽远，典章犹传，溯其风规，令人景仰，如在目前。想我村名大兴团，自始祖由黔徙处于斯，前后左右，山水环抱，田依屋园，围绕井泉。田坎行径湾中，涌出清泉。近屋左右，上下有田，环曲有路，诚是天然，仿之廉泉让水，不足过之。吾先公昔年多伟人，屡钟贤

（接上页）对之讨论得最为详细与深入者，非钱晶晶莫属，她解释了妇女井在三门塘出现的原因，并认为"妇女井的深层含义在于使得家族财源不断，人丁兴旺，而这又与地方社会中宗族势力的成长相关联"（参见钱晶晶：《三门塘人的空间观念及表达》，载《原生态民族文化学刊》2011年第4期）。据钱晶晶的统计，现在三门塘村的民族成份：侗族占72%，苗族占26%，更加值得注意的是，在清代的文献里，并未有明确的"侗族"一词，一般作"峒民"或"洞苗"，更为普遍的称呼倾向于"苗"或"苗类"，以此专论"苗"妇，似有合理之处，至于以之专论"侗族"，则有欠妥当。

[1] 钱晶晶：《三门塘人的空间观念及表达》，载《原生态民族文化学刊》，2011年第4期，第30—37页。

士井坎行径，约族人砌石修补，以便往来。自昔及今，历年久远，井石毁坏，泥土浸入。每逢春夏暴雨绵落，井泉清洁翻成混泥。族中老幼妇女睹斯吸斯，同心动念，踊跃捐资，乐为继造，比先公之修凿更加完治。井中踏石板，不使泥从中出；井外石板竖四方，俾免污流外浸。由此以后，泉流清洁，人生秀灵。缅先公至兹，族居处并无异姓，因以募化捐资，只我一族，并不募及别人，非为度量狭隘，思维以纯祖武，重本根也。重本者，如木有本，如水有源。吾村井泉，讵是悬空降流而本可溯乎。览《易·系辞》曰山上有水。又曰山下有水。则山上之水，即为吾山下井泉之源，不待问踩而知。《孟子》尝曰：居之安，则资之深，资之深，则取之不尽，用之不竭。《易》所云：改邑不改井，而井养无穷。信有然矣，余故代以为序。

　　计列捐资名于后：倡首信妇王门刘氏长音、王门吴氏新桃[1]
族晚邑文庠生绍周王国桢代撰　　石匠
大清宣统三年暑月十八日共立碑

表5—2：《重修井碑》捐资妇女统计表

姓名	捐款额度（文）	姓名	捐款额度（文）
王门刘氏长音	2400	王门吴氏新桃	2400
王刘氏长梅	1200	王潘氏银姬	1200
王刘氏三女	1200	王龙氏福姬	1200
王龙氏凤丹	1200	王刘氏宗淑	1200
王吴氏凤桃	1200	王粟氏燕娥	420
王吴氏妹崽	320	王吴氏莲姬	320

[1]《修井路碑》刊刻于宣统三年（1911），现立于天柱县坌处镇三门塘村村北。

续表

姓名	捐款额度（文）	姓名	捐款额度（文）
王刘氏培兰	320	潘氏五英	320
王刘氏仁秀	240	王刘氏丹姜	240
王刘氏福叶	240	王唐氏汪妹	240

时隔一年多,宣统三年(1911)三门塘又出现了妇女集体筑井的行动,这一次共计十八位妇女参与捐资,其中倡首信妇是王门刘氏长音、王门吴氏新桃,即发起者。这足以说明,妇女不仅有极强的创办社会公益事业的意识,而且具备了一定的能力,一旦时机出现,她们便会立即组织起来,为社会公益事业做出自己应有的贡献。另外,虽然她们可能并不识字,亦无书写碑铭的能力,但人们却为她们洋洋洒洒地撰写了数百字的序言,表彰她们的功德。她们的姓名得以传诵至今,为人们所关注,实则亦是对"踊跃捐资"的最好回应。

如果把妇女主持修井,阐释为水井和她们的日常劳作密切相关,甚至妇女修井的深层含义在于使得家族财源不断、人丁兴旺的话①;又或言上述妇女修井,只是三门塘男性兼顾不过来而分权与妇女,并且碑序还是以传统男性的口吻来书写,女性并未真正全部拥有主导社会公益事业的权利的话;那么,妇女群体独立捐资助修宗祠,并且以女性的口吻书写碑铭,则不仅体现了妇女在社会公益事业方面的真正独立,而且还进一步体现了妇女在社会公益事业的帮助下,分享着地方社会中话语权的权利。兹迻录天柱县竹林乡高坡村女性捐修宗祠漆龛所刻碑文如下：

---

① 钱晶晶：《三门塘人的空间观念及表达》,载《原生态民族文化学刊》,2011年第4期,第30—37页。

永垂不朽

潘氏重修漆龛小引

闻之乐羊之妻断机助学，齐御之妻窥御激夫，是皆内助称贤，扬芳于粉黛中也。氏等虽不敢以贤□望誉，克步芳躅能不见善行，是慕率由芳规乎？兹我良人等立志以报本寻源，故自前清丁未岁（光绪三十三年，1907）□来创造祠堂，建竖牌楼，修设龛子，连年支费颇为浩繁。迄今各房又具匾对，以颂祖德。工程将见告竣，懿戚欲贺落成，惟有龛位尚未胶漆粘金，殊属阙事。良人等以为我族贫富不一，兼遭岁歉，意欲稍待来年始付涂丹，岂不一箦自已乎？氏等曾闻先祠之毁于兵燹者，其龛位亦属各房祖妣等抽款装成，则见先祖妣等之热心赞取，正吾属所宜则效者也。以故氏等订券，托本族好义之士潘通国、光世二倡首，爰约同族一体脱簪，欣助一臂，竟良人未竟之志，法祖妣作法之心。富而好礼者多捐，贫而乐道者寡助，文明募化，任意乐输，一时欢腾，应募登券数十余名，骤掷簪环，集资数十串，遂命匠兴工，不日完竣，用妥先灵，佐启我后彼丈夫也，庶免悬劳我妇人也，亦与有耀用，陈斯数语，俾吾属之固归，潘氏者区区内助，犹可永垂不朽焉。是为叙。

职员潘通前拜撰，职员潘通杰书。

彭氏桂花、杜氏壬莲，（以）上二名各捐钱二千四百文；刘氏瑞桃、彭氏檀花、唐氏清香、刘氏桂翠，以上四名各捐钱一千六百文；刘氏玉英、刘氏求翠、唐氏金翠、王氏枝淑、龙氏正花、彭氏元瑞，以上六名各捐钱一千二百文；唐氏裕兰、李氏新花、杜氏林翠、吴氏牡丹、龙氏兰桂、唐氏兰翠、邓氏文翠、吴氏金梅、龙氏银桂、吴氏银妹、刘氏丙桃、吴氏元凤，以上一十三名各捐钱一千二百文；龙氏成合、杜氏申合、罗氏长妹、吴氏翠兰、龙氏新桃、龙氏子桃、唐氏金梅、刘氏清桂、吴氏□妹、刘氏槐翠、唐氏明合、龙氏善花，以上十二名各捐钱六百四十文；吴氏金翠、李氏乙凤，二名各捐钱六百四十文；龙氏丙花、龙氏金翠、吴氏翠姑、李氏曾秀，以上四名各捐钱五百二十文；李氏岩桃捐八百四十文；唐氏□香捐钱一千二百文；杨氏见香、唐氏岩凤、唐氏文翠，以上三名各捐钱六百四十文；王氏长妹、罗氏成花、刘氏兰桂、唐氏未翠、吴氏泗妹、唐氏寄来、吴氏成梅、杨氏家梅、吴氏干凤、唐氏丙花、吴氏明花、唐氏庚合、龙氏辛兰、刘氏坤花、刘氏兰花、吴氏桂丹、龙氏槐姐、龙氏秀桃、王氏壬合、杜氏成花、唐氏见香、唐氏清玉、唐氏荣翠、粟氏丞继、唐氏凤香、吴氏桥花、罗氏未香、唐氏初红、龙氏了娇、杜氏丙桃、刘氏银江、王氏桂姬、龙氏成兰、吴氏秋花、刘氏□花、龙氏岩□、彭氏文香、唐氏壬娥、刘氏酉翠、李氏壬合、粟氏永继、吴氏成凤、唐氏成玉、杨氏莲寄、吴氏梦花、李氏凤香、龙氏梅兰、龙氏鸾娇，以上四十八人各捐钱三百二十文。

　　　　中华民国十一年岁次壬戌孟夏月吉旦刊 ①

　　这通碑铭序言首先叙述历史上贤内助的典型故事："乐羊之妻断机助学，齐御之妻窥御激夫，是皆内助称贤，扬芳于粉黛中也。"其次，潘氏宗祠修建后，"连年支费颇为浩繁"，所以，"龛位尚未胶漆粘金"。而潘氏历史上也有祖妣捐资修"龛位"的先例："氏等曾闻先祠之毁于兵燹者，其龛位亦属各房祖妣等抽款装成，则见先祖妣等之热心赞取，正吾属所宜则效者也。"故应该效法"祖妣作法之心"。第三，考虑到"我族贫富不一，兼遭岁歉"，因此，捐资的原则是"富而好礼者多捐，贫而乐道者寡助，文明募化，任意乐输"。第四，捐资数额从二千四百文到三百二十文不等，共九十六位女性参与捐资，"集资数十余串"，经统计共得款六十四千三百六十文。这些数字说明，女性在日常生活中拥有一定的私人财产或者说私房钱。

────────────

① 《永垂不朽》碑刊刻于民国十一年（1922），现立于天柱县竹林乡高坡村潘氏宗祠前。

结　论

　　本课题自立项以来,课题负责人和课题组成员全身心地投入到碑铭的收集、整理和研究之中,随着课题研究的进展,我们越来越感觉到碑铭收集、整理与研究的难度。一方面,不仅表现在太多的碑铭散落于乡村社会的各个角落,需要耗费大量的时间去收集。另一方面,碑铭整理当然也是"费力不讨好",所以,在碑铭整理方面,我们谨小慎微,尽可能"在历史现场"反复比对碑文,以少出错、不出错为最高追求目标,因是之故,这项碑铭收集与整理工作,也就很难画上句号。目前我们已经完成一千二百通碑铭的整理与校对,共计七十万字左右,比较全面地反映了清水江流域的碑铭整体情况,并着重在两方面进行了整理:

　　首先,清水江流域碑铭的时空分布及其特点。清水江流域碑铭的时空分布与中央王朝对这个地域的逐渐开拓是一致的,具体而言,时代久远的碑铭,主要分布在开发较早的天柱、锦屏一带,碑铭有一个随着中央王朝的开拓而逐渐"上山"的过程。另外,清水江流域的碑铭有"一高六多"的特点,"一高"是官绅士民互动、民众捐资积极性高,"六多"是涉及生态环境保护、木材贸易、婚俗改革、限制土司、重视教育以及社会治理的碑铭多。

　　其次,清水江流域碑铭的内容及其分类。立碑铭以纪事,所涉社会生活中的各个方面,内容极为庞杂,其分类一直是碑铭收集整理的重要内容,因此,对碑铭进行分类,一直是我们努力的方向之一。

从目前所搜集到的清水江流域碑铭，依据其碑文内容，大体可分为包括政治管理、经济管理、社会治理等在内的官府告示类碑铭，有规范社会行为、规范生产生活、规范婚姻习俗等在内的乡规民约类碑铭，有筑路、架桥、凿井、修渡等公益事业类碑铭，有包括科举时代的学堂教育、清末民初的新式教育与专业学校等在内的学校教育类碑铭，有修建祠堂、字辈等宗族类碑铭，有包括土地庙、飞山庙、南岳庙、观音庙、三圣宫以及签诗解签等在内的寺观庙宇类碑铭，还有其他类碑铭，同时对代表性碑铭进行整理录文。

整理之余，我们对这些碑铭里展现出来的乡村社会，进行了专题研究，胪列于下：

首先，碑铭中关于移民叙事的内容颇多，具有深入分析的价值，特别体现了清水江流域各民族间的交流交往交融的历史进程。具体而言，从四个方面展开：其一，清水江流域既是湖广移民进入贵州后定居、繁衍和创业的重要区域之一，也是二次移民的中转站。清水江流域的移民很早就开始了，移民线路经历了逐渐从下游地区向苗疆腹地迁徙的过程。其二，清水江流域是少数民族聚居的核心区之一，明清以来清水江流域人群之间的移动，特别是外来人口，通过改姓与"赐姓"、变换民族身份等方式，寻求生存之道，与当地少数民族人群之间的关系，其实是一个非常复杂而又微妙的关系，这种因人群移动而促进各民族之间的交往交流交融，形成了"你中有我、我中有你"的多民族聚居形态。其三，随着明初对贵州的经营，外来人口逐渐增多，特别是进入清代之后，随着清水江木材贸易的兴起，为会馆组织的建立提供了契机。伴随着商业的兴起与发展、人口频繁流动与外地客商的云集以及财力的不断增强，作为乡愁记忆的会馆便应运而生。其四，以顾氏军户家族为例，透过其从"汉"到"亦汉亦苗"身份的转变，顾氏宗族通过科举之路成功转型，揭示出儒家文化在少数民族地区民众中获得认同，以及清水江流域的"王化"和"内地化"进程，"汉苗之间"的交流与融合推动了地方社会的进步。

　　其次,碑铭记录社会秩序的内容也极为丰富,折射出来的面相极为多元细碎,值得从各个层面进行细化研究,兹从五个方面分析乡村社会秩序的重建。一是在乡村社会治理中,作为清水江流域苗族侗族的传统社会组织形式——"款组织",在维护乡村社会秩序的平衡与稳定中发挥着重要的作用。"咸同兵燹"对地方社会秩序有着巨大的破坏力,湘黔"莫不震动"。主要职责为"保卫乡里、缉防盗贼"的团练在全国各地纷纷开办,传统款组织及其演变,清水江流域以宗族或村寨为核心,组织了众多的地方团练组织来抵御社会动乱,维护地方社会秩序。二是通过对"争江案"的细节梳理,分析清水江流域在木材贸易兴起后,围绕"一江厚利"的诱惑,为避免无序之纷争,人们通过协商,建立起"江步"制度,这种各自把持一段江河的利益分配,可看作区域社会内部利益均沾的调节器,在这种调节器的作用下,地方社会内部势力与利益分配处于一种较为稳定的状态,社会结构亦趋于一种稳定的状态。三是从"裁岩议事"到"府示立碑",分析了乡村社会治理体系的变迁。清雍正年间,随着"开辟新疆"的实施,以及"新疆六厅"的设置,使得黔东南乡村社会逐步纳入中央王朝的统一管辖范围之内,设官建制后,清代黔东南乡村社会治理体系由以"裁岩议事"为代表的自治体系,逐步演变为以"府示立碑"为主的国家治理体系。四是分析民间信仰在乡村公共秩序建设中的积极作用,从崇石拜碑、烧香拜佛、笃信风水三个维度阐释刊碑活动、佛教和风水观对乡村公益事业的推动。五是以清水江流域彭氏家族为个案,剖析其移民至乡村社会后,通过科举,成为乡贤的彭氏族人热心乡村教育事业,积极参与修桥铺路、设渡济人、建庵立庙等地方社会各项公共事务,在乡村社会生活中起着举足轻重的作用。

　　再次,少数民族妇女的社会权利与地位,在碑铭里呈现得比较多,我们也进行了专题讨论。整理碑铭可知,清代清水江地区碑铭林立,其中又以记录社会公益事业者最为繁多,有众多少数民族妇女身影闪烁其间，她们通过或捐钱、或捐田产、或捐工、或捐草鞋、或捐木材、或捐首饰等方式参与社会公益事业，或与丈夫一道，或与子孙一起参与，当然亦有众姐妹甚至独立主持社会公益事业者，她们出钱出力并把自己的名字刻写在石碑上，以期"永垂不朽"。她们参与社会公益活动所涉及的领域比较广泛，主要在修路、架桥、筑渡、砌井、立庙、兴学、建祠堂等。这些历史事实，不仅展现了清水江流域少数民族妇女们有较高的社会活动能力，而且隐含着妇女们拥有分享社会话语的权利。

综上，我们对整个清水江流域碑铭，不仅在收集和整理上做出了有益的尝试，举凡时空分布、录文、分类，以及学术价值的评估，与学界之前的成果相较，均有所推进。当然，清水江流域碑铭存量丰富，可能仍有很多碑铭散立在不同村落的寨头村尾，一些斑驳陆离的碑铭，字词的辨别仍有待进一步稽考，更为重要的是，一些新的碑铭在日常生活中不断被制造出来，这都提醒着人们，碑铭收集与整理的道路是"永无止境"的。而对于碑铭内容所涉及的各个面相之研究，如对人群迁移、社会秩序与妇女世界等比较重要的几个面相作了具体的探讨，希望不仅指出人群迁移与民族交融之间的密切关系，而且能进一步讨论在这种新的地域空间里，人们如何重新建立社会秩序，如何把地域空间里的规则与国家制度融合起来，形成新的秩序规则。而妇女的权利与地位，正是在这种人群迁移与社会规则形成的背景下而不断呈现的。毋庸讳言的是，我们的收集、整理与研究，还存在着不同程度的不足，特别是这些碑铭体现出来的"整体史"，仍然需要不断地去探索。

参考文献

一、基本史籍

《明实录》,台湾"中研院"史语所校印本,1962年。

《明史》,北京:中华书局,1974年。

《清实录》,北京:中华书局,2008年。

《清史稿》,北京:中华书局,1982年。

魏源:《圣武记》,北京:中华书局,1974年。

杨雍建:《抚黔奏疏》,近代中国史料丛刊本,台北:文海出版社,1969年。

二、地方志

沈庠修、赵瓒纂:《(弘治)贵州图经新志》,载黄加服、段志洪主编《中国地方志集成·贵州府县志辑》(以下简称《贵州府县志辑》)第1册,成都:巴蜀书社,2006年影印本。

谢东山修、张道纂:《(嘉靖)贵州通志》,载《贵州府县志辑》第1册。

郭子章撰:《(万历)黔记》,载《贵州府县志辑》第2册。

鄂尔泰等修,靖道谟、杜诠纂:《(乾隆)贵州通志》,载《贵州府县志辑》第4—5册。

爱必达、张凤孙等修撰:《(乾隆)黔南识略》,载《贵州府县志辑》第5册。

刘显世、谷正伦修,任可澄、杨恩元纂:《(民国)贵州通志》,载《贵州府县志辑》第6—11册。

蒋深纂：《(康熙)思州府志》，载《贵州府县志辑》第15册。

蔡宗建修、龚传坤等纂：《(乾隆)镇远府志》，载《贵州府县志辑》第16册。

俞渭修、陈瑜纂：《(光绪)黎平府志》，载《贵州府县志辑》第17—18册。

拓泽忠、周恭寿修，熊继飞等纂：《(民国)麻江县志》，载《贵州府县志辑》第18册。

林溥撰：《(嘉庆)古州杂记》，载《贵州府县志辑》第18册。

李绍良纂：《(民国)榕江县乡土教材》，载《贵州府县志辑》第18册。

郝大成修、王师泰等纂：《(乾隆)开泰县志》，载《贵州府县志辑》第19册。

郭辅相修、王世鑫等纂：《(民国)八寨县志稿》，载《贵州府县志辑》第19册。

余泽春修、余嵩庆等纂：《(光绪)古州厅志》，载《贵州府县志辑》第19册。

朱嗣元修、钱光国等纂：《(民国)施秉县志》，载《贵州府县志辑》第19册。

徐家幹撰：《(同治)苗疆闻见录》，载《贵州府县志辑》第19册。

李台修、王孚镛纂：《(嘉庆)黄平州志》，载《贵州府县志辑》第20册。

丁尚固修、刘增礼纂：《(民国)台拱县文献纪要》，载《贵州府县志辑》第20册。

陈绍令等修、李承栋纂：《(民国)黄平县志》，载《贵州府县志辑》第21册。

王复宗纂修：《(康熙)天柱县志》，载《贵州府县志辑》第22册。

林佩纶等修、杨树琪等纂：《(光绪)续修天柱县志》，载《贵州府县志辑》第22册。

刘中燠等修：《(民国)天柱县五区团防志》，载《贵州府县志辑》第22册。

胡章纂修:《(乾隆)清江志》,载《贵州府县志辑》第22册。

阮略纂修:《(民国)剑河县志》,载《贵州府县志辑》第22册。

朱黼纂修:《(康熙)清浪卫志略》,载《贵州府县志辑》第22册。

平翰等修,郑珍、莫友芝纂:《(道光)遵义府志》,载《贵州府县志辑》第32—33册。

彭泰楠修、张柬纂、李斌点校:《(道光)清平县志》,贵阳:贵州民族出版社,2021年。

段荣勋修、孙茂橿纂、李斌点校:《(光绪)重刊清平县志》,贵阳:贵州民族出版社,2021年。

黎平县志编纂委员会办公室校注:《(道光)黎平府志》(点校本),北京:方志出版社,2014年。

贵州省地方志编纂委员会:《贵州省志·地理志》,贵阳:贵州人民出版社,1988年。

《黔东南苗族侗族自治州概况》编写组:《黔东南苗族侗族自治州概况》,北京:民族出版社,2008年。

黔东南苗族侗族自治州地方志编纂委员会编:《黔东南州志·林业志》,北京:中国林业出版社,1990年。

黔东南苗族侗族自治州地方志编纂委员会编:《黔东南州志·民族志》,贵阳:贵州人民出版社,2000年。

黔东南苗族侗族自治州地方志编纂委员会编:《黔东南州志·交通志》,贵阳:贵州人民出版社,2000年。

黔东南苗族侗族自治州地方志编纂委员会编:《黔东南州志·文物志》,贵阳:贵州人民出版社,1992年。

黔东南苗族侗族自治州地方志编纂委员会编:《黔东南州志·名胜志》,贵阳:贵州人民出版社,1992年。

黔东南苗族侗族自治州地方志编纂委员会编:《黔东南州志·地理志》,贵阳:贵州人民出版社,1990年。

贵州省天柱县志编纂委员会编:《天柱县志》,贵阳:贵州人民出版社,1993年。

贵州省锦屏县志编纂委员会编：《锦屏县志》,贵阳：贵州人民出版社,1995年。

贵州省锦屏县志编纂委员会编：《锦屏县志：1991—2009》,北京：方志出版社,2011年。

贵州省剑河县志编纂委员会编：《剑河县志》,贵阳：贵州人民出版社,1994年。

贵州省黎平县志编纂委员会编：《黎平县志》,成都：巴蜀书社,1989年。

贵州省黎平县志编纂委员会编：《黎平县志》,贵阳：贵州人民出版社,2009年。

贵州省三穗县志编纂委员会编：《三穗县志》,北京：民族出版社,1994年。

贵州省凯里市地方志编纂委员会编：《凯里市志》,北京：方志出版社,1998年。

贵州省雷山县志编纂委员会编：《雷山县志》,贵阳：贵州人民出版社,1992年。

贵州省台江县志编纂委员会编：《台江县志》,贵阳：贵州人民出版社,1994年。

贵州省麻江县志编纂委员会编：《麻江县志》,贵阳：贵州人民出版社,1989年。

丹寨县地方志编纂委员会编：《丹寨县志》,北京：方志出版社,1999年。

贵州省剑河县南哨乡地方志编纂委员会编：《南哨乡志》,北京：方志出版社,2011年。

锦屏县固本乡志编纂委员会：《固本乡志》,内部印刷本,2010年。

平略镇志编纂委员会：《平略镇志》,内部印刷本,2011年。

隆里乡志编纂委员会：《隆里乡志》,内部印刷本,2012年。

大同乡志编纂委员会：《大同乡志》,内部印刷本,2011年。

茅坪镇志编纂委员会：《茅坪镇志》,内部印刷本,2012年。

铜鼓镇志编纂委员会:《铜鼓镇志》,内部印刷本,2010年。

敦寨镇人民政府:《敦寨镇志》,内部印刷本,2011年。

锦屏县河口乡人民政府:《河口乡志》,内部印刷本,2009年。

黎平县尚重区志编纂领导小组:《黎平县尚重区志》,内部印刷本,
　　1994年。

远口镇志编纂委员会:《远口镇志》,内部印刷本,2014年。

坌处镇志编纂委员会:《坌处镇志》,内部印刷本,2011年。

蓝田镇志编纂委员会:《蓝田镇志》,内部印刷本,2010年。

姜高松:《文斗苗寨》,内部印刷本,2011年。

贵州省黄平县重安镇志编纂委员会:《重安镇志》,北京:方志出版
　　社,2020年。

贵州省凯里市下司镇志编委会:《下司镇志》,北京:方志出版社,
　　2020年。

贵州省锦屏县平秋镇魁胆村志编纂委员会:《魁胆村志》,北京:方志
　　出版社,2017年。

三、著作、论文

[美]何炳棣:《明朝以降人口及其相关问题:1368—1953》,北京:
　　生活·读书·新知三联书店,2000年。

[日]鸟居龙藏:《苗族调查报告》,上海:上海国立编译馆,1936年。

[英]莫里斯·弗里德曼著,刘晓春译、王铭铭审校:《中国东南的宗
　　族组织》,上海:上海人民出版社,2000年。

《贵州通史》编委会:《贵州通史》,北京:当代中国出版社,2003年。

陈其南:《家族与社会》,台北:台北联经出版公司,1990年。

程泽时:《清水江文书之法意初探》,北京:中国政法大学出版社,
　　2012年。

葛剑雄等:《中国移民史》,福州:福建人民出版社,1997年。

黄尚军:《巴蜀牌坊铭文研究》,成都:四川民族出版社,2013年。

李斌：《民间记忆与历史传承——贵州天柱宗祠文化述论》，成都：四川大学出版社，2014年。

李斌：《清代清水江流域社会变迁研究》，贵阳：贵州民族出版社，2016年。

李斌：《碎片化的历史：清水江流域碑刻研究》，北京：民族出版社，2018年。

梁聪：《清代清水江下游村寨社会的契约规范与秩序——以文斗苗寨契约文书为中心的研究》，北京：人民出版社，2008年。

林芊：《贵州近代交通史略》，贵阳：贵州人民出版社，1985年。

林耀华：《金翼——中国家族制度的社会学研究》，北京：生活·读书·新知三联书店，1989年。

林耀华：《义序的宗族研究》，北京：生活·读书·新知三联书店，2000年。

刘海宇：《山东汉代碑刻研究》，济南：齐鲁书社，2015年。

瞿州莲、瞿宏州：《金石铭文中的历史记忆——永顺土司金石铭文整理研究》，北京：民族出版社，2014年。

单洪根：《木材时代——黔东南林业史话》，北京：林业出版社，2008年。

石朝江：《世界苗族迁徙史》，贵阳：贵州人民出版社，2006年。

石朝江：《中国苗学》，贵阳：贵州人民出版社，1999年。

孙继民：《河北新发现石刻题记与隋唐史研究》，石家庄：河北人民出版社，2006年。

孙丽娟：《清代商业社会的规则与秩序：从碑刻资料解读清代中国商事习惯法》，北京：中国社会科学出版社，2005年。

吴才茂：《民间文书与清水江地区的社会变迁》，北京：民族出版社，2016年。

吴才茂：《清代苗族妇女的婚姻与权利——以清水江文书为中心》，贵阳：贵州民族出版社，2017年。

吴敏霞:《秦岭碑刻的田野调查与价值研究》,北京:科学出版社,2016年。

吴泽霖:《贵州苗夷社会研究》,贵阳:贵阳文通书局,1942年。

夏鹤鸣、廖国平:《贵州航运史(古、近代部分)》,北京:人民交通出版社,1993年。

徐晓光、谢晖:《"约法"社会——清代民国清水江流域契约社会环境中的民族法秩序》,北京:中国社会科学出版社,2018年。

徐晓光:《原生的法:黔东南苗族侗族地区的法人类学调查》,北京:中国政法大学出版社,2009年。

严奇岩:《清水江流域林业碑刻的生态文化》,北京:科学出版社,2020年。

杨国桢:《明清土地契约文书研究》,北京:中国人民大学出版社,2009年。

张应强:《木材之流动:清代清水江下游地区的市场、权力与社会》,北京:生活·读书·新知三联书店,2006年。

郑振满:《明清福建家族组织与社会变迁》,北京:中国人民大学出版社,2009年。

郑振满主编:《碑铭研究》,北京:社会科学文献出版社,2014年。

朱安女:《文化视野下的白族古代碑刻研究》,成都:巴蜀书社,2012年。

庄孔韶:《银翅:中国的地方社会与文化变迁(1920—1990)》,北京:生活·读书·新知三联书店,2000年。

卞利:《论徽州碑刻资料的主要内容和学术价值》,《文献》2002年第4期。

常建华:《明清山西碑刻里的乡约》,《中国史研究》2010年第3期。

李斌、吴才茂、姜明:《论明清以来清水江下游天柱地区碑刻的分类、内容与学术价值》,《贵州大学学报(社会科学版)》2013年第

3 期。

李斌、吴才茂、龙泽江：《刻在石头上的历史：清水江中下游苗侗地区的碑铭及其学术价值》，《中国社会经济史研究》2012 年第 2 期。

李斌、吴才茂、龙泽江：《明清时期清水江下游天柱地区教育变迁——以碑刻史料为中心》，《教育文化论坛》2011 年第 2 期。

李斌、吴才茂、王健：《从〈创建蔚文书院官绅士民捐输碑〉看清代清水江流域的书院教育》，《原生态民族文化学刊》2016 年第 3 期。

李斌、吴才茂：《从转娘头到庚帖为凭：清代清水江流域苗侗地区婚俗变迁——以碑刻史料为中心》，《贵州民族研究》2013 年第 6 期。

李波、姜明：《从碑铭看清代清水江下游地区的社会规约》，《原生态民族文化学刊》2013 年第 2 期。

秦秀强：《清水江下游苗侗地区碑刻文化调查——以天柱县为例》，《贵州民族学院学报（哲学社会科学版）》2012 年第 3 期。

唐力行：《明清以来苏州的社会生活与社会管理——从苏州碑刻的分类说起》，《上海师范大学学报》（哲社版）2009 年第 3 期。

王会湘：《从"清浪碑"刻看清代清水江木业"争江案"》，《贵州文史丛刊》2008 年第 4 期。

王宗勋：《从"化外生苗"到"契约之乡"——以平鳌"输粮附籍"碑为中心》，《原生态民族文化学刊》2019 年第 3 期。

王宗勋：《略论清水江中下游地区碑刻的社会价值及保护》，《贵州大学学报（社会科学版）》2015 年第 3 期。

吴大旬、王红信：《从有关碑文资料看清代贵州的林业管理》，《贵州民族研究》2008 年第 5 期。

吴大旬：《从有关碑文资料看清代贵州的社会治安管理》，《贵州民族学院学报（哲学社会科学版）》2010 年第 1 期。

严奇岩：《从〈龙村锁钥〉碑看苗族洞葬的祖先崇拜与风水信仰》，《贵州民族大学学报（哲学社会科学版）》2015 年第 3 期。

严奇岩:《从碑刻看清水江流域苗族、侗族招龙谢土的生态意蕴》,
　　《宗教学研究》2016年第1期。

严奇岩:《从碑刻看清水江流域木材运输的"江步"规则与生态保
　　护》,《西南大学学报(社会科学版)》2019年第6期。

严奇岩:《清水江流域公山管理与经营的生态价值——以碑刻资料
　　为中心的考察》,《中国农史》2018年第4期。

严奇岩:《清水江流域林业碑刻的主体属性及其民族特色》,《贵州大
　　学学报(社会科学版)》2018年第5期。

叶成勇:《从贵州锦屏〈戒谕文〉摩崖石刻看宋朝对湘黔桂边地的治
　　理》,《中华文化论坛》2015年第8期。

张应强:《从卦治〈奕世永遵〉石刻看清代中后期的清水江木材贸
　　易》,《中国社会经济史研究》2002年第3期。

张应强:《区域开发与清水江下游村落社会结构——以〈永定江规〉
　　碑的讨论为中心》,《原生态民族文化学刊》2009年第3期。

四、民间历史文献

唐立、杨有赓、武内房司:《贵州苗族林业契约文书汇编(1736—1950
　　年)》,东京:东京外国语大学,2001—2003年。

张应强、王宗勋:《清水江文书》,桂林:广西师范大学出版社,
　　2007—2011年。

贵州省编辑组:《侗族社会历史调查》,贵阳:贵州民族出版社,
　　1988年。

贵州省民族事务委员会、贵州省民族研究所编:《贵州六山六水民族
　　调查资料选编》(苗族卷),贵阳:贵州民族出版社,2008年。

贵州省民族事务委员会、贵州省民族研究所编:《贵州六山六水民族
　　调查资料选编》(侗族卷),贵阳:贵州民族出版社,2008年。

姚炽昌:《锦屏碑文选辑》,内部印刷本,1997年。

王宗勋、杨秀廷:《锦屏林业碑文选辑》,内部印刷本,2005年。

安成祥:《石上历史》,贵阳:贵州民族出版社,2015年。

政协天柱县第十三届委员会:《清水江文书·天柱古碑刻考释》,贵阳:贵州大学出版社,2016年。

天柱《彭氏族谱》,民国二十五年刻本。

杨政伦:《白市杨氏先祠词谱》,内部印刷本,2009年。

锦屏《龙氏迪光录》,同治三年刻本。

凯里《炉山顾氏族谱》,民国二十八年刻本。

贵州凯里顾氏族谱编修委员会:《贵州凯里顾氏族谱·卷二·香炉山支谱》,内部印刷本,2010年。

贵州凯里顾氏族谱编修委员会:《贵州凯里顾氏族谱·卷三·凯棠支谱》,内部印刷本,2012年。

贵州凯里顾氏族谱编修委员会:《贵州凯里顾氏族谱·卷四·开怀支谱》,内部印刷本,2009年。

顾永昌:《凯里顾氏溯源》,内部印刷本,2009年。

贵州黄平王家牌王氏族谱编纂委员会:《贵州黄平王家牌王氏族谱》,内部印刷本,2006年。

后　记

　　本书系国家社科基金一般项目"明清以降清水江流域碑刻的搜集、整理与研究"（编号：17BZS005）的最终成果。回顾其形成过程，可谓历时颇久。2010年至2012年，笔者挂职天柱县人民政府副县长期间，与天柱县政协文史委原主任秦秀强、县文管所原所长姚敦屏等人先后多次对天柱和锦屏地区的碑铭进行寻访与搜集，后整理出版《清水江文书·天柱古碑刻考释》（3册）。结束挂职锻炼后，每年寒暑假期间，笔者都会与志同道合之人行走在清水江流域的苗乡侗寨，范围也渐次从下游向中上游拓展，而碑铭搜集之艰辛，同道中人应深有体会。有一通清朝道光四年的婚俗改革碑立于大山深处的剑河县久仰乡奉党村，笔者与吴才茂、龙泽江等驱车前往，由于道路险难，收集过程险象环生。该村距清水江边仅有14公里，但四驱越野车开了足足2小时，返回江边时用时1小时40分钟。这样的事例在这些年的收集过程中屡屡遇到，深感碑铭收集之不易。另外，由2012年起始，笔者每年均参加由凯里学院组织的民族学、历史学专业师生开展的村落民族志的田野调查，迄今已经走过黔东南的55个村寨，共整理出两千余万字的调查报告。在这种持续不断的探寻过程中，我的思路也随之逐渐开阔起来，于2017年申请国家社会科学基金项目。当时的想法是透过碑铭，辅之以族谱、清水江文书等民间历史文献，通过"眼光向下"这一学术视野的转换，努力

"回到历史现场"，试图再现明清以来清水江流域碑铭里的故事以及乡村社会，勾勒历史上该地区各民族交往交流交融的情景与历史轮廓。该区域是中华民族多元一体格局构建的一个缩影，希望这一研究有助于深化对西南历史整体性和中华民族"多元一体"格局的认识，为铸牢中华民族共同体意识提供历史借鉴，为西南区域社会史研究提供清水江案例。现在书稿完成并要出版了，但自觉当时的想法未能完全实现。

课题能够完成，书稿能够出版，需要感谢的人很多，首先感谢四位国家社科基金重大项目主持人在本课题开题时的具体指导，他们是中山大学张应强教授、贵州师范大学徐晓光教授、吉首大学罗康隆教授、贵州大学杨军昌教授。感谢中山大学张应强教授、贵州大学杨军昌教授、贵州师范大学严奇岩教授，在课题成果初稿完成后所提出的修改意见和建议。感谢课题组成员吴才茂教授、谢景连教授、李鹏飞博士，谢景连教授提供本书第四章第三节初稿、李鹏飞博士提供第四章第四节初稿。感谢龙泽江研究员、姜明教授在课题成果初稿完成后，不辞辛劳审读，并提出许多很好的建议。感谢项目结项过程中五位匿名评审专家，在充分肯定的同时，也提出进一步完善的意见建议。本书获得凯里学院贵州省区域内一流建设学科（民族学）的出版资助。

作为项目阶段性成果，笔者先后在《中国社会经济史研究》《贵州社会科学》等刊物发表七篇论文，审稿期间，得到匿名审稿专家和编辑的指正，在此表示感谢。

最后，感谢中华书局罗华彤主任，尤其是林玉萍编辑的认真审读，使得拙稿增色不少，并得以顺利出版。

囿于本人学识有限，研究深度、广度有待进一步加强，如理论分析不足，未能与徽州地区进行比较研究，加之碑铭所记史实属于碎片化的历史记忆，个别研究领域的系统性和整体性有所欠缺，要想呈现清水江流域乡村社会的全貌,有相当难度。同时,书中还有许多不妥和错误之处,敬请学界同仁批评指正。

李斌

2023年12月18日于清水江畔